소록의 후예

소록의 후예

권정수 지음

만인사

| 책을 펴내며 |

역사적 진실은 밝혀져야 합니다

 저는 1947년 7월 6일(호적 500429) 소록도 신생리 11호사(현 1호사)에서 한센인 아버님과 한센인 어머님 사이에 건강한 미감아로 태어났습니다. 한센인 어머니의 젖을 먹으며 어려운 환경 속에서 부모님이 읽으시는 성경과 찬송가를 들으며 기독교 집안에서 유·소년기를 보냈습니다. 녹산국민학교를 마치고 녹산중학교 2학년 때인 1963년 5월 18일 소록도에서 대구로 유학 와서 60년 가까이 살고 있습니다.

 저는 소록도에서 보낸 어린 시절을 잊을 수가 없습니다. 부모님과 주위 어르신들로부터 "정수야, 네가 장성하고 많이 배운 뒤 우리 소록도 한센인 통한의 비사를 우리나라는 물론 세계 만방(萬邦)에 널리 알려라." 고하신 말씀을 뼈 속 깊이 새겨 들으면서 자랐습니다. 이 말씀은 나이가 들어 갈수록 더욱 가슴에 지울 수 없는 응어리가 되었습니다.

 저는 칠십 평생 가슴 속에 오래 삭혀두었던 한의 응어리를 풀어내어 『소록의 후예』를 세상에 내어놓습니다. 이것은 하늘이 저에게 하명하신 소명으로 한 권의 책을 위해 저는 평생을 살아왔다고 해도 과언이 아닐 것입니다.

 제가 태어나기 전에 일어났던 소록도 한센인의 슬픈 통한의 비사는 이렇습니다. 일본으로부터 해방된 1945년 8월 15일의 무정부 상태의 8월

19일에서 22일까지 3일간 소록도 일인 밑에서 아부하며 일하던 오순재, 송회갑 등 건강직원들이 총과 흉기로 한센인 간부 90명중 84명을 잔인 무도하게 살해하고, 그것도 모자라 살아 있는 간부들에게 송탄유로 생화장한 천인공로할 사건입니다. 사건의 발단은 소록도 재환자들에게 배급되는 배급물품을 섬 밖으로 불법으로 반출한 사실이 발각될까봐 소록도 건강직원이 소록도 재환자들에게 재환자들을 보호해야 할 책무를 가진 자들이 저지른 전대미문의 대학살 사건입니다.

우리나라 근대사의 양민학살 사건을 살펴보면
· 1948년 4월 3일에서 1954년 9월 21일 간의 제주도 4.3사건
· 1948년 10월 19일 전남 여수와 순천에서 일어난 여순반란 사건
· 1950년 6월 25일에 일어난 6.25동란
· 1950년 7월 노근리 미군 폭격기 사건
· 1951년 2월 경남 거창군 신원면 일대 거창 양민 학살 사건
· 1971년 8월 23일 새벽 6시부터 14시 15분간의 실미도 사건
· 1980년 5월 18일에서 27일 새벽까지의 5.18광주 민주화 항쟁

이러한 사건들은 사상적 이념이나 정치적 야욕 때문에 일어난 양민 학살사건이 대부분입니다. 그러나 소록도 한센인 살해사건은 재환자를 보호해야 할 건강직원이 재환자 간부를 살해한 우리 역사에서도 유례를 찾아 볼 수가 없는 한탄스러운 참혹사입니다. 하늘도 땅도 통탄하는 이 엄중한 대참사는 역사의 뒤안길로 사라져 제대로 조명되지 않았습니다.

지금 소록도 참혹한 현장에는 추모비 하나가 서 있습니다. 그간 정부의 고위 공직자나 유명 정치인들이 소록도를 수도 없이 다녀 갔습니다만 통한의 한을 안고 비운에 가신 84분의 영령님들에 대하여 한 일은 하나도

없습니다.

　국제법상 국가의 요건이 1948년 정부수립 이후부터 본다면 국가가 오늘에 이르기까지 73년간 소록도 한센인 간부 84 영령님께 직무유기를 해 온 것입니다. 왜냐하면 소록도는 국가에서 특별관리하는 국립병원이며, 병원장은 보건복지부 산하 국가공무원입니다.

　자유민주 정부가 들어서고 오늘날까지 73년이 흘러갔지만 정부에서 소록도 한센인 간부 84분이 희생된 대참사에 대하여 정부나 민간 차원에서 진상 규명을 위한 그 어떤 노력도 하지 않았습니다. 이것은 민주주의와 인권과 법치 국가에서 있을 수 없는 일이라고 저는 생각합니다. 당리당략과 인기에 편협되고 영합한 정치꾼은 있고 국민을 위한 진실된 정치인은 없는 것인가하는 비통한 마음을 지울 수 없습니다.

　정의와 진실은 형제와 자매이고, 한센인도 우리 국민이요 형제와 자매입니다. 이제는 가해자나 피해자 모두 고인이 되었습니다. 지금에 와서 정부에 손해배상을 받겠다는 것이 아닙니다.

　그러나 이것이 과연 선진국가, 민주주의 대한민국 정부인가 묻지 않을 수 없습니다. 정부가 반드시 해결해야 할 책무요 의무라 생각합니다. 통한의 한을 천추에 간직한 채 원통하게 눈을 감지 못하고 돌아가신 영령들의 기막힌 통한의 사연들을 우리 국민에게는 물론 세계 만방에 널리 알려서 억울하게 이승을 뜨신 분들의 눈을 감게 해 드리고 싶습니다. 또한 이것이 민주주의 국가에서 정의와 법치이며, 기성세대가 다음 세대에게 알려야 할 책무요 의무라고 생각합니다.

　미국 16대 대통령 에이브라함 링컨이 남북군 게티즈버그 격전 4개월 뒤 이 격전지를 남북군 전몰장병을 위한 국립묘지를 만든 식장에서 "인민에 의한, 인민을 위한, 인민의 정치는 이 지구상에서 영원히 사라지지 않을 것이다."라는 명연설을 우리 정부와 정치인들께서 숙고해주시기를 하늘에 빕니다.

　소록도 통탄의 비사는 청와대 국민청원 게시판에 올렸습니다. 수많은 애독자님들과 국민님들께서 많은 관심과 성원을 부탁드리옵니다.

　소록도에 나서 소록도에서 어린 날을 보낸 저자로서 역사적 진실을 결코 묻어둘 수는 없습니다.『소록의 후예』는 소록도 바로알기, 1부 소록도 한센인 통한의 참혹사, 2부 축복과 통탄과 풍광과 사랑의 섬, 한센인의 성지 소록도 등으로 엮었습니다. 2부는 소록도 역사적 사실의 배경 속에서 영화나 드라마나 국민님들이 쉽게 접할 수 있는 대중매체를 염두에 두고 집필한 것입니다. 저는 오랜 시간동안『소록의 후예』를 영화나 드라마로 알리려고 백방으로 노력하였으나 능력이 부족함을 절감하면서 오늘에 이르고 말았습니다.

　이 책이 나오기까지 많은 분들의 도움이 없었다면 불가능했을 것입니다. 어린 시절 저의 마음을 움직이셨던 고마우신 몇 분을 소개합니다. 소록도 자혜원의 설립부터 5대에 이어지는 일인 원장들과 그추종세력들에 의하여 자행된 한센인들의 참혹한 역사적 현장을 수도 없이 이야기해 주셨던 신생리 윗동네 7호사 사장님인 대구가 고향이신 김노인님과 부친의 친구이고, 5호사 사장님이셨던 키가 작은 사께오 오노인님, 장콩을 싣고 오는 배 위에서 재환자 간부들을 총살시켜 득량 앞바다에 수장시킬 때 기적적으로 살아남아 신생리에 사셨던 보성군 벌교읍 출신 박순암 산업부장님, 소록도 녹산국민학교 교장을 역임한 장안리에 사셨던 김창원 교장님, 중앙리에 사셨던 교감님, 재환자 간부 6개 부락을 샅샅이 뒤져서 강제로 압송하여 온 재환자 간부들을 미리 파놓은 구덩이 속에 던지고 밀어넣어 송탄유를 뿌리고 불을 질러 생화장한 현장을 숨어서 두려움에 떨면서 목격한 중앙리에 사셨던 어르신들, 소록도 주일학교 선생님으로 있다가 부산 용호병원을 경영하셨던 양국승 선생님께 감사하옴과 삼가

고인들의 명복을 진심으로 빕니다.

또한 『소록의 후예』를 쓰면서 『한국나병사』(한국나관리협회, 1988), 『그리 아니 하실지라도』(김병련), 『광야의 나그네』(김창원), 『골고다의 십자가』(천대승 외), 『소록도 교회사』(편집위원 한광희) 등의 참고문헌들에 힘 입은 바가 컸음을 밝혀둡니다.

2021년 3월
대명동 우거에서 권정수

차례

| 책을 펴내며 |
역사적 진실은 밝혀져야 합니다 · 5
| 서문 |
소록도 바로 알기 · 14

1. 소록도 한센인 통한의 비사

한국 나병사 · 25

소록도 자혜원 설립 · 27

주방정계 원장 · 31

중앙공원과 주방정계의 동상 · 37

한하운의 보리피리 · 40

의혈남아 이춘상 · 44

8.15 해방과 소록도 · 48

미하리소라는 곳 · 52

살인마의 대학살극 · 58

한국인 원장들 · 65

소록도 명인들 · 72

━━━━━━━━━━━━━━━━━━━ 차례

2. 축복과 통탄, 풍광과 사랑의 섬
   한센인 성지 소록도

다윗과 엘리사벳 종합병원 집무실·85
소록도 자혜원 설립·86
천하의 한센 기인 강학수·88
썩어가던 고목에 새싹이·98
사랑하는 서흥업·103
소년 장사 다윗!·110
운명적 만남·119
무화과가 익는 6월·134
만련당 신목·148
착한 소년 다윗·166
졸업 학예회·170
장미꽃과 손수건·180
40일간의 귀성권·190
마지막 가을 소풍·211
백합 여인은 가고·227

차례

내 사랑 다윗 · 236

상사화의 사랑 · 253

스승과의 첫 만남 · 264

스승의 가르침 · 282

초비회격이 무엇인고하니 · 291

우리 민족의 뿌리 · 298

희대의 한센 기인은 가고 · 309

소록도야, 잘 있거라 · 315

다윗을 찾아 소록도로 · 322

상사화의 그리움 · 329

다윗이 누구인가 · 337

미국과 홍콩의 연인 · 350

용쟁호투 · 366

홍콩 삼합회를 사회기업으로 · 386

엘리사벳을 찾아 서울로 · 403

엘리사벳 귀국하다 · 424

―――――――――――― 차례

만년필과 손수건 · 443
작은 사슴의 나라 · 465
자스민 향기를 찾아서 · 474
영원불변의 사랑 · 493
내 사랑 다윗! · 513
불출세의 영웅 가다 · 525

| 서 문 |

소록도 바로 알기

　육지 사회의 건강인들이 소록도를 알기를 소록도만 들어 갔다하면 마치 한센병에 걸리는 것 같은 착각과 두려움을 느끼곤 한다. 이것은 나병, 즉 한센병을 모르고 하는 의학적 무지에서 오는 오해와 편견 때문이라 할 수 있다.
　한센병은 전염병이라 하나 아주 특이한 경우에 전염의 경로를 거치는 것이다. 예를 들어 부모 아버지, 어머니가 한센인으로서 그 부모 몸에서 건강하게 태어나고 자란 아이가 미감아(未感兒)이다. 일반적 상식으로 한센인 아버지, 어머니 몸에서 잉태하여 10개월간 한센인 어머니 양수 속에 자라다가 태어나 한센인 어머니 젖을 먹고, 한센인 환경속에서 건강하게 자란다는 것이다. 과연 이해가 되는가? 그러나 이것은 엄연한 현실이고 사실이다.

　소록도에는 한센인이 아닌 수백명의 건강인이 같이 살았다. 소록도 재환자 6천여 명이 넘을 때 이러한 건강한 사람들이 2~3백명이나 되었다. 소록도의 모든 공사도 이들과 경미한 한센인들이 주축이 되어 이루어졌다. 전국 각지에서 자진 입원한 환자나 강송으로 입원한 한센인과 전국을 떠돌며 부랑 생활을 하다가 강송으로 입원 환자뿐만 아니라 각계각층의 별난 사람들이 다 모여 살고 있었다. 그러면 왜? 건강한 사람들이 한센인과 같이 살았을까?

첫째, 경미한 희균형의 한센병으로 치료 완치된 자, 둘째, 한센인 부모 밑에서 미감아로 태어난 자, 셋째, 악성피부병으로 인한 오진으로 피부병이 완치된 자, 넷째, 전국 부랑 한센인 강제 송환 때 건강한 부랑 걸인도 함께 강제 송환된 자, 다섯째, 소록도에 일가 친척이 있거나 소록도를 잘 알고 있는 건강한 자 중에서 중죄를 짓고 법망을 피하여 소록도로 숨어 든 자 등이다. 이들은 해방 전후의 어수선한 시대적 혼란기를 이용하여 건강 직원, 혹은 의료진의 묵인하에 한센인으로 둔갑하여 입원한 것이다. 여섯째, 부부 중 한 사람이 한센병에 걸려 부부가 함께 건강 직원과 의료진 묵인 아래 입원 환자이다.

■ 나병은 왜 한센병이라 하는가?

나병(癩病)이 이 지구상에 출현한 것은 인류사와 같으리라고 하고, 인류가 그 역사를 기록하기 시작한 만큼이나 오랜 일이 될 것이라고 추정하고 있다. 사가들에 의하면 고증이 가능한 인류 역사는 6천년 정도로 보는데 일찌기 4대 문명의 발원지인 이집트, 메소포타미아, 인도, 중국의 기록에 보이기 시작한 편린이 나병의 연원이라면 세계의 나병의 역사는 그만큼 유구하다고 할 수 있을 것이다.

나병에 대하여 구약성서와 신약성서에서 문둥병으로 기록이 되어 있다. 더 확실하게 알려진 것은 5세기이며 12세기에 들어와서 유럽 여러 곳에 번졌다는 기록이 있고, 근세에 와서는 아프리카, 아시아, 중부 아메리카 등에 광범위 하게 번져 있었다.

한의학에서는 가라(痂癩), 풍병(風病), 또는 대풍라(大風癩)로 기재되고 치료가 불가능하였던 시대에는 문둥병, 또는 천형(天刑)의 병이라 하여 인간 사회에서 냉대와 따돌림을 당했다.

노르웨이 베르겐에서 출생한 한센(Gerhard Henrik Armauer Hansen : 1841. 7. 29~1912. 2. 22)은 베르겐대학에서 의학을 전공하였다. 베르겐의 나병요양소 의사가 되어 나병 연구를 시작한 한센은 나병이 통설로 여겨졌던 유전병이 아니라 전염병이라고 주장하였다. 1874년 나병원균을 발견하여 발표하였고, 1879년 세균학자로 나병 박멸에 지대한 공헌을 세웠다.

현대에 와서는 좋지 않은 인상을 배제하고 나병에 대한 개념을 불식하는 의미에서 나(癩) 자는 사용하지 않기로 하는 대신 한센병(hansen's)이라 부른다.

■ 한센병의 발병과 특징

지역이나 기후적 요인, 인종이나 성별과의 관계에 대하여 살펴보면 통계적으로는 다수의 변수가 있으나 특이한 의미가 인정되지 않는다. 단지 연령별로 유년층이나 노년층에서 감수성이 높은 것과 개체의 일반적인 건강상태에는 의미가 있다고 인정된다.

한센병에 대한 유전적, 선천적 가능성은 배제되고 있다. 전염에서 오는 발병은 나균에 대한 노출 기회의 기간과 양에 관계되며 개체의 면역이 약한 극히 소수의 사람만이 한센병에 걸린다고 알려져 있다.

전염성은 약하며 감염된 나균 역시 인체의 자연면역으로 인하여 많은 수의 나균은 사멸된다. 특히 강력한 항나제를 1회 복용만으로도 수일 내에 전부가 사멸되는 사실만 보더라도 치료 이전의 극히 적은 수의 생균만이 전염된다고 여겨진다. 나균의 인공배양이 불가능하고 쉽게 사멸되므로 완전한 추적을 할 수 없다. 나균이 수일간 생존 가능하다는 이유로 매개체에 대한 전염도 배제할 수 없지만 역학적인 면에서 무의미한 것으로 인정된다. 그러므로 환자의 피부 접촉에 의해 전염된다는 사실이 가장 설득력이 있다고 할 수 있다.

한센병의 특징은 분명히 피부과 영역의 질병이라고 하면서도 특별시하는 이유는 다음과 같다.

1. 나병은 매우 만성적으로 세대 증식을 하며 수년간 잠복기와 장시간의 경과를 가진다.
2. 시험관에 인공 배양이 어려우므로 나병 퇴치의 의학적 발전이 저조하여 신약의 개발이나 나균의 본래 파악은 쥐의 발박닥이나 아르마딜로에 의존할 뿐이다.
3. 나균은 신경을 특이하게 침범함으로 신경 손상으로 오는 불구를 유발시킨다.
4. 사람에게 특이하게 감염되는 질환으로 사람으로부터 사람에게 옮기며, 주위의 동물이나 곤충과의 관계는 무시할 수 있다.
5. 전염 경로의 추적이 거의 불가능하므로 역학적 관리로서 임상적인 환자 추적에만 국한된다.
6. 병의 경과나 증세, 치료 등은 인간의 면역과 나균의 상관관계에 따라 좌우되는데 자연 치유되는 경우에서부터 몸의 일부에 국한되는 경우, 그리고 전신에 퍼지는 경우 등 다양하다.
7. 한센병은 질병 자체 외에 사회적, 정신과적 질환으로서 사회공동 생활의 융화문제를 안고 있다.

■병형과 증세

인체가 가지고 있는 면역기전과 침입한 나균의 상관관계에 따라 질병의 형태와 경과 기간, 치료 방향, 불구상태, 전염원으로써 강약 등이 다양하게 이루어진다.

병형(病型)을 아래의 유형별로 나눌 수 있다.

병소(病巢)의 성질로 보아 신경라(神經癩), 결절라(結節癩), 반문라(斑紋癩) 등으로 분류한다. 전염의 관리 개념으로 세균의 많고 적음을 기준으로 다균형, 희균형으로 나눈다. 세균 상태, 조직변화 상태, 면역 상태, 심상 상태 등을 복합적으로 이용하였다.

증세를 살펴보면 다음과 같다.

희균형(결핵양형라, 부정형군라) : 단반(單斑), 또는 수 개의 반점이 건강 피부와 선명한 경계를 이루면서 피부의 일부분에 나타난다. 신경 침해 상태는 한두 군데에 급속히 침해하며 기타 조직에는 침범하지 않고 치료 경과가 비교적 짧고 자연치유되는 경우도 있다.

개체의 면역이 강하며 침범한 세균이 살아있을 경우에도 병소 부위에 국한하며 일반적인 검사방법으로는 쉽게 균을 검출하기 힘든다.

다균형(나종향형라, 중간군라) : 다수의 반점이 건강한 피부와의 경계가 불분명하게 피부 전체에 퍼지며 신경침해 상태도 광범위하게 오는 경우이다. 병세는 완만한 경과를 보이나 기타 조직에도 광범위하게 침해한다. 눈썹, 눈, 코, 뼈, 간장, 고환 등 얼굴이나 손발에 침윤을 일으키며 나결절을 동반하고 전신증세로 두통과 통증, 열이 나기도 한다.

치료 경과는 비교적 길고 자연치유되는 경우는 없다. 개체의 면역이 약하며 침범한 균은 전신에 퍼지므로 일반적인 검사방법에 의하여 균을 쉽게 검출할 수 있다.

■ 진단과 치료

사지에 광범위하게, 또는 반점상에 국한된 지각마비 증세가 있거나 신경간의 비후(肥厚), 또는 통증이 있거나 특징적인 피부병형의 증후가 있는 것 등에서 적어도 두 가지의 임상증세를 결합하여 세균을 검출할 수 있으면 나균이라 할 수 있다.

아울러 병리조직검사와 레프로민(lepromin) 반응을 시행하여 면역반응을 살펴 병형을 구분하고, 기타 유사 피부질환과의 감별진단을 하여야 한다. 면역학적으로는 질병 유무의 감별 방법이 없으나 형광현미경법으로 나균의 침범 사실 정도와 레프로민 반응으로 나균에 대한 저항 정도를 추정할 수 있다.

항라 치료제로는 대풍자유, 프로민, 시바, 다이아존 등이 있으나, 근대에 와서는 디디에스, 리팜피신, 람프렌, 에이오나마이드의 살균제 사용으로 집약된다.

종래와 같이 단독요법에 의한 장기치료 형태가 아니고, 두세 종의 약을 복합적으로 단기간 내에 강력하게 투여하는 형태로 바뀌고 있다.

소록도에는 종교와 학문과 지성과 체육과 문예와 천재성을 가진 기인들이 모여 있었다. 이들 중에는 일본 명문대학 출신들도 있었고, 훌륭한 종교인도 있었다. 지식인, 종교인, 체육인, 무술인, 예술인 등이 앞장서서 심성교육을 헌신적으로 시도하였다. 각 부락마다 교회가 생기고 가톨릭 성공회 등이 있었으며 교육제도로는 녹산국민학교, 녹산중학교, 성실고 3년제 의학강습소 등이 있었다.

당시 소록도 내의 교육제도이긴 하였으나 국민학교에서 전문대 과정의 수준 높은 교육과정이었다. 특히 처음 3년제 의학강습소는 후일 2년제로 전환하였는데 재환자들의 치료는 건강한 재환자들에게 맡겨야 된다는 취지 아래 소록도 전체로는 6번째요 한국인으로서는 첫번째인 김형태 원장시절 중졸 이상의 학력을 가진 자로서 눈과 손과 발이 건강한 자로서 개강하였는데 소록도 내는 물론 전국 나환자요양원에서 의학을 배우기 위하여 뜻있는 많은 유학생들이 소록도에 유학을 오기도 하였다.

강의는 병원장을 비롯 전문의 의사들이 하였고 과목으로 외과, 내과,

안과, 이비인후과, 치과, 피부과, 약제과, X선과, 산부인과, 소아과까지 다양한 의료 강의가 진행되었다. 특히 해부학에 있어서는 일제시대부터 한국인 3대 김상태 원장에 이르기까지 수많은 환자들이 윗과적 수술은 물론 환자가 죽으면 반드시 시체를 해부하였기 때문에 해부학과 외과학이 비약적으로 발전하였다. 3년제 의학 강습소를 졸업한 자는 건강사회 6년제 의대를 나온 전공의보다 외과적 수술의 실기에 있어서 앞섰다고 한다.

체육으로는 축구, 배구, 정구, 기계체조, 씨름, 그네뛰기, 육상 등으로 소록도 대운동회가 5월 17일에 성대한 운동 경기가 열려서 지역국회의원, 도지사, 경찰서장, 지역 유지 등이 배석한 가운데 보건사회부 장관의 축전 속에 성대히 거행되었으며, 전남 일본사 기자들에 의하여 기사화하였다.

추석 명절에는 유년, 소년, 청년, 장년부로 나눠 각 부락별 대항 성대한 씨름경기가 있었으며, 여인들은 부락별 그네뛰기, 널뛰기 등이 있었다. 문예부에서는 소록회보를 발간하고 원생들의 문예활동도 도왔다.

1년에 1차례 국민학교 의학강습소 학생들이 공회당에서 연극도 공연되었다. 5.16 혁명정부 시절에는 소록도 청년 축구팀과 화순탄광 프로팀과 화순과 소록도를 오가며 친선 축구 경기가 있었는데 막상막하의 축구실력을 겨루기도 하였다.

소나무숲이 우거진 수탄장(愁嘆場)이 있다. 이곳은 건강 직원지대와 병사지대로 나누어지는 경계선이 있는 곳으로 1950년부터 1970년까지 철조망이 쳐져 있었다. 한센병은 전염병이기는 하나 아주 특이한 경우에만 전염된다. 예를 들어 아버지와 어머니 모두 한센인이지만, 그 부모의 몸에서 태어나 건강하게 자란 미감아(未感兒)들이 대부분이다. 병원에서는 전염병을 우려하여 환자 자녀들을 직원지대에 있는 미감아 보육소에 격리하여 생활하게 하였으며, 병사지대의 부모와는 이 경계선 도로에서 한 달에 한번씩 면회가 허용되었다. 이때 미감아동과 부모는 도로 양쪽으로 갈라선 채 일정한 간격을 두고 눈으로만 혈육을 만나야하는데 이때 부모나 자식간에 음식물이나 돈 등은 오갈 수 없고, 면회시간 중 울거나 하면 다음 면회시 면회가 되지않음으로 울먹거리며 떠나는 자식을 보내고 부모들은 땅바닥에 주저앉아 자신의 운명을 땅을 치며 통곡하는데 소록도 사람들은 이 길을 수탄장이라 하였다.

■소록도 중앙공원

중앙공원은 1936년 12월 1일 착공, 4개월 동안의 공사기간을 거쳐 1940년 4월 1일 완공하고, 중앙리와 동생리 구릉지와 산림을 깎아 만든 공원의 면적은 약 7만여 평에 달했다. 소록도에 수용된 움직일 수 있는 한센병 환자 연인원 6만여 명을 강제동원하여 조성하였으며, 득량만과 완도와 소록도와 소록도 주변 섬에서 암석을 케어 옮겨오고, 일본과 대만 등지에서 관상수를 반입하여 식재하였다.

광복 후 공원 명칭이 '소록도 중앙공원'으로 바뀌었다. 1971년과 1972년 공원 확장이 이루어져 현재 면적은 약 25,000㎡에 이른다. 솔송과 황금편백을 비롯하여 향나무, 후박나무, 삼나무, 팽나무, 히말라야시더, 종려, 치자나무, 팔손이나무 등 관상수 100여 종이 심어져 수목원을 방불하게 한다.

중앙공원에는 미카엘 대천사가 한센균을 박멸하는 모습을 형상화하고, '한센병은 낫는다'라는 문구를 적어 놓은 구라탑(求癩塔)이 있다.

중앙공원 상단 한센인들의 한서린 죽어도놓고 바위에는 한하운의 시 「보리피리」가 각인되어 있다.

지금은 소록도 관광은 중앙공원과 수탄장길 등은 개방되어 있으나 다른 곳은 건강인들이 들어갈 수 없는 금단의 지역이다.

1

소록도 한센인 통한의 비사

『소록도 한센인 통한의 비사』를
우리 나라는 물론 세계 방방곡곡에
알리기 위하여 저는
이 세상에 태어났다고 생각합니다.

한국 나병사

고려 문종 때인 1058~1059년 기록에 의하면 의가들은 가라(痂癩)에 인식을 가지고 있었으며 조선시대에 들어와서 4대 세종 때 1443년 간행된 『향약집성방』에 처음으로 대풍라(大風癩)라고 기록이 되어 있다. 『조선왕조실록』에 1412년부터 1622년까지 약 200년에 걸쳐 나병이 유행했던 사실이 기록되어 있다. 세종『장헌대왕실록』전 14에 의하면 1450년 경 제주도에 나환자 수용소를 만들어 시약을 하고 치료했다는 기록이 있고, 문종 때의『문종공순대왕실록』권7에는 환자가 100여 명이라는 기록이 있다.

역사적 배경으로 보아 일본에서는 5~6세기 때 이미 나병이 평민들은 물론 귀족에 이르기까지 번졌다는 점등으로 보아 일본과 가까운 제주도에 일본으로부터 나병이 전파되었다고 보아진다.

우리나라 개화기인 1910년에 이르러 외국선교사들에 의하여 선교사업의 일환으로 시작한 구라사업이 펼쳐진다. 1909년 미국 선교사 포사이테(H. W. Forsythe)는 전남 목포를 중심으로 선교활동을 하고 있었는데 한 여성 문둥병 환자를 말에 태워서 광주 제중병원 원장 윌슨(R. M. Wilson, 禹越淳)에게 데려와 치료하게 하였다. 윌슨은 주위의 주민들을 설득하여 최흥종(崔興琮)이 기증한 광주군 효천면 봉선리의 땅 1천여 평에 1911년 4월 25일 광주 나병원이 시작된다.

부산 나병원은 1911년 4월 스코트랜드 선교사 매킨지(Mackenzie, 梅見施)에 의하여 개설되었다. 동래군 서면에는 1909년 세워진 나병원이 있었으나 설립자인 얼빈(Ervin, 魚乙彬)은 한국간호원과의 관계 등으로 모략을 받아 선교사 자격마저 박탈당하고 평양으로 떠난 뒤 매캔지는 이를 인수한 것이다.

대구 나병원은 미국인 선교사 푸렛처(A. G. Frectcher, 鱉璃治)가 환자 10명을 민가에 수용하고 1913년 3월 1일 문을 열었다. 뒷날 푸렛처는 영국구라선교회에 요청하여 1만5천원을 원조받아 달성군 달서면 내당리에 새로운 병원을 마련 80명의 환자를 수용하였는데 1924년 대구 애락원으로 개칭하였다. 8백여 명의 수용 능력을 갖추었다.

부산, 대구, 광주 등지에 나환자 수용이 포화상태가 되자 거리를 부랑하는 환자들로 사회적 문제가 발생되고, 또한 일인들의 식민지 정책을 호도함과 자신들의 보건상 이유 등으로 조선총독부 위생고문인 산근정차(山根正次)는 한국의 나환자도 일본이 주도적으로 격리 수용시켜야 한다고 제창하였다.

이를 받아들인 사내(寺內) 총독은 나환자 요양원 입지 선정을 군의감 방가(芳賀)에게 명하여 조선 각지를 답사한 방가는 1915년 10월 기후가 온화하고 육지와 가깝고 물이 풍부하다는 이유로 전라남도 고흥군 금산면(현 도양면) 소록도를 최적지로 선정한다. 그러나 이 이면에는 소록도 산자락에 조선의 물줄기를 바꿀 불세출의 정치적 인물이 태어날 천하의 천장비지가 있음을 알고 이를 미리 차단하기 위함이기도 하였다.

소록도 자혜원 설립

 1916년 조선총독부 지시를 받은 관계자들은 섬서단 일부(후일 서생리) 가옥과 토지를 매수하려고 하였다. 그러자 주민 대표 주치일(朱致一)을 중심으로 결렬한 반대에 부딪치자 일인들은 강제 수단을 동원하여 가옥 10여 동과 토지 19만9천여 평을 매입하였다. 이렇게 되자 일부 건강한 사람들은 섬을 떠났고, 나머지 150여 가구 9백여 명의 주민만 남게 되었다.

 1916년 2월 소록도에 자혜원이 설립되었고, 7월 10일 초대원장 의천 형(蟻川 亨)이 부임하였다. 자혜원은 착공 7개월만인 1917년 4월 1일 문을 열었다. 치료소 직원관사, 사무본관, 예배당, 목욕탕, 취사장, 환자주택 등 19동 건물을 준공하여 1백여 명을 수용할 능력을 갖추고 인근 환자 40여 명을 수용하게 된다.

 모든 생활 양식은 일본식으로 하고, 하루 양식으로 일인당 쌀 3홉, 잡곡 3홉을 배급하였다. 중앙공급식으로 밥이 배식되었다. 저녁 8시가 되면 통행을 금지시키고, 취침 전에는 인원 점호가 시작되고 전문 26조로 된 「요양 생활의 심득서」를 암송하게 하였다. 가족과 통신, 면회, 귀성 등이 제한되었다.

 치료는 매주 3회 5mg의 대풍자유 주사를 실시하고, 주사 부작용으로 주사를 맞은 자리가 곪기도 하였다. 이렇게 되자 많은 사람들이 대풍자유를 보리가루로 환을 지어 먹기도 하였고, 겨울철에 응고된 대풍자유를 수저로 떠 김치 이파리에 싸서 먹기도 하였다.
　초대원장 의천 형은 성격이 포악하여 채찍을 들고 다니면서 환자들을 매로 다스렸다. 재임 4년 11개월 만에 의천 형은 소록도를 떠났다.

　1921년 6월 23일에 2대 원장 화정선길(花井善吉)이 부임하였다. 군의관 출신 화정 원장은 쌀쌀한 외모와는 달리 온유하고 자상한 성격이었다. 취임 첫 훈시에서 "너희들은 내 아들과 딸이다. 아버지는 아들, 딸의 말을 귀를 기울이고 들을 것이고, 아들, 딸들은 아버지의 타이름을 잘 따라야 한다."고 강조하였다.
　화정 원장은 부산, 광주, 대구 선교사들이 운영하고 있는 나요양원을 두루 살피고 온 뒤 재환자들의 의견을 받아들여 일본식의 불편하고 몸에 배이지 않는 방식에서 벗으나 우리 민족의 생활방식대로 배려해 주었다. 그리고 금지시켰던 귀성도 가능하면 허락하였다.
　화정 원장은 1922년 10월 1일에 신책을 모시던 곳에 교회당을 세우도록하고 10월 2일 첫예배를 보았다. 기독교 성결교회(1934년 6월 7일 기독교 장노교회로 바뀜)가 세워져 1935년 가톨릭보다 13년 먼저 소록도에 들어온다.
　1925년 일제는 조선총독부 지방관 관제 개칭 칙령(제28조)을 공포하여 소록도 자혜원을 전라남도 산하기관으로 정하고 확장에 대비한다. 이것은 자혜원 설립 9년만의 일이다. 1926년 1월 성결교회 주일학교 조직하였다.
　1927년 4월 17일 성결교회 부활주일 예배를 가졌고, 11월 16일 성결교회 새벽기도회를 시작하였다. 1928년 7월 20일 화정원장 배려 서부교회 입당식을 하였고, 10월 24일 남부병사 남부교회 설립하였다.

1929년 10월 6일 화정선길 원장은 고된 병원 업무에 재임 8년4개월만에 별세하였다. 재환자들은 아버지를 잃은 듯 조의를 표하는 리본을 가슴에 달고 슬퍼하였다.

환자들은 이듬해 고인이 된 화정 원장의 창덕비 건립에 착수했는데 일화로 80원의 모금액이 모였다. "나는 너희들의 아버지이다. 아버지를 자식 너희들 있는 곳에 묻어 달라."는 고인의 유지에 따라 서생리 사무실 옆에 무덤과 창덕비가 남아 있다. 화정 원장은 소록도 자혜원 일본 원장들 중 제일 덕목과 자애로움을 갖춘 원장으로 재환자들이 아버지 같이 따르고 추앙을 받았다.

화정 원장이 사망한지 2개월만인 1929년 12월 28일 시택준일랑(失澤俊一郞)이 3대 원장으로 부임한다. 깔끔한 신사풍의 시택준일랑 원장은 환자 치료나 병원 업무는 뒷전이고 시간만 나면 거금도로 사냥만 즐기는 원장이라고해서 원생들은 거금도 원장이라고 불렀다.

소록도 동생리 선창에서 바라보면 거금도가 보인다. 소록도 사람들은 격금도라고 부르기도 한다. 우리에게 잘 알려진 레슬링 박치기왕 김일의 고향이기도 하다.

한편 이 나라의 선각자들은 일제의 탄압에 항쟁하면서도 외국인 손에 의해 행하여졌던 구라 사업을 우리 민족에 의하여 하자는 취지로 1928년 4월 6일 한국 최초의 민간 구라단체인 '조선나병 근절책 연구회'가 발족되었다. 최흥종의 주선으로 윤치호, 안재홍, 송진우, 김성수 등이 발족하였으나 조선총독부의 방해공작으로 뜻을 이루지 못하였다. 총독부 관계자들은 1932년 12월 2일 조선호텔에서 재단법인 '조선나예방협회' 발기인 대회를 열고, 12월 27일 총독부의 인가를 받게 된다.

1933년 2월 18일 조선나예방협회 포상조례에 관한 내규 2조 공익단체 인정하였고, 전국 나환자 일제조사를 실시하여 소록도를 세계 제일의 나환자 요양소로 만들기 위한 전국에 모금 운동을 실시한다. 처음 예산 1,155,969원을 계획한 모금액보다 1백61만원이 더 거둬졌다. 이것은 한반도 전체에 걸쳐서 소학교 학생부터 일반 국민 가두 모금, 각종 음악회 모금, 교회 모금, 단체 모금, 형무소의 수감인까지 모금에 참여하였다. 일본에 있는 영친왕이 매년 2만원씩 3년간 보내 왔으며, 일본 황태후도 3만원을 기부하였다. 이 기금으로 조선나예방협회 주관으로 소록도 섬 전체를 매수하기 시작하였다.

3월 13일 소록도 전도매수(약 140여만 평~150만여 평)하였고, 4월 30일 소록도 매수 대금을 총독부가 채납하였다. 주민들의 반대에도 불구하고 후한 배상금으로 원만하게 타협을 하였다. 토지는 현시가의 3배, 분묘 1기당 이장비 35원, 1가옥 이전비 25원을 책정하여 소록도 섬을 매입하였다. 그리하여 주민 9백여 명은 이해 6월 말까지 소록도를 완전히 떠났다.

소록도는 약 150만 평이 되는 요양원이 된다.

시택준일랑 원장은 3년 8개월만에 섬을 떠나고, 1933년 9월 1일 소록도 확장 사업의 총책을 맡고 주방정계(周防正季)가 4대 원장에 부임하였다.

주방정계 원장

주방정계(스오 마사스에) 원장은 일본 예지의학 전문대학 출신으로 조선총독부 기사와 도 기사를 겸직하기도 했고, 총독부 경무국 및 경기도 경찰부 위생과에서 마약관계 업무도 한 명예욕과 야심이 강한 인물이었다.

주방정계 원장은 가신처럼 항상 데리도 다니는 좌등삼대치(佐藤三代治)를 데리고 왔다. 주방정계가 일찍이 고아가 된 좌등삼대치를 거두어 수의학교를 졸업시키고 자신의 근무지마다 데리고 다녔다. 주방원장을 아버지와 같이 따르고 복종한 좌등삼대치는 소록도 원생들의 피와 눈물을 쥐어짜내고 죽음으로 내몬 천하의 악질 중 악질이었다. 좌등에 의하여 수많은 한센인들이 죽거나 불구가 되어 갔다. 소록도 사람들은 좌등이 먼발치에 보여도 오금을 펴지 못했으며 아이들은 좌등이 온다고 하면 울던 울음도 딱 멈추었다.

주방 원장은 재환자 1,212명 중 10여 명을 선발하여 평의회를 구성하였다. 매주 토요일마다 소록도 확장공사에 필요성을 설득하고 건설공사에 참여하는 자는 3전에서 5전까지 노임을 지급한다는 조건을 내세웠다. 이렇게 시작된 소록도 확장공사는 벽돌공장 건립을 선두로 1934년 중앙진료소와 중환자 병사를 준공하였고, 1935년부터 급수가 시작되었다. 그 외 지역에는 우물을 파거나 기존 우물을 사용하도록 하였다.

소록도는 섬인데도 물이 풍부하고 물맛 또한 일품이었다. 신생리 10호 부부사 앞 우물은 여름철에는 얼음장 같이 차겹고 겨울에는 따스하였다. 구북리 여병사 앞 우물과 함께 소록도에서 가장 양질의 우물이었다.

1934년 1월 12일 자혜원 숙원사업인 전화가 개설하여 육지와 통신이 가능하였고, 이듬해 9월 15일에는 사무본관에 교환기를 두어 섬 안의 요소에 33대의 전화기를 가설하였다.

1934년 9월 14일 요양소 관제칙령을 공포하여 동년 10월 1일 전라남도 소록도 자혜원을 조선총독부 관리(국립)로 전환되었다. 소록도 갱생원으로 개칭되었고, 서무과, 의무과, 약제과를 두어 사무를 분담하게 하였다. 국립화된 소록도에는 내과, 외과, 안과, 이비인후과, 피부과, 치과, X선실, 약국 등이 들어섰다.

1935년 4월 착공하여 7월 23일 전국나환자 형무소(광주형무소 소록도 지소)가 개소하였다. 소록도 지소는 나환자가 법에 저촉되었거나 행형 중 미결수나 기결수 중 나환자로 판명되면 건강한 수형인과 격리 수용함이 그 목적으로 소록도 구북리 십자봉으로 돌아가는 곳에 3만7천원 예산으로 건립되었다. 사무실, 감방, 조사실, 진료실, 취사장, 욕실, 창고, 직원 관사 등을 갖추고 9월 15일 59명이 수감되어 섬 속의 감옥이었다.

1935년 10월 21일 1차 소록도 확장공사 준공과 함께 감금실이 만들어졌다. 감금실은 중앙공원과 중앙병사 사이에 있으며 녹산중학교와 문예부 아래에 위치해 있다. 구조는 형무소와 같이 윗목 마루바닥 일부를 들어올리면 변소가 있다. 붉은 벽돌로 육중하게 담을 높이 세워 외부와 단절된 상태로 소록도 형무소와는 별개의 징치소이다. 강제노역에 불복하거나 내부질서를 교란하는 행위나 그 밖에 그들의 비위에 거슬리는 경우, 또한 그들이 징치가 필요하다고 인정되면 아무런 법적 절차 없이 병원장이 징계금속권을 발동하여 형을 가하고 징치하였다. 조선나예방령 6조 시행규칙 제8조에 의한 징계금속권은 견책 30일 이내 근신 7일, 상식 2:1, 감식 30일 내의 감금 등이 있다. 특히 감식과 근신은 병행할 수 있고, 감금에 있어서 형식상 조선총독부 허가를 얻어 60일까지 연장할 수 있으나 이것은 병원장이 마음대로, 혹은 추종자들에 의해 집행되어 재환자들을 억압할 수 있는 수단으로 시행되었다.

감금실에 들어가면 죽음 직전까지 몽둥이 세례를 받고 집행이나 감금 중 사망하면 병사 처리되었다. 또한 살아있다 하더라도 인권 유린과 학대를 당했다. 이것은 인간으로서 도저히 감당할 수 없는 수모를 겪었다.

여기에서 감금을 마치고 나온다 할지라도 즉시 단종수술을 단행하였다. 이것은 단종수술이라기 보다는 거세(去勢)였다.

수많은 한센인들이 감금실에서 죽었거나 불구가 된 한서린 곳이다. 주방 원장 시절에는 좌등이 소록도 총공사업무, 사회 일가 친척간 면회 업무와 함께 감금실 업무도 함께 관장하였다. 지금도 소록도 중앙공원 옆 육중한 붉은 벽돌 담장과 함께 감금실 잔형이 남아 있다.

1935년 가톨릭 신자 장순업 소록도 입원과 함께 소록도에 가톨릭이 들어온다. 5월 17일 주식회사 신사철공소 경성출장소와 계약 50kw 출력의 자가 발전기를 설치 관사와 병사지대에 역사적 점등을 가졌다. 5월 17일을 소록도에 경사일로 정하고 성대한 운동경기가 시작되었다.

1936년 4월 1일 재환자들의 간곡한 건의를 받아들여 총독부의 허가를 얻어 부부가 함께 살 수 있는 부부제도를 승인하였다. 부부의 동거 조건으로 동거에 들어가기 전 정관수술을 먼저 단행하여야 한다는 조건이었다. 처음에는 거부감이 있었으나 정관수술 후 먼저 동거에 들어간 부부들이 별 이상이 없으므로 가정제도가 늘어갔다.

부부가 되는 조건으로는 1. 호적상의 부부, 2. 호적상 부부가 아니더라도 정식으로 혼례를 올린 사실상 부부, 3. 수용 전부터 내연관계에 있는 자로서 일반인이 인정한 자, 4. 일반인이 확연히 인정치 않는 자라도 호사의 사장(舍長) 및 유력환자가 인정하고 타의 이의가 없는 자 등이다.

부부사가 별도로 없을 때는 광목으로 칸막이를 만들어 부부가 사용하다가 2차 소록도 확장사업 공사 때는 1사에 6실의 부부사를 만들어 6가정이 입주하여 살았다. 부부는 서로가 동병상련으로 서로를 의지하며 사랑하였으며 배급으로 주는 양식을 자신들의 입맛에 맞게 지어 먹고 옷도 깨끗히 세탁하여 입고 다녔으므로 소록도가 활기에 넘쳤다.

1936년 가을 남생리 바다 언덕에 등대를 건설하고, 1937년 10월 1일 종각을 건립하고, 10월 15일에는 종각 밑에 납골당인 만령당을 건립하였다. 일본 장도 애생원 납골당의 모형을 본 따서 만들었다. 높이 15미터, 둘레 20미터, 내부는 돌아가면서 유골을 안치할 수 있게 조성하였다. 20센티미터 네모 나무상자에 성명, 생년월일, 본적, 사망년월일, 유골번호를 적어서 안치했다. 그리고 매년 7월 15일(후일 10월 15일) 전원생이 만령당 앞에 모여 위령제를 지냈다. 이것은 일인들이 한반도 제일의 혈처인 천장지혈을 차단하려는 계략이 숨어 있다 하겠다.

또한 환자들을 통제하기 위하여 각 부락마다 간호수 1명, 간호부 1명, 농사감독, 비품감독, 서기, 조수 각 1명씩을 거느리는 간호주임을 책임자로 두고 그 밑에 다시 비품조수 1명, 작업조수 3~4명, 반장 2명을 거느리는 환자 대표를 두었다.

환자 위에 군림하기 위해 절대권을 행사할 수 있는 간호주임에는 전직 경찰이나 헌병 경력을 가진 일본인이고, 그 밑에 환자조무원은 일어에 능한 사람들이었다. 특히 좌등삼대치는 이들 위에 군림하여 사실상 주방원장 직속으로 감금실과 면회 업무, 공사 전반에 걸쳐서 관장하였다.

1937년 소록도 제2차 확장 사업을 마쳤다. 2차 확장사업을 마친 소록도는 소록도 자체의 뛰어난 풍광과 함께 부락마다 건물들이 선경과 같이 들어서 있어서 보는 이로 하여금 경탄하게 했다. 1938년 1월 하순 연장 4킬로미터 십자봉을 감싸는 도로 착공 20일만에 완공하였고, 2월에 소록도 제2차 확장공사 준공하였다.

2월 11일 배급식량 중 5작씩 감축 국방선금으로 바쳤다. 환자 고문 박순주는 자진하여 환자들의 주머니를 짜내어 국방선금을 바치겠다는 의사를 전하고 박순주의 주선으로 1938년 12월 11일 일본 건국 기념일에 서류를 올리고 2월 19일부터 실천에 옮겼다.

3월 11일 소록도에 우편소가 설치되고, 1939년 4월 27만의 예산으로 제3차 확장사업이 시작되었다. 이때부터 자금 고갈로 동원된 환자들의 노임도 제대로 주지 못하고 강제로 노역을 시키게 되는데 바로 이 토목공사가 중앙공원 공사와 함께 소록도 2대 토목공사 동생리 선창공사다. 직원지대에 선창이 되어 있었으나 많은 물자를 병사지대까지 나르기에는 거리가 멀어 불편하였다. 일이 있을 때마다 환자들이 건강지대에 출입하는 것이 건강직원들이 못마땅히 여겨왔다.

동생리 연안은 수심이 깊어 큰 배도 능히 접안할 수 있고 환자 지대이기 때문에 모든 것이 편리하였다. 당국은 총동원령을 내려 움직일 수 있는 사람들은 모두 동원되었다. 조수간 물때를 맞추어 공사가 진행되었기 때문에 밤낮도 없이 고된 공사였다.

5백미터나 되는 해안선을 따라 길을 내고 석축을 쌓았다. 대낮처럼 불을 밝힌 야간공사에는 수간호장이나 간호장들은 채찍을 휘두르며 공사 진행을 독려했고, 특히 좌등은 공사에 동원되지 않은 사람은 아파서 누워 있는 환자라도 밥도 주지 못하게 하였다. 남녀노소가 개미처럼 일하였으며 남성들은 산더미 같은 바위를 목도해 나르느라 어깨뼈가 으스러졌으며 여인들은 돌과 흙을 이고 나르느라 머리 정수리가 다 벗겨졌다.

또한 환자들은 부락마다 할당된 벽돌공출에 몸 쉴 시간이 없었다. 이는 광주, 여수, 목표, 고흥 등지의 주문에 의한 연간 1백80만개를 맞추기 위함이었다.

선착장 공사는 4개월만에 끝났다. 11월 25에 준공된 3차 확장 사업은 그렇게 끝났다. 병사, 직원관사, 창고 등도 중축되어 1939년 환자 수용 능력이 5,770명으로 늘어났다. 이와 함께 전국 나환자 1,025명을 강제송환하여 소록도에 입원시켰다. 이리하여 섬 안의 수용인원이 7,000명에 이르렀다.

중앙공원과 주방정계의 동상

또다른 큰 공사가 기다렸다. 중앙리와 동생리 사이의 구릉지를 매립하여 조성되는 중앙공원 공사였다. 1939년 12월 1일 예년에 없던 겨울 혹한에도 동경에서 원예사를 불러 중앙공원 공사를 착수하였다. 곡괭이로 땅을 찍으면 땅에서 시퍼런 불꽃이 펑펑 튀는 얼어붙은 땅이었다.

소록도의 중앙공원은 화(和)자 형태의 구조로 설계되었다. 금산, 완도, 득량 등지에서 자갈과 바위를 캐어 중앙공원으로 옮겼고, 섬 안에서는 구북리 십자봉에 있는 기암괴석과 나무들을 목도하여 공원으로 운반하였다. 공원 공사에 몸이 지쳐서 죽거나 자살하거나, 혹은 섬을 도주하다가 물에 빠져 죽는 사람들이 늘어만 갔다.

중앙공원에는 일본 황실에서 하사한 희귀한 단풍나무가 심어져 있고, 공원 입구에 노랑, 빨강, 분홍, 백색의 사발만한 장미꽃 터널이 있다. 또한 대만에서 들여온 야자수 등이 조화를 이루고 공원 모퉁이 벽돌공장 쪽에는 연못을 만들어 각종 물고기가 헤엄치고 놀았다.

소록도 중앙공원 윗쪽에 큰 바위가 있다. 이 큰 바위 앞에 서 보면 과연 이 바위를 사람들이 목도하여 온 바위인지 의문이 든다. 이 바위를 공원 현장까지 목도하여 오느라 목도꾼들의 어깨뼈가 으스러졌다. 이때 도 좌등은 이 바위에 올라가 채찍과 사쿠라 몽둥이로 앞을 가리키며 가자하면 거대한 바위가 움직였다. 좌등은 바위를 목도시키면서 허락없이 주춤거린다던가 호흡이 안맞아 잠시 서면 좌등은 채찍과 몽둥이가 인정사정없이 목도꾼들의 머리 위에 내려쳐졌다. 목도꾼들은 좌등의 몽둥이에 맞아 죽는거나 어깨뼈가 으스러져 죽으나 같다해서 바위를 죽으면 죽고 놓자하여 생긴 말인 죽어도놓고다. '죽어도놓고 바위'에는 한센인의 피맺힌 한이 서려 있다. 지금 죽어도놓고 바위에는 한하운의 시 「보리피리」가 새겨져 있다. 피-ㄹ 닐리리 보리피리 소리는 소록도 한센인들의 단말마이다.

1940년 4월 중앙공원은 완공되었다. 또한 공원 관리인을 7~8명 두어 관리하도록 하였다. 중앙공원이 완성되자 주방 원장과 좌등에게 아부하던 환자 고문 박순주와 그의 추종자들은 주방 원장의 동상을 세우겠다고 설쳤다. 재환자 가운데 본가에서 생활비가 송금되는 사람은 송금액 중에서 일정액을 강제로 거뒀고, 그렇지 못한 사람은 노역 노임에서 3개월치를 징수하였다. 또한 신체 부자유자나 중환자들은 금붙이나 현금을, 그것도 없는 사람은 배급식량이나 의복을 팔아서 강제로 모금액을 충당하게 하였다. 헌금이란 명분으로 재환자들의 뼈와 살, 피를 쥐어 짜서 기대치의 모금액이 모이자 일본 동경에서 동상을 제작해서 배로 운반해 왔였다. 주방 원장의 동상이 동생리 선창에 도착하자 재환자들을 강제로 동원하여 길의 좌우에 도열시키고 중앙공원으로 운반하는 동상을 배례하고 지켜보게 하였다.

화강암과 황석을 쌓아올린 축대 정면에 동상을 세우고 '주방 원장 지상'이라는 글씨를 새겨넣고, 뒷면에는 이사, 발기인, 고문, 제작인 등의 이름을 쓴 동판을 끼웠다. 이틀간의 작업 끝에 1940년 8월 20일 2미터가 넘는 동상을 세웠고, 제막식도 성대하게 거행되었다. 이날은 소록도 경축일로 삼았으며 환자들이 가정을 갖기 위해 결혼한 자는 반드시 중앙공원에 세워진 주방 원장의 동상을 방문하여 참배하도록 하였다. 또한 일본 국경일과 소록도 행사가 있는 매월 1일과 15일, 신사 참배날인 20일 주방 원장의 동상을 참배하게 하여 살아있는 신으로 신봉하게 하였다.

주방정계의 동상이 건립되고 열흘 뒤인 9일 4일부터 3일간 소록도 갱생원에서 제14회 일본나학회가 열렸다. 소록도에서 이틀, 경성제대 의학부에서 하루 등 사흘 동안 150여 명의 회원들이 참석한 가운데 성대하게 이루어졌다. 당시 일본나학회 회장이 주방정계였다. 후일 주방 원장의 동상 건립은 뜻있는 일인들에게 좋은 인상을 주지 못한다하여 일부에서 말썽도 있었다.

중앙공원이 재환자들의 죽음과 피, 한숨으로 얼룩져 완성되자 재환자들의 고난은 또다시 시작되었다. 노동력이 있고 없고가 아니라 불구환자까지 움직일 수 있는 자는 모두 동원하여 관솔따기, 송탄유 만들기, 가마니짜기, 숯굽기, 전쟁물자까지 생산해내는 도구로 이용되었다. 숯 목표량인 연 3만포를 달성하기 위하여 고흥군, 모두면, 금산면 등의 험준한 산악지대에서 원목을 벌채해 왔다.

1941년 2월 원 당국은 연간 30만 개의 가마니 생산을 목표로 가마니 짜는 기계 5백대를 들여와 각 부락에 배당하고, 할당목표를 달성하라고 강요하였다. 환자들은 방마다 가마니들을 배개 삼아 가마니 틀을 베고 자다가 가마니를 짜곤 하였다.

5월 20일 며칠 연기된 창립 25주년 기념식을 가졌다. 신사 연보니 국방 성금이니 하여 재환자들의 귀금속까지 착취했다. 환자 위에 군림하면서 주방 원장과 좌등의 개 노릇을 하던 환자 고문 박순주는 6월 1일 신사참배일이나 몸이 불편하여 자리에 누워 있었다. 틈틈이 기회를 노린 이길용이 박순주를 흉기로 살해한 것이다. 그 뒤 이길용은 사형선고를 받고 소록도 형무소에서 복역 중 자살하였다.

한하운의 「보리피리」

　한센병 시인으로 알려진 한하운(韓何雲)은 1919년 함경남도 함주군 동천면 쌍봉리에서 한종규의 2남3녀 중 맏아들로 태어났다. 부호의 아들로 태어난 한하운은 함흥에서 보통학교를 마치고 이리농림학교에 진학하여 익산과 연고를 맺게 된다. 그는 학창시절 문학과 창작활동에 많은 관심을 가지고 발자크와 앙드레 지드, 헤르만 헤세 등의 소설과 시를 탐독하면서 시를 쓰기 시작한다.

　문학의 꿈을 키우던 한하운은 이리농림학교 5학년 때 나병진단을 받고 금강산에 들어가 요양했다. 나병이 호전되어 동경으로 건너가 성혜고등 3학년 재학 중 나병이 재발하여 금강산에 요양하고, 다시 중국 북경으로 가 국립 북경대학 농림원 축산과를 졸업하였다. 귀국하여 함경남도 축산과와 경기도청 수의사로 근무중 안타깝게도 한센병이 눈에 띨 정도로 악화되자 직장을 그만 한하운은 1920년 3월 20일 8.15후 학생사건에 연루되어 공산당에 의해 투옥되었다가 원산을 탈출하여 월남한다. 걸식과 방랑으로 서울 거리를 유랑한다.

　1949년 4월호 월간 《신천지》에 한하운이 소록도를 다녀간 뒤 쓴 「전라도길」을 발표하였다.

전라도 가는 길

가도 가도 황톳길
숨막히는 더위 뿐이더라

낯선 친구 만나면
우리들 문둥이끼리 반갑다

천안 삼거리를 지나도
수세미 같은 해는 서산에 있는데

가도 가도 붉은 황톳길
숨막히는 더위 속으로 쩔름거리며
가는 길……

신을 벗으면
버드나무 밑에서 지까다비를 벗으면
발가락 또 하나가 없다

앞으로 남은 두개의 발가락이
잘릴 때까지
가도가도 천리 먼 전라도길

당시에는 소위 문둥병이라 불리던 한센병에 대한 인식이 매우 좋지 않아서 다른 사람들과 어울려 살 수가 없었다. 그는 생존을 위해 구걸을 하면서 전국을 떠돌아다녔다. 자고나면 눈썹이 빠지고 손가락이 없어지는 극단적 상황에서도 그는 한센병의 고통과 슬픔을 시 「전라도길」에서 풀어내었다.

그러나 1954년 8월 1일부터 주간지 〈신문의 신문〉에 '문둥이 시인 한하운의 정체'라는 타이틀로 한하운을 문화빨치산이라고 날조된 기사가 연이어 실렸다.

시 「전라도길」의 문제가 점점 확대되자 한하운은 10월 14일날 서울신문사를 방문하여 "나는 본명이 한태영(韓泰永)으로 빨치산이 아니며, 허구 인물도 아닌 실제 문둥이다."라는 신상 발언을 하였다.

또한 서울신문사 오소백 기자에게 종이와 연필을 달라고 하여 즉흥시 「보리피리」를 써주었다.

보리피리

보리피리 불며
봄언덕
고향 그리워
피-ㄹ 닐리리

보리피리 불며
꽃청산
어릴 때 그리워
피-ㄹ 닐리리

보리피리 불며
인환의 거리
인간사 그리워
피-ㄹ 닐리리

보리피리 불며
방랑의 기산하
눈물의 언덕을 지나
피-ㄹ 닐리리

　소록도 중앙공원 윗쪽에 큰 바위가 있다. 중앙공원을 만들면서 일본인 좌등의 감독 감시 아래 큰 바위를 옮겨 올 때 수많은 한센인들이 핍박과 죽음을 당했다. 좌등의 등살에 오죽했으면 죽으면 죽고 놓자하여 생긴 말이 '죽어도놓고 바위'인가. 이 한 맺힌 '죽어도놓고 바위'에는 한하운의 운명처럼 시「보리피리」가 새겨져 있다.
　한하운의 피-ㄹ닐리 보리피리 소리는 소록도 한센인들의 한맺힌 단말마이다. 이처럼 천형(天刑)과도 같았던 슬픔과 고통 속에서도「전라도 길」,「보리피리」등의 주옥같은 명시를 발표했던 한하운 시인은 1975년 2월 28일 향년 55세로 한많은 생을 마감하였다. 시집으로『한하운 시초』,『보리피리』,『한하운시전집』을 출간하였다.

의혈남아 이춘상

이춘상은 모종의 사상범으로 소록도 형무소에서 형을 마치고 중앙리 남병사에 살고 있었다. 소록도 사람들은 이춘상을 이춘성이라고도 하였다. 이춘상은 주방 원장의 원 행정과 좌등의 패륜적인 악질 행위에 불만을 가졌다.

형무소 안에서도 주방 원장과 좌등의 패륜적인 행정이 자행되었다. 이춘상은 성품이 곧고 신의를 중요시하였으며 이것이 아니다 싶으면 누구에게나 절대 꺾이지 않는 성품의 소유자였다. 일부에서는 주방 원장을 소록도 재건에 공로자이며 병원 업무에 열의가 있었다고 한다. 어떤 이들은 소록도 재환자 문화면에서도 배려했으며 체면과 위신을 중요시한 인물로 평가하였으나 이춘상은 그렇게 생각하지 않았다.

주방 원장은 근무지마다 악질 좌등을 심복으로 데리고 다니면서 온갖 나쁜 짓을 다하였다. 정작 자신은 좌등의 뒤에 숨어서 양의 가면을 쓴 이리처럼 행동하면서 야망과 독선으로 얼룩진 이중인격자였다.

주방 원장은 원생들의 호주머니 사정을 누구보다 잘 알면서도 하수인 박순주를 앞세워 무리하게 동상을 세우게 하였다. 이것은 자신이 회장으로 있는 일본나학회 학회를 소록도에서 개최하기 위한 술책이었다. 구리와 동이 귀한 전시 시절이라 급하게 서둘러 독려한 점과 자신의 동상 건립 후 뜻있는 일본 지식인들의 쓴 목소리에 구차한 변명만 늘어놓았다.

이춘상은 때가 되면 주범 주방과 하수인 좌등을 함께 단죄하리라 마음먹었다. 자신이 한 알의 밀알이 되는 것이 소록도 재환자들의 살길이라는 생각을 굳히고 실행에 옮기기 위해 차분하게 준비하였다.

중앙리 병사에서 소록도 매점 앞을 조금 지나면 녹동을 바라보는 바다가 가까이에 대장간이 있었다. 대장간에서는 소록도 재환자들의 낫, 호미, 농기구와 식칼 등을 고치고 만들던 곳이다. 대장간에는 대장장이 최씨가 조수 1명을 데리고 일하였다. 대장장이 최씨를 사이 상이라고 불렀다.

최씨는 신생리 4호 부부사에 부인과 함께 살았는데, 최씨 내외는 건강인이었다. 나환자가 아닌데도 최씨가 소록도에 어떻게 입원하여 살았는지는 아무도 모른다.

최씨는 185㎝의 키에 몸무게가 120kg이 넘는 거구로 힘이 장사였다. 최씨는 소록도 제일의 씨름꾼으로 아무도 그를 이겨본 사람이 없었다. 씨름을 할 때면 상대가 샅바를 잡고 있어도 어린아이처럼 가볍게 들어올려 모래판에 고이 눕히곤 하는 사람이었다. 소록도 재환자들이 최씨의 힘의 한계를 알기 위하여 배급용 80kg 쌀 3가마를 지게에 포개어 얹어놓고 일어나라고 하자 최씨는 씨익 웃으면서 양손에 쌀 1가마씩 더 들고 일어나 가볍게 걸어갔다고 한다.

이춘상은 대장간으로 최씨를 찾아갔다. 칼을 다룰 줄 아는 칼잡이인 이춘상이 최씨에게 부탁하여 식칼보다 가늘고 조금 긴 칼을 만들어 숫돌에 갈았다. 식칼 자루에 고무줄로 촘촘히 감아서 칼 자루가 손에 착붙게 만들었다. 칼에는 피마자유로 바르고 닦아 녹이 쓸지 않도록 창호지에 고이 싸 숨겨두고 기회를 엿보고 있었다.

1942년 6월 20일 보은 감사절날, 주방 원장은 중앙공원 자신의 동상 앞에 서서 재환자들의 경례를 받고 연설을 하기 위하여 중앙리 재환자 대표 앞을 막 지나갈 무렵 이춘상이 쏜살같이 달려나가 주방정계의 가슴에 칼을 꼽고 좌우로 돌려버렸다.

주방정계는 이춘상의 의도(義刀)를 맞고 병원으로 이송 중 절명하였다. 이춘상은 주방을 단죄한 칼을 들고 "좌등이 이놈, 어디 있느냐? 이놈 좌등아."하면서 표효하면서 좌등을 찾았으나 그림자처럼 따라 다니던 좌등은 보이지 않았다.

이춘상은 주방정계를 단죄한 칼로 자결하려 하자 중앙리 환자 대표가 이춘상이 쥐고 있던 칼을 뺏어 버렸다. 행사장에 모인 환자들은 즉각 해산되고 각 부락마다 통행금지가 내려졌다. 각 병사에 있는 모든 칼의 사용을 금지시켰다. 날카로운 칼끝을 잘라서 몽당칼을 만들어 사용하게 하였다.

의혈남아 이춘상은 대구복심법원에서 사형선고를 받고 형장의 이슬로 사라졌다. 의혈남아 이춘상은 형장의 이슬로 사라지기 전 주위의 사람들에게 자신의 칼로 자결하지 못하고 일인의 손에 의하여 형장의 이슬로 사라지는 것을 수치로 생각하며 아쉬워했다 한다.

1942년 8월 1일 소록도 제5대 원장 서귀규삼(西龜圭三)이 부임하자 먼저 수간호장 좌등을 면직시켰고, 직원들이 환자들을 대할 때 경어를 쓰게하고 원장 자신도 경어를 사용하였다. 이것은 환자들의 반감을 없애고 심성을 순환시키려는 수단으로 경신사상의 보급과 함양에 힘썼다.

또한 서귀 원장은 주방정계의 동상 참배는 없애고 신사참배와 집집마다 천조대신의 신책을 모시도록 하였다. 이렇게 되자 기독교인과 심한 불화가 일어나기도 했다.

1943년 대동아전쟁이 막바지에 접어들자 소록도도 극심한 수탈에 시달렸다. 만령당 뒤 종각에 500관이나 되는 범종을 비롯하여 교회의 성종, 주방정계의 동상, 환자들의 개인 소유의 놋그릇과 수저까지 공출하여 군수용 전쟁 물자로 헌납했다.

짐승들도 먹지 못하는 썩어가는 옥수수, 콩깨묵, 수수 등으로 배급되었다. 그러나 이것마저 부족하자 집집마다 빈터에 호박, 고구마, 옥수수 등을 심어서 식사 대용으로 먹었고, 바다에서 나는 해초나 소나무 껍질을 먹었으며 심지어 빗자루를 만드는 싸리나무 잎을 삶아 먹고 배탈과 복통을 일으켜 자리에 눕기도 하였다.

여기에다 중노동에 시달리던 재환자들이 섬을 탈출하는 사태가 되자 저녁 8시만 되면 통행금지를 실시하였고, 각 호사마다 한동안 완화되었던 인원 점호가 다시 실시되었다.

8.15 해방과 소록도

소록도에 해방 소식은 8월 17일에야 알 수 있었다. 이것은 태풍으로 인한 전신주 고장이기도 하였다. 8월 18일 아침 소록도 내의 각 부락 대표와 간부, 각 호사의 사장급은 공회당으로 집결하도록 통보를 받았다. 오늘도 무슨 시국 강연이 있으려나 하며 중앙리, 동생리, 신생리, 구북리, 서생리, 남생리 등 6개 부락 유지들이 공회당으로 모였다.

서귀 원장은 "대동아전쟁이 곧 끝날 것 같으니 별도의 지시가 있을 때까지 조용히 기다려 달라."는 말을 남기고 몹시 불안하고 초췌한 얼굴로 허둥대면서 일본직원들과 함께 황급히 사라졌다. 이상한 분위기에 일본직원과 함께 가지 않는 한국 건강직원들에게 연유를 물어보자 우리나라가 해방된 사실과 섬 밖의 소식을 알 수 있었다.

소록도는 해방 소식이 순식간에 벌집 쑤셔놓은 듯 번져 나갔다. 신사가 때려 부서지고 덩실덩실 춤추는 사람, 귀향보따리를 싸고 나와 부락어선으로 섬을 빠져 나가려고 아우성을 치는 사람, 형무소 재소자 70여 명이 파옥을 하고 나와 간수들에게 보복을 하였다. 형무소에 복역한 작업 조수 김준배와 병동 사장 박재동에게 붙들린 형무소 소장은 목숨을 살려 달라고 애원하였고, 서생리에 있는 일본인 환자 1명이 심한 몰매를 맞기도 하였다.

또한 동생리 건강직원 간호수 박진격이 해방의 기쁨에 덩실덩실 춤을 추고 기뻐하는 환자들을 비웃고 있다가 환자들에게 심한 뭇매를 맞고 건강지대로 도망간 일도 있었다. 이 와중에 건강직원들 사이에 의료계와 비의료계의 소록도 병원 운영권을 놓고 대립하게 된다.

환자들과 친분이 있는 의사 석사학(昔士鶴 : 창씨명 석천)과 간호주임 오순재(吳順在)와 송회갑(宋會甲)이 주도권 싸움이었다. 석사학은 소록도 역대 원장은 "의사가 원장이니만큼 의사가 원장이 되어야 한다."고 하자 오순재, 송회갑 등은 "지금은 과도기이니 만큼 임시적이나마 의사가 아니라도 수적으로 우세한 비의료계가 되어야 비상시국을 슬기롭게 대처한다."고 주장하면서 주도권 싸움을 벌였다.

서귀 원장이 소록도를 떠날 때 석사학 의사에게 맡겨 놓은 병원장 관인과 창고 열쇠 뭉치를 비의료계 건강직원들이 빼앗아 가지고 있었다. 건강직원들끼리 투표를 하여 여기에서 당선된 사람이 새로운 원장이 올 때까지 임시 병원 운영권을 맡는다는 쪽으로 결론이 났다.

투표 결과 위원장에 오순재, 부위원장에 송회갑이 뽑혔다. 1945년 8월 19일 정오가 조금 지날 무렵 병원 운영권에서 수적으로 밀린 석사학 의사는 윗저고리를 벗어 한 손에 들고 헐레벌떡 환자지대로 뛰어 내려왔다.

구북리에서 환자 고문으로 있다가 신생리로 이사와 살고 있던 이종규를 찾아가 "이고문 큰일 났소. 새로 선출된 오순재와 송회갑 일당이 서귀 원장이 섬을 나갈 때 나에게 맡겨 놓은 병원장 관인과 자재 창고 열쇠를 빼앗아서 창고에 보관 중인 여러분들의 의약품, 식량, 생필품 등을 지금 섬 밖으로 빼돌리고 있소. 내 혼자 이를 막으려 하였으나 역부족으로 내 신상에 위협을 느껴 지금 이곳으로 급히 와 알립니다. 그러니 이런 사실을 여러분들에게 알려주시오, 그리고 내가 이 소식을 전했다고하면 저자들 손에 죽으니 나를 녹동까지만 배로 빼내주시오."라고 하였다.

이종규는 이 말을 듣고 사실 유무를 따지기 전에 신생리 이장 대표에게 전하였고, 신생리 이장 대표는 6개 부락에 이런 사실을 급하게 알렸다. 또한 이종규는 석사학 의사를 녹동까지 도피시키려고 몇 사람들과 함께 신생리 부락배로 소록도를 빠져 나갔다.

한편 신생리 이장 대표에게 급보를 받은 6개 부락 이장 대표와 유지들은 19일 낮 2시경 중앙공원 앞 대운동장에 모였다. 그 중에 하얀색 파나마 모자를 쓴 이경도가 "여기에 모이신 6개 부락 대표자님들, 우리에게 배당된 우리들의 물건을 저자들이 마음대로 섬 밖으로 빼돌린다고 하니 우리들의 물건은 우리들이 지켜야하지 않겠습니까? 일인들로부터 해방의 기쁨이 채 가시기도 전에 이게 무슨 날벼락이란 말입니까? 같은 민족으로서 일인들의 앞잡이 노릇을 하던 저자들에게 우리 제환자들이 얼마나 비인간적인 굴욕과 인권 유린을 당하였습니까? 이제는 그 시절이 아닙니다. 우리에게 배정된 우리들의 물건은 물론 더 나아가 우리들의 소록도는 우리들이 지켜야 합니다. 지금 이 소록도는 여기 모이신 여러분들의 피와 땀, 그리고 죽음으로 이루어진 우리들의 섬이요 안식처입니다. 우리들이 일궈 만든 이 섬에서 우리들에 배급될 우리들의 필수품들을 지켜야 합니다."라고 열변을 토하였다.

소학교 교장인 이경도는 일본 조도전(와세다)대학 출신으로 소록도에서 제일의 지식인으로 기독교 전도사였다. 그는 박학다식한 달변가였고, 비록 섬 속에서 요양생활을 하였으나 정세를 바로 볼 줄 아는 정세가였다. 이경도는 차제에 육지의 외국선교사들이 운영하고 있는 나요양원 같은 자치제를 강력하게 주장하기도 하였다.

6개 부락 유지들은 이구동성으로 우리들의 물건을 우리 손으로 반드시 지켜야 한다고 뜻을 모으고 울분에 차 기세가 등등하였다. 이경도가

"이곳에 모이신 유지 여러분께서는 지금 각 부락으로 속히 돌아 가시어 우리 재환자 중 움직일 수 있는 자들은 한 분도 빠짐없이 대운동장으로 재집결하도록하여 미하리소로 가서 건강지대로 올라가 우리들의 식량, 의약품, 필수품들을 사수합시다."라고 말하였다.

　병원 본관 우측 중앙공원으로 돌아가는 바다가 귀퉁이에 붉은 벽돌로 된 미하리소가 있다. 미하리소는 환자지대와 건강지대의 경계 지역으로 건강지대로 올라가는 길을 철문으로 차단하여 놓고 이곳에서 통과 절차를 마쳐야 건강지대로 올라갈 수 있다.

　이곳을 길을 사이에 두고 앞쪽은 바다요, 미하리소 뒷쪽은 가파른 언덕으로 이곳만 통제하면 많은 인원이 건강지대쪽으로 올라가지 못하도록 건축된 요새였다. 일인들은 환자들의 만일에 사태에 대비하여 미하리소를 경계선으로 삼았다.

　대운동장에서 긴급회의를 마친 각 부락 유지들은 7시까지 대운동장에 재집결하기로 하고 해산하였다. 이러한 현장을 건강직원들이 중앙공원 나무 뒤에 숨어서 하나도 빠짐없이 살폈다. 재환자들이 해산하자 건강직원들은 미하리소쪽으로 바람 같이 사라졌다.

미하리소라는 곳

각 부락 이장과 유지들로부터 급보를 받은 재환자들은 손에 손에 각구목과 곡괭이 자루, 호미, 낫 등을 들고 중앙공원 대운동장으로 구름같이 모여 들었다.

이경도가 "여기에 모이신 환후 동지 여러분! 저 이경도입니다. 지금 우리들은 엄동설한 그 혹한의 날씨에 주방정계의 가신인 좌등의 채찍과 몽둥이질, 발길질을 맞아가며 손발이 떨어져 나가고 뼈가 으스러지며 살점이 찢어지는 가운데 눈물과 피와 한숨과 죽음으로 7만여 평의 논과 밭, 구릉지를 매립하여 조성한 중앙공원 앞에 집결해 있습니다. 또한 동기 여러분들이 집결해 있는 바로 앞 중앙공원에서 1942년 6월 20일 오전 10시경 소록도 4대 원장 주방정계를 소록도 의혈남아 우리 동지 여러분의 가슴에 길이길이 남을 이춘상 동지가 의도로 하늘을 대신하여 하늘에 심판을 단죄케 한 역사적 현장이 여기에 모이신 재환자 여러분을 내려다 보고 있습니다. 이곳에 모이신 선배, 형제, 자매, 동지, 재환자들이 그 얼마나 잔인무도한 일제 학정 속에서 시련과 고초를 겪어오던 중 하늘이 도우시어 우리가 해방되었습니다. 그렇게도 고대하고 기다리던 해방된 우리나라 이 풍광의 섬, 저와 여러분들의 소록도에 이게 무슨 날벼락이란 말입니까? 이곳에 집결하신 환후 동지 여러분, 지금은 무정부상태입니다. 지금은 아무도 우리에게 배정된 우리들의 물건을 지켜 줄 사람이 아무도 없습니다. 우리들의 모든 힘을 총집결하여 우리들의 물건들을 우리 스스로 힘으로 사수하고 지켜야 합니다. 환후 동지 여러분, 저자들에게 우리들의 모든 물건들을 다 빼앗기고 병마와 헐벗고 굶주림 속에서 죽음을 맞이 하겠습니까? 아니면 우리들의 물건들을 우리 스스로 단결된 힘으로 뭉쳐서 지키고 해방된 우리나라 이 풍광의 섬에서 새로운 재활 희망의 길을 가시겠습니까?"

재환자들은 이구동성으로 "이교장 말씀이 지당하십니다. 우리들의 물건을 우리들 스스로 지켜야 합니다. 잔인무도한 일인들도 이런 짓은 하지 않았습니다. 이놈들이 문둥이 콧구멍에 마늘을 빼먹어도 유만부득이지 화적 떼보다도 더한 놈들 지금 바로 올라가 우리들의 물건들을 우리들이 지켜야 합니다. 지금 건강지대 창고에는 사회에서 돈으로 구할 수 없는 의약품들이 있습니다. 이것을 먼저 사수해야 합니다. 또한 우리 원생들을 위해 지급된 공금도 있습니다."

"저놈들이 그것을 노리는 것입니다. 이러고 있을 때가 아닙니다. 지금 이 순간에도 우리들의 귀중한 물건들이 사라져 가고 있습니다. 지금 바로 올라가야 합니다."라고 여기저기 목소리가 커져 갔다.

한편 환자들의 동태를 주의 깊게 살피던 오순재, 송회갑은 우선 섬 밖 건강인 자치대원들에게 지원을 요청하였다. 일인들이 버리고 간 총, 칼 등으로 건강직원들을 무장하게 하고 미하리소를 경계로 방어선을 구축했다.

대운동장에서 죽음을 불사하기로 하고 집결된 재환자들에게 이경도는 "동지여러분, 지금부터 대오를 정비하고 질서를 유지하십시요. 그리고 각 부락 단위와 관계없이 부락 간부님들과 젊고 건강한 동지분들이 앞장서

시고 그 후미에 나이 많으신 분들께서 뒤따르시면서 질서있게 미하리소로 가겠습니다. 환후 동지 여러분, 질서있게 대오를 신속히 유지해 주십시요. 그리고 횃불을 준비해 오신 분들께서는 날이 어두워지면 횃불을 밝혀 주십시요."

이경도의 말이 떨어짐과 동시에 재환자들은 질서정연하게 대오가 정렬되었다. 이어서 이경도는 "환후동지 여러분, 이경도가 지금부터 앞서겠습니다. 저 이경도를 따르십시요."라고 하면서 이경도가 앞장 서자 재환자들이 "자, 가자!"라는 함성이 소록도 하늘을 진동시켰다.

인류사를 회고해 볼 때 세인의 심금을 감화 감동시킨 명연설이 많이 있다. 그 중에서 명연설 두 개를 꼭 집어 들라하면, 첫째 민주주의의 중요한 문헌이라고 평하는 기원 전 430년 페리클래스가 전몰한 아테네 용사들을 추모하는 추모의 연설이요, 둘째 미국 남북전쟁 종전 4개월 뒤 최고의 격전지 게티즈버그 현장에서 전몰한 남군과 북군, 전사자들을 위하여 이 전장을 국립묘지로 만드는 식장에서 "인민에 의한, 인민을 위한, 인민에 정치는 지상에서 영원히 사라지지 않을 것이다."라고 연설한 미국 16대 대통령 에이브라함 링컨의 연설이라고 할 수 있을 것이다.

소록도 대운동장에 집결한 환후들을 향해 자신의 몸을 불태우듯 연설한 이경도의 연설 또한 소록도 청사에 길이 남을 명연설이었다. 이경도의 연설에 감동된 재환자들은 대오를 유지한 채 이경도 뒤를 따라 미하리소에 도착하였다.

오순재, 송회갑을 비롯 건강직원들과 이들의 감언이설에 매수된 섬 밖 일부 치안대가 증원되어 미하리소 앞은 철저히 차단되었다. 총칼로 무장한 채 미하리소는 요새가 되어 있었다.

일행은 미하리소에 도착하였다. "우리에게 배정된 식량, 의약품, 생필품 등을 당신네들이 섬 밖 육지로 빼돌린다는 정보를 입수하고 이곳에 왔으니 우리 원생들의 물품을 우리들이 창고에 가서 그 유무를 확인하고 또한 우리들이 물건을 우리들이 지켜야 겠으니 길을 열어주시요."라는 이경도의 말이 끝나기가 무섭게 환우들은 "길을 열어라! 길을 열어라! 이놈들아, 빨리 길을 열어라. 밀고 올라가자! 가자!" 원생들은 태풍에 성난 파도처럼 술렁거렸다.

그러자 오순재가 나서서 "여러분! 방금 여러분들이 하신 말은 모두 사실무근이요. 이것은 건강직원들과 여러분들을 이간시키기 위하여 짜낸 허위날조입니다."라고 하자 이경도가 "그러면 좋습니다. 오위원장께서 하신 말씀이 허위날조라면 더욱 창고를 개방하여 확인시켜야 되지 않습니까?"라고 하였다. 그러자 송화갑이 "그렇게는 못합니다. 허위날조라고 하지 않습니까? 저희들 말을 믿으십시요."라고 목소리를 높였다.

이경도가 "그러면 좋습니다. 우리 재환자 간부 몇 명을 차출하여 현장 창고에 가서 사실 유무를 확인하고, 창고에 있는 물품은 재환자 물품이니 차출된 재환자 간부 몇 명이 창고를 지키게 해주시요."하자 오순재가 "그렇게는 못합니다. 우리가 잘 지키고 있는데 여러분들이 왜? 창고를 확인하고 지키려고 한단 말입니까?"라고 하였다.

다시 송화갑이 나서서 "오위원장님께서 사실 무근이라고 하지 않습니까? 오위원장님 말씀을 믿으십시요."라고 하였다.

이때 집결해 있던 재환자들 속에서 "당신네들 말을 믿을 수가 없다. 만일 우리들의 주장이 당신네들 말처럼 사실 무근이라면 현장에 가서 직접 우리가 가서 확인하면 될 게 아니냐."라고 하자 오순재가 "다시 한 번 더 말하겠지만 이것은 허위날조며 유언비어에 불과합니다. 그리고 현장 창고는 건강지대이니만큼 여러분들에게 확인시켜 줄 수 없습니다. 여러분 모두 이성을 되찾으시고 돌아가십시오."

이렇게 되자 재환자들은 함성을 지르며 "저자들의 말을 믿을 수가 없다. 이럴 것이 아니라 현장으로 밀고 올라가자. 이 순간에도 우리들의 물건들이 도둑질 당하고 있다. 현장으로 밀고 올라가자! 와! 올라가자!"라며 대오가 순식간에 무너졌다. 젊고 건강한 재환자들이 먼저 저지선을 때려 부수고 밀치며 올라가자 건강직원들이 먼저 공포탄을 쏘기 시작했다. 재환자들은 "공포탄이다. 겁내지 말고 올라가자! 이놈들 쏠 테면 쏴 봐라! 자! 가자!"

오순재, 송회갑 등은 총을 빼들고 "재환자들이 저지선을 못 넘게 하라. 저지선을 넘는 자는 쏴버려라."고 명령하였다. 이렇게 되자 건강직원들과 재환자들이 미하리소 앞에서 뒤엉켜 난투극이 벌어졌다. 건강직원과 재환자 간에 사상자가 생겼다.

잠시 후 오순재가 권총을 뽑아 하늘을 향해 몇 발의 총성이 울리자 쌍방간의 난투극이 주춤하였다. 오순재는 "여러분, 우리가 이렇게 피를 흘리고 서로 싸울 것이 아니라 이성을 잃지 말고 타협점을 찾읍시다." 그러자 송회갑이 "여러분 그렇게 하십시다." 오순재가 나서서 "재환자 여러분 중에서 대표자 한 분을 선출해 주시면 감사하겠습니다."라고 하였다.

그러자 이경도가 "내가 재환자 대표요." 그러자 오순재는 이경도를 보면서 "이교장님, 이쯤해서 우리 서로 타협하십시다." 이경도는 "우리의 조건은 현장 창고에 가서 사실 유무를 확인시켜주고 우리들이 선출한 몇몇 사람이 창고를 지키게 해주면 다 해결될 터인데 왜 일을 이렇게 크게 벌리는 겁니까? 도대체 그 저의가 무엇입니까? 오위원장님께서 창고 반출 사건이 허위라고 하면 간단한 문제가 아닙니까? 현장 창고 확인만 시켜 주면 될 게 아닙니까?"

위원장 오순재나 부위원장 송회갑은 말에나 학식, 인격적인 면에서 이경도를 당할 수가 없었다. 이경도의 말에 답을 못하고 전전긍긍했다. 오순재가 "그럼, 우리 이렇게 합시다. 오늘은 밤도 늦었고 중상을 입고 다친 사람도 있으니 우선 다친 사람을 응급처리하고 내일 다시 중앙공원에서 각 부락 재환자 간부님들과 서로 만나 창고 문제와 다친 사람 치료비와 병원 운영에 관하여 전반의 문제들까지 폭넓게 서로 협의합시다. 시간은 내일 오전 9시로 합시다."라고 회유하였다.

이경도는 잠시 환자들을 둘러보면서 "여러분, 오늘밤은 다친 사람의 치료가 급선무이니 오늘은 이쯤하시고 해산합시다. 내일 저희 간부들을 믿으시고 본 창고건에 대하여나 자치제 병원 운영 전반에 대하여 타협을 할 것이니 저희 간부들을 믿으시고 오늘밤은 이만 해산하십시다."

재환자들은 이경도의 말에 잠시 망설였다. 이때 재환자들 무리 속에서 "여러분, 이교장님 말씀을 믿으시고 그렇게 하십시다.", "네! 그렇게 하십시다. 네! 알겠습니다.", "이교장님만 믿겠습니다."

이렇게 해산되었다. 피바람을 부르는 8월의 불길한 밤은 12시가 가까워 오고 있었다.

재환자들이 해산되자 미하리소에 남아있던 오순재, 송회갑을 위시해서 건강직원들은 비상대책회의가 시작되었다. 오늘의 정황으로 보아 내일은 우선적으로 재환자들의 창고 문제를 확인시켜 주어야 할 터인데 뒤가 구렸다.

이들은 간악한 일인들이 하는 짓을 그대로 배우고 본따서 소록도 재환자 중 주동적 인물 90명만 제거하면 된다는 결론을 내렸다. 그리고 이들에 대한 살생명부가 차례로 작성하였다. 내일 약속한 중앙공원은 너무 넓고 또한 환자지대이므로 만일의 경우를 대비해서 이곳 미하리소에서 간부 일부를 제거하고 이 자리에 없는 간부들을 색출조를 편성하여 각 부락을 뒤져서 사살하는 사살타격조도 편성하였다. 또한 벌교로 해방 전에 구입해 놓은 장콩을 실으러 벌교로 간 일부 간부들은 득량 앞바다에서 기다렸다가 배 위에서 사살하고 수장시킨다는 계획도 세웠다.

살인마의 대학살극

　1945년 8월 20일, 소록도사에서 가장 잔혹한 참사의 날이 밝아 오고 있었다. 지난 밤 자정, 미하리소에서 집으로 돌아온 이경도는 내일 건강직원들과의 만남을 불길한 예감으로 밤새 잠을 설치고 새벽기도에 나가 예배를 올렸다. 아침 9시에 건강직원들과 약속된 중앙공원으로 가기 위해 아침밥을 먹는 둥 마는 둥 하였다.
　이경도는 여름철이면 항시 입고 다니는 하얀 노타이 반팔 와이셔츠와 호주머니에 수첩과 만년필을 꽂고 하얀 파나마 모자를 썼다. 구두를 신고 집을 출발하여 교장으로 있는 소학교 앞을 막 지나고 있었다. 소학교 앞을 지나 오르막을 오르면 중앙공원이다. 중앙공원에 올라 선 이경도는 자신이 근무하고 있는 소학교를 바라보았다. 오늘따라 소학교 앞을 지날 때 발걸음이 잘 떨어지지 않았다.
　오늘은 참으로 이상한 날이구나! 독백하면서 이경도는 중앙공원으로 걸어갔다. 먼저 와 기다리고 있던 서너 명의 간부들과 가볍게 인사를 할 때 간부들이 모여 들기 시작하였다.
　이때가 8시 40분쯤 되었다. 이때 미하리소쪽에서 건강직원 하나가 다가 와서 "이경도 선생님, 오늘 이곳 중앙공원에서의 약속이 갑자기 미하리소로 변경되었으니 지금 이곳에 먼저 와 계시는 간부님들께서는 미하리소로 오십시오."라는 말을 남기고 총총걸음으로 미하리소쪽으로 사라졌다.

　재환자 간부들은 서로를 쳐다보며 의아한 눈초리였으나 이경도가 먼저 "뭐 별일이야 있겠습니까? 그러면 먼저 오신 분들부터 미하리소로 가고 이곳에는 한 분만 남아서 뒤에 오시는 간부님들께 약속 장소가 미하리소로 변경 사실을 알리고 미하리소로 함께 오십시오.", "네. 그렇게 하지요."라고 간부 한 사람만 남기고 간부들은 미하리소로 향했다.

　중앙공원과 미하리소는 걸어서 오 분 남짓한 거리다. 이경도와 간부들이 미하리소에 도착해보니 마치 어제 저녁 때와 같은 살벌한 분위기로 미하리소 안에는 많은 사람들이 붐볐다. 건강직원 한 사람이 이경도에게 다가와 "이교장님과 간부님들은 안으로 들어가시죠."라고 한다. 미하리소 안으로 들어 가기 위해서는 벽돌 두어 계단을 올라가야 한다. 이경도의 오른발이 계단에 걸려 앞으로 넘어졌다. 두 손으로 계단을 짚고 일어서려하자 와이셔츠 호주머니에 꽂혀있던 만년필이 계단에 떨어지면서 만년필 뚜껑이 깨어졌다.

　이경도는 불길한 예감에 온 몸에 소름이 끼쳤다. 미하리소 안에서 "저놈이 이경도야. 저놈이 주동자야. 저놈부터 죽여야 돼."라는 말이 떨어짐과 동시에 곡괭이 자루가 이경도 머리를 내리쳤다. 이경도는 한 마디 비명도 지르지 못하고 파나마 모자를 쓴 채 두 눈을 부릅 뜨고 한 손에 만년필을 쥐고 즉사하였다.

　연이어 탕탕탕, 재환자 대표들을 향해 총알이 비오듯 쏟아졌다. 힘없이 총에 맞아 쓰러지는 간부들과 팔과 다리에 총에 맞고 살겠다고 비틀거리며 도망가는 재환자들을 뒤따라 가면서 칼과 죽창으로 난자하였다.

　또한 중앙공원에서 미하리소로 오다가 총소리와 아우성, 신음소리에 놀란 재환자 간부들이 중앙공원쪽과 병원 본관쪽으로 도망 가자 뒤따라가 처참하게 난자를 하였다. 순식간에 미하리소 앞과 병원 본관, 그리고 중앙공원으로 가는 길에는 소록도 간부들의 시신과 부상당한 재환자들의 흘린 피로 피바다가 되었다.

건강직원들은 미하리소 앞에서 사살된 자, 피를 흘리며 신음하는 환자 할 것 없이 재환자 간부들을 마치 나무가지를 질질 끌고가 듯 옷깃을 잡고 끌고 가 병원 본관 앞과 미하리소 사이 바닷가 빈 터에 장작을 쌓듯 시체를 모아 놓는 것이다.

그리고 각 부락 살생체포조가 무장한 채 조를 지어 각 부락으로 나가고 있었다. 오순재와 송회갑, 건강직원들이 살인마가 되어 설치면서 중앙리 병사에 들어와 겁에 질려 떨었다. 대체로 젊고 건강한 재환자를 색출하여 미하리소와 병원 본관 앞 사이 죽은 재환자 간부들과 신음하는 재환자들 옆에 구덩이를 강제로 파게 하였다.

공포에 질려 아무 영문도 모른 채 구덩이를 파놓으니 그 구덩이 속으로 사살하여 죽은 사람, 아직 살아서 신음하는 사람 등을 던져넣는 것이다. 구덩이 속에서 살기 위해 기어오르는 재환자 간부들을 죽창으로 마구 찌르고 난자하여 구덩이 속으로 밀어넣었다.

시간이 지나자 각 부락에서 살생부에 기록된 재환자 간부들을 포박하여 끌고와 산 채로 구덩이 속에 밀어넣어 그 위에 재환자들에 의하여 전쟁용으로 채집하여 공출된 송진기름인 송탄유를 붓고 불을 질러 생화장시켰다. 송탄유의 검은 불기둥이 하늘을 치솟고 생화장을 당하는 재환자 간부들이 뜨겁다고 괴성을 지르며 죽어갔다.

갓 해방된 이 나라 소록도에서 천추의 한을 남긴 인간 살인마들이 저지른 악행이었다. 한 섬에 살아왔던 한민족으로서 건강인과 나환자라는 이유로 자신들의 잘못한 행위는 뉘우치지 않고 일인들 밑에서 일인들의 앞잡이 노릇을 하면서 그들에게 배운 그대로 재환자들을 사람 취급도 안

한 것이다.

생사람을 화장하는 불길은 밤새 타오르고 올라 소록도와 녹동 사이 바다를 검붉게 물들였다.

또한 영문도 모르고 강압에 눌려 구덩이를 판 중앙리에 사는 재환자 한 사람은 자신이 파놓은 구덩이 불길 속에서 생사람의 비명소리에 정신 이상이 되어 윗옷을 벗어 던지고 병사지대를 헤매며 "저 좀 살려주시오. 저 좀 살려주시오."하며 미쳐 날뛰었다.

한편 해방 전에 구입해 놓은 장콩을 실어오기 위해 8월 16일 소록도를 떠나 벌교에 갔던 재환자 간부들과 인부들은 벌교에서 조국 광복의 기쁜 소식을 접하고 "이제 소록도에서 편히 요양생활을 하겠구나."하는 기쁜 생각에 부푼 가슴으로 배에 장콩을 싣고 8월 20일 오후 2시쯤 득량 앞바다에 다다랐다.

그런데 득량 앞바다에 무장을 한 건강직원들이 탄 배가 기다리고 있었다. 소록도 재환자 간부들과 일꾼들은 해방되어 어수선하니 무장을 하고 자신들을 마중 나온 줄로 알았다. 장콩을 실은 배가 건강직원 배 곁으로 가까이 오자 건강직원들이 배를 멈추게 하고 무장한 채로 배에 오르며 지금부터 호명하는 자는 배전으로 서라고 하였다. 영문도 모른 채 호명된 간부들이 일렬로 뱃전에 서자 총구에서 불을 뿜기 시작하였다.

순식간에 장콩배 위에는 아수라장이 되었다. 어떤 사람은 총에 맞아 바다에 떨어졌고, 장콩가마니에 떨어져 죽은 간부들의 시체를 건강직원들은 바다로 내던졌다. 득량 앞바다는 아비규환의 피로 붉게 물들었다.

건강직원들은 살생부에 기록된 재환자 간부 명단자를 처리하고 건강직원들은 배를 떠났다. 이런 와중에도 재환자 간부중 박순암과 서영달 두 명이 살아 남았다.

후일 소록도 산업부장이 되는 박순암은 고향이 보성군 벌교읍 사람으로 소록도 건강직원 중 벌교읍 동향인 덕에 살아났다. 살생부에 기록된 명단을 호명할 때 벌교 동향인이 눈짓으로 빠져라해서 죽음을 모면하였고, 서영달은 소록도 제일의 수영인이었다. 물 위에서는 거미와 같았던 서영달은 살생부가 호명되어 뱃전에서 차례로 사살될 때 앞사람이 총에 맞자 말자 앞사람을 껴안고 바다로 뛰어내린 것이다. 그리고 물속 깊숙히 잠수해 버렸다. 건강직원들의 배가 떠나자 물 위로 올라와 살았다.
　김민옥은 구북리 기독교 장로교회 장로직에 있었으며, 부인도 집사직에 있었다. 김민옥은 새벽기도 예배를 마치고 아침을 먹은 뒤 구북리 고개를 넘어 신생리와 중앙리를 거쳐 건강직원들과 약속된 중앙공원에 9시가 조금 넘어 도착하였다. 중앙공원에 막 도착하였을 때 미하리소쪽에서 수십 발의 총성과 함께 아비규환의 소리를 듣고 겁에 질려 중앙공원 산을 정신없이 넘었다.
　산을 넘고 보니 건강지대인 장안리였다. 김민옥은 살기 위하여 피한 곳이 건강지대의 사지 속으로 들어온 것이다. 장안리에는 평소 친하게 지내던 고향 친구 박주임이 생각났다. 김민옥은 하는 수 없이 친구인 박주임 집으로 가까이 갔을 때 그는 기겁을 하며 급히 손짓으로 김민옥을 불렀다. 인간사란 참으로 알 수 없는 일이다. 박주임은 위경련이 일어나 재환자 간부급 사살 명령에 빠져 있었다. 박주임은 김민옥을 자기 집에 잠시 숨겨두고 사살 중지 명령이 내려진 뒤 살아났다. 김민옥은 사지에서 기적적으로 살아난 것이다.
　참혹한 소록도 대살륙 사건이 안정되고 한국인으로서 1대 김형태 원장이 부임한 뒤 부분적이나마 자치제 초대 회장이 김민옥 장로이다. 김민옥은 한국인으로 3대 원장 김상태 원장 재직시 김상태 원장 불신임 사건 때 김병련과 더불어 주도적 역할을 한 소록도 한센인 역사에 빼놓을 수 없는 인물이다. 후일 김병련은 김상태 원장 사건으로 옥고를 치루고 소록도를 나와 목사가 되었다. 그는 『그리 아니하실지라도』를 저술하였다.

서원갑은 건강직원 중 형제와 같이 지내는 자가 있어서 살아났고, 김남두는 사사로운 감정으로 몇 사람한테 구타를 당하여 죽은 줄 알고 내버려 둔 것이 전화위복으로 살아났으며, 신점식은 고향이 고흥이라서 건강직원 중 고향 동향인 덕으로 살아났다.

이로서 6개 부락을 대표하는 재환자 간부 90명 중 소록도 제일의 지식인 이경도를 비롯 84명의 간부들이 비참하게 살육당했다.

이 분들의 존함은 아래와 같다.

박동식	곽수철	강윤현	장창환	유철주	박창언	유정원민
어인우	배칠성	전옥출	정정오	송혹숙	옥산청일	배재화
백우용	설인호	김칠수	양해봉	이동국	강윤동	김명술
김금령	김수학	이치문	이인손	정수철	신만현	한영준
노양춘	이형록	김준배	김종일	김경락	정수환	김원식
이경도	이재하	박명기	박홍주	김종두	김갑진	박승재
유철주	김태익	이만석	류유순	조인수	윤사용	정범용
강해인	이기출	김량주	정상여	김억두	김만동	김우상
김천석	김동철	나성열	황달출	이암본	김화섭	전판동
주용수	현민종	박종호	김봉호	이종체	박창규	류원민
김창석	이무생	이차경	박장수	박두표	최병대	김정봉
김부욱	배정빈	송인범	장명한	강암우	곽말연	유병철

삼가 고인들의 명복을 하늘에 진심으로 비옵니다.

소록도 간부 90명 중 84명을 살육하고 생화장 매장시킨 오순재, 송회갑 등은 사람의 가죽을 쓴 인간인지라 마음이 불안하기 시작하였다. 이 사건을 수습하기 위하여 녹동, 고흥 등지로 사람을 보내어 "지금 소록도 재환자 수천 명이 건강직원들을 사살하고, 소록도를 빠져 나가 건강한 사람이라면 닥치는대로 사살하려고 난동을 준비하고 있다."는 거짓 소문을 퍼뜨렸다. 또한 감언이설로 일본으로 가기 위해 고흥에 집결해 있던 일본군들이 8월 22일 소록도로 들어와 살인마의 대학살극은 일단락되었다.

 하늘이여! 땅이여!
 소록도 죄없는 한센인 간부들을
 왜 버리셨나이까?

한국인 원장들

1945년 9월 21일, 미군정의 발령을 받은 김형태(金亨泰)가 소록도 원장으로 부임한다.

소록도 6대 원장이요, 한국인으로서는 초대 원장이 된다. 소록도 재환자들은 해방된 조국에 한국인 원장을 맞이하면서 재환자 간부 84명을 살육 생화장 사건으로부터 차츰 마음이 진정되어 갔다.

김형태 원장은 "소록도는 여러분들의 섬이요 요양원인 만큼 원 행정을 여러분들 위주로 하겠습니다."라고 부임인사를 하였다. 김원장은 오순재, 송회갑 등 강성건강직원들을 대거 내보내는 한편 건강지대를 전부 환자지대로 전환하였다. 꼭 필요한 의무 인력만 상주하게 하고 모든 건강직원들을 섬 밖으로 이주하여 출퇴근하도록 조치하였다.

소록도 6개 부락에서 8개 부락으로, 후일 다시 7개 부락으로 된다. 소록도를 쫓겨난 오순재, 송회갑 등은 사람을 잘 죽이는 버릇 그대로 여순 반란 사건이 일어나자 반란군에 깊숙히 관여하여 수많은 양민들을 죽였다는 죄목으로 진압군에 의하여 총살당한다. 이것이 인과응보이다.

소록도에 부임한 김원장은 사무실에만 가만 앉아 있는 것이 아니라 환자지대를 찾아 다니면서 환자를 돌보고 치료하는 서민풍의 의사였다.

서생리부터 구북리 병사에 이르는 길가의 아름드리 벚나무가 왜색이 짙다하여 모조리 베어버리는 엉뚱한 면도 있었다. 이곳은 봄이 되면 노변의 벚꽃이 절경을 이루는 곳이었다.

해방 당시 소록도에는 4,798명 환자가 수용되어 있었으나 혼란 속에 섬을 빠져 나간 사람들로 인하여 4,416명이었다. 사회에서 부랑환자 문제가 급부상되자 1차 296명, 2차 1441명이 강제송환되어 소록도 재환자가 6153명이 되었다. 해방 후 소록도에는 일제시절 중노동과 기아에 시달리고 영양실조로 인하여 1946년 한 해에도 479명이나 사망하였다. 이때 소록도 재환자는 미군정으로부터 하루 주식으로 밀가루 5홉씩 배급받았다. 재환자들이 김원장 모르게 1946년 9월 15일자로 미군정 하지 장군과 전남도지사에게 진정서를 제출하여 12월 5일부터 백미와 생필품 등을 배급받게 되었다. 이런 사실을 늦게 알고도 김원장은 모른채 하였다.

김형태 원장 시절 1947년 5월 부분적인 자치제가 시작되었다. 총 5장 35조 상무위원 선거규정 공시로 총선거를 실시하였다. 총선 결과 위원장 김민옥, 부위원장 김학수, 서기장 장규진, 서무과장 김형주, 의료부장 강은수, 공안부장 최일봉, 공장장 김남두 등 7명의 자치위원회가 구성되었다.

또한 6월에는 녹산청년동맹이 결성되었다.

이 무렵 썰폰제의 놀라운 치료 효과에 나병은 완치된다는 기대 속에서 향학열에 불타는 젊은이들을 위하여 김학수와 김창원이 김형태 병원장을 찾아가 설득하여 1946년 9월 17일에 녹산중학교가 개교하였다. 17세부터 24세까지 31명의 신입생이 입학하여 1947년 7월부터 교육이 본격화되었다.

교장에는 총무과장 이호순, 교감에는 김학수가 된다. 처음에는 자치제 몇 사람이 시간 강사로 출강하던 것을 병사에 묻혀있던 실력자 손정수, 강병원 두 사람을 전임 강사로 임명하였다.

또한 김원장은 의료 부분의 일도 건강한 환자들이 분담해야 한다는 뜻으로 3년제 강습소를 개설하여 의학강습생을 배출하였다. 눈과 손, 발이 건강한 중졸 이상의 학력을 가진 자로서 의료보조원 양성에 착수하였다. 소록도 내의 뜻있는 젊은이는 물론이고 육지 사회의 요양원 등에서 유학옴으로서 소록도는 의학 강습인 지원생들로 활기가 넘쳤다.

1947년 치료제로 설폰제, DDS, 프로민, 다이아존 등이 도입되었다. 6월에는 녹산청년동맹 48쪽 소록 기관지가 발행되었고, 7월부터 녹산중학교의 교육이 본격화되었다. 9월에는 녹산중학교 2기생 모집 중앙공원 옆 감금실 위쪽으로 교사를 옮겼다.

김원장은 2년2개월만에 물러나고, 1947년 12월 13일 후임으로 한국인 2대 강대헌(姜大憲) 원장이 부임한다. 나기관에서 20년 이상 종사한 강원장은 독실한 기독교 장로이기도 하였다. 간호원과 함께 병사지대를 순회하다가 수술환자가 있으면 즉석에서 메스를 들고 직접 수술하는 능숙한 외과의사였다.

연료문제로 인하여 소록도 산야가 황폐되어 가자 원의 금고는 텅텅 비어 있고, 김원장이 직접 동분서주하여 사채와 급전을 구하여 원생 연료 확보에 헌신하다가 가산을 탕진한 원장이기도 하였으나 뜻밖의 발령으로 5개월만에 원장직에서 물러났다.

1948년 4월 15일 경의전(京醫專) 출신의 김상태(金尙泰)가 미군정의 발령으로 부임한다. 전남 광주의대 교수로 있던 그를 소록도 후생부장 이용설이 추천하였다.

3대 김상태 원장은 일찌기 소록도 의혈남아 이춘상의 의도에 단죄당한 일인 4대 원장 주방정계 밑에서 의사 생활을 하였다. 김상태 원장은 당시 국내 제일의 나병학자요 행정 수완 또한 탁월하여 주방정계의 총애를 받았다. 주방 원장이 직접 일본 여성을 소개하여 김원장은 일본 여인과 결혼하였다.

김상태는 이렇게 젊은 의사 시절 주방정계 밑에서 소록도 원 행정을 그대로 배웠다. 또한 김상태는 영어는 물론 일본어, 독어에도 능통하였으며 약리학, 생리학, 미생물학 등 전공과 연관된 학문에도 해박한 지식을 가졌다. 패기 넘치는 연구에 전념하여 세계 최초로 조직배양법에 의한 나균 배양을 시도하여 국제적으로 널리 알려졌으며, 광복 후 소록도 재직 중 우리나라 나계에 중진이 되는 후학을 길러낸 숨은 공로자였다.

1949년 5월 6일 소록도 갱생원을 중앙나요양원으로 개칭되었다. 이때 김상태 원장은 25개의 환자 준수사항을 정하고 원생들을 압박해가는 강압 독재를 실시하였다.

6.25전쟁이 나고 1950년 8월 5일 40대 장교 3명과 16세~17세로 보이는 북한군 40명이 소록도로 들어와 인민재판이 벌어졌을 때 김원장은 '인민군 소록도 입성 환영 연설'을 의학 강의를 하듯하여 임기응변과 재치로 모면하였다. 또한 김원장은 소록도 간부들이 기독교 신자로 되어 있는 것은 탁월한 선경지명으로 만일의 사태에 대비하여 비신교자들로 대치하여 간부들을 구해준 일도 있었다.

9월 29일 북한군이 후퇴하면서 9월 30일 교도과장을 비롯 11명과 김정복 목사를 살해하고 퇴각하였다.

그러나 한편으로 김원장은 소록도 재환자들을 의학적 발전이란 미명 아래 자신의 의학적 실험 대상으로 삼았던 자였다. 광전씨(光田氏) 반응 주사를 직접 안구에다가 실험하여 20여 명을 실명하게 하였고, 귀성자가 귀성을 신청하면 나균의 생성 유무를 확인하기 위해 환자를 눕혀놓고 배 위에 걸터앉아 흉골에다가 송곳으로 구멍을 뚫고 흉골 골수 내의 진액을 뽑아 올리는 진단법인 골수천자(骨髓穿刺)를 강합적으로 실시하였다. 수진자 중에는 늑막염으로 두 달 이상 치료와 요양을 받아야 하였으며, 심하면 사망에까지 이르렀다. 소록도 재환자들은 죽어서까지 의학적 실험도구가 되었다.

일제 시절부터 소록도에 사람이 죽으면 시체해부실에서 먼저 시체 해부를 하고 장례절차를 거쳐 화장을 하고 만령당에 안치했다. 이 제도는 해방되고 소록도 전체 원장으로 8번째요 한국인으로 3번째 원장인 김상태 원장까지 이어진다. 시체해부실은 병원 본관과 중앙공원 사이에 있는 감금실에서 병원본관 쪽으로 조금 가면 붉은 벽돌로 된 집으로 해부실 벽에는 인체의 각종 장기에서부터 태아의 생성과정과 태아들이 알콜병에 담겨져 진열되어 있어서 의학적 자료로 삼았던 곳이다.

이렇듯 김상태 원장은 비인간적이고 비도덕적인 의료 행위를 한 자로서 일제 시절부터 해왔던 것으로 재환자가 사망하면 해부를 하여 의학적 연구자료로 삼았다. 김원장은 죽은 자의 시신을 두뇌에서 발끝까지 전신을 톱과 해부도로 썰고 갈기갈기 찢어 파헤쳤으며, 소록도 내에서 혼외 임신한 자나 입원 환자 중에서 임신한 자가 있으면 강압적으로 낙태를 단행하였다. 낙태아를 알콜 용기에 담아서 해부실 벽면에 진열하기도 하였다.

육지에서 소록도로 강송되어 온 환자들을 동생리 선창에 세워놓고 속옷과 전신에 DDT 살충제를 뿌려 마치 눈사람을 만들어 놓고 부동자세로 서게 하여 연설하기를 "짐승보다 못한 너희들을 오늘부터 내가 사람의 위치에 가깝게 만들어 줄터이니 원의 행정에 복종하라."고 명령하였다. 건강지대와 환자지대 경계선에 육중한 철문을 만들어 철책으로 경계선을 연결하여 두루고 건강지대를 무독지대, 환자지대를 유독지대로 명하였으며 육중한 철문 옆에는 면회소를 만들어 형무소의 접견장 같이 면회소 중간에 칸막이를 해서 칸막이를 사이에 두고 면회가 이루어졌으며 건강직원이 옆에서 면회자의 일문일답을 기록하게 하였다.

소록도에서 환자 부모 사이에서 건강하게 태어난 아이를 미감아라고 부른다. 환자 부모들이 부부가 되기 전 단종수술을 하였으나 여러가지 사정상 드물게 미감아가 태어나고 또한 부모들이 임신상태에서 입원하여 태어난 아이들이다. 이렇게 태어난 아이들은 처음에는 4살, 후일 7살 이후부터 부모들과 격리하여 미감아 보육소에서 생활하는데, 보육소에서 한 달에 한번 환자지대와 건강지대 경계선 철문 앞 도로에서 부모와 자식이 길을 사이에 두고 만나게 하였다. 미감아들이 만약 부모를 보고 울거나 보채면 다음 면회 때는 면회가 되지 못함으로 미감아나 부모들은 짧은 면회시간에 터져나오는 울음을 겨우 참고 있다가 면회가 끝나고 울먹이는 자식을 보육소로 보내고 나서야 땅바닥에 푹 주저앉아 땅을 치며 자신의 신세를 한탄하며 대성통곡하였는데 바로 이 길을 소록도 사람들은 수탄장(愁嘆場)이라 하였다.

이러한 김상태 원장의 비인도적이고 야만적 행위에 못 견뎌 소록도 재환자들이 1953년 10월 23일자로 '소록도 갱생원장 김상태의 비행을 만천하에 공포함'이라는 탄원서를 전남 소록도 갱생원 재환자 일동 명의로 정부 기관과 유력 일간지에 올리게 된다. 이런 소록도 원장 불신임 사건 주역 인물로 소록도 4.6사태 때 고흥경찰서의 무장 경찰까지 불러들여 몽둥이 타격 현장을 지휘한 장본인이었다.

경계선 철문 앞 수탄장까지 밀고 올라간 재환자들을 향하여 고흥 경찰이 쏜 공포탄에 놀라 해방 직후 간부급 84명 도륙하고 생화장한 사건을 회상하며 총소리에 놀라 병사지대로 도망가는 재환자들을 향해 공포탄과 몽둥이질로 뒤쫓는 바람에 재환자들의 벗겨진 신발을 주워 모으니 수탄장에서 미하리소까지 두 가마니나 되었다.

또한 김상태는 일부 주동자들을 감금실에 감금하고, 감금을 마친 주동자들을 재판에 회부하여 소록도 형무소에서 형을 살게 한 자다. 김상태는 의사로서 봉사와 박애와 긍휼로 환자를 대하라는 천명의 정신을 상실하고 비인도적과 비인간적 파렴치범이기도 하였다.

의학적 발전이라는 미명 아래 재환자들을 짐승처럼 생각하고 실험 대상으로 삼았던 의학 발전의 신의 얼굴과 환자를 대하는 악마의 얼굴을 동시에 가진 야누스 같은 김상태 원장은 1954년 10월 2일 소록도를 떠나 부산대학교로 갔다. 후일 김상태는 1969년 정년 퇴직하여 일본인 부인과 세 자녀와 같이 일본으로 가 한반도에서 사라졌다.

소록도 명인들

■박순암

　박순암은 벌교사람으로 소록도 신생리 18호사에 살았다. 눈썹만 조금 없지 건강인과 같았다. 18호사는 두 가정만 사는 일제 시절 간부들의 집이었다.

　득량 앞바다에서 장콩을 실고 돌아오는 소록도 간부 일부를 사살하여 수장시킬 때 서영달과 함께 유일하게 살아남은 사람인 박순암은 163센티미터의 작은 키였으나 다부진 체격으로 소록도 내 기술 씨름으로 정평이 나 있었다. 소록도에는 추석 명절에 유년, 소년, 청년부로 나누어 각 부락 대항 씨름 경기를 하는데 박순암은 씨름 경기 주관과 심판을 겸해서 한 사람으로 당시 산업부장이었다.

　정월 보름에는 액운을 쫓고 복을 기원하는 소록도 풍문놀이 때에는 꽹 맹이와 장구를 제일 잘쳐서 번갈아 가며 풍물놀이를 한 사람이었다.

　소록도 재환자들은 나병을 본병이라 하고 그 외 병을 객병이라고 한다. 박순암의 아내는 객병으로 가슴앓이를 하였는데 지금 의학으로 말하면 심근경색증이다. 아내가 죽자 사랑하는 아내를 위하여 소록도 내에서 제일 화려한 장례식을 한 사람이다. 꽃상여에 만사 행렬이 두 줄로 서서 50미터를 넘었다.

세계 7대 불가사의 중 하나인 타지마할이 있다. 인도 무굴제국 황제 사자한(shab jaban)이 16세기 사랑하는 아내를 위하여 무굴제국의 수도 아그라(agra)에 22년에 걸쳐 건립한 세계 제일의 아름다운 불가사의 무덤이다.

사랑하는 아내 뭄타즈마할(타지마할)을 위하여 세계 제일 화려하고 아름다운 무덤을 만든 것이다. 박순암이 사랑하는 아내를 위한 장례가 타지마할에 비할 바는 아니지만 사랑하는 아내를 생각하는 마음은 사자한에 조금도 밀리지 않았다.

박순암은 저자를 친조카와 같이 생각하고 대하였으며, 저 역시 박순암을 아저씨라고 부르며 따랐다. 또한 득량 앞바다에서의 실상을 빠짐없이 수도 없이 이야기해주시고 저를 아꼈던 분이시다.

■최용식(사이상)

최용식을 소록도 사람들은 사이상이라고 불렀다. 최용식은 185센티미터가 넘는 키에 체중이 120kg이나 나가는 거구로 힘이 장사요 소록도 내 제일의 씨름꾼이다. 씨름을 할 때는 상대가 아무리 샅바를 힘껏 잡아쥐고 있어도 상대를 어린아이 들어올리 듯 가볍게 들어올려 모래 위에 살며시 누이곤 하였다.

최용식은 신생리 웃동네 4호사 부부사에 살았다. 최용식과 그의 아내는 한센인이 아니다. 이들이 한센인이 아닌데 소록도에 입원하여 살고 있었는지는 아무도 모른다. 당시 소록도 사람들이 최용식의 힘의 한계를 알기 위하여 특수 제작한 지게 위에 80kg 배급용 쌀 세 가마니(240kg)을 지게에다 올려놓고 일어서라고 하자 빙긋이 웃으면서 좌우 손에 쌀 한 가마니씩을 들고 작대기도 없이 일어서서 유유히 걸어갔다고 한다.

최용식은 중앙리 바다가에 있는 대장간에서 대장장이였다. 대장간에는 공안부(해방 전 미하리소)에 근무하던 허기라는 젊은 청년이 있었다. 대장장이 최씨보다는 2~3세 아래였다. 허기는 신생리 아래 동네 독신병사 살고 있었는데 체육인으로서 못하는 운동이 없고 몸이 번개같이 빠른 사람이다. 허기 역시 한센인이 아니다.

허기는 공안부 업무를 마치고 신생리 독신 병사로 가기 전 대장간에 들러서 최용식과 매일 팔씨름을 하였다. 그러나 허기는 최용식을 팔씨름으로 이긴 적이 없었다. 역시 허기도 최용식이 최용식은 해방되고 몇 년 후 소록도에서 부인과 함께 자취를 감추었다. 소록도를 떠난 후 얼마있다가 소록도를 떠났다.

■전학조

전학조는 신생리 교회의 집사직에 있었다. 또한 신생리 웃동네 10호사 부부사에 살고 있었고 호사의 사장직에 있었다. 양다리가 모두 한센병으로 절단되어 자신이 만든 오동나무 의족으로 걸어 다니는 사람이다.

아내 역시 오른쪽 다리가 절단되어 남편이 만들어 준 오동나무 의족으로 걸어 다닌다. 소록도 사람들의 의족은 전집사가 만들어준다.

전집사는 추수감사절이나 크리스마스가 오면 교회에 현수막을 걸어 놓는데 여기에 무, 배추, 고구마, 산타크로스, 눈 덮힌 젓나무 등을 그리는데 실물과 똑같이 잘 그렸다. 이런 전학조씨에게는 전해동이라는 미감 아들이 있었다.

■심덕례

심덕례는 신생리 웃동네 12호 부부사 맨 끝방에 남편 김씨와 함께 살았다. 심덕례는 양손이 한센병으로 늘어지고 꼬부러져서 사용은 못한다. 그러나 양발로 밥도 짓고 빨래도 한다. 자신의 머리도 감기도 하고 빗으로 빗기도 한다. 발로 못하는 것이 없었다. 특히 천에 다가 바늘을 사용하여 여러 가지 색실로 자수를 잘 놓았다. 소문이 섬 밖으로 나가서 전남일보 기자들이 신생리 12호사에 직접 와서 심덕례가 발로 자수 놓는 장면을 전남일보에 소개하기도 하였다.

■ 김점덕

김점덕은 신생리 16호 부부사에 남편과 함께 첫째 방에 살고 있었다. 여섯 가정이 사는 16호사를 대나무밭사라고도 불렀는데 집 뒤에 대나무가 병풍처럼 심어져 있었다.

김점덕은 양손이 꼬부러졌으나 꼬부러진 손과 입으로 손가락 사이에 조각칼을 끼우고 붕대로 감아 고정시키고 모자이크를 하는 조각가였다.

보리타작을 하고 나면 보리대를 골라 물에 불려서 조각 조각 쪼개여 광복천에다 싸 무거운 것으로 눌러두면 납짝하게 된다. 이것을 여러 가지 물감을 들여 꼬부러진 양손과 입으로 칼을 이용하여 목침 배개나 장식장 소품 등에 다양한 모양과 색깔로 풀을 사용하여 모자이크를 하였다.

■ 또덕이

당시 소록도 사람으로서 또덕이를 모르면 소록도 사람이 아니다. 또덕이는 구북리 독신병사에 살았다. 이름도, 나이도, 출생지나 부모 등도 아무것도 모르는 천치 바보다. 다만 먹는 것 이외에는 아무 것도 몰랐다.

또덕이는 한센병으로 양손과 두 다리가 넓어져서 절뚝거리며 겨우 걷는다. 마음만은 천사 같아서 무슨 심부름이던 잘 하였다.

같은 호사에 사는 장님을 위하여 구북리 고개를 넘고 신생리를 지나 중앙리 병원 본관에서 약을 타다가 주곤 한다. 비가 오나 바람이 부나 사계절 똑같이 한다. 손이 불편하여 비가 올 때는 우산도 없이 몸속에

약을 간직하고 심부름을 하는 것이다.

　소록도 내 초상집이나 잔치집에는 어떻게 알았는지 반드시 또덕이가 온다. 이런 또덕이에게 세수대야를 깨끗이 씻어서 밥과 국, 그리고 반찬을 가득 담아서 준다. 또덕이는 정신없이 먹고 배가 불러 일어서지를 못하고 벽에 기대어 한참을 있다가 겨우 일어난다. 또덕이는 배불리 먹게해 준 대가로 알아 들을 수 없는 소록도 병원장의 연설을 흉내낸다. 또한 나이 많으신 짓궂은 어른들이 "또덕아, 너 고추 한번 보자."하면 스스럼 없이 자신의 고추를 꺼내어 보여준다. 또덕이의 소록도 원장 흉내가 우리를 슬프게 하였다.

■한종구

　한종구는 구북리 4호 부부사에 아버지, 어머니와 함께 살고 있는 미감아다. 아버지, 어머니를 전혀 닮지않고 프랑스 미남배우 아랑드롱과 미국의 미남 배우 토니커티스의 장점만을 닮은 미남 중 미남이었다. 종구는 공부는 뒷전이고 악기를 귀신같이 잘 다뤘다. 특히 통소와 하모니카는 입으로 부는 것이 아니고 코로 불었다. 찬송가에서부터 명곡, 유행가 할 것 없이 닥치는 대로 잘 다루었다.

　석가모니 수제자 아난존자가 있다. 석가모니의 사촌으로 이목구비가 너무 준수하고 잘 생겨서 교화활동과 신앙생활하는데 여성들로부터 많은 고난을 당했다. 아마도 한종구는 잘 생긴 인물 때문에 여난이 끊이지 않았을 것이다.

간추린 소록도 연대기(1915~1965)

1915년 10월	조선총독부가 기후가 온화하고 용수량이 풍부하며 육지와 가깝다는 점 등을 고려하여 소록도를 나요양원 최적지로 선정
1916년	조선총독부 지시를 받은 관계자들 선서단(후일 서생리) 가옥 10동, 토지 19만9천평을 매수
1916년 2월	자혜병원(자혜원) 설립
1916년 7월 10일	초대원장 의천 형 부임
1917년 1월	치료소 직원관사, 사무본관, 예배당, 목욕탕, 취사장, 환자주택 19동, 건물 준공 1백여 명 수용
1917년 4월 1일	자혜원 문을 열고 인근 환자 40여 명 수용
1921년 6월 10일	의천 형 원장 소록도 떠남
6월 23일	2대 원장 화정선길 부임
1922년 10월 2일	원장 화정선길 배려 기독교 성결교회 포교
1923년	박극순이 전중목사 설교 통역
1923년 11월 10일	성결교회 남자 40명, 여자 4명 수세자 태어남
1925년	조선총독부 지방관 관계 칙령(제28조) 공포. 소록도 자혜원을 전라남도 산하기관으로 정하고 확장사업 개시
1926년 1월	성결교회 주일학교 조직
1927년 4월 17일	성결교회 부활주일 예배 가짐
1927년 11월 16일	성결교회 새벽기도회 시작

1928년 4월 6일	우리 민족이 주관한 최흥종 목사 주선으로 윤치호, 안재홍, 송진우, 김성수 등 38명 조선인 민간 구라사업을 발족하였으나 조선총독부 방해로 중단
1928년 7월 20일	화정원장 배려 서부교회 입당식
1928년 10월 24일	남부병사 남부교회 설립
1929년 10월 6일	화정선길 원장 별세
1929년 12월 28일	3대 원장 시택준일랑 부임
1932년 12월 2일	총독부 주관 재단법인 조선나병협회 발족
1932년 12월 27일	조선나병협회 총독부 인가
1933년 1월 10일	조선나병협회 경성지방법원 등기 마침
1933년 2월 18일	조선나병협회 포상조례에 관한 내규 2조 공익단체 인정
1933년 2월	전국나병환자 일제조사 실시
1933년 3월 13일	소록도 전도(약 140만여 평~150만여 평) 매수
1933년 4월 30일	소록도 매수 대금 총독부가 채납
1933년 8월 28일	시택준일랑 원장 소록도 떠남
1933년 9월 1일	1~3차 소록도 확장 사업 맡고 4대 원장 주방정계 부임
1934년 1월 4일	직영으로 착수한 소록도 내 도로 선착공사 3월말에 끝냄
1934년 6월 7일	소록도 성결교회 기독교 장노교회로 개칭
1934년 1월 12일	소록도 전화기 개설
1934년	관사지대 간이상수도 급수 시작
1934년 9월 14일	소록도 요양소 관계칙령 공포
1934년 10월 1일	소록도 자혜원을 총독부 관리 국립으로 전환(갱생원

	으로 개칭)
1935년	중앙진료소 중환자실 간이 상수도 급수 시작
	가톨릭 신자 장순업 소록도 입원과 함께 소록도에 가톨릭 들어옴
1935년 4월	전국 나환자 전용 형무소(광주형무소 소록도 지소) 착공
1935년 4월 20일	조선나예방령 공포
1935년 6월 1일	나관리 법률적 조치 격리 수용 정책 강화
1935년 7월 23일	전국 나환자 형무소(광주형무소 소록도 지소) 개소
1935년 8월	미감아 보육소 준공
1935년 9월 15일	전국 나환자 형무소(광주형무소 소록도 지소) 59명 수감
1935년 10월 21일	소록도 3,770명 수용 능력 갖춘 제1차 확장 공사 준공
1936년 4월 1일	부부가 동거할 수 있는 가정제도 허가(소록도 병원장이 환자들의 간청을 받아들여 총독부가 허가함)
	15칸 규모의 형무소와 똑같은 감금실 설치
	가을 남생리 바닷가 등대 건립
1936년 12월 1일	관목대신 승려 죽도 부임 기독교 일시 주춤
1937년 7월	중일전쟁 후 배급량 현저히 줄어듬
1937년 10월 1일	종각 건립
1937년 10월 15일	신생리 뒷산에 만령당(납골당) 건립
1938년 1월	하순 연장 4킬로미터 십자봉을 감싸는 도로 착공 20일만에 완공
1938년 2월	소록도 제2차 확장공사 준공

1938년 2월 11일	배급식량 중 5작씩 감축 국방성금으로 바침
1939년 4월 27일	27만원 예산으로 제3차 확장공사 시작과 함께 동생리 선착장 선창공사 착수하여 만 4개월만에 완공
1939년	소록도 환자 수용 능력 5,770명
1939년 11월 25일	소록도 제3차 확장공사 완공
1939년 12월 1일	중앙공원 조성 공사 착수
1940년 4월	중앙공원 완공
1940년 8월 20일	2미터 넘는 주방정계 동상 중앙공원에 세움
1940년 9월 4일	3일간 제14회 일본 나학회 소록도에서 2일, 경성의대에서 1일 개최
1941년 2월	연간 30만 개 생산 가마니 짜는 기계 도입
1941년 5월 20일	며칠 연기된 창립 25주년 기념식 가짐
1941년 6월 1일	이길용이 환자고문 박순주를 살해
1941년 12월 8일	일본이 미국 하와이 진주만 공습
1942년 6월 20일	보은 감사절에 중앙리의 이춘상이 주방원장 살해
1942년 8월 1일	소록도 5대 원장 서귀규삼 부임
1943년	종각의 범종을 비롯 재환자들 놋그릇, 교회 성종, 주방원장 동상 군수용으로 헌납
1945년 8월 15일	해방
1945년 8월 16일	벌교에 장콩을 실러간 소록도 재환자 간부들 조국 해방 소식 들음
1945년 8월 17일	소록도에 조국 해방 소식 알려짐
1945년 8월 19일	석사학(昔士鶴 : 창씨명 석천) 의사 소록도 재환자들에게 건강직원 오순재, 송회갑 등의 창고 탈취문제 전달

	오후 2시경 소록도 6개 부락 재환자 간부급 긴급회의, 오후 7시경 움직일 수 있는 재환자 중앙운동장에 총집결하다. 오후 7시~11시 사이 건강 사무직원들과 미하리소에서 대치, 7~8명 사상자 돌발 후 20일 만나기로 약속하고 해산
1945년 8월 20일	소록도 간부 미하리소 앞과 길거리에서 대살육후 구덩이 속에서 송탄유를 부어 화장, 벌교에서 장콩을 싣고 소록도로 돌아오는 소록도 간부들을 득량 앞바다 배 위에서 사살 수장
1945년 8월 22일	패전하여 일본으로 가기 위해 고흥에 집결한 일본군이 소록도 진입으로 소록도 대살육 평정
1945년 9월 21일	소록도 6대 원장 한국인으로 초대 원장 김형태 부임
1946년 9월 17일	녹산중학교 개교
1946년	의료보조원 의학강습소 개강, 환자들에 의하여 환자 돌보는 의료보조원 양성 착수
1947년	DDS(diamino-dyphenil sulfone), 프로민, 다이아존 등 설폰제 도입
1947년 5월	총 5장 35조로 된 상무위원 선거규정 제정 선거 실시 부분적 자치제
1947년 6월	녹산청년동맹 48쪽 소록 기관지 발행
1947년 7월	녹산중학교 교육 본격화
1947년 9월	녹산중학교 2기생 모집 중앙공원 옆 감금실 위쪽으로 교사를 옮김
1947년 12월 13일	김형태 원장 소록도 떠나고, 7대 원장 한국인으로 2대 강대현 부임

1948년 4월 15일   강대현 원장 소록도 떠나고, 8대 원장 한국인 3대
              원장 김상태 부임
1949년 5월 6일   소록도 갱생원 중앙나요양소 개정
1950년 8월 5일   40대 장교 3명과 16~17세로 보이는 북한군 40명이
              소록도 상륙, 9월 29일 북한군이 후퇴하면서 9월
              30일 교도과장을 비롯 11명과 김정복 목사 살해
1953년 10월 23일 소록도 원장 김상태를 소록도 재환자 전체 서명으로
              비행을 정부기관과 신문에 공표함
1954년 10월 2일   소록도 김상태 원장 해임

참고 문헌

『한국나병사』(한국나관리협회, 1988)

『그리 아니 하실지라도』(김병련)

『광야의 나그네』(김창원)

『골고다의 십자가』(천대승 외)

『소록도 교회사』(편집위원 한광희) 등

2

축복과 통탄,
풍광과 사랑의 섬
한센인의 성지 소록도

다윗과 엘리사벳 종합병원 집무실

　엘리사벳은 흰머리와 검은 머리가 뒤섞인 화장기 없는 얼굴로 일흔의 나이에도 절세미모를 고스란히 간직하고 있다. 머리에는 다윗의 이름과 엘리사벳 이름을 각인한 홍자색 머리핀을 꽂고, 다윗이 자신의 이름과 엘리사벳 이름을 새긴 홍자색 코스모스빛 만년필을 손에 꼭 쥐고『소록의 후예』를 집필하고 있다. 엘리사벳은 조용히 눈을 감는다. 내 사랑, 다윗의 헌신적인 사랑으로 내게 두 눈을 남겨주고 저 세상으로 떠난지 20주년이 다가온다.
　『소록의 후예』에는 축복과 통탄과 풍광과 질곡과 사랑의 작은 섬, 우리 한센인의 성지 소록도가 있기까지는 수 많은 한센인들의 눈물과 피, 의학적 발전이란 미명 아래 자행된 인체 실험과 죽은 자의 해부, 인간 도살꾼들에게 자행된 살육과 생화장 등 살을 도려내고 뼈를 깎아내는 통한의 참혹사가 있었다. 또한 소록도에서 한센인 부모 밑에서 건강한 미감아로 태어난 다윗과 엘리사벳이 녹산국민학교 입학식날 만나 녹산중학교를 졸업하기까지 동정에서 우정, 우정에서 사랑으로 이어져 17살 때 소록도에서 서신 연락과 재회를 약속하며 헤어진 얄궂은 운명, 사랑사 앞에 33년 7개월간 서로 만나지 못하고 목메이게 찾아 헤매이는 만고에 심금을 울릴 지고지순한 사랑의 대서사시가 파노라마처럼 전개된다.

소록도 자혜원 설립

　도리구지 모자와 당구주봉, 지가다비를 신은 세 사람 뒤에서 정복차림의 무장한 일본 순사 7명의 호위를 받으며 신생리 뒷산자락을 한참을 오르내리며 지세를 살피던 일행들은 총총걸음으로 산을 내려와 바다가에 정박해 놓은 배를 타고 녹동항으로 빠져 나갔다. 일행 중 최고 책임자인 듯한 50대 중반의 사내가 오른손에 들고 있는 밑에 뾰죽한 철이 박힌 지팡이로 지척의 소록도를 가르켰다.
　"저곳을 나요양원으로 지정해야겠어. 천혜의 요양원 자리야. 그리고 더욱 더 중요한 것은 저 섬 안에는 한반도의 물줄기를 바꿀 정치적 불세출의 영웅이 태어날 천하의 길지가 있어 조선의 혈은 저곳에 다 모여 있어. 반드시 저 섬을 나요양원으로 만든 후 저 곳의 길지를 차단해야겠어. 안 그래도 조센진들이 독립이다 뭐다 해서 총독 각하께서 골머리를 앓고 계시거든……."
　조선총독부 군의감 방가(芳賀)다. 방가 옆에 서 있는 사람은 수행비서 다께시오요와 경성경찰국 고등계 요시다 형사다. 유도와 가라데 고단자로 요시다 형사는 차출되었다. 정복한 무장 경찰은 전라남도 경찰에서 차출된 무술과 사격에 능한 자들로 방가를 호위하게 한 것이다.
　조선총독부는 식민지 정책의 호도함과 자신들의 보건상 필요로 위생

고문 산근정차는 조선의 나환자도 조선지도 계층에 있는 조선인들이나 외국선교사에 의존할 것이 아니라 일본이 주도적으로 격리 수용시켜야 한다고 주장하여 이를 받아들인 총독부는 군의감 방가에게 입지 선정을 명하였다. 조선 각지를 두루 답사한 방가는 1915년 10월 기후가 온화하고 육지와 가깝고 섬이지만 용수량이 풍부하며 땅이 기름지고 해산물이 풍부한 점을 고려하여 전라남도 고흥군 금산면 소록도를 최적지로 선정 총독부 사내(寺內) 총독의 허가를 얻는다.

그러나 그 이면에는 소록도 산자락에 조선의 물줄기를 바꿀 불세출의 영웅이 태어날 천하의 길지 천장비지가 있음을 알고 이를 미리 차단하기 위함이기도 하였다. 일본이 한일합방을 하고난 뒤 이등방문이 당대 제일의 일본 풍수들과 함께 경인가도를 오면서 조선의 풍수지세를 살폈다는 것은 잘 알려진 사실이다.

방가가 소록도를 나요양원으로 선정할 당시 소록도에는 170여 세대의 주민들이 농업, 어로, 해태 양식을 가업으로 살고 있었다. 그때부터 소록도에 천하의 길지가 있다는 설이 입에서 입으로 전해졌다. 지금 소록도 신생리 11호사(현 1호사) 바로 뒷편 납골당인 만령당이 서 있는 곳은 한반도 물줄기를 바꿀 천하의 정치적 큰 인물이 태어날 천하의 길지인 천장비지다. 이곳은 일인들에 의하여 천하 길지의 혈맥을 이중, 삼중으로 철저하게 끊은 곳이다.

일인들의 작태를 볼 때 우리민족의 정신적 정기마저 뿌리째 뽑고 말살하겠다는 한민족 말살 정책은 참으로 개탄하지 않을 수 없는 사실이다. 지금도 이곳은 풍수지리를 연구하고 배우는 사람들에게 알려지지 않는 곳이다. 지금 건강인이 들어 갈 수 있는 곳은 수탄장에서 중앙공원 뿐이다. 소록도 전체가 나요양원으로 되었고, 기독교가 화정 원장 시절 들어옴으로써 천하 길지의 설은 세월 속에 묻혀만 갔다.

천하의 한센 기인 강학수

1945년 10월 10일 오후 늦은 시각, 녹동항에 검은색 승용차가 멈춰섰다. 운전석에서 재빨리 내린 김기사가 뒷문을 열자 중절모를 깊숙이 내리쓰고 오른손에 지팡이를 짚은 40대 신사가 내린다. 신사는 차에서 내려 소록도를 의미심장하게 바라본다.

40대로 보이는 사내가 다가온다.

"강 선생님, 병원에서 사람이 마중 나오기로 되어 있습니다."

"뭐! 그러실 것까지 있겠습니까? 전마선을 타고 섬으로 들어가면 되지요."

"혹시, 진주에서 오신 강학수 선생님이십니까?"

"그렇소이다. 제가 강학수입니다만은?"

"병원장님의 지시를 받고 강 선생님을 모시러 나온 소록도 교도과장 이경수입니다."

정중하게 예를 갖추어 강학수를 맞이 한다.

"앞으로 잘 부탁드리겠습니다."

"별말씀을요, 부탁은 제가 드려야지요. 이렇게 번거롭게 하실 필요 없으신데 아무튼 감사합니다."

운전기사가 들고 있는 가방을 본 이경수가 "강 선생님 것이면 제가 들고 가겠습니다." 가방을 받아든 교도과장은 "강 선생님, 이제 배에 오르시지요. 저희병원 제비선으로 모시겠습니다."

　강학수는 운전기사를 돌아본다.

　"우리 김 기사님, 여기에서 그만 헤어져야겠습니다. 이제 저 차는 내게 필요 없으니 김 기사님이 팔아서 쓰십시오."

　"아닙니다. 강 선생님 완치되신 뒤 타셔야지요."

　강학수는 호탕하게 웃는다.

　"김 기사님 차는 처분하여 쓰십시오. 저 차와 나의 인연은 여기까지가 끝입니다."

　"강 선생님 은혜에 보답도 못해 드리고 이렇게 헤어져야하니 발길이 떨어지지 않습니다."

　"김 기사님, 우리 인생은 만남이 헤어짐이요, 헤어짐은 만남을 위하여 존재합니다. 이제까지 이 못난 사람 곁에서 수고 많았습니다. 아무튼 건강하게 잘 사십시오."

　이경수가 앞서 제비선을 오르며 강학수를 안내한다. 두 사람이 제비선에 오르자 김 기사는 정중하게 인사한 뒤 손수건을 꺼내 눈물을 닦으며 강학수를 바라본다.

　녹동항과 소록도 도선창은 제비선으로 5분 남짓한 거리다. 소록도 제비선이 통통통 녹동항에서 멀어지자 김 기사는 손수건으로 연신 눈물을 닦으며 멀어져 가는 강학수를 바라본다. 김 기사는 조용하게 독백한다.

　"인간사 알 수 없는 일이구나. 천하의 기인이시며, 박학다식하고 무예가 입신의 경지에 이르렀으며, 삼명육통에 가 계시는 강 선생님이 몹쓸 병에 걸려 소록도에 가시다니……."

소록도 도선창에 제비선이 닿자 소록도 병원장이 승용차를 가지고 강학수를 마중 나와 있다. 강학수가 제비선에서 내리자 원장이 다가와 손을 내밀며 악수를 청한다.
"처음 뵙겠습니다. 병원장 김형태입니다. 군정청 윗분으로부터 강 선생님 말씀을 잘 들었습니다."
"강학수입니다. 앞으로 병원장님께 많은 신세를 지겠습니다. 잘 부탁드립니다."
"무슨 말씀을 하십니까? 제가 소록도에 근무하는한 강 선생님을 정중히 모시겠습니다."
"아무튼 감사합니다."
"강 선생님, 차에 오르시지요. 제가 병원장 집무실로 먼저 잘 모시겠습니다."
강학수는 뒤돌아 서서 녹동항에 자신이 타고 온 차 옆에서 눈시울을 적시고 있는 김 기사를 향해 빨리 떠나라고 손짓을 한다. 수년간 강학수를 모시고 온 김 기사는 강학수를 향해 몇 번이나 고개를 숙이며 녹동항을 떠난다. 김 기사가 떠나는 것을 확인한 강학수는 뒤돌아서 승용차에 오른다.
"강 선생님의 이야기를 윗분으로부터 들었으나 직접 강 선생님을 뵈오니 참으로 경이롭습니다."
"제가 무엇이 경이롭습니까?"
"실례지만 강 선생님께서는 실명하시어 앞을 못 보시는 줄 알았습니다."
"하하하, 저를 장님이라고 보셨군요. 육신의 눈을 실명하면 앞을 볼 수 없으나 심령의 눈은 실명이란 것이 없습니다."
차에 탄 병원장, 교도과장, 운전수 모두 의아한 눈으로 강학수를 바라본다. 차가 태화리를 지나 병원장 집무실에 도착하여 커피를 마시면서 담소하고 있다.

"소록도는 옛날의 소록도가 아닙니다. 지금은 입원한 재환자들을 위주로 병원 행정을 하고 있습니다."

"지금 50여 명의 강습생들은 사회 건강인들과 구별이 잘 안 되는 건강한 자들로서 대구, 부산, 전주, 밀양 등 전국 각지에서 유학 온 자들도 있습니다. 이들 의학 강습생들이 원생들의 치료를 담당하게 됩니다."

"참으로 탁월하고 현명한 병원 행정을 하시고 계십니다. 소록도는 옛날의 소록도가 아닙니다. 소록도는 재환자들의 성지가 되어야 합니다."

"제가 강 선생님을 신생리 희망사에 거처를 마련하였습니다. 그곳에는 중학생들과 각지에서 온 의학 강습생들이 거처하는 숙소입니다. 그곳에는 별도로 방을 하나 마련하였으니 저하고 같이 가시지요."

"이렇게 배려해 주시니 병원장님 감사합니다."

병원장과 교도과장을 따라 강학수가 희망사에 들어서자 30여 명의 중학생들과 의학 강습생들이 우르르 몰려 나와 정중하게 인사한다. 앞에 서 있는 희망사 책임자는 25세 가량의 김진태, 소록도에서는 호사의 대표를 사장이라고 부른다.

"원장선생님, 교도과장님 안녕하십니까?"

"김 간호, 인사하게. 내가 며칠 전에 당부한 진주에서 오신 강학수 선생님이시네."

"인사 올리겠습니다. 희망사 사장 김진태입니다. 지금 의학 강습생입니다."

강학수는 손을 내밀어 악수를 청한다.

"김 선생님 잘 부탁드립니다."

"말씀 낮추십시오. 제가 정성껏 모시겠습니다."

병원장은 김진태에게 다시 한번 다짐한다.

"여기에 계시는 강 선생님께서는 우리와는 차원이 다르신 분이시네. 한 치 차질도 없이 정중히 모셔야하네 알겠는가?"

"아무렴요. 신명을 다하겠습니다."

김형태 원장은 강학수의 두 손을 정중히 마주 잡는다.

"강 선생님, 저희들은 이제 가보겠습니다. 자주 찾아 뵙겠습니다. 필요하신 것이 있으시면 언제든지 제게 말씀해 주십시오."

"여러 모로 감사합니다."

희망사 1호실은 병원장이 강학수를 위하여 특별히 마련한 방이다. 방에 들어온 강학수는 앞으로 기거할 방을 둘러본 후 자리에 앉는다.

"강 선생님 제가 저녁을 준비해 오겠습니다."

"저녁은 필요없구요. 나하고 이야기나 좀 합시다."

김진태는 강학수 앞에 단정히 무릎을 꿇고 앉는다.

"김 선생님 편하게 앉으세요."

앞을 보시지 못하는 장님으로 들었는데 이게 어찌된 일인가. 장님이 아닌가?

"하-하-하- 김 선생님도 이 강학수가 장님이라고 들었군요."

"네. 원장님께서 며칠 전에 저에게 말씀하기시를……."

"조금 전 도선창에 도착하여 병원장을 처음 만났을 때 원장도 내게 그런 말을 하더군요. 내가 이렇게 말했죠. 육신의 눈의 실명하여 앞을 볼 수 없으나 영적인 눈은 그렇지 않아요라고 말입니다."

김진태는 강학수의 말을 이해하지 못하고 의아해 한다.

"그것은 앞으로 차차 아실 터이고……."

강학수는 상의 안주머니에서 한 움큼 돈뭉치를 꺼냈다.

"김 선생님, 이 돈을 가지고 희망사 뒤편에 소록도에서 제일 큰 축사를 지으세요."

"강 선생님, 축사를요."

"그래요. 축사를 만들어서 돼지, 닭, 토끼를 사육하여 지금 희망사에 거주하는 젊은이들에게 하루에 계란 1개와 1주일에 한 번씩 닭이나 토끼를 잡아서 먹게 하세요. 그리고 변질이 잘 되지 않는 겨울철에는 돼지를 잡아 저장해두고 먹게 하세요. 희망사에 들어오면서 보니까 젊은이들이 단백질과 지방질 부족에 시달리고 있더군요. 또한 돼지와 닭, 토끼 모두 암수를 넣어서 번식을 시키세요."

"아니, 강 선생님, 저희들을 위하여 이 어마어마한 돈을 주십니까?"

김진태는 깜짝 놀라며 감동에 어찌할 바를 모른다.

"돈이란 있다가도 없고, 없다가도 있어요. 돈은 경영하는 자의 능력에 따라 있는 것이고, 돈은 쓰기 위하여 존재하는 것이기도 합니다. 지금 이 순간부터 막사 건축에서부터 가축관리를 이곳에 계시는 30여 명과 협의하여 실행하세요. 그리고 김 선생님, 나와 언약이 하나 있습니다."

"무슨 언약이십니까?"

"내가 지금하고 있는 이 일을 희망사에 있는 어느 누구에게도 일체 비밀로 하셔야 합니다. 지금 이 순간부터 이 일을 김 선생님과 나만이 아는 사실입니다. 김 선생님, 인격을 걸고 언약할 수 있겠습니까?"

"네, 잘 알겠습니다. 강 선생님의 뜻에 따르겠습니다."

"그럼 나가보세요."

"강 선생님의 은공은 하늘이 알고 땅이 아실 것입니다. 저는 이만 물러가겠습니다. 편히 쉬십시오."

김진태가 나가자 강학수는 정결한 자세로 고요히 명상에 들어간다.

강학수는 진주 강씨 집안에서 한의원을 하는 강선립의 3대 독자로 태어났다. 진주 갑부 강선립은 신침이란 별명으로 침술의 대가이며 무예도

보통지와 택견의 달인이었다. 학문을 좋아하여 진귀한 고서들이 서고에 산처럼 가득 찼다. 강학수는 어린 시절부터 이러한 집안 분위기 속에서 부족함 없이 자랐다.

공자는 인간이란, 앎에 있어서 세 가지 형으로 구분하였다. 생지(生知), 학지(學知), 곤지(困知)다. 생지는 태어나면서부터 선천적이거나 어느 절대자의 초능력에 의하여 스스로 깨치는 것이고, 학지는 태어나 자라면서 학문에 의하여 깨치고, 곤지는 천신만고 끝에 늦게 깨치는 것을 말함이다.

강학수는 생지에 가까운 인물로 하나를 가르치면 그 뒤에 이어질 문제를 미리 알고 묻곤 했다. 어릴 때 독서광으로 허구한 날 서고에 들어가 밤새는 줄 모르고 책만 보고 있는 아들을 보고 강선립은 아들의 몸이 걱정되어서 서고에 자물쇠로 채웠다. 그러나 어린 강학수는 서고의 창문을 뜯고 들어가 책을 보곤 하였다.

강학수는 아버지 밑에서 16세가 될 때까지 학문과 무예를 배웠으며, 신학문에 입문하여 21세 때 동경제국대학 법학부에 입학할 때 일본의 수재들을 다 물리치고 수석 합격한 천재였다. 그는 일본 유학시절 전 일본 가라데와 합기도, 유도를 통합 일본 최강자를 뽑는 시합에 우승한 인물이기도 하다.

천재인 그도 얄궂은 운명의 굴레는 벗어나지 못하고 동경제국대학 3학년 때 나병이 발병하였다. 대학을 중퇴하고 고향 진주로 돌아와 치료와 휴양 중 충격을 받은 부모가 세상을 떠나자 가산 일부를 정리하여 해방과 더불어 소록도에 입원하게 된 것이다.

강학수는 박학다식하고 무예는 입신의 경지에 올랐다. 관상학을 비롯하여 사주명리학과 추명학, 산수지리에도 달통하였다. 신경나와 탈모나로 시력을 상실하였고, 머리카락과 눈썹이 빠졌으나 다른 곳은 건강인이었다.

비록 눈은 실명하였으나 삼명육통하여 사물을 보는 심안(心眼)을 가졌다.

다음날 아침 강학수는 어제와 같은 모습으로 희망사를 나섰다. 아침을 먹지 않고 희망사를 나서는 강학수를 보면서 김진태가 다가와 정중하게 인사를 한다.

"강 선생님. 밤 사이 편안히 주무셨습니까?"

"네. 김 선생님."

"강 선생님, 지금부터 저희들에게 말씀을 낮추십시오."

"그렇게하지."

"강 선생님 아침을 제가 차리겠습니다. 아침 드시고 외출하시지요."

"김 선생, 이 우주에 영의 식량이 차고 넘쳐 있는데 사람이 먹는 육신의 식량은 가끔씩 하면 되는 것이지."

"강 선생님께옵서 저에게 무슨 말씀을 하시는지 도무지 이해할 수가 없습니다."

강학수는 한바탕 호탕하게 웃으며 희망사를 나간다. 김진태는 강학수의 뒷모습을 바라보며 참으로 기인 중에 기인이시구나, 어떻게 저러하신 분이 소록도에 왔을까? 생각되었다.

아침 일찍 희망사를 나온 강학수는 소록도에 일주길에 나선다.

강학수는 조용히 독백한다.

왜? 내가 소록도에 왔을까? 모든 학문에 달통하였으며 무예의 경지는 물론 삼명육통에 이르고 사주운명학은 물론 관상학, 산수지리에도 그 경지를 넘어선 나다. 사주팔자를 뽑고 뽑아 보아도 내가 나병에 걸려 소록도에 올 운명이 아닌데 이렇게 나병에 걸려 소록도에 왜? 왔을까?

소록도와 나와의 상관관계를 풀어보기 위해선 우선 소록도 전체를 돌아봐야겠구나.

강학수는 소록도 일주를 한 후 마지막으로 신생리 뒷산자락에서 발걸음을 멈추었다. 주위를 살피면서 산세를 보는 순간 전신에 전율을 느낀다. 아니, 이곳은 천하 길지가 아닌가. 한 번 더 면밀하게 주위를 살펴보았다. 이런 곳에 어떻게 이런 명당이 있단 말인가. 만령당 옆에는 어른 세 사람이 팔을 벌려 안아도 남을 만한 희귀한 거송이 버티고 서 있다.

음! 저 거송인 신목(神木)이 길지에 태어날 주인공을 기다리고 있구나. 허나! 이럴 어쩌랴! 만령당이 조성된 저 곳은 모든 것을 소유한 길지 중에 으뜸이나 수천의 유해가 안치되어 명당으로서의 기운을 상실하였다. 일제는 신생리 뒷산 천하길지의 기운을 누르기 위하여 1937년 10월 1일 명당의 주봉이 되는 산꼭대기에 2미터가 넘는 석축을 쌓고, 그 위에 종각을 지어 500관이나 되는 쇠종을 달아 매일 정오에 쳤다. 혈처를 단절하기 위하여 산허리를 가로로 잘라 길을 내고, 10월 15일 가을에 그 짓도 부족하여 길지의 정혈 지점에 수천의 유골을 안치하는 납골당인 만령당을 건립한 것이다.

사람 인체에 비유하면 여인의 머리가 되는 곳에 종각을, 몸통은 길을 내어 허리를 끊었다. 그리고 남근의 입수처인 생식기 정혈 지점에는 납골당을 건립한 것이다.

장풍득수라 하지 않았던가. 주산과 안산 좌청룡 우백호가 바람을 막고 그 가운데 여름에 이빨이 시리도록 차가우며 겨울에 김이 무럭무럭 나는 기의 결집체인 기수가 용출되어 길지를 적시며 녹동바다로 흐르고 있구나. 소록도에 어떻게 이런 천장비지가 있었을고?

풍수지리를 잘 알고 있는 일인들이 길지의 혈맥을 차단하기 위해서 저 곳에 만령당을 세웠구나. 강학수는 참으로 통탄스러운 마음으로 뒤돌아셨다.

　만령당 바로 아래 신생리 11호사가 보였다. 참으로 기이하고 기이한 일이다. 만령당 길지에서 시작되는 기운이 끊긴 혈이나마 실낱같이 이어져 세상을 움직일 수 있는 큰 영웅이 태어날 기운을 신생리 11호사가 간직하고 있구나. 참으로 기이한 일이다. 허나 저곳 신생리 11호사에서 남아 아이가 태어나면 불세출의 영웅은 나오겠으나, 이름을 잘못 지으면 아이가 태어나 석 달을 넘지 못하고 절명하겠구나. 아이의 부모가 이름을 잘 지어 명을 연명하더라도 20세 이전에 천하의 기인을 만나지 못하면 절명하겠구나!

　강학수의 머리에 번개가 스쳐 지나간다. 아, 바로 이거였구나. 저곳에 태어날 아이와 인간사 맺어진 피할 수 없는 인연 때문에 강학수가 나병에 걸려서 소록도까지 온 것이로구나.

　바로 이것이 하늘에서 맺어준 강학수와 저곳에서 태어날 아이와의 피할 수 없는 천명의 인연이란 말인가. 강학수의 무거운 발걸음이 가을 햇살을 받으며 희망사로 향했다.

썩어가던 고목에 새싹이

 소록도는 중앙리, 신생리, 구북리, 서생리, 남생리, 동생리, 장안리 등 일곱 부락으로 이루어져 있다. 그 중에서도 윗동네, 아랫동네로 나눠진 신생리가 가장 큰 부락으로 재환자 수도 가장 많다.
 신생리 윗동네 5호사 사장 박응수의 방에서 10여 명의 재환자들이 모여 저녁 식사를 한다. 박응수가 맞은 편에서 저녁을 먹고 있는 권경돌을 보면서 "형님, 오늘 저녁은 형수님과 같이 결혼식 저녁이다 생각하시고 많이 잡수십시오.", "자네 고맙네. 잘 먹겠네."
 권경돌이 진주에서 경남지역 나조례단체 연합장을 할 때 박응수와 의형제를 맺었다. 소록도에는 박응수가 몇 년 먼저 들어와서 5호사에 부부가 함께 살았다. 또한 5호 부부사를 책임지는 사장이다.
 "형님, 제가 오늘 형님이 내일 입주할 11호사 사장 방을 깨끗하게 청소를 잘해 놓았습니다. 형님도 아시다시피 소록도에서 가정을 꾸미려면 정관수술을 하지 않습니까?"
 "그야. 어쩔 수 없지 않는가?"
 "그래서 형님, 내일 정관수술하기 전 오늘 저녁은 여기서 잡수시고 잠은 형수님과 같이 하시도록 제가 오늘 청소 해놓은 11호사 사장 방에서 주무십시오. 이부자리도 깨끗한 것으로 준비해 드리겠습니다. 혹시 아십니까? 옥동자라도 생산하실지요."
"에끼! 이 사람아. 내 나이가 50줄인데……."
"형수님 나이가 40대지 않습니까?"
"아무튼 감사하이. 이렇게 신경을 써주어서."
"아이구, 형님두. 제가 진주에 있을 때 형님에게 얼마나 신세졌습니까?"
"아무튼 고마우이!"

그날 밤, 권경돌과 박만순은 부부의 연을 맺은 신생리 11호사 사장 방에서 곤히 잠들었다.
박만순은 구약성서에 나오는 지형을 알 수 없는 산야에서 이스라엘의 다윗과 블레셋 골리앗의 대결 현장에 와 있다. 골리앗은 두 사람이 앞과 뒤에서 어깨에 매고 온 창을 젓가락 들 듯 집어 들고 "애송이 이스라엘의 꼬마 다윗아, 엄마 젖이나 더 먹고 오너라.", "하하하. 허풍쟁이 거인 골리앗아, 하나님께서 축복하시어 내려주신 돌팔매로 오늘 너를 단죄하겠노라." 다윗은 돌팔매를 돌리기 시작한다. 스윙-스윙-스윙, 이얏! 골리앗을 향해 돌팔매가 날아간다.
이게 어찌된 일인가? 골리앗으로 날아가야 할 돌팔매가 자신에게로 날아오고 있는 것이 아닌가. 엉겁결에 다윗의 돌팔매를 자신의 치마에 받았다. 깜짝 놀라 깨어보니 꿈이었다.
권경돌도 같은 시간에 꿈을 꾸었다. 비몽사몽간에 천지가 진동하는 굉음이 나는 곳으로 걸어갔다. 정신을 차려보니 자신이 자고 있는 11호사 뒷산자락이었다.
소록도 사람들이 신목이라고 부르는 거대한 거송 아래 대호가 사투에서 승리한 황룡을 잡아먹고 있는 것이다.

권경돌은 대호가 황룡을 잡아먹고 있는 소리가 하도 우렁차서 두 귀를 손으로 가렸다. 그런데 갑자기 황룡을 잡아먹던 대호가 일어서더니 자신을 향해 무언가를 토해내었다. 권경돌은 피할 겨를도 없이 기겁을 하며 엉겁결에 대호가 토해낸 여의주를 받아 입으로 삼켰다. 깜짝 놀라 깨어나 보니 꿈이었다.

권경돌과 박만순은 같이 꿈에서 깨어나 앉는다. 머쓱하게 웃으며 서로의 이마에 맺힌 땀을 닦아준다. 부부는 조금 전 꾸었던 꿈 이야기를 하였다. 권경돌은 "만약 썩어가던 나환(癩患)의 고목(古木)에서 새싹이 돋아난다면 큰 인물이 나겠구나."라고 조용히 말했다.

권경돌은 안동 권씨 명문중에 명문인 경혜공파 33대손으로 조선 6대 단종 임금의 외가댁이 된다. 경남 의령군 칠곡면 도산리 774에서 태어나 어릴 때 할아버지에게 한학을 배웠고 청년시절에는 일본에서 생활하였다. 힘이 장사요, 타고난 싸움꾼이었다. 몸과 팔에는 수많은 칼자국, 흉터와 문신으로 한여름에도 긴 팔의 옷을 입고 다녔다.

한센병이 발병하여 일본에서 나와 요양 중 진주 시내를 배회하는 부랑 한센인들을 규합하여 나조례단체를 만들고 연합장을 맡았다. 나조례단체란 부랑생활에서 정착하면서 나름대로 조직체계를 갖춘 진주 일대의 단체이다. 그러나 첫째 부인과 사별하고 쉰살에 자신을 따르는 50여 명의 환우동지들과 함께 소록도에 들어와 마흔살의 박만순과 재혼하였다.

박만순은 밀양 박씨로 학력은 없으나, 용모가 단정하였다. 매사에 남편 말을 잘 따랐으며 부부 사이 금슬이 좋았다. 두 사람 모두 회균형으로 얼굴에 눈썹만 없고, 다른 곳은 건강하였다.

나환의 고목에서 새로운 새싹이 권씨 부부가 신생리 11호사에 살림을 차린지 열 달이 되는 1947년 음력 7월 6일 아침 산고 끝에 아들을 낳았다. 신생아가 하도 커서 박씨 부인은 산고로 애를 먹었다. 갓난아기임에도 이목구비가 또렷하였다. 이날 따라 소록도 하늘에 검은 구름이 덮이고 무더위가 기승을 부렸다.

　권경돌은 태어난 아이의 이름을 아내의 태몽을 생각하여 다윗이라고 지었다. 부부는 조용히 주님께 무릎을 꿇고 기도를 올렸다. 썩어가던 나환의 고목에서 새로운 생명의 싹을 나게 하신 경애로우신 저의 주님이시여. 주님의 뜻에 따라 저의 소생을 다윗이라고 이름 지었나이다. 주님의 뜻에 따라 인도하여 주시옵소서. -아멘-

　다윗의 사적 기록은 구약성서 사무엘 상 16장 이하와 열왕기 상 2장 및 역대기 상 11~29상에 상세히 나와 있는 인물이다. 아브라함의 14대 손이며 사울과 다윗 솔로몬으로 이어지는 이스라엘의 2대 왕으로 예루살렘을 중심으로 유대교를 확립하고 제사제도를 확립하였으며, 아버지 이새(이스라) 밑에서 어린 시절 양을 기를 때 선지자 사무엘이 다윗을 보고 이스라엘의 후계자 왕으로 지목한 인물이다.

　소년 다윗은 페리시테(불레셋)의 거인 골리앗을 돌팔매로 격퇴하여 죽게 한 소년 장수로 사울 이후 BC 1000년 유대의 왕위에 오르고 BC 994년 이스라엘을 재통일하였다.

　다윗은 하프를 잘 켠 음악가요 시인이기도 하였다. 성경에 기록된 시편 대부분이 다윗의 기록이라고 전한다. 종교음악의 왕좌를 차지하고 있는 할렐루야, 호산나 등이 시편에서 영감을 얻어 태어났다.

　소록도에 나요양병원이 설립되기 전 건강인들이 고기잡이와 김 농사로 생계를 유지하고 살 때부터 신생리 뒷산자락에 명당이 있다는 소문이 자자하였다. 이 자리에 신목(神木)이 서 있는데 이 신목은 명당의 정기를 받고 태어날 큰 인물과 수명을 같이 한다는 설이 입에서 입으로 전해지고 있었다.

소록도 재환자들은 아침식사를 하든지 아침 일찍 먹은 사람은 가축들에게 먹이를 주는 시간이다. 먹이를 주던 소록도 사람들은 신목이 있는 신생리 뒷산 하늘쪽을 바라보았다. 아기의 첫 울음을 우는 순간 신생리 11호사 뒷산자락에 서 있는 신목에는 상스러운 기운이 감돌고, 검은 구름이 순식간에 사라지면서 무더위를 식혀주는 시원한 바람이 불었다.

강학수는 조용히 명상에 들어간다. 희망사 뒤 팽나무 아래 가마니를 깔고 앉아 명상에 든 강학수가 11호사쪽을 바라보면서 '나와 인연이 될 아이가 태어났구나!' 아이 부모의 현명함에 아이의 이름을 잘 지어 20세 이전에 나와 만나겠구나!

신생리 11호사에서 다윗이 태어나는 똑같은 시간에 동생리 여성병사에서 여아가 태어난다. 아이를 받은 산파가 "어머나! 어쩜 이리 예쁘고 피부가 백옥같구나. 하늘에서 내려온 아기천사 같이 어쩜! 어쩜! 아이의 몸에서 서광이 빛나네!"

산파가 아이를 김인선의 품에 안겨준다. 아이를 품에 안고 잔잔한 미소를 짓는다.

"김 선생님, 아이가 너무 예쁘니 아이의 이름을 미자라 하면 어떨까요?"

"아이의 이름은 엘리사벳이라고 짓겠어요."

"엘리사벳, 어머 너무나 예쁜 이름이에요. 아이와 잘 어울리는 이름이에요."

인선은 엘리사벳을 품에 안고 조용히 이름을 불어본다.

"엘리사벳, 엘리사벳"

사랑하는 서흥업

서울 토박이인 김인선의 본관은 안동이다. 광산업으로 성공한 아버지와 큰 여관을 세 곳이나 경영하는 어머니 밑에서 부유하게 자랐다. 그러나 다섯살 때 아버지를 여의고, 경성의학부 1학년 때 어머니마저 돌아가셨다.

김인선은 이 때 경성의학부 동기생인 서흥업과 사랑에 빠졌다. 서흥업은 아버지가 의원을 경영하였는데 경성 갑부였다.

김인선이 경성의학부 4학년 시절 한센병이 발병하여 자신의 박복하고 한스러운 운명을 자책하면서 연인 서흥업에게는 일체 함구한 채 자취를 감추고 소록도에 입원하게 된다.

김인선은 회균형 신경나로 왼손이 반쯤 굽었고, 왼쪽 눈이 실명된 상태였다. 이 때 인선의 뱃속에는 서흥업의 혈육이 자라고 있었다.

다른 곳은 건강인으로 167센치미터의 늘씬한 키에 출중한 미모의 여인으로서, 조선조 최고학자 이율곡을 낳고 교육시킨, 조선 제일의 여인 신사임당을 존경했다. 이때 김인선은 25세였으며, 착실한 가톨릭 신자였다.

응애! 응애! 응애!

여아가 태어나자 하늘에서 서광이 여아의 머리 위에 내린다.
조용히 기도를 올린다.
경애로우신 성모님, 감사하고 감사하나이다. -찬미 예수님-

인선은 엘리사벳을 품에 안고 잠시 회상한다.
1946년 12월 1일 동생리 독신 여성병사에 자리를 잡고 소록도에서 첫 날밤을 맞게 된다.
동생리 바닷가 갈매기 소리와 파도소리에 자신의 기구한 신세를 한탄하며 수많은 상념 속에 잠을 이룰 수가 없었다.
그녀는 어릴 때부터 가톨릭 신자였다.
새벽녘에 겨우 잠이 들었다. 꿈속에 나타나신 성모님이 인선에게 다가와 "엘리사벳, 엘리사벳"이라고 부르시고 계시는 것이다.
"성모님, 제 본명은 분도인데 어찌, 저를 엘리사벳이라 부르나이까?"
"분도야, 내가 왜 너를 모르겠느냐. 지금, 나는 우리 분도 배속에서 장차 태어날 아이를 부르고 있느니라. 아이를 낳거든 이름을 엘리사벳이라고 하여라. 소외되고 불쌍한 사람들을 위하여 수많은 봉사와 선행을 할 착하고 고귀한 아이이니라."
성모님은 말씀을 하시고 하늘나라에 올라가시는 것이다.
김인선은 자리에서 일어나 머리와 옷을 바르게 하고, 무릎을 정중히 꿇은 후 성모님께 진실로 감사한 마음으로 기도를 한다.
성모님께서 지어주신 엘리사벳이라는 성스럽고 고귀한 이름을 뼛속 깊이 새겨서 한 많고 어리석은 죄인이 모든 것을 다 바쳐 성스러우신 성모님께 매사에 감사하옵시고, 고마우신 마음으로 딸 엘리사벳의 태아교육은 물론 항상 경건한 마음으로 빌고 빌면서 태어나게 하겠나이다. 성부와 성자와 성령의 이름으로 -성호- 찬미예수님-

젖을 먹이고 있는 인선은 엘리사벳을 바라본다. 이목구비가 또렷하고 얼굴과 몸에서 서광이 난다. 나환의 몸에서 어떻게 이런 아이가 태어난단 말인가. 인선의 눈에서 뜨거운 감격의 눈물이 흘러 내렸다.
 성모님 감사하고 또 감사하나이다. 성모님의 은총이 항상 이제와 같이 영원하시옵길 비옵니다. -찬미예수님-

 인선은 옛정인 서홍업을 조용히 불러본다.
 홍업씨, 당신의 아이가 태어났어요.
 후일 이 아기가 자라면 당신에게 보내겠어요.
 그때, 한때나마 저를 사랑했던 마음으로 당신의 아이를 거두어 주시고 이 박복한 인선을 생각해주세요.
 내 사랑 홍업 씨!

 인선은 옛정인 홍업과의 지난 시간을 잠시 생각한다.
 경성의학부 캠퍼스 한적한 곳에서 홍업과 인선은 뜨겁게 포옹한다.
 "사랑합니다, 인선 씨"
 "저도요. 인선 씨는 하나님이 저에게 주신 사랑의 귀중한 선물입니다. 내 평생 인선씨를 위해 모든 것을 다 바쳐 살겠습니다."
 "진정이세요?"
 "지금 수술실에 가서 해부도로 제 가슴을 열어보여 드릴까요."
 "됐어요! 제가 홍업 씨 마음을 왜? 모르겠어요."
 인선은 일어나 행복의 미소를 지으며 엘리사벳을 품에 안고 성당으로 향했다. 인선은 엘리사벳을 품에 안고 신부님 앞에서 엘리사벳에게 영아세례를 받고 있다.
 영아세례를 마친 신부는 엘리사벳의 머리 위에 손을 얹고 축성을 한다.

거룩하신 성모님의 뜻에 따라 성모님께옵서 현몽하신 대로 여아의 이름을 엘리사벳이라고 지었나이다. 엘리사벳이 성모님의 축복 속에서 성모님을 칭송하며 곱게 자라 소외되고, 버림받은 이웃들에게 봉사와 선행을 할 수 있는 선한 인격체로 거듭나 하늘에 영광이, 땅에는 기쁨이 되게하소서. 성부와 성자와 성령의 이름으로 아멘. -성호 -찬미예수님-

인선은 엘리사벳 영아 세례를 마치고 엘리사벳을 안고 양산을 들고 독신 병사로 갔다.
하늘에서 내려온 흰 비둘기 한 쌍이 같이 날아간다.
인선의 머릿속에 소록도에 온 사연들이 주마등 같이 스쳐간다. 인선은 미국 선교사들이 운영하는 세브란스 특수피부과 과장과 마주하고 있다.
"김 선생님께서는 의학을 전공하신 분이시라서 자신이 잘 아실 것입니다. 한센병입니다. 그러나 이제 걱정하실 필요 없습니다. 프로민, 다이아존, DDS, 같은 좋은 약들이 있어서 나병은 완치되며 나병은 퇴치될 것입니다. 영국에서 개발된 DDS는 아주 좋은 약입니다. 제가 DDS처방과 소록도에 가시어 요양생활을 할 수 있게끔 그곳 원장님에게 소개장을 하나 써드리겠습니다. 그곳으로 가 당분간 요양하십시오. 김 선생님 같으신 분들이 요양생활하기에 모든 면에 있어서 세계 제일의 한센인 요양원입니다. 저도 1년에 한번쯤 그곳에 들릅니다."
김인선의 무거운 발걸음이 세브란스 병원을 나온다. 좁은 어깨 위로 차가운 바람이 불고 있다.
정신을 놓은 채 집에 도착한 인선은 자신의 방에서 마냥 앉아 있었다. 얼마를 이렇게 앉아 있었는지 모른다.
어느새 새벽이 오고 있었다.
사랑하는 홍업 씨와의 모든 인연을 정리하여야겠구나. 그렇게 착하고 마음여린 홍업씨가 내 신상을 안다면……. 인선은 박복한 자신의 신세에 터질 것 같은 가슴을 억누르며 손으로 머리를 감싸쥐고 괴로워한다. 벌써 왼손에는 마목이 오고, 왼쪽 눈에는 시력장애가 오고 있다.
   그래도 한 장의 편지라도 남겨야 하지 않겠는가.

   내 사랑 홍업 씨에게!
   이 세상에서 저에게 가장 소중했던 내 사랑 홍업 씨, 이 한 몸 다 바쳐 진정으로 사랑했던 홍업 씨의 곁을 이제 떠나려는 얄궂은 한 여인의 박복한 운명을 자책하면서 떨리는 손으로 펜을 들었습니다.
   부부의 인연을 같이 하자고 수 없이 언약하고 언약했던, 우리 두 사람의 감미롭고 주옥같은 약속을 이제 접고 이루지 못하는 우리 두 사람의 기구한 사랑 인연을 통탄하며 메어져 오는 가슴을 겨우겨우 억누르고 사랑하는 홍업 씨와의 이별사연을 눈물과 기막힌 한숨 속에서 천 갈래, 만갈래 찢기우는 만신창이의 몸으로 써내려 가려합니다.
   사랑하는 홍업 씨, 내 사랑 홍업 씨!
   저는… 인선은 여기까지 편지를 쓰다가 흐르는 눈물을 주체할 수 없어서 펜을 놓아 버렸다.
   방금 써내려간 편지 위에 한 맺힌 눈물이 얼룩져 있었다.
   인선은 가슴을 치며 얼마나 울었는지 모른다. 헝클어진 가슴을 겨우겨우 정리하고 눈물에 얼룩져있는 편지를 손으로 찢어버렸다. 이것마저 남기지 말고 조용히 떠나야겠구나! 만나면 무슨 이야기를 하랴! 보면 괴롭기만한 괴로운 한센인이 혼자서 가야할 가련한 운명의 길인 것을.
   인선은 마음을 가까스로 정리하고 성모님께 조용히 기도를 올렸다.

내 탓이요, 내 탓이요, 내 잘못이로소이다.
　　하늘에 계신 성모 마리아님이시여, 그 자애로우심이 영원이로소이다. 저, 분도는 모진 병에 걸리어 한순간 죽으려고 하였으나, 자애로우신 성모님의 일깨움으로 이제 제가 태어나고 청운의 꿈속에서 정들었던 이곳과 사랑하는 정인의 곁을 떠나 소록도로 가렵니다.
　　사랑과 은총으로 충만하옵신, 성모마리아님 지금 저의 뱃속에는 새로운 새 생명이 잉태하고 있습니다. 이 생명에게는 저 분도와 같은 불행의 병을 주시지 마시고 건강한 아이도 태어나 자나 깨나 성모마리아님을 칭송하며 성모님의 자애로우신, 은총 속에서 성모님을 찬미하여 살게 인도 해 주시옵소서. 한 많고 죄 많은 여인이 성스러우신 성모마리아님께 간절히 기도하나이다.
　　성부와 성자와 성령의 이름으로 아멘. -성호 -찬미예수님-

　김인선은 부모님으로부터 물려받은 많은 재산을 정리하여 소록도로 향한다. 검은 코트를 입고 머리에는 스카프를 쓰고, 연갈색의 선글라스 안경을 쓴 20대 멋쟁이 김인선이 여행 가방을 들고 소록도 병원에 도착한다. 소록도 병원 수위는 타고난 미모와 멋쟁이 스타일의 김인선을 보고 잠시 경탄한다.
　"원장선생님 계십니까?"
　"어떻게 오셨습니까?"
　"서울 세브란스병원 특수피부과 과장님 소개로 왔습니다."
　"잠시 계십시오."
　수위는 교환을 불러 비서와 통화한다.
　"서울 세브란스병원 특수피부과 과장님 소개로 서울서 오신 손님입니다."

"잠시 계세요. 원장선생님께서 올라 오시랍니다."
"선생님 이층으로 올라가시면 좌측에 병원장님 집무실이 있습니다."
"네. 감사합니다."
인선은 소록도 병원장실로 올라간다.
잠시 회상에 잠겼던 인선이 흰 비둘기를 보고 미소 짓는다.
하늘을 나르던 흰 비둘기 한 쌍이 인선이 안고 있는 엘리사벳의 강보에 살며시 내려앉는다. 하늘에서 서광이 비치고 있었다.
엘리사벳은 천사의 미소를 짓고 새근새근 잠들어 있다.

신생리 예수교 장노교회 새벽 종소리가 새벽을 일깨운다.
권경돌은 성경책을 가슴에 안고, 박만순은 강보에 싸인 다윗을 안고서 함께 기도드린다.
전지전능 전의전애하옵신 주 하나님 90이 넘는 아브라함에게 이삭을 주신 주 하나님 모세를 통하여 애급의 노예 생활로부터 이스라엘 백성을 젖과 꿀이 흐르는 땅, 가나안으로 인도하신 주 하나님, 주 하나님의 영원불멸하신 능력을 믿사옵나이다.
감사드리옵고, 감사하옵나이다. 저의 주 하나님 주신 것도 주 하나님이시옵고, 거두어 가실 분도 주 하나님이시옵니다.
이전에도 계셨고, 지금도 계시며 후일에도 영원무궁토록 계실 저의 주 하나님 아버지 창조주시여, 어린 다윗을 불쌍히 여기시여 주 하나님의 울타리 속에서 보살펴 주시옵기를 간절히, 주 하나님의 이름으로 기도드리옵나이다. -아멘-
권경돌과 부인 박씨는 다윗의 유아세례는 물론 자신들도 세례를 받고 다윗을 위하여 불철주야 하나님께 간절한 기도 속에서 생활한다.
소록도 불세출의 영웅 다윗은 부모님의 간절한 기도 속에서 자라난다.

소년 장사 다윗!

세월이 흘러 다윗이 7살이 되었다.

11호사 앞마당에 아담한 화단이 조성되어 있다. 잘 가꾸어진 작은 화단에 물을 주고 있는 다윗은 유난히 자스민꽃에 관심이 있다.

다윗의 아버지와 어머니의 입가에 잔잔한 미소를 지으며 다윗을 사랑의 눈길로 바라본다.

"다윗아, 내일 운동회 시합에 나가야 하니 좀 쉬어야지."

"아버지, 괜찮습니다."

"내일 시합에 5~6학년이 달리는 100미터와 운동장 일곱 바퀴나 도는 경주에서 국민학교에 입학하지 않은 7살된 내 강생이가 어찌 이길라 카노?"

다윗은 아무 일도 아닌 듯 화단에 물을 준다.

"어머니, 걱정하실 필요 없어요. 100미터는 남보다 빨리 달리면 되고요. 운동장을 일곱 바퀴 도는 장거리 경주는 빨리 달리는 100미터를 7번 연결하면 되니까요."

"우리 강생이는 항상 말을 쉽게 해!"

"어리지만 우리 다윗의 말이 이제껏 한 번도 틀린 적 없어요."

"신생리 사람들은 우리 다윗을 보고 우리가 사는 뒷산자락 정기를 타고 신목의 기다림 속에 태어났다고들 하지 않습니까?"

　소록도 대운동회날이 왔다.
　중앙공원 아래 위치한 대운동장에서 만국기가 나부끼고 7개 부락별 천막 밑에 구경꾼들이 선수들에게 응원을 하고 있다. 본부석에서 우렁찬 목소리와 마이크를 통해 울려 퍼진다.
　"아! 아! 마이크 시험 중! 마이크 시험 중!"
　"오늘 경기에는 특별한 선수를 소개할까 합니다. 국민학생 5~6학년이 출전하는 100미터 달리기와 운동장을 일곱 바퀴 도는 장거리 경기에 내년에 녹산국민학교에 입학할 신생리 권다윗 어린이가 특별선수로 지원하였습니다. 본 집행위원들이 협의 끝에 오늘 특별선수로 출전하게 되었습니다. 오늘, 이 경기는 아마도 소록도 개원 이래 희귀한 볼거리의 경기가 되리라 믿어 의심치 않습니다. 그러면 바로 경기를 진행하도록 하겠습니다."
　신생리 응원석 천막 안이 술렁거린다.
　"다윗이 출전하는구먼."
　"다윗 말이여. 길을 가다가도 앞을 못 보는 장님을 만나면 장님이 가시는 곳까지 꼭 모셔다 드리고 가는 착한 아이야."
　"13호사에 사는 친구 영식이를 두 손으로 번쩍 들어 올려 한 손에 놓고 한 손으로 팽이 돌리듯 빙글빙글 돌리더구먼. 다윗은 어리지만 장사여!"
　"다윗의 아버지 권경돌 씨는 옛날에 타고난 싸움꾼이었다고 하더만. 진주에서 나조례단체 연합장으로 있을 때 진주 시내에 건달, 넝마인할 것 없이 권경돌 씨 앞에서 오금을 못폈으니까."
　"좌우지간 대단하셨던 인물이야. 그 때 내가 연합장님을 모시고 있었거든!"
 출발선에선 다윗은 출발선 근처에 와있는 신생리 윗동네 친구 영식이와 월순이를 보고 손을 흔든다. 영식이와 월순이도 같이 손을 흔든다. 이 어린이들은 서로 동갑나이였다.
 "월순아 나는 말이여 다윗을 잘 알아. 오늘 틀림없이 1등할텐께!"
 "그려! 다윗은 1등할꺼여!"
 경기운영위원의 화약총 소재로 100미터 경기가 시작된다.
 탕— 총알같이 튀어나와 달리는 다윗!
 눈 깜짝할 사이에 다윗은 결승선을 통과하여 허리에 뒷짐을 지고 출발선에서 20미터쯤 오고 있는 선수들을 바라본다. 7개 부락 천막 밑이 술렁거렸다.
 "저. 아이가 뉘기여?"
 "신생리 11호사에 사는 권다윗이라고 하는구먼."
 "저거는 사람이 할 수 없는 일이여! 그래서 신생리 11호사 뒷산자락 정기를 타고 신목의 기다림 속에 태어났다고들 하는기여."
 스피커에서 운영위원의 방송이 이어진다.
 "지금 원생 여러분께서는 소록도 개원 이래 전무후무한 구경을 참관하고 계십니다. 잠시 후 선수들의 숨을 고른 후 운동장 일곱 바퀴를 도는 장거리 경기가 있겠습니다. 과연 권다윗의 신화가 계속될지 지켜봐 주시기 바랍니다."
 영식이와 월순이가 다윗 곁에서
 "다윗아, 요번에도 이겨야제."
 "영식아, 월순아 그런 걱정은 하지 마."
 "암! 그래야제! 우리 다윗은 최고야!"
 선수들이 출발선에 서고 경기위원의 출발 총성이 들린다.

탕—

다윗은 우리와 같은 박수 속에 운동장 일곱 바퀴를 도는 장거리 경주에서 네 바퀴 이상의 간격 차이를 두고 1등으로 승리한다.

소록도 병원장이 경기 집행위원장을 불러 무어라 지시한다. 병원장의 지시를 받고 마이크 앞에선 경기 운영 집행 위원장은 "방금 경기에 우승한 권다윗 어린이는 본부석 상단에 위치한 병원장님 앞으로 오세요."

영식이와 윁순이와 같이 가던 다윗은

"너희들 먼저 가봐. 원장님께서 부르시니까 원장님께 가봐야겠어."

"다윗아 그럼 이따가 보자."

"그래."

다윗은 번개 같이 병원장이 있는 훈시대 위에 있는 천막 쪽으로 달려간다. 훈시대 층계를 5~6칸씩 뛰어올라 병원장 앞에 섰다. 앞 마이크가 켜져 있고, 병원장과 다윗과의 일문일답이 확성기로 방송된다.

"네 이름이 무엇이냐?"

"권다윗입니다."

"나이가 몇 살이냐?"

"일곱살이고요. 1947년 음력으로 7월 6일 아침 진시에 신생리 11호 사에 태어났습니다."

"하-하-하- 참으로 영특하구나."

"어떻게 어린 나이로 국민학생 5~6학년이 출전하는 100미터 단거리와 운동장 일곱 바퀴를 도는 장거리 경주에 출전하여 우승하였느냐?"

"원장 선생님, 그것은 간단해요. 100미터는 남보다 빨리 달리기만 하면되고요 운동장 7바퀴 도는 장거리 경주는 빨리 달리는 100미터를 운동장 일곱 바퀴에 연결하면 됩니다."

"오, 그래. 참으로 영특하구나."

녹산국민학교 옆 동생리 쪽에서 김인선과 딸 엘리사벳이 손을 잡고 이 광경을 바라보고 확성기에 병원장과 다윗의 주고받는 이야기를 듣고 있다.

"다윗! 참으로 좋은 이름을 가졌구나."
"어머니, 저 다윗하고 제가 똑같은 나이에 똑같은 시간에 태어났어요."
"그렇구나. 참으로 신기하구나."
"어머니, 저 다윗을 한번 보고 싶어요."
"내년에 국민학교 입학하면 만나게 될 것이야."
"어머니, 다윗을 빨리 만나고 싶어요."
"원! 녀석도!"

병원장과 다윗의 일문일답이 계속 이어진다.

"참으로 다윗은 비범하구나. 1등으로 광목 1통을 상으로 줄 터인데 가지고 가겠느냐?"
"네. 원장님 어깨에 메고 가면 됩니다."
"그래! 한번 메고 가보아라."
"네! 원장선생님 감사합니다."

다윗은 예를 갖춰 인사한다. 다윗은 상으로 받은 광목 1통을 가볍게 들어 어깨에 메고 운동장을 가로질러 간다.

김상태 병원장이 어린 장사 다윗을 보고 일어서서 감격과 감동의 박수를 보낸다.

"소록도가 큰 인물을 배출하였구나. 아마도 장차 크게 될 인물같구나."

소록도 개원 이래 소록도 원장으로 8번째요 해방 후 한국인으로서 3번째 원장이 된다. 김상태 원장은 경성의학부를 우수한 성적으로 나와 일제치하 소록도 4대 원장 주방정계 밑에서 초년 의사생활을 시작하였다. 뛰어난 머리 회전과 타고난 의학적 재질을 인정받아 주방정계의 절대적 신임을 받았으며 주방정계의 중매로 일본 여인과 결혼했었다.

　김상태 원장은 일인 밑에서 배운 그대로 소록도 병원장 재직 때 가혹한 원행정과 잔인성을 자행한 독선과 금수성을 가진 원장으로 많은 한센인들의 피눈물을 흘리게 하였다. 김상태 원장의 가혹한 원행정에 항거하는 재환자 전 원생이 '김상태 원장 불신임 사건' 때 재환자 간부들을 형무소에 보낸 자였다.

　소록도 4·6사태 때 건강지대와 환자지대 경계선이 있는 수탄장길 위에서 "김상태 원장 물러가라."고 외치는 재환자들을 김상태 원장이 고흥에서 불러들인 경찰들이 쏜 공포탄에 놀라 뒤로 밀리는 바람에 수탄장길에서 미하리소까지 재환자들의 벗겨진 신발이 두 가마니나 되었다. 이 사건은 해방 직후 오순재, 송희갑의 소록도 재환자 간부 84명의 살육을 회상할 만큼 잔인하였다.

　그러나 김상태 원장은 약리, 생리학, 미생물학 등 전공과목과 관련된 학문에 뛰어났으며, 또한 김상태 원장은 천재적 머리회전이 빠르고 비범한 한센병의 권위자로서 한센균 배양법으로 세계의학계에 주목을 받기도 하였다. 나학계에 큰 공헌과 소록도 병원장 재직 당시 우리나라 나계에 중진을 길러낸 김상태 원장은 악마의 얼굴과 신의 얼굴을 한 야누스였던 것이다.

　소록도 대운동회가 있고나서 다음날 일요일 다윗은 부모님의 손을 잡고 교회에 예배를 드리러 가고 있다.

　소록도 길 옆 가로수는 어디에 가던 측백나무가 줄지어 서 있다.

　다윗은 껑충껑충 뛴다.

　"강생아, 뛰지마라. 엄마가 어지럽다."

　"네, 어머니, 안 뛸 게요."

　"아버지, 어머니, 다윗이 지금 측백나무 제일 위에 있는 열매를 딸 거예요."

"어떻게 저 높은 곳에 있는 측백 열매를 따려고 하느냐?"

"아버지 그냥 뛰어올라 따면 돼요."

다윗은 몇 발자국 빠른 걸음으로 뛰어가다가 훌쩍 뛰어올라 높은 곳에 있는 측백 열매를 한 움큼 따서 가볍게 내려온다. 어머니는 기겁을 한다.

"강생아, 그 카다가 다리 다치면 우짤라고 그카노."

"다윗은 웃으며 어머니 다윗은 다치지 않아요."

"다윗아, 언제부터 저 높은 곳을 뛰어오르기 시작했느냐?"

"아버지 쉬워요. 그냥 뛰어오르면 돼요."

그냥 뛰어오르면 돼? 권경돌은 깊게 생각한다.

아이구, 저걸 우찌할꼬!

"우리 강생이 땜시 걱정거리가 하나 더 늘었네. 이를 우짤꼬!"

"여보! 너무 걱정 마세요. 우리 다윗은 우리가 살고 있는 뒷산자락 정기를 받고 신목이 기다림 속에 태어난 아이에요. 당신의 태몽도 용감무쌍한 소년장사 다윗을 보고 우리 다윗을 잉태하지 않으셨소? 그래서 우리 다윗의 이름도 다윗이라 지었고, 우리 다윗은 전신에 기가 응축된 아이에요."

"여보! 기고 뭐고 다 그런 말하지 마세요."

"우리 강생이가 지금 일곱 살인데, 저카다가 다치기라도 하면 큰일 나요."

"이를 우짜면 좋노. 강생아, 너 이카다가 만약 다치기라도 하면 아빠 엄마 다 죽는다, 알겠제?"

"네, 어머니 조심할 게요."

"그리고 강생아 네 친구 영식이 말이다, 영식이 들어서 빙빙 돌리지 마라. 영식이 어머니가 엄마한테 찾아와서 신신당부하더라. 팽이놀이한다고 영식이 들어서 빙빙 돌리는 바람에 자다가 경기를 하면서 오줌을 다 쌌다 하더라."

"네, 어머니 잘 알겠습니다. 걱정하시지 마세요."

"다윗아."

"네, 아버지."

"사람이 자신의 재주만 믿고 경거망동하다가는 큰 실수를 한다. 매사에 조심 또 조심하여야 하느니라, 알겠느냐?"

"네, 아버지, 어머니. 명심하겠습니다. 그리고, 어머니 너무 걱정 마세요. 아버지, 어머니"

"왜! 그러느냐?"

"내년에 학교 입학하기 전 저 높은 측백나무를 뛰어넘을 거예요."

"저 높은 측백나무를 어떻게 뛰어넘어?"

어머니 박만순은 사색을 하며 놀라 입으로 손을 갖다대며 걸음을 멈춘다.

다윗이 빠른 걸음으로 측백나무를 뛰어올라 측백나무가지를 한발로 슬쩍 밟고 훌쩍 뛰어넘는다.

"아이구! 큰일 났네."

박만순은 기겁을 하고 길에 퍽 주저앉는다. 다윗은 어머니를 일으켜 세우면서 "어머니 일어나세요. 다윗이 측백나무 뛰어넘지 않을게요."

"내 강생아, 너 이카면 엄마 숨 넘어간데이!"

"네, 어머니 알겠어요. 어머니, 아버지하고 교회 나가요. 예배 시간 늦어요."

다윗은 어머니 아버지 손을 잡고 신생리 교회로 갔다.

다윗이 국민학교 들어가기 전 7월에 기승을 부리는 무더위가 왔다.

다윗의 어머님께서는 아래 동네 도움실 앞을 보지 못하는 불우한 분들의 속옷에서부터 겉옷까지 한 달에 한 번씩 빨래를 해드렸다. 다윗은 오늘 이분들의 빨래를 모아 어깨에 매고 집으로 간다.

　신생리 사무실 앞에서 앞을 보지 못하는 봉사 한 분을 만난다. 봉사 한 분이 한 손에 부채를 들고 부치며 한 손에 대나무 지팡이를 짚고 천천히 땅을 두드리며 걸어온다.

"아저씨 안녕하세요."

"누구냐?"

"윗동네 11호사에 사는 권다윗입니다."

"오! 다윗이구나. 어디에 다녀 오너냐?"

"어머니 심부름으로 도움실에서 아저씨들 빨래할 것 가지고 갑니다."

"아저씨는 빨래하실 것 없으세요?"

"빨래할 것 있지만 미안해서……."

"아저씨, 그리지 마시고 다윗이 도움실까지 모시다 드릴 터이니 아저씨 빨래할 것 주세요."

"아이구! 고맙긴 하지만 미안해서 이걸 어쩌나!"

"그러신 말씀 마시고 제 손 잡으세요."

　다윗은 장님의 손을 잡는다.

"오냐! 다윗아 고맙다."

　더위를 식혀주는 뭉개구름이 장님과 다윗의 머리 위를 몰려온다.

운명적 만남

동생리 여성병사에서 김인선은 엘리사벳을 앞에 앉히고 머리를 손질해 준다.
"오늘은 국민학교 입학식이구나."
"어머니, 예쁘게 해주세요."
"우리 엘리사벳은 아기천사님 같이 항상 예쁜데 뭘."
"그래도 오늘은 더 예쁘게 해주세요."
"우리 엘리사벳이 오늘 입학식이라 더 예쁘게 하고 싶구나."
"네. 어머니 그렇기도 하구요."
엘리사벳은 얼굴을 붉히며 잠시 생각한다.
"또, 뭐냐?"
엘리사벳은 부끄러운 듯 손으로 입을 가리며 "오늘은 다윗을 처음 만나는 날이거든요.", "호호호 언 녀석도." 엘리사벳도 부끄러운 듯 같이 웃는다.
김인선은 엘리사벳에게 무릎까지 오는 어깨에 끈이 달린 까만 스커트를 입히고 자켓과 스타킹을 입혔다. 인선 역시 까만 정장에 봄 코트를 걸쳤다. 누가 보더라도 멋쟁이 미인 엄마와 천사 같은 딸이었다. 김인선과 엘리사벳은 손을 잡고 녹산국민학교로 가고 있다.

김인선은 엘리사벳 교육에 혼신을 다하여 자신의 모든 것을 바치고자 하였다. 자신이 이루지 못한 의사의 꿈과 때가 되면 생부인 서홍업에게 보내기 위해서였다. 서홍업 역시 의사로서 부친의 가업을 이어 받아 병원을 운영할 것이 아닌가.

의학과 인연이 있으니 엘리사벳을 한국 제일의 명의로 키우기 위해서 선결조건이 영어와 독어라는 것을 아는 김인선이다. 엘리사벳이 태어나서 말을 배우기 시작할 때부터 영어와 독어를 가르쳤다. 인선 자신도 외국어로 대화를 평상시 엘리사벳과 늘 하였다.

이런 조기 교육 모두가 천주님과 예수님 성모님께 드리는 간절한 기도 속에서 이루어졌다.

이때, 엘리사벳의 영어와 독어실력은 이미 중학교 과정을 마치고 있었으며, 기타 과목은 6학년 과정을 공부하고 있었다.

성당에 갈 때면 미국 신부 윌리엄과 영어로 대화를 하곤 하였다. 녹산국민학교 앞에는 입학생들을 위한 환영의 글씨가 걸려 있다.

"입학을 축하합니다."

30여 명의 국민학교 입학생들이 부모님의 손을 잡고 모여 있다. 다윗, 영식, 월순이도 눈에 띈다.

김창원 교장 선생님의 환영사가 시작된다.

"여기에 모이신 학부모님, 그리고 입학생 여러분, 녹산국민학교 교장 김창원입니다. 오늘 입학식은 녹산국민학교 개교 이후 가장 착하고 똑똑하며 아름다운 30여 명의 학생들을 맞이하게 됨을 학교교장으로서 매우 기쁘고 영광스럽게 생각하는 바입니다. 앞으로 6년간 공부하고 이곳을 졸업하는 여러 학생들께서는 장차 나계와 우리나라에 큰일을 할 사람으로 믿어 의심치 않습니다. 아무튼 6년 간 녹산국민학교와의 인연이 여러

학생들의 한평생 좋은 추억과 공부가 되시기를 빌고 교장 인사말을 가름할까 합니다. 그리고 여러분들의 공부할 교실과 담임선생님의 만남이 있겠습니다. 좋은 하루 되십시오."

김선영 여선생이 나온다.

"여러분 반갑습니다. 제가 여러분과 1년간 공부를 가르치고 다정다감하게 지내게 될 담임 김선영입니다. 여러분 잘 봐주세요."

"네! 선생님 말씀 잘 듣겠습니다."

입학생 전원 박수를 친다. 뒤편에 서 계시는 학부형들도 함께 박수친다.

"그러면 여러분 모두 두 손을 앞으로 내미시고 키 순서대로 일렬로 서세요."

입학생들이 자신의 키 순서대로 두 손을 앞으로 내밀고 섰다.

"자. 그러면 이제부터 앉아서 공부할 자리를 배정하겠습니다."

"앞쪽에 있는 우리 학생부터 두 명씩 순서대로 오른쪽 책상과 걸상에 가 앉으세요."

입학생들 두 명씩 키 순서대로 짝을 지어 자리에 가 앉는다.

영식이와 월순이는 한 짝이 되어, 다윗과 엘리사벳 바로 앞에 앉았다.

다윗과 엘리사벳은 30명 입학생들 중 키가 제일 커 한 짝이 되어 제일 뒤에 앉게 된다.

다윗은 엘리사벳을 보는 순간 아, 자스민꽃 향기다. '또한 신목 아래 그 천사와 같은 아이다. 참으로 이상한 일이다.'

다윗은 매일 밤 꾸었던 꿈을 잠시 생각한다. 다윗은 자신이 살고 있는 신생리 뒷산자락 신목이 있는 곳으로 올라간다.

엘리사벳이 천사의 미소를 머금고 신목 아래 서 있다. 다윗은 엘리사벳을 만날 때까지 이 꿈을 하루도 빠짐없이 꾸었다. 엘리사벳을 만난 이후부터 꿈을 꾸지 않게 된다.

엘리사벳을 다윗을 보고 미소 지으며 마음속으로 생각한다.

작년 운동회 때 원장선생님과 대화하는 것을 보고 한번 보고 싶었는데…….

다윗은 밤마다 꿈속에서의 그 천사아이를 생각했다.

"나는 권다윗이야."

"나는 서엘리사벳이야."

다윗과 엘리사벳은 서로 손을 잡고 있었다.

"나는 다윗, 너를 잘 알아."

"엘리사벳이 나를 어떻게 알아?"

"작년 운동회 때 100미터와 운동장 일곱 바퀴를 도는 장거리 경주에서 1등할 때 우리 어머니와 함께 보았어."

"아! 그랬었구나."

"다윗, 너하고 나 엘리사벳하고 생년월일시까지 똑같다. 다윗 네가 1등할 때 원장선생님과 대화하는 거 확성기에서 들었어."

"그래! 참으로 신기하구나."

"엘리사벳 너에게서는 내가 좋아하는 자스민꽃 향기가 나. 또 꿈속에서 항상 너를 보았어."

호호호! 엘리사벳은 손으로 입을 가리고 웃는다.

"꿈속에서 나를 봐?"

"그래! 엘리사벳 너는 신목 아래서 항상 웃고 있었어, 천사님 같이……."

"신목 아래서 나를 봤어."

"다윗 너에게도 향기가 나. 측백나무향기 같은 거?"

다윗은 뒤에 서 계시는 어머니를 뒤돌아 본다.

122

"엘리사벳, 이것은 절대 비밀이야. 내가 매일 측백나무를 뛰어넘거든!"
"아니? 높은 측백나무 가로수를 말이야?"
다윗은 자신의 입에 손가락을 갖다댄다.
"쉿! 조용히. 우리 어머니께서 아시면 큰일 나."
"왜? 큰일 나는데……."
"엘리사벳 나중에 이야기해 줄 게. 그런데 엘리사벳."
"다윗, 왜 그래."
"엘리사벳, 너는 천사님보다 더 아름답고 선녀님보다 더 예쁘구나!"
"아이! 몰라! 그런 말하지마. 부끄러워!"
"자! 오늘은 이것으로 마칠 터이니 내일부터 공부할 교과서와 같이 수업이 있으니 지각하지 말고 등교하셔야 해요."
"네. 선생님."
"지금 교과서를 나눠줄 테니까 내일 교과서 잊지 말고 가져 오세요."
입학생들이 교과서를 받는다.
"영식아, 월순아, 내 짝 엘리사벳이야. 서로 인사해."
"엘리사벳이야."
"우리 앞으로 다윗하고 함께 사이좋게 잘 지내자."
"그래, 알았어."
다윗은 엘리사벳의 손을 잡고 부모님이 계시는 뒤쪽으로 간다.
"아버지, 어머니, 이 아이는 동생리에 살고 있는 서엘리사벳인데 앞으로 저와 같이 앉아서 공부할 제 짝이에요. 엘리사벳, 우리 아버지, 어머니께 인사 드려."
"동생리에 사는 서엘리사벳입니다. 귀엽게 봐주세요."
권경돌은 자신의 앞에서 공손이 인사하는 엘리사벳을 유심히 바라보았다. 머리에 스쳐 지나가는 것이 있었다.

구당서, 열전에 나오는 확실성이 신과 같다는 관상의 명수 원천강이 환생하여 이 아이를 보면 무어라 할까? 기이하고 특이한 아이구나. 비록 어리지만 소녀의 기품이 있고, 하얀 종이 위에 먹물을 뿌려놓은 듯 검은 머리와 눈썹, 백설 같은 피부와 오똑한 코하며 영기어린 총명함이 특출나고 비범하구나. 또한 얼굴과 몸에서는 서광이 빛나고 있다.

한센인의 몸에서 어떻게 저런 특출한 영재가 태어난단 말이냐? 박만순도 옆에서 "네가 엘리사벳이냐?", "네."

"참으로 예쁘고 귀엽게 생겼구나. 듣던대로 영명하고 총명스런 아이구나."

"저를 칭찬해주셔서 감사합니다."

엘리사벳은 다시 한 번 고개 숙여 단정히 인사한다.

"어머니, 아버지 여기에 있는 엘리사벳과 제가 똑같은 날 똑같은 시간에 태어났대요."

다윗의 부모는 "오, 그래. 참으로 기이한 인연이구나!"하며 서로 마주보고 웃었다.

"다윗아, 이제 우리 어머니께 가서 인사해."

"어머니, 앞으로 공부할 제 짝 다윗이 인사드린대요."

"신생리 11호사에 살고 있는 권다윗입니다."

"다윗아"

"네. 어머님."

"우리 엘리사벳과 다윗 네가 생년월일시까지 똑같이 태어났단다."

"네, 어머니, 조금 전에 엘리사벳에게 들었습니다."

"너희들은 기이한 인연같구나, 다윗아. 네가 그렇게 똑똑하고 용맹스러우냐?"

"아니에요. 다른 사람들이 저를 그렇게 말하는 것 같아요."

"다윗이 참으로 기특하고 겸손하구나."
"이제부터 제 짝이 되는 엘리사벳을 학교에서나 학교 오갈 때 제가 보호하겠습니다."
"그래, 고맙구나."
"이 아이가 신생리 뒷산자락 정기를 받고 신목의 기다림 속에 태어났다고들 하더니 과연 비범한 아이구나."

녹산국민학교 입학식이 끝나고 남녀 학생들이 부모님들의 손을 잡고 헤어지고 있었다.
"영식아, 월순아, 너희들은 부모님과 함께 중앙리 교회 앞으로 해서 집에 가. 나는 아버지, 어머니와 같이 동생리 엘리사벳 집까지 데려다 주고 공회당 언덕길을 넘어 갈 거야."
"그려, 다윗아. 이따가 또 만나야제."
"잘 가. 다윗아."
"다윗은 항상 어른스럽지라이. 다윗 어머니는 좋겠소."
"어른스럽긴 갓난 강생이 아이인데요 뭘요."
"아니여. 다윗은 예들과는 다른 아이여."
다섯 사람은 성당 앞 신작로까지 함께 와서 헤어진다.
"엘리사벳, 여기서 헤어지고 내일 아침에 다윗이 여기에서 기다릴 터이니 학교에 같이 가자."
"그래, 다윗 그렇게 할게."
학교 앞에서 헤어진 영식이와 월순이, 그리고 어머니들은 중앙리 교회 앞을 지나 밭도랑 외솔길을 따라 신생리 윗동네로 가고 있었다.
"영식 엄니, 아까 헤어진 엘리사벳 엄니 말이여. 나가 지금 같이 살고 있는 권집사님 만나기 전 동생리 여성 독신 병사에 있을 때 같이 있었지라이."
"그랬어."
"우리 월순이 놓고 한 달쯤 됐을까? 그때 엘리사벳이 태어난기여. 엘리사벳은 태어났을 때부터 천사같이 예뻤어."
"아까 보니께 천사나 선녀가 따로 없더구먼."
"지금 우리 병원 김상태 원장하고 경성의대인가 뭔가 하는 의과대학 후배랴. 저런 사람이 병에 걸려 소록도에 우찌 왔는감?"
"그건 나도 모르제. 다 그 사람 팔자겠제."
"하여간 다윗은 타고난 아이야. 그런께 우리가 살고 있는 신생리 뒷산자락 정기를 받고 태어났다고 하제."
"그런디 월순 엄니, 좀 꺼림직한 게 있어."
"뭐가 꺼림직혀."
"엘리사벳은 가톨릭이고 다윗은 장로교인디 말이여."
"거런 소리 하들 말어. 이제는 친하게 지내야써."
이들은 따스한 봄빛을 받으며 신생리 윗동네로 향했다. 신생리 뒷산 자락에서 종달새가 울고 있었다.

녹산국민학교 앞에는 소록도 대운동장이 있고 왼쪽편에 중앙공원이 있다.
1942년 6월 20일 보은감사절 중앙공원에서 소록도 의혈남아 이춘상이 소록도 4대 원장 주방정계를 의도로 단죄했던 곳이다. 1945년 8월 19일 오후 7시 건강지대에 있는 재환자 자재창고 반출 사건을 접한 재환자들이 이곳 운동장에서 궐기를 했던 곳이기도 하다.
우리 인류사를 회고해 보면 세인의 마음을 감화 감동시킨 명연설이 있다. 물 한 모금 나오지 않는 사막의 전투에서 부관이 가지고 온 마지막

한 줌의 물을 먹지 않고 손수건을 꺼내 부어 쥐어짜며 "병사들이여! 알랙산더가 주는 이 물을 마셔라."고 한 알렉산더 대왕의 연설, 눈덮힌 험준한 알프스 산을 넘으면서 피곤과 추위에 지쳐 있는 병사들에게 "병사들이여! 저 산 너머에는 황금이 제군들을 기다리고 있다."고한 한니발 장군의 연설, 자신을 탄핵하는 원로원을 향해 로마로 진격 루비콘강을 건너면서 "주사위는 이미 던져졌다."고 한 시저의 연설이 유명하다.

동양 제일의 에집트 기마군단을 상대로 전염병에 많은 병사를 잃고 배멀미에 시달린 병사들을 향해 위대한 "조국 프랑스 영령들이 제군들을 굽어 살피고 있다."라고 한 나폴레옹의 연설, "미국의 젊은이들이여! 조국이 나에게 무엇을 해줄 것인가를 묻지 말고 내가 국가를 위하여 무엇을 해야할 것인가를 먼저 생각하라."며 불을 토하듯 미국 대통령 취임사에서 연설한 젊은 대통령 캐네디 연설 등이다.

그러나 세기의 명연설 두 개를 꼭 집어든다면, 하나는 민주주의 중요한 문헌이라고 평하는 기원전 430년 페리클레스가 전몰한 아테네의 용사들을 추모하는 추모연설이요. 또, 하나는 로버트 에디워드 장군이 이끄는 남군과 조지 고든미드 장군이 이끄는 북군과 최후의 사투 끝에 북군의 승리로 마감한 게티즈버그 격전 4개월 뒤 미국 16대 대통령 링컨이 남군과 북군 전사자들을 위하여 국립묘지로 만드는 식장에서 "인민에 의한, 인민을 위한, 인민의 정치는 지상에서 영원히 사라지지 않을 것이다."라고 한 연설이다.

소록도 제일의 지식인 소학교 교장을 역임했던 이경도는 피를 토하는 심정으로 소록도 청사에 길이 남을 불후의 명연설을 한 곳이기도 하다. 소록도 최고의 지식인 이경도는 두 연설에 뒤지지 않은 명연설로 궐기장에 모인 한센인들의 가슴을 뭉클하게 하였던 곳이다.

녹산국민학교 입학 후 첫날 수업을 마치고 학교 앞에서 다윗과 엘리사벳 영식이와 월순이가 서 있다.

"너희들은 중앙리 교회 앞을 지나 집으로 가. 나는 엘리사벳을 집 앞까지 데려다 주고 공회당 언덕을 넘어 집에 갈 거야. 앞으로 학교에 등교할 때나 학교수업 마치고 너희들 하고 같이 집에 못 가. 우리 엘리사벳 집 앞까지 데려다주고 가야하니까."

"그래, 다윗아, 싸게싸게 가."

"그래, 다윗아, 우리 영식이하고 같이 갈게."

"엘리사벳 우리도 가자."

다윗은 엘리사벳 손을 잡고 간다.

"영식아, 월순아, 내일 만나."

손을 흔든다. 다윗과 엘리사벳은 성당 앞 신작로 앞까지 왔다. 여기에서 조금만 내려가면 동생리 독신 여성병사 엘리사벳이 사는 집이다.

"엘리사벳, 이제 집에 들어가 어머님께서 기다리고 계시잖아."

"그래. 다윗 잘 가. 내일 봐."

엘리사벳은 손을 흔들며 독신 여성병사로 뛰어 내려간다.

엘리사벳이 독신병사 안으로 들어간 것을 확인한 다윗은 번개같이 공회당 언덕길을 뛰어 올라갔다.

집에 도착한 엘리사벳은 "어머니 학교 다녀왔습니다.", "우리 엘리사벳 이구나."

엘리사벳은 어깨에 매고 왔던 소록도에서 하나뿐인 가죽가방을 내려놓는다.

"어머니 조금 계세요. 다윗을 보고 올게요."

"아이구. 다윗 땜에 바빠 죽겠네."

왔던 길을 다시 뛰어간다. 원! 녀석도! 김인선 딸의 뒷모습을 바라본다.

공회당 언덕길을 오르다 자신을 바라보고 있는 다윗과 손을 흔든다.

다윗! 언덕길을 오르던 다윗도 엘리사벳을 보며 손을 흔든다. 엘리사벳! 번개같이 언덕길을 뛰어올라 공회당 앞 사람이 팔을 벌리고 서 있는 듯한 솔송 아래서 엘리사벳을 바라본다.

성당 앞 신작로에서 엘리사벳이 다윗을 보고 손을 흔든다.

"엘리사벳 집에 빨리 들어가. 어서, 엘리사벳 집에 들어가는 것 보고 갈게. 어서."

"그래, 다윗 내일 또 만나."

엘리사벳은 총총걸음으로 집으로 간다.

봄 여름 가을 겨울 비가 오나 눈이 오나 강풍이 불어도 학교 수업과 방학 때나 일요일 만나는 날에는 빠짐없이 이어진다.

신생리 11호사 앞에서 권경돌 부부는 아들 다윗을 기다리고 있다. 공회당 언덕길을 다윗은 책보따리에 철거덕 철거덕 요란한 필통 소리를 내면서 번개 같이 뛰어 내려오고 있다.

"우리 다윗이 오고 있구만."

"그래요. 우리 강생이예요. 천천히 좀 오지. 저카다가 넘어져 다치면 우짤라카노."

"아버지, 어머니. 학교 잘 다녀왔습니다."

"선생님 말씀 잘 듣고 공부 잘 하였느냐?"

"네. 아버지 어머니."

"원! 녀석도 우리 강생이 주려고 에미가 맛있는거 해 놨다. 어서 들어가 먹자. 배고프지?"

"네! 배 고파요!"

세 식구는 방으로 들어간다.

1학년 손선영 담임 선생이 몸이 불편하여 1시간 단축 수업을 한 날이다. 녹산국민학교와 운동장 사이에 운동장에 경기가 있을 때 경기를 관광하는 관람석에는 잔디와 클로버가 뒤섞여 있다.

다윗과 엘리사벳 영식이와 월순은 클로버꽃을 꺾어 꽃반지를 만들었다.

"엘리사벳 손 이리 내. 다윗이 만든 꽃반지를 끼워줄게."

"그래. 다윗 꽃반지 끼워줘."

엘리사벳은 손을 내민다. 다윗은 엘리사벳의 왼손 4번째 손가락에 꽃반지를 끼워준다.

"아이구. 예뻐라. 다윗은 못하는 게 없어."

엘리사벳도 다윗의 왼손 4번째 손가락에 꽃반지를 끼워준다.

"내가 만든 꽃반지보다 엘리사벳이 만든 꽃반지가 더 예쁘네."

"호호호, 그래! 다윗이 좋아 하니까 나도 좋아."

"우리 서로 꽃반지 끼워 주었으니까 지금부터 우리는 신랑, 각시가 되는거야. 다윗은 신랑, 엘리사벳은 각시고."

"그래, 다윗, 엘리사벳은 이 담에 커서 다윗의 각시가 될 거야."

"다윗 우리 입학식날 말이야. 측백나무 뛰어넘는 이야기하면서 왜? 우리 뒤에 서 계시는 다윗 어머님 보면서 조용히 하라고 했어?"

"우리 어머니께서는 높은 측백나무 가로수를 뛰어넘는 나를 보시고 혹시 다칠까봐 걱정하시고 계시거든."

"그런데 다윗, 어떻게 저 높은 측백나무 가로수를 정말 뛰어 넘을 수 있어?"

"그것은 간단해. 훌쩍 뛰어올라 측백나무 가지를 한 발로 슬쩍 밟고 넘어 가면 돼. 쉬워!"

엘리사벳은 의아한 눈으로 다윗을 바라본다.

"어떻게? 그래 할 수 있어?"

다윗의 눈에 네잎 클로버가 보였다. 다윗은 조심스럽게 네잎 클로버를 땄다. 한 줄기에 네잎 클로버가 두 개나 달려 있다.

"잎이 네 개나 달린 클로버야 신기하지."

"그래, 다윗 신기해."

다윗은 한 번 더 주위를 살폈다. 네잎이 두 개나 달려 있는 클로버가 또 있었다. 다윗은 네잎 클로버를 따 엘리사벳에게 주었다.

"엘리사벳, 네잎 클로버 하나는 나고, 또 하나는 너야."

"그래, 다윗, 엘리사벳과 다윗이야."

"또 이 클로버는 영식이 하나, 월순이 하나씩 주자."

"그래, 다윗 우리들은 친구들이니까 그렇게 해."

"그리고 다윗 나하고는 같이 우리 집으로 가. 우리 어머니는 모르시는 게 없어. 이 클로버는 잎이 왜? 네 개가 달려 있는지 물어봐야겠어."

"영식아 월순아, 이거 네잎 클로버야 하나씩 너희들 줄게."

"다윗이 찾은 거야. 다윗이 엘리사벳에게도 준 거야."

다윗이 네잎 클로버를 하나씩 따서 영식이와 월순이에게 준다.

"너희들도 꽃반지 만들었구나."

"나는 우리 엘리사벳하고 서로 꽃반지 만들어 손가락에 끼워주면서 앞으로 신랑, 각시한다고 맹세했어."

"영식이하고 월순이 너희들도 꽃반지 서로 끼워주고 신랑 각시해."

"그려. 그래야 쓰갔제."

"영식아, 우리도 같이하자."

영식이와 월순은 서로 손가락에 클로버 꽃반지를 끼워준다.

"나는 엘리사벳 집에 바래다주고 갈 터이니 너희들도 집으로 가봐."

"영식아, 우리 손 잡고 집에 가자."

"그래, 월순아."

다윗과 함께 엘리사벳 집으로 갔다.

"어머니, 학교 다녀왔습니다."

"오! 그래! 다윗과 같이 왔구나."

"다윗하고 같이 어머니한테 여쭈어 볼 말이 있어서 다윗보고 함께 집에 가자고 했어요."

"어머니. 이거 한번 보세요."

엘리사벳은 네잎 클로버를 어머니에게 보인다.

다윗이 따서 제게 주었어요.

"네잎 클로버구나. 다윗 네가 땄느냐?"

"예. 제가 따서 엘리사벳에게 줬습니다."

"어머니, 이 클로버는 잎이 왜 네 개예요?"

"클로버는 보통 잎이 세 개인데 네잎 클로버는 돌연변이로 생긴단다."

"어머니, 돌연변이가 뭐예요?"

"예를 들면 클로버는 잎이 세 개가 정상인데 이와 같이 네 개의 잎이 생기는 현상을 말하는 것이지. 네잎 클로버는 행운을 가져다준다는 전설이 있어, 중세의 서양에서 종교적 의식에도 사용 되었다고도 하는구나. 우리 엘리사벳은 오늘 다윗에게 참으로 귀한 좋은 선물을 받았구나."

"어머니 네잎 클로버 책 속에 넣어서 고이 간직할래요."

"오냐! 그렇게 하려무나. 너희들 손에 똑같이 클로버 꽃반지를 끼고 있구나."

"네. 어머니 꽃반지에요. 다윗이 끼워 주었어요. 저 엘리사벳도 다윗에게 꽃반지를 만들어 끼워 주었고요."

"어머니, 앞으로 다윗하고 저는 신랑, 각시하기로 했어요."

"뭐 신랑, 각시?"

"네. 어머니."

"어른들이 그러던데 반지를 서로 같이 끼워주면 신랑, 각시가 된다면서요?"

그러자 인선은 철부지 딸의 말을 듣고 웃음을 터트렸다.

"마침 잘됐다. 어머니가 밀가루로 밀빵을 만들어 놓았다. 다윗과 같이 먹자구나."

"아. 좋아라. 맛있는 밀빵이구나. 다윗, 우리 같이 먹자."

엘리사벳은 어머니가 만들어 주시는 밀빵을 좋아했다. 김이 모락모락 나는 밀빵을 접시에 수북이 내놓고 마실 물도 내놓았다. 그런데 밀빵을 한 입 먹던 다윗이 더 이상 먹지 않았다. 인선은 밀빵을 먹지 않는 다윗을 보고 의아해서 물어보았다.

"다윗아, 왜 밀빵을 먹지 않니."

엘리사벳이 옆에 있다가 거든다.

"다윗은 맛있는 것을 먹다가도 부모님 생각나면 먹지 않아요. 다윗은 집에서 어머니가 해주시는 옥수수빵을 먹다가도 저 엘리사벳이 생각나서 먹지 않고 있다가 다윗 어머니께서 옥수수빵을 싸주셔서 다윗이 갖다 주었어요. 그래서 다윗과 함께 학교에서 맛있게 먹었어요."

"그렇구나. 참으로 다윗은 효자네."

"다윗아."

"네."

"집에 갈 적에 밀빵을 싸주마. 부모님 갖다 드려라."

"네! 감사합니다."

그제서야 다윗은 밀빵을 허겁지겁 먹었다. 어머니께서 싸주시는 밀빵을 들고 공회당 언덕길을 단숨에 달려 올라가고 있는 다윗을 엘리사벳과 인선은 바라보았다.

무화과가 익는 6월

소록도에는 집집마다 무화과나무가 있다.

6월부터 익기 시작하는 무화과는 평소에도 따지만 날씨가 흐리고 비가 오려고 하면 무화과를 딴다. 무화과에 빗물이 들어가면 단맛이 떨어지고 썩기 때문이다. 이때 약간 설익은 무화과도 따서 두고 익혀 먹는다.

무화과는 꽃이 피지 않고 열매가 바로 맺는다. 무화과속이 무화과 꽃이라고 한다. 열매가 나뭇가지에 달릴 때는 초록색을 띠나 익어갈수록 연갈색을 띠고 다 익으면 짙은 밤갈색이다.

신생리 11호사에는 한 아름되는 무화과나무가 두 그루나 있다. 다윗이 사는 신생리 11호사는 여섯 가정이 사는 부부병사다. 무화과를 수확하면 여섯 가정이 똑같이 나눠 먹는다.

다윗의 어머니는 제일 크고 잘 익은 무화과를 다윗에게 준다.

"다윗아, 무화과 묵어라. 맛있게 잘 익었구나."

"네. 어머님. 감사합니다."

무화과를 받아든 다윗은 무화과를 바라보고 잠시 있다.

"다윗아, 왜 무화과 안 묵노?"

"맛있게 잘 익은 무화과를 보니까 엘리사벳이 생각나서요."

"그래! 다윗아, 엘리사벳이 그리 좋으냐?"

"네! 엘리사벳은 아기천사보다 더 아름답고 더 예뻐요. 저 다윗과 엘리사벳은 꽃반지 만들어 손가락에 끼워 주면서 서로가 신랑 각시하기로 맹세했어요."
"호호호, 녀석도."
철부지 어린 다윗의 말을 듣고서 웃었다.
"다윗아."
"네."
"그 무화과는 엘리사벳에게 갖다 줄 무화과가 많으니 묵어라."
"아까 무화과 딸 때 무화과나무 위에서 많이 먹었어요. 이 무화과는 어머니, 아버지 잡수세요."
"아이구! 내 강생이 착하기도 하지."
어머니는 다윗의 머리를 쓰다듬는다. 다 쓰고 남은 연습장을 찢어서 작은 봉지를 만들었다. 봉지에 엘리사벳에게 줄 무화과를 넣었다.
다윗은 공화당 언덕길을 오르고 내려가 엘리사벳과 등하교길이 만나는 곳에 도착했다. 엘리사벳의 손에는 종이 봉지가 들려있다.
"다윗, 이거 무화과야. 다윗 주려고 가지고 왔어. 이거 먹어."
"나도 엘리사벳 주려고 무화과 제일 크고 잘 익은 것 가지고 왔는데……."
"호호호 우리 똑같이 가지고 왔네? 그럼 우리 이렇게 하자. 다윗이 가지고 온 것을 내가 먹고, 내가 가지고 온 것을 다윗이 먹어."
"우리 그렇게 하자."
다윗과 엘리사벳은 손을 잡고 무화과를 먹으며 학교로 향하였다. 하늘에서 비가 막 내릴 것 같은 6월의 등교길이다.
다윗이 사는 신생리 11호사에는 무화과나무 외에도 살구나무, 석류나무 등이 있고, 동생리 엘리사벳이 사는 독신 여성병사에는 무화과나무와 청포도나무가 있다.

　다윗과 엘리사벳은 5월이면 살구를, 6월이면 무화과를, 7월이면 청포도를, 10월이면 쩍 벌어진 석류를 등교길에 만나서 같이 나눠먹으며 국민학교 6년, 그리고 중학교 3년 과정을 이렇게 같이 다녔다.

　"엘리사벳 측백열매 따줄게."

　다윗은 측백 가로수를 훌쩍 뛰어올라 측백열매를 한 움큼 따서 가볍게 내려온다.

　"엘리사벳, 측백열매를 입에 한번 물어봐."

　측백열매를 깨물다 솔잎향과 함께 새큼함이 입 안 가득 고였다. 엘리사벳은 얼굴이 찡그리자 보조개가 더 깊게 들어갔다.

　"아이! 귀여워라."

　다윗은 엘리사벳의 얼굴을 두 손으로 감싸 안았다. 엘리사벳도 자신의 얼굴을 감싸고 있는 다윗의 두 손을 두 손으로 감싼다.

　측백나무 위에 파랑새 한 쌍이 날아와 잠시 머리 위로 날아간다.

　소록도에 설날이 다가오면, 집집마다 부산하다. 다윗의 어머니는 개신교 후원단체에서 배급되는 옥수수 가루와 엿기름을 넣어 조청을 만든다. 쌀 두 되로 꼬들꼬들 고두밥을 만들고, 한 되는 3등분하여 초록, 빨강, 노랑의 식용색소를 이용하여 물들인다. 물들인 3색의 고두밥과 물들지 않는 고두밥이 섞이지 않게 하여 햇볕 잘 드는 양지쪽에서 건조시켜 다시 고두밥을 잘 섞는다. 받침대가 되어있는 난로 위에 솥뚜껑을 거꾸로 놓고 깨끗한 모래를 부어 밑에서 불을 피운다. 거꾸로 놓은 솥뚜껑 위에 모래가 뜨겁게 달구어지는데 건조된 고두밥을 넣고 주걱으로 살살 저으면 쌀알이 톡톡 소리를 내면서 부풀어 오른다. 다시 얼기미로 쳐 모래를 제거하고 튀겨진 쌀알을 조청과 섞어 강정을 만든다.

설날이 되면 세배를 다녔다. 늙은 호박으로는 시루떡을, 쌀로는 절편을 만들어 엿, 강정, 호박시루떡, 절편 등을 그릇에 넣어 보자기에 잘 싸서 다윗이 엘리사벳 어머니에게 설날 세배 갈 때 가지고 간다.

엘리사벳 어머니는 매점에서 사온 사이다와 마른 오징어, 과자를 담아 다윗에게 주었다. 다윗이 먼저 엘리사벳의 어머니에게 세배를 오고, 다시 엘리사벳과 다윗은 공회당 언덕길을 넘어 신생리에 11호사에 다윗의 아버지, 어머니에게 인사를 하고 다윗은 엘리사벳의 손을 잡고 동생리 엘리사벳 집까지 바래다준다.

엘리사벳은 국민학교 3학년되던 해 생일이 다가오자 어머니에게 배운 뜨개질과 자수로 가제 손수건을 만들었다. 사각 가장자리에 ㄱ자 형태로 청색실로, ㄴ자 형태로 홍색실로 마무리를 짓고 손수건 하단에 이름을 자수로 한 땀 한 땀 수를 놓았다.

"손수건에 자수를 놓고 있구나."

"네. 다윗 생일 선물할 거예요. 저 엘리사벳도 함께 가지고요."

"그렇구나. 다윗과 우리 엘리사벳이 같은 날, 같은 시간에 태어났지."

"이렇게 고운 손수건을 다윗이 선물 받으면 무척이나 좋아하겠구나."

"다윗은 저 엘리사벳이 하는 것은 무엇이든 다 좋아해요."

"오, 그러냐. 엘리사벳도 다윗이 좋으냐?"

"네, 어머니. 다윗은 나의 수호천사에요."

"오, 그래?"

"어머니."

"왜 그러냐?"

"아니에요, 그냥 불러봤어요."

"우리 엘리사벳이 어머니에게 할 말이 있구나."

"네. 어머니. 할 말은 있는데 부끄러워서 말 안 할래요."
"원 녀석두."
엘리사벳은 얼굴이 붉어지면서 잠시 망설였다.
"다윗은 나보고 천사보다 더 아름답고 선녀보다 더 예쁘대요. 그리고 자스민꽃 향기가 항상 난데요."
홍당무가 된 엘리사벳 얼굴에 보조개가 깊게 들어간다.
"엘리사벳, 여인은 아름답고 예쁜 얼굴보다 더 예쁘고 아름답고 가꾸어야 할 게 있단다."
"어머니, 그게 뭐에요?"
"착한 마음씨란다. 남을 먼저 배려할 줄 알고 내 자신을 내세우지 말고 한 걸음 뒤에서 상대를 먼저 생각하는 마음이 중요하단다. 상대의 잘못된 점이 있으면 흉보지 말고 상대의 잘못된 점을 진정으로 감싸주며 용서하고 이해하려고 하는 마음가짐이 필요하단다. 교만, 거짓, 시기, 질투, 이간질 이런 마음을 버려야 하느니라. 또한 봉사와 선행을 하여야 한단다."
"네, 어머니, 명심하겠습니다."

다윗과 엘리사벳의 생일날, 오늘 아침에도 다윗과 엘리사벳은 다정하게 손을 잡고 학교로 간다.
"다윗."
"그래, 엘리사벳."
"오늘 우리 생일이 잖아."
"그래, 엘리사벳. 학교수업 마치고 집에 갈 때 삶은 쌍계란 까서 줄게."
"그래, 집에 갈 때 쌍계란 까줘. 같이 먹게."
다윗의 집에는 닭이며 토끼며 돼지를 키웠다. 닭 중에서 쌍계란을 낳는 닭이 있다. 보통계란의 두 배에 가까이 큰 계란이다.

어머니는 쌍계란을 팔지 않고 다윗에게 삶아 준다. 생일날 아침, 삶아 준 쌍계란을 먹지 않고 학교로 가지고 온 것이다.

"다윗, 이거 생일 선물이야."

엘리사벳은 책가방 속에서 고이 접은 가제 손수건을 꺼냈다.

"내가 만든 손수건인데 이제부터 다윗하고 엘리사벳이 똑같이 가지고 다녀."

"엘리사벳 고마워."

"손수건에 다윗을 생각하며 한 땀 한 땀 수를 놓았어."

다윗은 고이 접은 가제 손수건을 펼쳤다. 다윗과 엘리사벳 이름이 수놓여져 있다.

"엘리사벳, 정말 예쁘고 아름답구나. 지금부터 이 손수건을 엘리사벳을 생각하면서 가지고 다닐게."

손수건을 호주머니 속에서 넣으려다가 얼굴로 가지고 가서 입과 코에 살며시 부볐다.

"이 손수건에도 엘리사벳, 자스민 꽃향기가 나."

"그래! 나도 다윗에게서 항상 측백나무 향기가 나. 자꾸 맡아보고 싶고 그래!"

둘이는 마주 보고 웃었다. 웃고 있는 엘리사벳 얼굴에 보조개가 오늘따라 더욱 깊게 패였다. 수업을 마치고 집으로 가는 길에 다윗이 껍질을 벗겨준 삶은 쌍계란을 같이 먹고 있다.

"다윗. 이러다가 목 메이겠다."

가방 속에서 작은 물병을 꺼내어 다윗에게 준다.

"다윗, 천천히 먹어. 물 마시고."

"그래, 너도 물 마셔."

"우리 다윗 마시고 먹을게."
"엘리사벳."
"다윗, 왜 그래?"
"엘리사벳은 천사보다 더 아름답고 선녀보다 더 예뻐!"
"또 그 소리야?"
"매일 엘리사벳을 볼 적마다 천사보다 더욱 아름답고 선녀보다 더 예쁘니까 그러지."
붉어진 엘리사벳 얼굴에 보조개가 파르르 떨렸다.
"엘리사벳."
"그래, 다윗."
"다윗은 저녁에 잠들기 전에 꼭 엘리사벳 너의 이름을 부르고 잠을 자."
"다윗, 나도 그래."
"우리 두 사람 매일 잠들기 전 서로의 이름을 세 번씩 부르기로 하자. 엘리사벳은 다윗의 이름을 다윗은 엘리사벳 이름을 말이야."
둘은 새끼손가락을 걸고 약속하였다.

4학년되던 해 다윗은 공회당 언덕길을 넘어서 엘리사벳의 집 근처에 도착했다. 집에서 나올 시간이 지났는데도 나오지 않아서 초조하게 기다리고 있는데 엘리사벳이 다리를 절면서 나왔다.
다윗이 번개같이 뛰어 내려가 엘리사벳을 부축한다.
"엘리사벳, 다리가 왜 이래? 어디 다친 거야?"
"발목을 조금 다쳤어."
"어쩌다가 다쳤어. 조심하지 않고……."
"우물에서 물을 길어오다가 미끄러져 발을 삐었어."

"내 등에 업혀. 학교까지 업고 갈게."
"아이 부끄러워. 어떻게……."
"부끄럽긴, 아픈 것보다 낫겠다."
엘리사벳을 등에 업고 학교로 향했다.
"다윗?"
"왜 그래?"
"다윗 등에 업혀가니까 부끄러우면서도 좋아."
"그러면 이제부터 엘리사벳을 항상 업고 다닐게."
"아니야 다윗, 그냥 해본 소리야."
"엘리사벳은 다리가 아파서 얼굴을 찡그릴 때도 예뻐!"
"아이 몰라. 나는 아파 죽겠는데."
"아니야. 우리 엘리사벳은 다 예뻐. 하늘만큼 땅만큼, 아니 더 이상."
"다윗, 나도 그래!"
다윗은 엘리사벳을 4학년 교실로 업고 들어온다.
"엘리사벳 어디 아파?"
"월순아, 물을 길어 오다가 우물에서 다리를 삐었대!"
"조심해야 써."
"영식아, 월순아 앞으로 수업 끝나고 집에 가기 전에 우리 엘리사벳 집에 가서 물을 길러주고 가야겠어!"
"다윗, 너는 힘이 좋은 게 그래야제."
다윗은 학교 수업 중간 중간 쉬는 시간마다 엘리사벳의 아픈 발을 주물러 주었다. 하교길에도 엘리사벳을 집까지 업어다 주었다.
 관사지대 중앙리 중증환자 있는 곳과 의료본관, 학교, 문예부, 자치회 본부, 매점, 산업대, 공안대, 대장간 등에서만 간이 상수도가 시설되어 있었다.

소록도에는 일곱 부락마다 기존우물을 보수하거나 다시 파서 식수로 사용하였으며 샘터나 개울가 도랑에서 빨래를 주로 하였다.

이런 일이 있었던 후부터 다윗은 엘리사벳을 위하여 학교 수업이 끝나면 엘리사벳의 집으로 가서 식수는 물론 배급, 연탄, 변소의 인분을 밭에 내다 뿌리는 일까지 해주었다.

소록도에는 부부병사나 독신병사 할 것 없이 일정 평수의 밭을 경작하였다. 그 밭에서 시금치, 대파, 쪽파, 정구지, 건대, 마늘, 고추, 깨, 무, 배추, 양배추, 상추, 쑥갓, 콩, 녹두, 고구마, 보리, 감자, 토마토, 오이, 옥수수 등을 심어 자급자족하였다. 동절기가 접어들면 무, 배추는 김장을 담아서 먹었던 시절이었기 때문에 경작하는 밭의 거름은 닭, 토끼, 돼지 등의 가축 분비물과 낙엽, 풀 등을 썩혀서 만든 퇴비와 인분이 전부이다.

다윗은 4학년이었지만 힘이 장사여서 어른들과 똑같은 일을 했다. 이런 다윗을 위하여 엘리사벳은 봄, 여름철에는 쪽파에다가 밀가루 전을 부쳐서 다윗에게 주었다. 겨울철에는 고구마와 밀빵을 쪄서 다윗과 같이 나눠 먹으며 오누이 같이 다정하게 지냈다.

일손이 부족한 동생리 여성병사에서 이렇게 정성껏 모든 일을 도와주는 다윗을 보고 여성병사 재환자들은 감사하고 고맙게 생각하며 극진히 대하였다. 한편 녹산중학에서는 김인선 씨를 선생님으로 모시겠다고 몇 번 간청하였으나 정중히 거절하고 오직 엘리사벳의 교육에만 매달렸다.

소록도에 추석 명절이면 7개 부락 씨름대회를 유년부, 소년부, 청년부 3부로 나눠 열렸으며 여성들은 그네뛰기, 널뛰기가 있었는데 다윗은 국민학교 4학년 때 유년부와 소년부 씨름을 석권했다.

소록도에 4월에서 5월로 접어들면 5월 17일 대운동회 준비로 국민학교는 단축수업이 시작되고 마스게임 연습이 시작된다. 이때면 작은 사슴섬, 소록도는 온통 녹색 물감을 풀어놓은 듯 청보리밭이 장관을 이룬다.

"다윗, 보리피리 만들어 줘."

다윗은 청보리를 뽑아 엘리사벳에게 보리피리를 만들어 주었다.

다윗은 어릴 적부터 보리피리를 만들어 필리리~ 필리리~ 피리리~ 피리리~ 불었다.

"다윗."
"그래 엘리사벳."
"내가 노래 부를게. 다윗은 피리를 불어."
"무슨 노래 부를 건데?"
"나의 살던 고향이야. 우리 학교에서 배웠잖아."

나의 살던 고향은 꽃피는 산골 복숭아꽃 살구꽃 아기 진달래 울긋불긋 꽃대궐 차리인 동네 그 속에서 놀던 때가 그립습니다.

다윗의 피리소리에 맞춰 보리피리 노래를 불렀다.

청명한 5월 날씨가 갑자기 검은 구름이 몰려오는가 싶더니 이내 소나비로 변했다.

둘이는 보리밭 사이길에 서 있는 오동나무 밑으로 소나비를 피했다. 소록도에는 오동나무가 곳곳에 많이 자라고 있다. 재환자들이 오동나무 의족을 만들어 착용하고 다녔기 때문에 오동나무를 정성들여 키운다.

소나비는 더욱 세차게 내렸다. 소나비에 옷이 젖었다. 다윗은 제일 큰 오동잎을 따서 엘리사벳에게 주었다.

"엘리사벳, 이 오동나무 잎을 머리에 쓰고 나를 따라와."
"어디로 갈건데"
"저기 공회당 대기실로 가자. 여기에서는 제일 가까운 곳이니까."
"그래, 그렇게 하자."

다윗은 한 손으로 오동나무잎을 머리에 쓰고 한 손으로 엘리사벳 손을 잡고 보리밭 언덕길을 단숨에 올라 공회당 대기실로 들어왔다.
 다윗은 흠뻑 젖은 자신은 아랑곳 하지 않고 엘리사벳의 옷부터 털어주었다.
 "엘리사벳, 이러다가 감기 들겠다."
 "다윗도 마찬가지 잖아."
 가제 손수건을 꺼내어 엘리사벳의 머리와 얼굴을 닦아 주었다.
 "호호호!"
 "엘리사벳 왜 웃어?"
 "그냥 웃음이 나와."
 하하하 다윗은 왜 웃어?
 "엘리사벳이 웃으니까 다윗이 웃지!"
 둘이 마주 보고 깔깔대고 웃는다.
 "엘리사벳 조금 있으면 소낙비가 그칠거야. 저봐 하늘에 검은 소낙비 구름이 차츰 사라지고 있잖아."
 다윗과 엘리사벳은 하늘을 바라본다. 엘리사벳이 약간 몸을 움츠린다.
 "엘리사벳이 춥구나. 엘리사벳, 이리 와. 춥지 않게 안아줄게."
 다윗은 엘리사벳을 살며시 안아 주었다.
 "아! 따뜻해. 아이! 졸려!"
 "내가 안아 줄 터이니 잠깐 눈 좀 붙여."
 다윗은 품안에서 졸고 있는 엘리사벳을 사랑하는 눈길로 한참을 보다가 하얀 이마에 입술을 살며시 갖다 대었다. 엘리사벳은 눈을 감은 채 얼굴을 붉히며 입가에 미소를 짓는다.
 다윗과 엘리사벳은 동정에서 우정으로, 사랑으로 이어진 것이다.
 "엘리사벳, 사랑해. 천사와 선녀보다도 더욱 아름답구나!"
 엘리사벳은 부끄러운 듯 고개를 다윗 품에 숨기며, "나도. 다윗을 사랑해!"
 청보리가 빗물을 머금고 있는 5월의 오후였다. 세차게 내리던 소낙비가 그치고 무지개가 하늘에 다리를 놓았다. 공회당 대기실을 나와 보리밭 사이길을 손을 잡고 내려오는 다윗과 엘리사벳 머리 위로 파랑새 한 쌍이 날고 있다.
 다윗은 학교 수업을 마치고 집으로 가기 전에 엘리사벳 집에 들렀다. 양손에 물통을 들고 우물로 갔다. 늙은 아낙이 물을 가득 담은 물통을 힘겹게 머리에 들어 올리고 있다. 다윗은 번개 같이 달려가 아낙의 물통을 받아 내린다. 늙은 아낙이 어리둥절하게 놀다 다윗을 바라본다.
 "할머니, 다윗이 물 길러 드릴게요. 힘겨우신데 저 주세요."
 "엄매, 내가 해도 되는디."
 "이러시다가 할머님 목 다치세요. 할머니 조금 계세요."
 다윗은 들고 간 두 물통에 우물물을 가득 채운 뒤
 "할머니가 앞서세요. 다윗이 뒤따라 갈게요."
 "이렇게 고마울 때가 있담!"
 늙은 아낙은 앞서고 다윗은 양손에 가득 채운 물통을 들고 뒤따라간다.
 "여기 물독에 부어줘."
 "네. 할머님."
 다윗은 물독에 물을 붓는다.
 "고마워서 어쩌! 이름이 뭔겨?"
 "다윗이라고 합니다. 권다윗"
 "권다윗, 고마워. 목에 디스크가 있어서 애를 먹고 있었는디 고마워. 아이고! 내 정신 좀 봐! 여기 잠시 있어봐."
 늙은 아낙은 작은 접시에 과자를 담아 내온다.

"비가여. 이거라도 먹어봐."
"아이구. 할머니 이러시면 안 됩니다."
"내 성인디 어여 한번 먹어봐."
"할머님, 그러면 비가 두 개만 가져 가겠습니다."
"이거 다 가져 가."
"아니예요. 할머니 저는 두 개면 되고요. 나머지 할머니 심심하실 때 드십시오."
다윗은 과자 접시에서 비가 두 개만 집어 들고
"그럼 할머님 잘 계세요. 저 갑니다."
"아이구! 복 받고 살겠어. 고마워."
늙은 아낙은 바람같이 달려가는 다윗을 바라본다.
엘리사벳이 우물가에서 물통을 들고 달려오고 있는 다윗을 바라본다.
"다윗. 어디 갔다 오는 거야?"
"어떤 할머님이 우물을 길러 오셨기에 다윗이 우물물 두 통을 갖다 드리고 오는 길이야."
"우리 다윗은 항상 좋은 일만 해."
"좋은 일은 무슨 좋은 일. 나이 많으신 분이니까 도와 드려야지."
"엘리사벳. 이거 비가여. 엘리사벳이 좋아하는 과자잖아."
"무슨 비가야?"
"할머님께서 주신거야."
"다윗이 먹지."
"나도 한 개 있어."
비가를 받아든 엘리사벳은 껍질을 벗겨 비가를 다윗의 입에 넣어준다.
다윗도 비가 껍질을 벗겨 엘리사벳의 입에 넣어준다.
우물가 저 멀리 선창 입구쪽에서 녹산중학생 세 명이 다윗과 엘리사벳을 보았다.

저것들이 놀고 있구만! 신생리에 사는 다윗이구만! 엘리사벳하고 썸씽이 있는기여!

"소문이 요상하게 났던데. 언제 손 좀 봐야겠어."

"다윗이 국민학생이지만 힘이 장사여."

"중학생들 중에서 씨름 제일 잘하는 중앙리에 사는 경식이 말이여 전번 추석 씨름대회 때 다윗한테 깨구리가 됐잖여."

"이봐! 아무리 힘세어도 우리 세 사람이 덤비면 다윗은 끝장이야!"

만련당 신목

　5월 17일 소록도에는 성대한 대운동회가 열린다. 운동회 때는 소록도 섬 전체가 개방된다. 육지에서 수많은 관광객이 소록도의 절경을 구경하기 위하여 중앙공원에 인산인해를 이루고, 소록도에 친척이 있는 육지의 가족들은 들어와 함께 축제 마당을 이룬다.
　중앙공원은 해동과 함께 각종 기암괴석과 희귀한 꽃, 나무를 심기 위하여 엄동설한 강추위에 나환의 몸으로 중앙리와 동생리 사이 논과 밭 구릉지를 매립하여 7만여 평의 공원이 1940년 4월에 조성된 것이다. 주방원장의 가신처럼 따라 다니는 좌등의 채찍질과 몽둥이질, 발길질을 맞아가며 소록도 재환자들의 피와 눈물과 한숨과 죽음으로 이루어진 한 맺힌 공원이다.
　공원 바로 아래 위치한 운동장 하늘에는 만국기가 나부끼고 운동장 입구에는 소나무 가지로 만든 개선문이 세워진다.
　국민학생들은 마스게임과 100미터 달리기, 5~6학년 여학생들은 청군, 백군으로 나누어 장대 위 광주리에 공 던져넣기, 4~6학년 남학생들은 청군과 백군의 기마전경기가 있다. 중학생들은 곤봉체조, 기계체조, 음악대 사열, 성경고등학교, 의료강습생, 건설대, 공안대 합동 행진 사열이 끝나면 전남일보 헬리콥터가 소록도 운동장 하늘에서 전남도지사의 축하 화환과 전남일보사 화환이 줄을 따라 내려오고 연이어 오색종이가 하늘에서 뿌려진다. 이어서 일곱 부락 대항 유년부, 소년부, 청년부 100미터 달리기, 여성 청년부 환자수송경기, 각 부락 청년들이 30kg 모래가 든 가마니를 매고 4명이 한 조가 되어 교대로 달리는 릴레이 경기, 남자 청년부 1조 4인으로 양쪽 발목에 장대를 매달고 한 줄로 서서 앞사람의 어깨나 허리에 손을 얹고 달리는 사다리경기가 끝나면 점심시간이다. 다윗은 이 시간이 제일 기다려지는 시간이다.

어머니가 맛있는 음식을 많이 장만하여 머리에 이고, 아버지는 손에 들고 운동장 관람석 뒤편 잔디밭에 자리를 깔고 앉아서 기다리고 계신다. 다윗은 이때도 엘리사벳과 어머니를 모시고 와서 점심을 같이 먹곤 하였다.

오후에는 여성 청년부 바통 이어받기 릴레이경기, 종이에 적힌 사람을 찾아서 함께 달리는 사람을 찾아 달리는 여성 청년부 경기, 소록도 간부 직원들 100미터 달리기에 이어 소년 마라톤 경기가 열린다. 대운동장을 출발하여 중앙리와 신생리 사이길을 지나 남생리, 동생리 선창으로 이어지는 도로를 끼고 다시 대운동장으로 돌아오는 소록도 섬의 반을 달리는 마라톤 경기가 이 날의 하이라이트이다. 출전자는 중학생들이 주축이다.

다윗은 이 경기에 출전하여 국민학교 4학년 때 이미 1등을 했다.

개인별 경기로 소록도내 자전거를 타고 다니는 사람은 누구나 참여할 수 있는 경기로 대운동장 3바퀴를 빨리 도는 경주가 이어지고, 연이어 청년 마라톤은 대운동장을 출발하여 소록도 섬 전체의 바다를 낀 순환도로를 일주하여 대운동장으로 돌아오는 마라톤 경기를 끝으로 모든 경기가 끝난다. 특히 국민학생 4학년 이상 출전하는 기마전경기는 국민학생 전체가 청군과 백군으로 갈리어 자기 팀의 선수를 응원하는 경기로 경기를 관람하고 있는 청중들로 하여금 박수와 찬성을 자아냈다.

다윗은 4학년이었으나 중학생을 능가하는 체격을 가지고 있었다. 다윗이 선봉장이 된 팀은 응원가에 맞추어 박수를 치다가 다윗이 '자, 가자.' 하고 외치면 일제히 상대방 팀에게 달려들어 상대팀의 머리띠를 낚아채어 승리를 단숨에 잡곤 하였다. 다윗이 선봉장이 된 팀은 언제나 승리하였다. 다윗이 어느 팀에 가느냐에 따라서 그 팀의 승리가 결정되었다.

엘리사벳은 다윗을 위하여 열심히 응원하였다. 운동회 때마다 다윗의 덧버선을 만들어 신겨주었다. 씨름대회에 나갈 때도 반바지도 만들었다. 덧버선에는 홍색실과 청색실로 다윗과 자신의 이름을 한 땀 한 땀 새겨 넣고, 반바지 하단에도 다윗과 자신의 이름을 홍색과 청색으로 한 땀 한 땀 정성을 다하여 자수를 놓아 새겨 놓았다. 어릴 적부터 보아온 어머니의 재단과 봉제 솜씨, 바느질과 자수 놓는 솜씨를 보고 익혔기 때문이었다.

엘리사벳은 학년이 올라갈수록 얼굴과 몸에서 고고한 서광의 빛이 더하였다. 천성적 타고 나고 빼어난 아름다운 미모와 몸매가 더해갔다. 인선이 미싱을 사용할 때나 자수를 놓을 때 한쪽 손과 눈이 불편하여 괴로워하시는 것을 보고 어머니를 위해 엘리사벳이 손과 눈이 되었다.

엘리사벳은 미상과 재단 바느질뿐 아니라 자수를 잘 놓았다. 웬만한 옷은 손수 재단하여 만들어 입었는데, 후일 중학교 들어갈 때 교복을 엘리사벳 자신 것과 다윗 것까지 만들 수 있는 수준급이었다.

인선은 몰라보게 쑥쑥 자라고 있는 딸을 보면서 흐뭇해한다.

엘리사벳은 국민학교 4학년이 되었을 때였다.
"엘리사벳아."
"네, 어머니."
"우리 엘리사벳은 장차 의사가 되려면 어떤 의사가 되고 싶으냐?"

"안과의사가 될 거에요."

"왜 안과의사냐?"

"안과의사가 되어야 안 보이시는 어머니 눈을 고쳐드릴 수 있으니까요."

그랬다. 엘리사벳은 어머니께서 한 쪽 눈이 보이지 않아서 봉제를 하실 때나 바느질을 하실 때, 자수를 놓으실 때 그리고 모든 일을 하실 때 아름다우시고 지성미 넘치는 얼굴을 찡그리는 버릇이 있어서 어린 마음에 어머니의 그런 모습이 늘 가슴이 아팠다.

"엘리사벳. 이 어머니를 늘 생각하는 네 마음이 기특하구나."

엘리사벳은 어머니 인선의 교육과 천주님 예수님 성모님께 올리는 간절한 기도 속에서 이렇게 착하게 성장해갔다.

그리고 엘리사벳은 계획성과 치밀성이 뛰어나 외국 선교후원단체에서 구호되는 구호품에서다시 해체하고 재단하여 중학교 교복이 될 만한 천을 미리 준비해두었다.

"이 엄마도 한때 의사가 되려고 무던히도 공부하였단다."

"저, 어머니 무엇 하나 여쭈어봐도 되겠어요?"

"그럼 말하려무나."

"저……"

엘리사벳은 말을 하려다 잠시 머뭇거리고 어머니의 표정부터 살폈다.

"엘리사벳. 무엇 말을 하려고 그렇게 뜸을 들이고 그래?"

"저, 어머니가 곤란하시면 말씀 안 하셔도 되어요."

"무슨 말인데두."

"제 아버지는 어떤 분이세요?"

참으로 혈육의 정이란 과연 이런 것인가? 지금 엘리사벳은 아버지를 알고 싶어 하는 것이 아닌가? 철부지 어린아이가 아니었다.

엘리사벳 입으로 처음으로 아버지 말이 나오자, 인선은 가벼운 경련을 일으켰다. 조심스럽게 눈치를 살피던 엘리사벳은 "어머니. 아무 말씀 안 하셔도 괜찮아요. 그냥 한번 해 본 말이에요."

심장이 안 좋아 가끔씩 가슴앓이를 하는 어머니를 진정시켰다.

"우리 엘리사벳, 아버지 되시는 분은 참으로 훌륭하신 분이란다. 아마 지금쯤 우리나라에서 훌륭한 의사선생님이 되시어 있을 게다."

엘리사벳은 순간 놀랐다.

"어머니, 아버지되시는 분은 의사에요?"

"오냐. 그렇단다. 훌륭하신 외과의사란다."

"아버지가 보고 싶으냐?"

"네, 어떤 분인가 뵙고 싶어요."

"엘리사벳, 때가 되면 네가 보고 싶어 하던 아버지를 만나게 될 것이다."

동생리 파도치는 바다 위로 갈매기가 슬피 운다.

다윗은 성경을 읽고 계시는 아버지 곁으로 간다.

"아버지."

"오냐."

성경을 덮고 다윗을 본다.

"아버지께 여쭈어 볼 게 있어요."

"무슨 말이냐?"

"왜? 소록도에는 기독교 장로교회와 가톨릭성당 사람과는 말도 잘 안 하고, 친하게 지나지도 않나요?"

"다윗, 너하고 엘리사벳하고는 잘 지내고 있지 않느냐."

"아버지, 저하고 엘리사벳 말고요."

음… 잠시, 생각한다.

"소록도에 기독교가 들어온 것은 1922년 일본원장 화정선길 시절 성결교회가 들어온 것이 시작이다. 후일 장로교회가 되었다. 소록도 가톨릭 성당은 1935년 조상 때부터 가톨릭신자였던 장순업에 의하여 기독교 장로교회보다 13년 후에 들어 왔느니라. 해서 가톨릭신자보다 장로교인이 수적으로 월등히 많아서 자연적 소록도 내 간부직들도 거의가 다 장로교인이 차지하고 있었단다. 수적으로 밀리는 가톨릭신자들이 꼼짝 못하고 고개를 숙인거지. 그런데 결정적으로 기독교 교인과 가톨릭 신자들이 사이가 나빠진 것은 소록도 개원 이래 원장으로서는 8번째 해방 후 한국인 원장으로서는 3번째인 김상태 원장 때이다. 다웟, 네가 국민학교 들어가기 전 100미터와 마라톤에서 우승할 때 광목을 상품으로 준 원장이 바로 김상태 원장이니라."

"아! 그러셨군요. 아버지"

김상태 원장은 한센병에 관한 의학 실력은 세계적 권위자이나 인간면에 있어서는 소록도 수많은 한센인들에게 피눈물을 흘리게 하였다.

1953년 10월 23일자로 소록도 재환자 전원이 서명한 '소록도 갱생원장 김상태 불신임 사건'이 정부 심계원을 비롯 전국 각 신문사, 각계각층에 불신임 탄원서를 낸 사건이 생겼다. 처음 불신임 탄원서를 낼 적에는 가톨릭신자들이 동조를 같이하여 일사분란하게 움직였으나, 김상태 원장의 사주로 가톨릭신자들이 차츰 발을 뺀 것에서부터 중앙리 요소 요소에 '반동분자 천주교인을 처단하라'는 벽보가 나붙었단다.

신변에 위협을 느낀 천주교인 200여 명이 김상태 원장에게 달려가 자신들의 신변보호를 요청했고, 김상태 원장은 이들을 건강지대 보육소로 피신시킨 후 이 기회를 이용하여 전국 각 신문에 '소록도 장로교인들이 소록도 천주교인들을 소록도 김상태 원장 불신임 사건을 동조하지 않는다는 이유로 살해하려고 한다'는 것을 기사화하였다.
　이 신문을 보고 급히 소록도에 달려온 수원나자로 병원 하 신부는 경황을 파악하고 기독교 장로교인 대표와 가톨릭성당 대표간의 합의 각서를 주고받고 마무리한 사건이 있었단다.
　이런저런 이유로 인하여 장로교인이나 가톨릭신자가 마주치면 서로 간 인사도 하지 않는 불편한 처지에 이른 것이다.
　"그래도 이렇지. 어른들께서 한번 화해했으면 됐지, 어린이들도 아니고 참……."
　"가톨릭과 장로교회는 큰집과 작은집이 되지 않습니까?"
　"다윗, 네 말이 맞다. 어른들이 장로교회를 다니고 있는 다윗과 가톨릭성당을 다니고 있는 엘리사벳 너희들에게 배워야지."
　옥수수가루로 찐 떡을 가지고 들어오던 다윗 어머니도 부자 사이의 대화에 끼어든다.
　"어른들답지 않게 우리 강생이와 엘리사벳이 서로 믿는 종교가 다르면서, 가까지 지낸다고 쑥덕거리는 것을 보면 꼴불견이에요."
　"여보! 얘기 그만하고 다윗하고 같이 옥수수떡이나 드세요."
　"오! 맛있게 잘 됐네요."
　세 식구는 옥수수떡을 맛있게 먹는다.

　소록도 내의 종교적 대립관계로 인하여 다윗과 엘리사벳이 서로 각기 다른 종교적 이유로 어릴 때는 철이 없어서 그러니 하고 그냥 넘어들 갔으나, 장성해 갈수록 주위 교인들로부터 좋은 눈으로 보지를 않았다. 기독교 장노교인은 장노교인대로, 가톨릭 천주교인은 천주교인대로 저들끼리 두 사람에 대하여 쑥덕거렸다. 심지어 다윗과 엘리사벳이 성교제까지 한다는 헛소문까지 나돌았다.

이러한 사실들을 가톨릭 천주교인은 엘리사벳 어머니 인선에게 기독교 장노교인은 다윗의 부모에게 찾아가 이야기하게 된다.

그러면 여기에서 가톨릭과 기독교에 대하여 잠시 알아보자.

우리 인류의 종교사를 보면 범신교(汎神敎)와 다신교(多神敎), 일신교(一神敎)로 나눌 수 있는데 가톨릭과 개신교(기독교)는 바로 일신교에 해당된다.

우리나라에 가톨릭이 전파된 것은 1603년 경 중국 북경으로부터 서양에 관한 서적들이 들어옴으로써 정치로부터 은퇴한 남인 학자들이나 실학자들 사이에 이러한 책들이 애독되므로 종교로서가 아니라 하나의 학문으로서 자생한 것이다.

이들이 애독하던 책은 중국 북경에서 마테오 릿치(Matteo Ricci) 신부의 『천주실의(天主實義)』이다. 1504년 12월 북경에서 출판된 『천주실의』는 8장 74항으로 구성된 교리책이다. 이 책은 정확하게 누가 들여왔는지는 사적 기록은 없다. 그러나 선조 때부터 인조에 이르기까지 벼슬을 지냈으며 『시문집』(32권), 『찬록군서』(25권), 『지봉유설』(20권)을 펴낸 이수광이 유럽 여러 나라의 사정을 소개하고 천주교에 관한 지식을 전했다고 한다. 이수광이 『천주실의』를 처음 조선에 가지고 온 것이 아닌가 하고 추측한다.

조선에서는 『천주실의』를 학문적으로 받아들이고, 더 나아가 천주교를 믿기 시작한 이승훈, 이벽, 권철신 등으로부터 시작한다. 그러나 가톨릭 교리를 차츰 알고 신앙이 깊어짐에 따라 조상들의 제사문제나 신주문제로 큰 난관에 봉착하였다. 이승훈과 함께 천주학을 받아들였던 이벽이 아버지 이부만이 집안 어른들에게 불려가 심한 질책을 받고 집에 돌아와 아들을 심하게 꾸짖은 후 대들보에 목을 매어 자살하였다. 종교와 아버지의 죽음에 관하여 고민하던 이벽도 집을 떠나 갈등하다가 세상을 떠나니 한때 천주교는 난관에 봉착하였다.

조선의 천주교는 1784년 서울에 천주교회가 세워졌는데 이 교회는 관리들에 의하여 해산되고 이후 약 1백년에 걸친 천주교인데 대한 박해가 시작된다. 1795년 중국인 주문모 신부를 모시고 왔는데 이때 가톨릭 신자가 약 1만 명 정도였다.

그러나 가톨릭이 조선에 뿌리내리기까지 여러 차례 박해를 받는다. 그 대표적인 것은 신유교난과 기해교난, 병오교난과 병인교난 등이다.

신유교난(辛酉迫害)은 1800~1801년에 걸친 천주교 탄압 명분으로 순조가 왕위에 오르자 정순왕후를 업고 벽파가 정권을 장악한 남인(시파)을 숙청한 사건이다.

기해교난(己亥迫害)은 1839년~1841년에 천주교를 배척한 것이었으나 정치적으로 시파인 안동 김씨 세도를 타도하기 위한 벽파 풍양 조씨가 일으킨 사건이다.

병오교난(丙午迫害)은 1846년의 천주교 탄압을 막기 위하여 서양선박을 국내로 불러들였다가 역적으로 간주하여 김대건 신부를 비롯한 천주교 신자들 참형하였다.

병인교난(丙寅迫害)은 1866년~1871년에 가톨릭 탄압에 의한 프랑스 선교사 12명 중 9명 학살 시작으로 국내신자 8000여 명이 학살된 사건이다. 박해의 표면상 이유는 천주교 신자들이 조상의 신주(神主)를 모시지 않고 제사도 드리지 않는다는 데 있었으나, 사실상의 이유는 정권을 탐내는 무리들이 반대파인 남인들을 정적으로 내모는 데 있었던 것이다.

1827년 성직자를 보내줄 것을 로마 교황청에 신청, 조선 가톨릭이 자생한 것을 알고 이에 탄복한 그레고리오 16세(Gregorio ⅩⅥ)는 1831년 조선에 독립된 교회를 두기로 결정 파리 외방전교회(La Societe des

Missionsetr angeres de paris)로 하여금 조선 교구를 맡게 하였는데, 1833년 중국인 신부 유방제가 들어왔다. 1836년 불란서 신부 모방(Maubant)이, 1837년 앵배르(Imbert)주교가 입국하여 조선 교회 제도를 세웠다.

1836년 김대건 안드레아가 마카오로 유학하고 1846년 한국인 최초의 신부가 되어 돌아왔다.

천주교에서 주교로 믿는 예수(Jesus christ, BC 3~AD 30)는 유대국 베들레헴 말구유에서 태어났다. 우주 만물을 창조하신 창조주 하느님의 독생자로 목수일을 주업으로 하는 요셉과 약혼자인 동정녀 마리아의 몸을 빌려 성령으로 이 세상에 태어나신 분으로 전해진다.

예수가 태어나 성인이 되었던 시기에 유대국은 로마 식민지 밑에서 독립하기 위하여 많은 독립지사들이 피를 흘리던 시절이었다. 이러한 암울했던 유대인들은 자기들을 구원해 줄 메시아 구세주를 기다리고 있었다. 이 세상의 종말과 신의 나라를 실현시킬 메시아 구세주를 기다리는 유대의 지도자급 사두개인과 종교지도자격 바리세인들도 여기에 속한다.

AD28년경부터 예수가 오실 길을 먼저 준비하여 요르단 강 계곡의 광야에서 낙타옷을 입고 허리에 가죽 띠를 두르고 메뚜기와 석청을 먹으면서 회계하라 천국이 가까이 있다고 외쳤던 세례요한도 이 시절 사람이다. 예수는 12살까지는 목수일을 가업으로 하는 세상의 아버지 요셉 밑에서 목수일을 돕고 있다가 33살에 12제자 중 가롯 사람 유다의 밀고로 붙잡혀 십자형에 처해지는 12세부터 30세까지의 18년 동안 예수의 행적에 대하여 이렇다 할 사적 기록이 없다.

예수는 30살에 다시 유대에 나타나서 3년 동안 수많은 이적과 기행을 하면서 베드로를 비롯한 12제자를 두는데, 사적 기록 없는 18년 동안의 예수 행적에 대하여 학자들의 많은 논란이 되어 왔었다.

예수가 태어나던 날 밤 동방박사 세 사람이 별자리를 보고 구세주 왕 중왕이 태어남을 알고, 별의 위치를 따라와서 말구유 속 강보에 싸여 누워 계시는 예수에게 황금과 유황을 물약으로 선물 예수탄생을 경배한다. 이 시절 동방이라 함은 유대국에서 볼 때 인도, 중국 등을 말함이다.

우주 천체의 천문을 보고 연구하는 천문학자 박사들을 일명 점성술사라고 하는데 큰 대상들이 움직일 때 이들을 모시고 다니는 것이다. 이 천문학자들은 별자리를 보고 길을 안내하고 기후의 변화에 오는 불길한 징조나 사막의 모래바람 등을 미리 알고 대비하는 것이다.

또한 이들은 모든 면에서 박식한 사람으로 철학인이기도 하였으며 의술까지 겸비한 당시 최고의 지식인들이다. 예수와 동방의 박사들은 예수탄생과 함께 깊은 인연을 맺었던 것이다.

대상들이 오가던 이 길을 서역길 비단길 실크로드라 부른다. 이 길은 한나라 7대 황제 무제 유철(漢武帝 : BC 156~BC 87)에 의해 시작된다. 무제 유철은 흉노의 포로로부터 서역이 있음을 알게 되고 장건(張騫)으로 하여금 서역 원정을 보낸다. 그때나 지금이나 군인이 국가 간의 경계선을 넘으면 분쟁과 전쟁으로 이어진다. 장건은 병사들을 사복으로 갈아입히고 민간인 행세, 즉 무역업을 하는 장사치로 변장하여 이 길을 출발했다.

장건은 지금의 아프카니스탄까지 가서 파르티아와 페르시아 등에 관한 정보를 가지고 귀국하게 되는데 장건의 원정로는 천산 북쪽 기슭 천산북로를 거쳐 세계의 지붕 파미르고원을 넘어갔다가 천산남로로 돌아오는 길을 4번씩이나 오고갔다. 여기에서 무제 유철은 정복의 꿈을 키우고자 좋은 명마를 얻으려 하였다.

이렇게 해서 북방의 몽고말과 서남아시아의 폴란드 코사크 야생말을 교배하여 얻은 것이 한혈마(汗血馬), 용기마(龍騎馬), 혹은 천리마(千里馬)인 것이다.

이 천리마는 악천후에도 적응을 잘하고 강하며 며칠씩 먹이나 물을 먹지 않아도 달릴 수 있고 동물로서 뛰어난 강인함과 주인에 대한 순종이 탁월한 품종이다. 또한 이 말은 다리의 힘이 강철 같아서 바위에 발자욱을 남긴다는 명품종이다. 지쳐 쓰러지기 직전에는 붉은 땀을 흘린다는 말이다.

명마의 철기군을 보유한 한무제 유철에 의하여 우리 고조선도 정복되어 낭랑, 진번, 임둔, 현도 4군으로 갈리어졌다. 후일 당나라 때 장건이 다녀왔던 이 길을 실크로드 비단길이 된 것이다. 당나라 이전에는 이 길을 서역길이라 하였다.

개신교라 칭하는 기독교 역사는 독일신부 마틴 루터(Martin Luther 1483~1546)로부터 시작된다. 당시 독일 비텐베르크 대학 신학교수(신부)로 있던 그는 1517년 10월 31일 로마교황 레오 10세가 성 베드로 사원을 지을 비용을 마련하기 위하여 면죄부를 파는 데에서부터 시작된다.

마틴 루터는 라틴어로 된 95개조의 반박문을 교회 벽에 내걸고 교황의 면죄부 판매를 맹렬히 비난했다. 95개조의 반박문은 선풍적인 바람을 일으켰다.

1520년 그는 3편의 논문을 발표 교황과 성직자의 부패 타락을 고발하고 이에 격분한 교황의 파문경고 칙서를 불살라버렸다. 1521년 마침내 파문당하고 독일 황제 카를 6세마저 등을 돌리자 황제의 경쟁자인 작센공 프리드리히의 보호 아래 숨어 지내면서 라틴어로 된 성서를 독일어로 번역하여 이듬해 출간했다. 이제껏 성직자들의 전유물이었던 성서가 일반 민중에게 널리 읽히게 된 것이며 수녀 하나와 결혼생활도 하였다.

루터는 인간의 구원은 교회나 성직자들을 통해서가 아니라 신앙과 은

총에 의해서만 가능한 것이라 주장했다. 그 신앙의 근거는 『성서』였다.

그가 세상을 떠난 9년 후 1555년 아우크스부르크 회의에서 대타협으로 마틴 루터의 종교개혁 사상은 공인받고 루터교를 설립하였는데 이것을 프로테스탄트(Protestant) 신교라 한다. 이후 신교는 수많은 종파로 세계에 퍼져나갔다.

그래서 세인들은 가톨릭을 구교, 마틴루터 종교개혁 이후 교를 신교라 하여 개신교라 부른다. 가톨릭은 구약 46권, 신약 27권 모두 73권을 성경으로 하고 개신교는 구약 39권, 신약 27권 모두 66권을 성경으로 한다. 이것은 한 집안의 큰집과 작은집이 되는 것이다. 또한 구약은 히브리어로 된 것이 원본이며 신약은 그리스어로 된 것이 원본이다.

조선 개신교의 시초는 1832년 충청도 서해안 고대도에 영국 복음 루터교 선교자 귀출라프(K. F. A Gutzlaff, 1803~1851)가 배를 타고 정박 이후 1866년 영국 런던 교회 소속 선교사 토머스(K. J. Thomas) 목사가 미국 상선 제네럴 셔먼호를 타고 대동강에 잠입했다가 목숨을 잃었다. 그는 죽는 순간까지 한문 성경과 전도서를 뿌렸다.

1870년 이후 만주 주재 스코틀랜드 자유교회선교사 로스(J. Ross)와 멕킨타이어(J. M. chintyer)가 한국인 협조자들의 도움으로 복음서를 가지고 활약했고, 1884년 중국 주재 미국 북장노교 소속 선교사 알렌(H. N. Allen)이 내한 후 미국 감리교 소속 일본 선교회 선교사 매클레이(R. S. Maclay)가 고종 임금으로부터 교육과 의료사업들을 통한 선교활동의 윤허를 받았다.

한편 소록도에 개신교가 들어온 것은 소록도 2대 화정 원장의 배려로 1922년 10월 2일 전중진 삼랑 목사가 들어와 2일간 전도한데서 소록도의 기독교 신앙이 싹텄다.

그 후 구병사 1호사와 8호사를 교회 삼아 처음 예배를 인도했는데 교인은 80명 정도였다. 그 다음해 1923년 광주 나병원에서 온 박극순이 진중 목사의 설교를 통역하는 한편, 찬양을 지도하며 교세는 자꾸 늘어났다. 동년 11월 10일 처음으로 남자 40명, 여자 4명의 수세자를 낳았다.

화정 원장은 그들의 천조대신을 모신 신책을 없애버리고 그곳을 예배당으로 쓰도록 허락하여 주일학교가 조직되었고, 교회운영을 위하여 매월 2전씩 헌금하도록 결정을 보았다.

1927년 4월 17일 교회 설립 후 처음으로 부활주일을 지키게 되었고, 11월 16일부터 새벽기회도 갖게 되어 소록도 복음은 점점 충만해 갔다.

1928년 화정 원장은 북부병사에 예배당 1동을 신축해 주어 7월 20일 입장식을 올렸고, 10월 24일 남부병사에도 또 하나의 교회를 신설하여 이를 남부교회라 하였다.

화정 원장의 신앙에 대한 배려는 여기에 그치지 않고, 풍금, 시계, 성종 등 교회용품을 기꺼이 기증했다. 일본 환자 삼정휘일(三井輝一)을 일본에서 불러다가 환자들의 종교 지도를 전담시켰다.

고등사범학교를 나온 삼정은 다방면에 소질이 있어 성경학, 미술 지도, 아동교육에도 헌신적으로 봉사하였다. 훗날 『애생금(哀生琴)』이란 소설을 발표한 심숭(沈崧) 등을 길러냈다.

조선나예방협회의 설립과 함께 소록도에 확장사업이 구체화된 1932년 말에는 주전문일랑(朱田文一郎) 목사가 관목으로 부임했다.

1934년 6월 7일에는 소록도 성결교회를 소록도 기독교회로 개칭함과 동시에 중앙교회라는 연합체를 만들고 각 교회에는 그해 8월 1일부터 십일조를 납부 연합체를 뒷받침했으며 같은 해 신생리교회도 설립하였다.

주방 원장이 부임한 이후 노골화된 종교탄압 속에서 주전 목사는 축출

되고, 1936년 12월 1일 관목대신 승려 죽도(竹島)가 부임하면서 소록도 기독교는 잠시나마 발전이 위축된다.

이러한 시련 속에서도 1938년 1월 1일 중앙교회의 설립을 비롯 6개 부락 각기 교회가 생겨났고 이때부터 신자들이 신사참배 거부사건이 일어나서 모진 박해를 받았다.

태평양 전쟁의 발발과 함께 더욱 긴축을 요하고 전쟁물자 생산을 독려하던 주방 원장은 교회마저 가마니 짜는 곳으로 전락시키며 기독교 말살정책을 노골화하였고 신도들에 대한 압박도 더해갔다.

1942년 6월 20일 보은감사절 소록도 의혈남아 이춘상에 의해 주방원장은 단죄되고, 후임으로 5대 서귀 원장이 부임한지 3년 뒤 해방된다.

소록도 안의 가톨릭이나 예수교 장노교회 간에 종교적 갈등은 알게 모르게 심각하였으나, 두 종교를 그 뿌리가 하나인 곳에서 갈라진 큰집과 작은집이 아닌가. 오히려 기성세대들의 잘못된 종교 관념을 지금 자라고 있는 다윗과 엘리사벳에게 오히려 배워야 한다고 생각했다. 지금 어른들이 하고 있는 짓들이 잘못을 하고 있지 않은가.

다윗 부모 역시 엘리사벳의 어머니 똑같은 생각이었다. 다윗을 잘 아는 부모가 아닌가. 만약 다윗과 엘리사벳을 떼어 놓으면 무슨 일이 일어날 줄도 모르는 일이 아닌가.

오늘도 다윗과 엘리사벳이 다정히 손을 잡고 성당 앞 신작로에 왔다.
이때 며칠 전 우물가에서 멀리서 보던 중학생 3명과 마주쳤다.
"경치 좋구나."
다윗이 힐끔 쳐다본다.
"다윗, 거들떠보지 말고 그냥 가."

엘리사벳이 다윗의 손을 잡아 끌었다.
"너희들 연애한다는 요상한 소문이 났더라."
다윗이 멈춰 선다.
"다윗, 그냥 가."
엘리사벳이 다윗의 손을 다시 잡고 끈다.
"저 학생들은 나만 보면 치근덕거려."
"뭐. 엘리사벳만 보면 치근덕거려. 왜, 내한테 진작 이야기하지 않았어."
다윗이 단호한 표정으로 중학생들 쪽으로 간다.
"야! 너희들 이리 와!"
"저놈이 기차 화통 삶아 먹었나 땡고함은, 국민학생이 건방지게."
중학생 3명이 다가 온다.
"며칠 전에 우물가에서 우리 엘리사벳과 함께 있을 때 텃밭 건너편 길 위에서 너희들끼리 이야기한 것 다 듣고 참았는데, 우리 엘리사벳에게 치근거린다는 것에는 참지 못하겠어."
"다윗. 너 임마 거짓말도 잘하는구나."
"우물가하고 우리가 서 있던 길이 얼마나 먼 데, 우리들이 한 말을 다 들어, 듣기는 이 허풍쟁이야."
"뭐, 허풍쟁이. 안 되겠어."
다윗의 몸이 순간 하늘을 나른다. 다윗은 중학생들의 어깨를 밟으며 한 발로 머리를 발로 툭툭 찬다. 다윗의 발에 나가떨어지는 세 명의 중학생들. 이 광경을 보고 놀란 엘리사벳이 손을 입에 갖다 댄다. 어머나! 다윗은 가볍게 내려왔다.
"너희들 빨리 일어나. 안 일어나면 발로 짓밟아 버릴 거야."
"우리 엘리사벳한테 사과해. 다시는 치근대지 않겠다고."

"다윗아 우리가 잘못했다. 한 번만 용서해라."

"그렇게 할게. 엘리사벳아 미안하다. 다시는 안 그럴게."

"엘리사벳아, 앞으로 너 옆에 얼씬도 안 할게. 엘리사벳 한 번만 용서해 주라."

"됐으니까, 그만들 하세요, 이제 빨리들 가세요."

중학생 세 명이 줄행랑을 친다. 다윗은 엘리사벳을 보며,

"엘리사벳, 놀랬지?"

"아니. 괜찮아!"

엘리사벳은 다윗의 행동에 흐뭇해한다.

"그런데. 다윗, 조금 전에 중학생들에게 텃밭 건너편 길에서 중학생들이 한 말을 다 들었다는데 그게 참말이야."

"엘리사벳, 지금부터 내가 한 말은 다른 사람한테 절대로 하면 안 돼. 엘리사벳 어머니에게도, 만약에 다윗의 어머님께서 이 사실을 아시면 놀라서 돌아가시게 돼."

"다윗, 그게 뭔데?"

"나는 아무리 먼 곳에서 아무리 작은 움직임의 소리라도 다 들을 수 있어."

"또 뭐야?"

엘리사벳은 호기심이 부쩍 생겼다.

"아무리 높은 곳이라도 뛰어오를 수 있고, 아무리 달려도 숨이 차지 않아. 국민학교 들어가기 전 운동회 때 100미터와 운동장 7바퀴를 도는 경주에서도 1등할 때 말이야, 그 때도 한 발만 땅에 닿으면 3미터 이상 몸이 날아가. 아무리 생각해도 내가 이상해. 그래서 7살 때 우승한 거야."

"다윗, 그게 정말이야."

"그리고 또, 참으로 이상한 게 있어? 어릴 때부터 매일 밤마다 꿈을 꾸어 왔어!"

"무슨 꿈인데?"

"신생리 11호사 뒤편에는 만령당이 있거든, 국민학교 입학하기 전까지 이곳이 놀이터야."

엘리사벳은 깜짝 놀란다.

"만령당이 다윗의 놀이터였어?"

"그래, 만련당이 다윗의 놀이터야."

착한 소년 다윗

영식이와 월순이는 집에 내가 없으면 만령당 앞 개나리 울타리 밑에서 나를 불렀어. 만령당까지 무서워서 못 올라오고……. 그래! 내가 '영식아, 월순아'하고 부르면 그 때 만령당에 올라 와서 나하고 같이 놀았어.

그런데 말이야, 그 만령당 옆에는 소록도 어른들이 신목이라고 부르는 큰 소나무가 있거든. 큰 소나무가 꿈에 나타나는 거야. 다윗이 그곳으로 항상 달려가고 있어. 그런데 다윗이 달려가 보면 그 큰 소나무 밑에는 다윗이 좋아하는 쟈스민 꽃향기를 풍기면서 어린 천사가 미소를 머금고 있는 거야. 그런데, 어린 천사의 몸에서는 표현할 수 없는 서광이 항상 빛나고 있어.

다윗은 그 천사의 손을 덥석 잡아. 그러면 그 천사는 환하게 웃으면서 나를 보고 다윗이라고 부르는 거야!

다윗은 천사의 웃는 모습에 심취하여 환희를 느끼곤 해. 다윗 어머님께서는 잠에서 깨어나시면 꿈을 꾸고 있는 다윗을 보시고, 우리 강생이는 자면서도 웃고 있구나, 하셔! 엘리사벳.

그래, 다윗.

다윗이 국민학교 입학하고 우리 엘리사벳을 처음 만났을 때 말이야.

다윗이 어릴 적 매일 밤 꾸었던 꿈을 알았어.

그 꿈속에서 신목 아래 서 있던 그 천사 말이야.
그래. 그 천사는?
바로, 엘리사벳 너였어!

엘리사벳의 얼굴이 홍당무가 되면서 보조개가 더 깊게 들어간다.
"다윗, 그게 참말이야?"
"다윗은 거짓말할 줄 몰라."
그리고 우리 엘리사벳을 만나고부터는 매일 밤마다 꾸었던 꿈이 꾸이지 않아. 우리 엘리사벳과 다윗과는 무슨 말로도 표현할 수 없는 큰 인연이 있는 것 같다. 엘리사벳도 항상 그렇게 생각해.
"나도 다윗을 만나면 마냥 좋아. 너를 안 만나면 보고 싶어 죽겠어."
"다윗도 마찬가지야. 우리 약속 하나 하자."
"뭔데."
"엘리사벳, 우리말이야. 자기 전에 각자 이름을 세 번씩 부르고 자지."
"그래, 다윗. 우리 그렇게 약속했잖아."
"우리 두 사람 꼭 약속 지키자."
"다윗, 알았어. 꼭 그렇게."
측백나무 가로수 위에 앉아 있던 파랑새 한 쌍이 날아간다.
"다윗, 파랑새야. 우리하고 자주 만나는 파랑새야. 저 파랑새도 우리같이 친하게 지내고 있어."
다윗은 엘리사벳이 손을 잡고 걸어가고 있는 머리 위로 파랑새 한 쌍이 날아간다.

엘리사벳은 지금 국민학교 6학년이 아니라 신체적이나 정신적으로 성인이 되어 있었다. 엘리사벳이 국민학교 6학년 치고는 모든 면에서 성숙

해 있다. 인선은 어미로서 딸이 걱정이 되었다. 엘리사벳에게 한번쯤 다윗과의 관계를 짚고 넘어가리라고 생각을 하였다.
 다윗과 같이 있다가 헤어져 집으로 들어오는 딸을 불렀다.
 "엘리사벳"
 "네, 어머니."
 "다윗과 같이 있다가 오는구나."
 "네, 어머니."
 "그런데 말이다. 다윗과 우리 엘리사벳에 관해서인데……."
 "어머님께서는 엘리사벳에게 무슨 말씀을 하시려고 하시는지 잘 압니다. 동생리 중학생들이 어른들이 수군대는 말을 다윗에게 하다가 다윗에게 혼줄이 났어요. 다윗과 저와는 서로 좋아하지만, 그런 관계는 아니에요. 어머니, 너무 걱정 마세요."
 "그래, 나는 너를 믿지만 그래도 걱정이 되는구나."
 "저 엘리사벳을 믿지 못하시면 누가 믿겠어요. 어머니가 싫어하는 것은 절대 하지 않고요! 엘리사벳을 믿고 시름 놓으세요."
 "알았다. 내 딸"
 "그래, 내가 우리 엘리사벳을 믿지 않고 누구 말을 믿겠느냐. 허나, 항상 여인은 몸을 바르게 가져야 하느니라!"
 "네, 어머니 명심하겠습니다."

 다윗은 심성이 곱고 착한 소년이었다.
 길을 가다가도 앞을 못 보는 장님을 만나면 특별한 일이 없는 한 항상 장님을 목적지까지 모셔다 주었다. 나이가 많은 분이나 약한 분들이 힘에 겨운 물건을 들거나 지고 가면 그 짐을 대신 들거나 져다 주었고, 다리가 불편한 분들이 절면서 길을 가면 그 분들을 업어다가 목적지까지 모셔다 드렸다. 이웃에 있는 나이 많고 약한 분들을 위하여 그 분들의 힘겨운 일들을 대신해주는 다윗으로 소록도 내에서 제일 착한 모범 소년으로 칭찬이 자자하였다.

그러나 정당한 일이 아닌 불의를 접하거나 특히 엘리사벳에게 무슨 일이 있던지 말이나 행동으로 가해를 주는 일이 있을 때는 물불을 가리지 않고 무서운 아이로 변하여 광풍과 노도와 같이 행동하였다. 주위의 동료나 선배 심지어 선생, 어른들까지도 다윗과 엘리사벳에게 함부로 대하지 못했다.

졸업 학예회

녹산국민학교 6학년 졸업식을 앞두고 겨울방학 전에 졸업 학예회를 한다.

연합 예수교와 장노회가 함께 사용하고 있는 공회당에서 병원장을 비롯하여 각 부서 직원들, 그리고 환자 자치회 임직원들 학부모들 비롯한 원생들이 모인 가운데 문예극 「거지와 천사」를 공연하였다. 거지 역에는 다윗이, 천사 역에는 엘리사벳이 주인공이다.

「거지와 천사」를 관람한 병원장은 박수갈채를 보냈다. 담임선생에게 문예극을 여수 애양원으로 졸업 여행 겸 방문하여 그곳 원생들에게 공연해 줄 것을 부탁하였다.

소록도에서 태어난 미감아들은 육지를 모르고 자란다. 기껏해야 녹동항구를 바라보며 오가는 버스와 자동차, 배들을 보는 것이 세상의 전부였다. 또한 기차도 직접 보지 못하였던 것이다. 졸업 여행은 미감아들에게 육지의 배움의 장을 갖기 위한 병원장의 배려였다.

여수 애양원은 1878년 미국인 윌슨이 1905년 워싱턴 루이스 대학을 졸업하고 의료 선교사로 파송되어 광주 재중병원장으로 있었다. 전남 폭포에서 활동하던 미국 선교사 포싸이테가 윌슨의 부탁을 받고 재중병원으로 오던 중 손가락 마디마디가 떨어져 나가 살 썩는 냄새가 지독한 중년의 한 여성을 만났다. 포싸이테는 자기가 타고 온 말에다 그 나병 환자를 태우고 자신은 마부가 되어 재중병원으로 데리고 온 데서 나병환자와 인연을 맺게 되었다.

월슨은 나병환자 구리사업을 재중병원에서 펼쳤으나 난관에 부딪치자 최흥종 개인 소유 광주군 효천면 봉선리 땅 1천여 평을 무상으로 기증받아 1911년 4월 25일에 광주에 나병원 문을 열었다.

나병원은 개원 10년 만에 6백여 명의 나환자로 포화 상태에 이르렀다. 부인을 설득하여 자신은 평생 나환자사업에 봉사하겠다는 뜻을 밝히고 호남지방에서 활동하고 있던 미국 선교사들과 지방 유지를 찾아다니며 돈 3천8백원을 모아 토지매수를 시작하였다. 인근 주민 반대에 우여곡절을 겪은 후 땅 15만 평을 확보하였다. 이곳이 전남 여주군 율촌면 신풍리 해변가이다. 후일 월슨은 200여 명의 환자들과 해변의 간척지를 매립하여 오늘의 여수애양원이 된 것이다.

여수 애양원에서도 이곳으로 수학여행 온 소록도 국민학생들의 문예극 「거지와 천사」가 큰 인기로 박수갈채를 받았다. 거지와 천사 역을 맡았던 다윗과 엘리사벳의 이야기로 밤새는 줄 몰랐다.

여수 애양원 동쪽 해변가 해변을 내려다보며 두 아들 동인, 동신과 함께 묻혀 있는 손양원(孫良源) 목사의 무덤이 있다. 손양원 목사는 부산 나병원에서 10년 넘게 교역에 종사한 자로서 나환자들의 정신적 지주가 되어 광복 이후 애양원에 몸담고 있었는데 여순 반란사건 때 순천중학교에 다니던 두 아들 동인, 동신 형제가 공산도배들에게 살해당하는 비운을 겪었다.

그러나 손양원은 반란이 진압된 후 재판에 회부된 두 아들의 살인자인 범인을 탄원하여 호적에 양자로 입양시킨 뒤 대학까지 보냈다. 이러한 사랑의 사도 손양원은 6.25전쟁이 발발하여 위기가 눈앞에 닥쳐오고 있는데 환자들과 생사를 같이하겠다며 병원에 남아 있었다.

이때 미국 선교사인 병원장은 일본으로 피신하고 다른 이들은 부산으로 피신한 후였다. 원생들은 배를 바다에 대어놓고 한사코 손 목사를 피신시키려고 하였으나 "나 혼자 살려고 여러분을 남겨놓고 떠날 수 없다."고 하며 줄곧 병원에 있었다. 식량을 구하러 나갔던 환자들이 내무서원에게 끌려가 고문 끝에 실토하여 손양원 목사는 미평 과수원에서 무참히 최후를 마쳤다.

9.28 수복 후 손 목사의 시신을 찾은 1천여 명의 원생들은 통곡하며 두 아들이 묻혀있는 원내 동쪽 해변가에 나란히 모시게 되었다. 참다운 종교인이요, 진정한 박애를 가지고 예수님의 참사랑을 몸소 실현한 손양원 목사님의 영전에 학생들은 경건한 마음으로 명복을 빌었다.

학생들은 애양원 위문공연 겸 녹산국민학교 6학년 수학여행을 떠나 여수항에 도착할 때와 마찬가지로 저녁 5시경 학생 전원은 소록도로 귀항하는 배에 올랐다. 앞에서 모선인 동력선이 통통 소리를 낸다고 해서 일명 통통배라고도 하고 빠르다고 해서 제비선이라고도 부르는 배가 앞에서 이끌고 가는 배에 밧줄로 연결된 자선이 그 뒤를 따랐다.

나무로 만든 자선에는 다윗과 엘리사벳, 그리고 동료학생 인솔자 선생 등 60여 명이 탔다. 소록도 환자들의 부식과 식량을 실어나르는 전용 배였다.

겨울 바다는 금세 어두워진다. 득량도 앞바다에 이르렀을 때 심한 파도에 의해서 바닷물이 배 위를 덮쳤다. 탑승한 일꾼들은 60여 명의 학생들과 인솔자를 배 중앙으로 모이게 한 후 그 위에다가 덮개 천막으로 이불을 씌우듯 덮었다. 일부 학생들은 배멀미하여 안절부절 괴로워하였다.

파도가 절정에 이르렀다. 이불처럼 덮어 쓴 천막 위로 철썩철썩 파도가 내려쳤다. 배가 심하게 요동할 때마다 천막 아래 학생들은 비명을 지르며 불안에 떨었다. 어떤 학생은 엄마를 찾고, 어떤 학생은 주님께 기도를 한다. 또는 찬송가를 부르며 두려움과 공포에 질렸다.

득량도 앞바다는 오순재, 송회갑 등에 의하여 저질러진 해방 후 소록도 간부급 84명 대학살 사건 때, 장콩을 실러 간 간부들을 살해하기 위하여 이곳까지 와서 배 위에서 총살하여 이곳 득량 앞바다에 수장시킨 바로 현장이다. 지금 학생들이 타고 불안에 떨고 있는 이 배도 역시 그때 바로 장콩을 싣고 소록도로 오고 있던 그 배였다. 총으로 사살된 간부들의 피가 장콩 가마니 위에 피가 낭자했던 그 배이다.

그때 억울하게 죽은 그 원혼들이 배 속에 타고 있는 소록의 후예들에게 처절하고 원통한 그 때의 사연을 말하여 주려는 듯 바다에서 숨겨간 혼령들은 원통하고 억울함에 대노하여 대성통곡하고 있었다.

다윗은 천막 밑에서 불안해 하는 엘리사벳을 꼭 껴안았다.

"다윗, 무서워 죽겠어. 우리 이러다가 여기에서 잘못되는 거 아니야?"

"무서워하지 마. 엘리사벳 곁에는 다윗이 있잖아. 다윗은 우리 엘리사벳과 함께 이렇게 꼭 껴안고 있으니 나는 좋은 걸……."

"그런 말하지마. 엘리사벳은 무서워 죽겠는데."

엘리사벳은 다윗의 넓은 가슴에 얼굴을 묻은 채 공포에 떨면서 다윗의 허리를 꼭 껴안았다.

"다윗."

"왜?"

"다윗에게는 항상 좋은 향기가 나."

"무슨 향기인데……."

"몰라. 그냥 좋은 향기 말이야."

"무슨 향기인데 말해봐. 응."

"자꾸 묻지마. 부끄러워"

엘리사벳은 다윗의 품속에 더욱 파고든다.

"엘리사벳한테서는 항상 자스민 꽃향기가 나고 있어."

다윗은 엘리사벳의 머리냄새를 들이마셨다. 엘리사벳은 어느새 다윗의 가슴에 안겨 새근새근 잠든다.

다윗은 엘리사벳에게서 풍기는 자스민 꽃향기를 맡으며 엘리사벳의 머리에 입술을 가만히 갖다 대었다. 매끄럽고 깃털 같은 부드러운 머리칼이었다. 형언할 수 없는 엘리사벳의 체취에 다윗은 정신이 몽롱해졌다. 자기도 모르게 살포시 잠에 빠져 들었다.

끝없이 펼쳐지는 코스모스가 만발한 들판을 엘리사벳과 다윗은 달리고 있었다. 엘리사벳은 하얀 면사포에 신부드레스를 입고 손에는 코스모스를 한 아름 쥐고서 코스모스 꽃밭 속을 달려가고 있는 신부 엘리사벳을 향하여 다윗은 새까만 턱시도를 입고 뒤따르고 있었다. 행복에 겨워 다윗을 향해 뒤돌아보며 또 돌아보며 달려가고 있는 엘리사벳을 아무리 쫓아도 따라잡을 수가 없었다. 잡힐 듯 잡힐 듯 하면서도 잡히지 않는 엘리사벳을 향하여 다윗은 온 힘을 다해 달려갔다.

천막 위로 큰 파도가 덮쳤다. 철썩하며 내려치는 소리와 충격으로 다윗은 정신이 번쩍 들었다. 다윗은 꿈속에서도 얼마나 신부 엘리사벳을 잡으려고 용을 썼던지 이마에 땀방울이 송글송글 맺혔다. 엘리사벳은 다윗의 가슴에 안겨 새근새근 잠들어있다.

'통통통- 통통- 통' 통통배 소리가 끊겼다 다시 이어졌다. 숨 가쁘게 몸부림치는 소리가 성난 바다를 향해 호소하고 있었다.

한편 소록도 선창에 학부모들이 나와서 걱정 어린 얼굴로 학생들을 기다리고 있다.

김인선은 박만순을 바라보면서 입을 뗀다.

"다윗, 어머님 바람이 조금 자고 있어요."

"그래요, 아이들이 별일 없어야 할텐데……." 옆에 있던 월순 어머니가 "밤새 무슨 바람이 이렇게 부는지!" 영식이 어머니도, "글쎄 말이여", "저기 배가 보여요.", "배가 보인다! 배가 오고 있다."

학생들을 마중 나온 부모들의 입에서 "하나님 감사합니다! 천주님 감사합니다." 하는 소리가 저절로 나온다.

뱃사공이 배 안에서 천막을 걷으며, "자. 여러분 소록도 선창에 곧 도착합니다. 정신들 차리세요."

학생들 배멀미에 파김치가 되어 비실비실거린다.

"엘리사벳, 엘리사벳."

"응."

"정신 차려, 소록도 선창에 다 왔어."

엘리사벳도 눈을 부비며 일어난다.

영식이하고 월순이가 일어난다. 아직까지 정신을 못 차리는 것 같다.

"영식이하고 월순이가 배멀미를 심하게 했구나!"

배가 선창에 도착하고 육지와 연결되는 나무판이 놓여진다.

인솔 선생님이 학생들에게 "학생여러분 조심해서 차례로 천천히 내리세요."

학생들 엉금엉금 기어가며 내린다.

"여기가 어디여? 지옥이여 천국이여?"

"영식아 동생리 선창이야. 어서 내려야지."

"워매, 죽겠네."

"어이고, 속이 울렁거리네!"

"엘리사벳, 안 되겠다. 나는 영식이 업고 내릴 테니 엘리사벳은 월순이 손잡고, 내 뒤에서 조심스럽게 내려."

"알았어. 월순아, 내 손 꼭 붙잡아. 자 내린다."
"그려, 엘리사벳 고맙다."
"고맙긴, 친구끼리."
"아이구! 내 강생이 저기에 내리는구나."
"아니, 영식이가 왜 저려? 다윗 등에 업혀서 내리네"
"우리 엘리사벳도 월순이를 부축하면서 내려요."
"월순이가 배멀미를 많이 했는가비여."
다윗과 엘리사벳이 마중 나오신 부모님들에게 인사한다.
"어머님들, 저희들 걱정이 되셔서 마중 나와 계셨군요."
"어머님들 안 나오셔도 되는데!"
"영식아. 어머님 나와 계셔."
다윗은 영식이를 내려놓는다.
"아이고, 내 강생아 별일 없었제."
"애미가 속이 타 죽을 뻔 했다 아이가"
"어머니도, 다윗은 아무 일도 없었어요."
"엘리사벳 고생 많이 했지?"
"고생은 무슨 고생, 다윗 곁에서 한숨 잘 자고 나니까, 동생리 선창인데 뭘요."
"원, 녀석도!"
"우리 영식이는 파김치가 되뿌렸네."
"아이구 엄니, 나 죽소."
"월순아, 배멀미 많이 했지. 아이구! 이 얼굴 좀 봐."
"쪼개 했지라이."
인솔 선생이 "이 곳에 나와 계신 학부모님 여러분 걱정을 끼쳐드려서 대단히 죄송합니다. 학생들이 배멀미에 고생은 했습니다만 무사히 도착하여 다행입니다. 어두운 밤길 조심해 돌아 가십시오."

"아이구! 선생님도 수고 많이 하셨습니다."

"영식아, 월순아, 어머님 모시고들 조심해 가. 나는 우리 어머님 모시고 엘리사벳 어머님 집에 모셔다 드리고 갈 터이니까."

"그려 다윗아, 우리들의 대장."

"다윗 덩치 보니까 영식이 너 아저씨뻘은 되겠다야."

"아이, 영식이 어머늠도 그리고 월순아 어머님 모시고 잘 가야 해. 어머님께서는 밤눈이 어두우시잖아."

"그래. 다윗아."

"다윗은 정말로 효자야. 마음씨가 우에 저리 착할꼬."

"다윗 엄니, 다윗 덩치보니까 빨리 장가보내야 쓰것소."

"덩치만 컸지. 아직까지 강생이 아이가."

인선, 엘리사벳, 어머니들 호호호, 하하하 웃는다.

"자. 그럼 조심해서 가십시오."

다윗과 엘리사벳은 어머님을 모시고 성당 앞 신작로까지 왔다.

"어머니, 이제 들어가세요, 엘리사벳도"

"다윗아, 어머님 모시고 조심해 가거라. 그리고 내일 또 만나."

"다윗 어머님, 조심해 가세요. 그리고 건강하세요."

"엘리사벳, 어머니 모시고 어서 들어가 쉬어. 피곤하잖아."

"응, 그래. 어머니 조심해 가세요. 그리고 항상 건강하세요."

"아이고, 우리 엘리사벳은 얼굴 못지않게 말도 어찌 저리 곱게 할꼬."

엘리사벳과 헤어져 집으로 발길을 돌린다. 다윗은 어머니를 돌아보며,

"어머니, 내 등에 업히세요. 다윗이 번개 같이 공회당 언덕길을 올라갈게요."

"아이고 내 강생이 고단하지 않느냐?"

"어머니, 다윗은 고단한 것 몰라요. 자 업히세요."
어머니를 번쩍 들어 등에 업는다.
"우리 다윗은 힘이 장사구나."
"어머님께서 저를 그렇게 낳으셨잖아요, 어머니."
"아이구! 내 강생아."
어머니를 등에 업고, 공회당 오르막길 단숨에 올라간다.
"어머니, 저 소나무 보세요."
"사람이 마치 두 팔을 벌리고 서 있는 듯하구나."
"어머니. 엘리사벳하고 일요일과 방학 때 매일 같이 저 소나무 밑에서 만나요."
"오! 그래! 엘리사벳이 그리 좋으냐?"
"네, 어머니 엘리사벳과 저 다윗이 어른 되어 같이 한평생 살 거예요. 엘리사벳과 약속했어요."
"그래! 우리 다윗이 건강한 부모 밑에 태어났더라면 좋았을 텐데……."
"어머님 그런 말씀마세요. 이 세상 어느 위인들보다도 부모님을 제일 존경하고 사랑합니다. 아버님과 어머님 몸에서 태어남을 하나님께 늘 감사 기도하였어요."
"아이구! 내 강생아."
"어머님, 또 우세요."
"내 강생이가 애미를 울리는구나."
어머니를 등에 업고 신생리 11호사로 향해 내려가고 있다. 신생리 교회에서 새벽종이 울리고 있다.
땡그렁, 땡그렁. 신생리 교회에서 새벽기도를 올리는 새벽종이 울린다.

"다윗아."

"네, 어머님."

"새벽종이 울리는구나."

"네, 어머님."

"다윗아."

"네. 어머니."

"피로하지 않느냐?"

"어머니 다윗은 피로하지 않아요."

"그래! 그러면 교회로 가자꾸나. 아버지도 교회에서 기도하고 계실 것이다."

"네. 어머님."

꼬끼오! 수탉이 울고 있는 새벽길이다.

장미꽃과 손수건

"다윗, 이거 받아."
"이게 뭔데?"
"이거 중학교에 가면 다윗이 입을 교복이야."
"누가 만들었어."
"엘리사벳이 만들었지."

내가 입을 교복하고 같은 천으로 만들었어. 3학년 때까지 입을 옷이니까 좀 넉넉하게 만들었어. 교모도 함께 들어있어. 우리 다윗의 몸매를 머릿속에 그리면서 한 땀 한 땀 바늘로 뜨고 미싱으로 봉제해서 만든 거야."

"우리 엘리사벳은 아름답고 고운 외모 못지않게 참으로 못하는 게 없어. 다윗은 엘리사벳에게 아무 것도 해준 게 없는데 아무튼 고마워. 엘리사벳을 생각하며 잘 입을게."

"다윗, 그런 소리하지마. 엘리사벳 곁에는 항상 이렇게 다윗이 있잖아. 우리 다윗이 내 곁에 있는 것 자체만으로도 너무 행복해. 다윗은 엘리사벳의 전부야!"

"엘리사벳, 그것은 다윗도 마찬가지야."

"그리고 교복 안주머니 위에, 그리고 모자 안에 다윗과 엘리사벳 이름을 정성껏 수 놓았어. 집에 가서 한번 봐."
"그래, 고마워 엘리사벳."
"자꾸 고맙다는 말하지마. 엘리사벳은 다윗을 위해서라면 무엇이든 할 수 있어."
"엘리사벳. 우리 엘리사벳을 위해서라면 다윗도 이 한 목숨 바칠 수 있어."
"그래, 그건 엘리사벳도 마찬가지야."
"우리 엘리사벳이 다윗 곁에 있는 것만으로도 너무나 고맙고 행복하고 감사하고 황홀해."
엘리사벳은 다윗의 손을 꼭 잡았다.
"다윗!"
"엘리사벳!"
다윗과 엘리사벳이 서 있는 가까운 성당에서 수요 미사의 종이 울리고 있었다. 땡그렁 땡그렁 땡그렁.

녹산중학교 40명 입학시험에서 엘리사벳이 1등, 다윗이 2등을 하였다.
이때 다윗은 엘리사벳을 위하여 중학교 입학 시험문제 중 알고 있는 한 문제를 써넣지 않고 시험문제를 제출하여 엘리사벳을 1등으로 만들어 주었다.
"다윗."
"그래, 엘리사벳."
"우리 다윗이 엘리사벳을 1등으로 만들어주기 위하여 알고 있는 시험문제를 일부러 안 써넣은 줄 엘리사벳이 다 알아."
"엘리사벳."
"그래, 다윗."

"우리 엘리사벳 1등이 바로 다윗의 1등이니까."

"그래, 다윗."

"우리 다윗과 엘리사벳은 일심동체야."

엘리사벳의 영어 실력은 고등학교 과정을 이미 마치고 있었고, 다윗은 엘리사벳의 후원으로 중학교 과정을 마쳤다.

녹산중학교(후일 성실중학교)는 중앙공원 위쪽에 자리잡고 있다. 일본인 원장 때 보육소를 건강지대로 옮기고, 해방 뒤 이곳을 중학교사로 만들었다. 이곳에는 직원실, 숙직실, 창고, 1,2,3학년 각각 한 교실이 갖추어진 곳이다. 이곳은 벚나무 속에 있기 때문에 봄이 되면 장관을 이룬다. 학교 입구는 측백나무길 학교 주위에는 소나무숲이다. 그리고 중앙공원이 바로 옆에 있다.

중학교 바로 밑에는 문예부가 있고, 앞 도로가 밑에는 감금실이 있고, 감금실 우측으로 조금 걸어가면 사람이 죽고 나면 반드시 거쳐야 하는 시체해부실이 있다. 해부실 벽에는 인체의 뼈 표본과 뱃속의 태아에서부터 성인의 인체 모든 장기가 알코올 속에 담겨져 있는 인체장기 교육실이 있으며, 맞은편에 의료진료 본관이 있다.

녹산중학교 앞 도로에서 우측으로 꺾어 돌아가면 녹동을 바라보고 있는 해변이 나온다. 공안부다. 이 공안부가 해방 후 소록도 건강직원 오순재, 송회갑 등에 의해서 저질러진 자재창고 반출 사건으로 한국 민간인 역사에서 가장 처절하며 잔인무도하여 천추의 한을 남겼던 소록도 간부들을 처참히 학살한 바로 그곳이다. 이곳을 일제 치하와 해방 직후 '미하리소'라 불렀다.

녹산중학교는 1945년 9월 4일에 개교하였다. 해방 후 처음 소록도 병원장으로 부임한 김형태 원장시절, 향학열에 불타는 몇몇 젊은이들을 자기 방에서 개인지도하던 김학수를 찾아오는 사람 모두를 가르치기 위해서는 중학교 과정의 교육시설이 있어야 함을 절감하였다. 국민학교 교장인 김창원과 함께 소록도 병원장을 찾아가 간곡히 설득한 결과 1946년 9월 7일 17세에서 24세까지 신입생 31명을 모집하여 중학교 문을 수도관(교육관)에서 열었다.

교장은 소록도 병원 이호순 원무과장, 교감은 김학수, 교사는 자치제 간부들과 병사지대에 있던 손점수, 김병원이 강사로 위촉하여 수업이 시작되었다. 1947년 7월경부터 본격적인 수업이 시작되면서 9월에 2기생을 모집 지금의 녹산중학 건물로 옮겼다. 또한 고주둔, 신점식, 김형기 등이 강사로 보충되면서 1, 2, 3학년 담임선생 제도도 시작되었다.

녹산중학은 상급생과 하급생 간에 규율이 엄격했다. 학교생활은 물론 학교 밖에서 길거리에서나 어느 장소에서든 상급생을 보면 반드시 거수경례와 높임말을 하였다.

어머니의 개인지도로 엘리사벳은 영어 실력이 고등학교 과정을 이미 마쳤다. 회화 실력도 성당에서 미국 신부들과 막힘없이 대화를 할 수 있었으며 성당에서 엘리사벳이 통역을 하였다. 엘리사벳은 두꺼운 영어사전을 줄줄 외웠다. 중학교 1, 2, 3학년 영어선생이 몸이 불편하여 결근하면 엘리사벳이 1, 2, 3학년 영어를 가르쳤다.

중학생 대부분이 녹산국민학교 출신이고, 다윗을 풍문에 들어 잘 알고 있는지라 다윗과 엘리사벳은 예외였다.

화창한 5월의 어느 봄날, 다윗은 수업을 마친 후 엘리사벳을 집에까지 바래다주기 위하여 공원 입구에 들어섰다. 공원 입구 약 10미터가 넘는 장미터널에는 흰색, 노랑, 빨강 장미가 서로의 자태를 뽐내고 장미군락을 이루고 있다.

엘리사벳은 새까만 교복에 새하얀 카라 위로 균형 잡힌 곡선의 목이며 두 갈래로 땋아내린 머리에 유난히도 하얀 계란 같은 얼굴, 실버들 같은 눈썹에 가을호수 같은 고요함 속에서도 서글서글한 눈동자, 말을 하고 웃을 때마다 양 볼에 깊게 패이는 보조개, 훤칠한 키에 몸매가 마치 하늘에서 방금 내려온 천사 같았다.

"엘리사벳은 참으로 아름답구나. 엘리사벳을 볼 적마다 더욱 더 아름답고 예뻐지는 것 같아. 절세가인(絶世佳人)은 우리 사랑하는 엘리사벳을 두고 하는 말이구나."

"거짓말."

"참말이라니까? 다윗이 엘리사벳에게 언제 거짓말하는 거 봤어."

다윗은 머리 위에 탐스럽게 피어있는 노란 장미 한 송이를 꺾었다.

"앗!"

노란 장미를 꺾어 들고 있는 다윗의 손가락에 가시가 박혀 새빨간 피가 솟아난다. 엘리사벳은 깜짝 놀라 순간적으로 다윗의 무명지 손가락을 입안에 넣고 피를 한번 빨아 삼킨 뒤 가제 손수건으로 손가락을 감쌌다.

"아프지. 다윗."

"아니 괜찮아."

"거짓말. 많이 아프면서……."

"아니야. 엘리사벳이 이렇게 감싸주는데 아프긴."

"장미 가서 조심해야 해. 시인 릴케가 장미 가시에 찔려서 대수롭지 않게 여기다가 그 후유증으로 죽었다잖아."

"엘리사벳, 다윗은 말이야 우리 엘리사벳이 말로 표현할 수 없이 정말 너무 좋아."

"다윗, 나도 우리 다윗이 정말 너무 좋은 걸 어떻게 말로 다 표현해."

다윗의 무명지를 감싸고 있는 하얀 손수건에는 청실로 다윗을, 홍실로 '♡와 엘리사벳'이라고 한 땀 한 땀 자수가 놓여 있었다.

다윗은 탐스런 노란 장미를 엘리사벳에게 주었다. 엘리사벳은 코끝으로 장미 향기를 깊게 맡았다.

"참으로 탐스럽고 예쁜 장미로구나."

"엘리사벳, 우리 엘리사벳은 이 장미보다 더욱 예쁘고 아름다워."

공원 저쪽 야자수 아래에서 신혼부부가 사진을 찍고 있었다.

"다윗, 우리 저쪽으로 가 보자."

엘리사벳은 다윗의 손을 잡고 공원 잔디밭으로 가로질러 야자수 나무 아래로 갔다. 신혼부부 한 쌍이 막 사진 촬영을 마쳤다.

"다윗, 우리도 같이 사진 한 장 찍자. 저, 우리 동생리에 사는 사진사야."

"그래, 엘리사벳."

"아저씨!"

"엘리사벳이구나."

"우리도 사진 한 장 찍어주세요."

"오냐 그러마. 야자수 아래서 찍으려고."

"네! 아저씨 그렇게 해 주세요."

야자수 아래서 손을 잡고서 사진을 찍었다. 엘리사벳은 노란 장미를 들고 있다.

여름철이 오면 언제나 다윗과 엘리사벳은 동생리 바닷가 모래 위를 걷곤 했다. 모래 위에 찍힌 발자국을 잔잔한 파도가 지우고 있었다.

"다윗, 눈 감고 있어봐. 그리고 한참 있다가 엘리사벳이 눈 떠라고 하면 눈 떠야 해. 알았지."

"응. 이렇게 눈 감고 있으면 되지?"

"그래, 그러고 있어야 해."

엘리사벳은 모래 위에다 '다윗 사랑해'라고 썼다.
"다윗, 이제 눈 떠봐. 그리고 이 글씨 보고 난 후 엘리사벳을 한번 잡아봐."
모래 위에 엘리사벳이 써 놓은 글씨를 보았다. 다윗은 그 옆으로 '다윗은 모든 것을 다 바쳐 엘리사벳을 진정으로 사랑한다.' ♡와 함께 적어놓고 엘리사벳을 향해 달려갔다. 저 멀리 달려가고 있는 엘리사벳의 머리가 바닷바람에 휘날리고 있다.
이렇게 소록도 8월의 여름 오후는 다윗과 엘리사벳을 위하여 저물어가고 있다.
신생리 교회 앞 화단에서부터 중앙리 쪽으로 가는 밭둑길에는 가을이면 코스모스가 장관을 이룬다.
다윗은 코스모스를 끔찍이 좋아하는 엘리사벳을 위하여 엘리사벳과 함께 오곤 했다. 코스모스 피는 계절이 오면 코스모스를 무척이나 좋아하는 엘리사벳을 위하여 다윗은 언제나 코스모스를 한 아름 꺾어다주곤 했다.
올해도 어김없이 다윗은 엘리사벳과 함께 코스모스가 자지러지게 피어 있는 교회당 앞 밭둑길을 걷고 있었다. 가을바람에 한들거리는 코스모스가 엘리사벳과 다윗을 반겨주던 토요일 오후였다.
엘리사벳은 짙은 자주빛 코스모스를 좋아했다. 자주빛 짙은 코스모스가 유난히 많이 피어 있는 곳에서 발걸음을 멈췄다.
"다윗, 우리 코스모스 속에서 기도해. 엘리사벳은 성모님께 다윗은 하나님께 말이야. 자, 이렇게 말이야."
엘리사벳과 다윗은 코스모스가 피어있는 꽃밭 속에서 두 손을 모으고 잠시 기도했다.
"다윗."

"응."
"다윗은 하나님께 무어라고 기도했어?"
"하나님 아버지시여! 저 다윗과 우리 엘리사벳이 앞으로 더욱 장성하여 서로 부부가 되어 오래오래 같이 살게 해 주십시오라고 기도했어.
엘리사벳은 성모님께 무어라고 기도했어?"
"안 가르쳐 줄래."
"그런 게 어딨어? 어서 빨리 말해봐."
"다윗, 한번 알아 맞혀 봐."
"엘리사벳, 제발 이러지마. 빨리 말해. 다윗의 속이 새까맣게 타들어 가는 것 같은데. 어서 말해봐, 응?"
엘리사벳은 잠시 얼굴을 붉혔다. 양 볼에 깊게 파고 들어간 보조개가 부끄러운 듯 파르르 떨었다.
"엘리사벳도 다윗과 똑같이 기도했어."
가을바람이 불어왔다. 조금 일찍 핀 코스모스 꽃잎이 가을바람에 못 이겨 다윗과 엘리사벳의 머리 위로 날아오르고 있었다. 다윗과 엘리사벳은 서로를 꼭 껴안았다.
"엘리사벳은 다윗의 전부야!"
"다윗, 엘리사벳도 마찬가지야!"
코스모스 속에서 귀뚜라미가 울고 있는 가을 오후였다.
지칠 줄 모르게 피어오르던 코스모스가 지고, 어느덧 12월이 오는가 했더니 함박눈이 쏟아질 듯한 크리스마스 이브였다. 엘리사벳과 다윗은 중앙공원에서 크리스마스트리를 덮어쓰고 서 있는 전나무 앞에 서 있었다.
녹산국민학교 뒤편 성당에서는 캐롤송이 은은히 들려왔다.
"다윗, 이거 크리스마스 선물이야."

엘리사벳은 하얀 종이에 곱게 포장한 선물을 다윗에게 건넸다.
"다윗, 한번 뜯어봐."
다윗은 엘리사벳이 건네 준 선물을 펼쳤다. 엘리사벳이 다윗과 한 몸이 된다는 의미에서 청색과 홍색실로 뜨개질한 장갑이었다.
"엘리사벳, 이렇게 아름답고 예쁜 장갑을 어떻게 짰어?"
"우리 다윗을 마음속으로 생각하며 엘리사벳이 정성을 다해 한 올 한 올 엮어 짰어."
"고마워! 엘리사벳. 우리 두 사람은 한 몸이 될 거야."
다윗은 장갑을 손에 끼고 호주머니에서 엘리사벳에게 선물할 물건을 끄집어내었다.
"엘리사벳, 다윗도 엘리사벳에게 줄 선물이야. 어서 한번 뜯어봐."
"다윗, 그래."
"어머나, 내가 좋아하는 짙은 코스모스 색 머리핀이네!"
엘리사벳은 머리핀을 머리에 꽂았다.
"다윗, 엘리사벳 어때?"
"엘리사벳은 아무거나 해도 다 예뻐."
"그런 게 어딨어?"
"아니 참말이야."
"다윗 사랑해."
"엘리사벳 사랑해."
"다윗, 오늘 저녁에 교회에 나가지."
"그래, 엘리사벳. 교회에 가야해."
"엘리사벳도 성당에 가야해."
소담스럽게 흰 눈이 펑펑 쏟아지고 있었다.
"다윗, 밤새 눈이 내리면 내일 우리 자주 만나던 공회당 앞 소나무 아래서 만나."

"그래, 엘리사벳 그렇게 하자."

다윗과 엘리사벳은 손을 잡고 성당에서 들려오는 캐롤송을 들으며 중앙공원을 걸어 나왔다.

공회당 앞마당 운동장에는 평소에는 인적이 뜸한 곳이다. 이곳은 소록도 내에서 건물이 서 있는 곳으로서는 제일 높은 곳에 위치해 있다.

밤 사이 내린 눈으로 설원을 이루었다.

다윗은 눈을 뭉쳐 엘리사벳을 만들고, 엘리사벳은 눈으로 다윗을 만들었다. 그리고 눈사람을 똑같이 세우고 '축 결혼'이라고 손으로 새겼다. 다윗은 두 사람이 혹시 바람에 넘어질세라 눈사람 주위를 발로 열심히 다졌다. 엘리사벳은 눈을 뭉쳐서 다윗에게로 다가가 다윗의 얼굴에 던졌다.

"앗, 차가워."

"다윗, 약 오르지. 날 잡아봐."

엘리사벳은 설원의 신천지에 발자국을 남기며 달리고 있었다. 다윗도 뒤따랐다. 다윗이 엘리사벳을 잡는 순간, 엘리사벳은 눈 위로 쓰러졌다. 다윗은 눈 위로 뒹굴다가 눈 위에 가만히 누워있는 엘리사벳을 옆에서 내려다보았다. 하얀 눈에 반사된 엘리사벳의 얼굴이 백설 같았다. 엘리사벳과 다윗의 눈길이 마주 쳤다. 엘리사벳은 부끄러운 듯 얼굴을 붉히며 조용히 눈을 감았다. 다윗은 백설 같은 엘리사벳의 이마에 다윗의 입술을 살며시 갖다 대었다. 엘리사벳의 얼굴이 홍당무가 되면서 보조개가 부끄러운 듯 깊게 들어가며 파르르 떨었다.

성탄일은 하늘에서 하늘의 축복 속에서 소록이 낳은 불출세의 두 연인을 축복해주는 함박눈을 뿌렸다.

40일간의 귀성권

다윗과 엘리사벳이 중학교 2학년에 올라갔다. 소록도 대운동회가 다가왔다. 다윗은 중학교 2학년이었으나 청년부 마라톤 경기에 출전하기로 하였다. 다윗의 실력을 소록도 7개 부락 대운동회 경기위원회 위원들이 인정해서였다. 마라톤 경기는 운동회가 끝나는 마지막 경기로 오후에 치러졌다. 다윗은 중학교 1학년 때부터 청년부 마라톤 경기에 출전을 신청하였으나 중학교 2학년이 되어서야 비로소 이루어졌다.

2학년 담임선생인 고두준과 교장 이호순이 소록도 대운동회 경기위원회 위원들이 녹산중학 바로 아래 위치한 문예부에서 회의를 할 때 찾아가 권다윗이 7살 때 이미 국민학생 5~6학년들이 주축이 된 유년부 마라톤경기에 특별선수로 나가서 1등을 한 경력과 국민학교 4학년 시절 중학생들이 주축이 된 소년부 마라톤 경기에 나아가 1등을 한 경력을 소상히 이야기하였다. 비록 중학교 2학년 16세이지만 23~33세까지 출전하는 청년 마라톤 경기에 출전해 줄 것을 요청하고 이를 받아들인 경기위원회에서 숙의한 끝에 부락 대표가 아닌 녹산중학교 대표로 출전할 것을 만장일치로 가결하였다.

소록도 청년부 마라톤 경기는 주로 미감아들이나 나병이 완치된 청년들이 겨루는 경기로 7개 부락에서 신생리에는 천대승이, 구북리에는 강

판수가, 동생리에는 정기찬이, 정안리에는 박강식이 강력한 우승 후보군이었다.

요 몇 년 사이에 서로 각자가 한 번씩 마라톤 경주에서 1등을 차지한 실력파들이었다. 이들은 경기가 있기 전 6개월 전부터 맹훈련을 하였다. 마라톤 경기는 7개 부락에서 2명씩 뽑아 14명이 겨뤘는데 다윗이 가세하여 15명이 경기를 하게 되었다.

다윗과 엘리사벳은 성당 앞 신작로에 서 있다.

"다윗 여기서 조금만 기다려 집에 잠시 다녀올게."

"그래. 엘리사벳 여기서 기다릴게."

엘리사벳은 보자기에 무언가 들고 나온다.

"이거 마라톤할 때 입을 반바지와 육상화야."

"소록도 섬을 한 바퀴 돈다고 어머니께서 여수에 가시는 분에게 부탁하여 특별히 주문한 거야."

"여수에……."

"육지사회에 육상선수들이 입는 유니폼이래."

"반바지 왼쪽 하단에 다윗과 엘리사벳 이름을 바늘 자수하였어."

"야! 이것은 소록도 제일의 유니폼이구나."

"그래, 호호호. 엘리사벳과 우리 어머니께서 다윗의 승리를 다짐하는 소록도 제일의 유니폼이야."

"고마워 엘리사벳, 어머님께도 고마우시다고 전해줘."

"그리고 우리 어머니께서 다윗을 얼마나 생각하시는데……."

"우리 엘리사벳과 엘리사벳 어머님께 다윗이 항상 은혜만 입고."

"엘리사벳이 다윗이고 다윗이 엘리사벳이 잖아."

"다윗, 파이팅."

"그래, 엘리사벳 파이팅."

소록도 대운동회날, 다윗은 집에서 출발하기 전 엘리사벳에게서 선물 받은 운동복을 입고 그 위에 교복바지를 입는다. 그리고 육상화는 신주머니에 따로 챙긴다.

"다윗아."

"네, 어머니."

"엘리사벳, 어머님께서 고맙기도 하구나. 오늘은 운동회날인데 점심을 못 챙겨 주어서 에미의 마음이 짠하다."

"어머니, 점심은 엘리사벳이 준비하여 온다고 했어요. 영식이하고 월순이하고도 같이 먹기로 약속했어요."

"엘리사벳은 착하기만 하구나. 다윗아 늦겠다. 어서 가봐라. 그리고 엘리사벳 어머님께 엄마 아버지가 고마우시다고 인사 꼭 드려."

"네, 아버지. 저녁에 우승해서 올 게요."

"오냐, 내 강생아. 하모, 그래야제."

하늘에 만국기가 휘날리는 대운동장. 7개 부락 천막 밑에는 자기 부락 선수들을 응원하기 위하여 재환자들이 모여 있다. 중앙공원 앞 상단 훈시대에는 내빈석과 경기운영위원 본부석 의료진 대기석이 있다. 하늘에서 요란스레 프로펠라 소리를 내면서 헬리콥터에서 밧줄에 묶인 화환이 내려온다.

보건사회부장관, 연이어 전남도지사 화환이 내려온다. 참석자들이 모두 일어서서 박수친다. 본부석에서 운영위원장은 "존경하옵는 소록도 병원장님을 비롯 지역 국회의원님, 고흥군수님, 고흥경찰서장님, 금산면장님, 건강간부님들과 의료진 여러분님께서는 이렇게 찾아 주셔서 대단히 감사합니다. 오늘 뜻 깊은 소록도 대운동회를 맞이하여, 오늘은 특이하고 색다른 경기를 보여드리겠습니다. 다름이 아니오라, 오늘의 마지막 경기는 소록도 섬을 일주하는 마라톤 경기에 7개 부락에서 2명씩 차출된 14

명 선수 외에 특별선수로 녹산중학교 2학년생인 권다윗군이 학교 대표로 출전하게 되었습니다."

개회사가 흘러나왔다. 7개 부락 천막 밑에서는 다윗이 출전한다고 수군거렸다.

"여러분께서 아시다시피 권다윗군은 국민학교를 입하하기 전 국민학생 5~6학년들이 겨루는 100미터과 장거리 경주에서 우승하였고, 국민학교 4학년 때 중학생들이 출전하는 마라톤 소년경기에서 우승한 특출한 선수입니다. 다윗군은 중학교 2학년 16세이나 23~33세 청년들이 출전하는 청년 마라톤 경기에 출전하게 되었습니다(-박수소리-). 과연, 권다윗군의 신화가 이어갈지 잠시 후 시작되는 마라톤 경기에서 판가름 나겠습니다. 또한, 이 경기에 우승한 선수에게는 특별상으로 병원장님께서 배려로 육지건강 사회를 다녀올 수 있는 40일간 귀성권이 왕복차비와 함께 수여됩니다."

7개 부락 천막 안, '40일간 귀성권이다!' 그러면, 곧 마라톤 경기를 시작하겠습니다. 요란한 박수소리가 들린다. 마라톤 선수들이 각자 몸을 풀고 있다. 다윗의 모습도 보인다. 선수들 처음 보는 다윗이 신고 있는 육상화를 힐끔힐끔 보면서 몸을 푼다.

"선수들 출발선에 서세요."

일제히 옆으로 선다. 15번째 다윗도 선다.

준비, 탕!

전원 출발한다.

녹산중학교 악대부에서 승자의 행진곡이 울려 퍼진다.

마라톤 경기는 출발선에서 출발 소록도 운동장을 한 바퀴 돌고 소나무를 꺾어서 세운 개선문을 지나 소록도 일주 마라톤에 오른다. 다윗은 운동장을 한 바퀴 돌고 개선문에 꼴찌로 도착한다.

다윗을 응원하기 위해서 개선문 앞에 20여 명의 중학생들이 모여 있다. 영식이가 다윗을 보면서 "다윗이 또 수를 부리는구먼! 수를 부려!" 월순이가 걱정하는 엘리사벳을 보면서 "엘리사벳 걱정하지마. 다윗이 누구여! 걱정 말고 다윗을 믿어. 녹산중학 학생들. 권다윗 파이팅! 파이팅!"

"다윗, 빨리 달려. 제일 꼴찌로 오면 어떡해!"

발을 동동 구른다. 다윗은 입가에 미소를 지으며 "엘리사벳, 걱정마. 지금은 제일 꼴찌로 나가지만 이곳으로 다시 돌아올 때는 제일 먼저 들어올게. 우리 엘리사벳 파이팅." 엘리사벳은 다윗과 같이 달려가면서 "다윗, 꼭 그렇게 해야 돼, 알았지.", "암! 알고 말고제."

영식이와 월순이도 뒤따라 뛰었다.

"다윗아, 수 부리지 말고 싸게싸게 달려. 엘리사벳 간장 다 타겠다."

"다윗아, 엘리사벳 걱정해. 싸게싸게 달려야써."

"그래! 걱정은 싹 붙들어매."

엘리사벳은 작은 물병으로 가제 손수건에 찬물을 적시어 다윗에게 준다.

"다윗, 이 손수건 찬물에 적신거야. 가지고 가다가 목이 마르면 입을 적셔."

"그래 엘리사벳 고마워. 이 손수건에도 우리 엘리사벳 자스민 꽃향기가 나."

엘리사벳은 눈을 흘기며 "다윗, 빨리 달리기나 해, 어서."

"이곳에 제일 먼저 들어올게. 이곳에서 그때 만나."

달려가는 다윗을 보면서 두 손을 모은다. 자애로우신 성모님 우리 다윗이 지금 꼴찌로 나가지만 이곳에 다시 들어올 때는 제일 먼저 들어오게 해주십시오. 성호. -찬미예수님-

월순이가 엘리사벳에게 "엘리사벳. 아무 걱정하지 말어."
"다윗을 믿어! 다윗이 누구야."
"엘리사벳. 우리 저기로 가자."
"그래, 월순아. 영식이도 같이 가자."
20여 명의 중학생들은 중학생 지정석으로 간다. 다윗은 신생리 희망사 앞을 지날 때 선두 그룹과 합류했다.
신생리 희망사 앞을 지나면 6거리가 나온다.
첫째 신생리 사무실 밑 도로를 끼고 배급창고와 의료부치료실 교회 옆을 지나 다윗이 사는 윗동네를 가는 길과 둘째 사무실 옆을 끼고 구북리로 넘어가는 길, 셋째 이발소쪽으로 가는 길과 넷째 오르막길 독신남 병사 옆을 지나 오락실 앞을 거쳐 녹동이 보이는 곳까지 계속 오르막 길이다. 다섯째 아래동네 끝자락인 재제소와 정미소로 가는 길, 여섯째 마라톤 선수들이 달려온 희망사 앞길이다.
이곳에서 심사위원들의 1차 점검이 있는 곳이다. 이곳에는 선수들을 위하여 음료수가 준비되어 있다. 다윗의 부모님이 지금 이곳에 나와 서 있다.
"여보, 우리 다윗이 이리로 달려오고 있군요."
"그래요, 우리 다윗이에요."
다윗은 아버지, 어머니께서 고개 숙여 인사를 했다.
"오냐. 다윗아, 생계란 주랴?"
"아니에요. 어머니 지금 생계란 먹으면 안 돼요. 여기에 있는 물만 조금 먹고 수건에다가 물만 축여 달릴래요."
"점심은 묵었나?"
"네! 어머니. 엘리사벳이 도시락을 싸가지고 와서 영식이와 월순이 함께 잘 먹었어요."

"많이 묵지 그래."

"네. 어머니 많이 먹었어요."

오늘 운동회날인데 어머니가 점심을 못 챙겨 주어서 마음이 짠했다.

"아이. 어머니도 앞으로 그런 일은 엘리사벳이 다 알아서 해요. 너무 걱정 마세요."

다윗이 어머니, 아버지와 이야기를 주고 받는 사이에 마라톤 선두 그룹은 벌써 오락실쪽 오르막길을 오르고 있었다.

"다윗아, 이제 빨리 가야하지 않느냐."

"네, 아버지 염려마세요. 이 오르막길 아버지께서 잘 아시고 계시지 않습니까?"

그랬다! 다윗은 부모님에게 손을 흔들었다.

육거리에서 독신남자병사 옆을 지나 오락실을 거쳐 오르막 정상까지 200미터 가파른 오르막길 너머에 다윗이 사는 11호사에 배정된 밭이 있었다. 무, 배추, 마늘, 고구마 농사를 지었는데 밭에다 거름을 주기 위하여 이 오르막길을 단숨에 정상까지 뛰어 오르던 다윗이었다. 이 오르막길은 구불구불한 S자 형태의 급경사 길에 노면이 고르지 않은 길이라 소록도 마라톤 선수들에게는 가장 험난한 난코스요 죽음의 코스로 이름이 나 있었다.

"아버지, 어머니. 걱정 마세요. 지금부터 번개같이 달려 이 오르막길에서 저기 지금 달리고 있는 14명의 선수들을 앞설 거예요. 아버지, 어머니 저녁에 집에서 만나요. 저 다윗이 1등해서 집에 들어갈 게요."

오르막길을 오르는 다윗의 발걸음이 급속히 빨라지고 있었다.

"다윗아. 조심해라. 혹시 넘어져 다칠라."

"네. 어머니 걱정 마세요. 저 다윗이 조심해서 달릴게요."

"여보, 이제 우리는 집으로 갑시다."

"그래요."
"여보, 우리 집으로 가는 길에 교회당에 들려서 우리 다윗을 위하여 축원 기도나 하고 갑시다."
"네, 그렇게 해요. 여보!"
희망사 앞 육거리가 조용해질 때 팽나무 아래서 가마니를 깔고 앉아 있는 강학수가 입가에 잔잔한 미소를 짓는다.
'다윗과 내가 만날 날이 다가오고 있구나.'

다윗은 이 오르막길에서 선두그룹과 100미터 앞서기 시작했다. 다윗의 아버지와 어머니는 신생리 교회에 들러 다윗의 축원 기도를 올린 뒤 나오기 위하여 교회 문 앞에 신발을 신었다. 소록도 교회 안에는 청마루로 되어 있다. 교회 안으로 들어갈 때 신발을 벗어 신발장에 넣고 들어갔다. 다윗의 어머니 박만순은 자신의 신발을 신으려고 하다가 갑자기 쓰러진다.
"아이고! 내가 왜? 이래!"
권경돌은 옆에서 깜짝 놀라며 "여보! 여보! 정신 차려요. 여보! 빨리 치료실로 업고 가야겠구나!"
권경돌은 아내를 업고 급하게 교회를 나와 교회 바로 앞에 있는 치료소로 향했다. 잠시 정신을 놓았다가 정신을 차리며, "여보, 오늘 운동회 날인데 치료소에 누가 있겠소?"
"정신이 좀 드는가? 당직이라도 있겠지."
급히 치료소 안으로 들어갔다. 치료소 당직 김 간호원이 "아이구! 다윗 아버님, 어머님 아니십니까?"
"김 간호원 마침 있었네요. 다윗 어미 한번 봐주소, 교회에서 기도하고 나오려고 신발 신다가 쓰러졌소."

"아이구! 치료소 안 와도 되는데……"
남편 등에서 내린 박만순은 미안해한다.
"여보! 그런 말하지 마소. 내가 아주 10년 감수했네."
김 간호원은 검진 절차를 빨리 마친 후 캄파 주사를 팔에 꽂았다.
"다윗, 어머님. 주사 맞으시고 나시면 좋아지실 거예요. 요사이 신경 쓰시는 일 있으세요?"
"신경은 무슨 신경, 무담시 이카요!"
"조금 앉아 계시다가 집에 가시면 됩니다."
"김 간호. 무슨 큰일은 아니제?"
"네, 다윗 아버님, 별일 아닙니다. 잠시 그럴 때가 있어요. 혈압이 좀 높으시고 심장이 약하신가 봐요."
"아이구! 별일 아니라 다행이군. 김 간호원."
"네. 다윗 어머님."
"우리 다윗한테는 오늘 이런 일 말하지 마소."
"아이구! 어머님두 다윗한테 왜? 이런 말을 합니까?"
"안 그래도 효성이 지극한 다윗이 오늘 이런 일을 알게 되면 걱정하구로요."
"여보! 이제 괜찮아요. 집으로 갑시다."
"괜찮겠소. 그러면 내 손을 잡고 천천히 갑시다. 김 간호. 수고했소."
"아닙니다. 다들 운동회에 구경 나가고 제가 오늘 당직이라서 다행입니다."
"아무튼 고맙소. 우리 가요."
"네. 다윗 아버님 어머님 조심해 가십시오."
노부부는 서로 의지하며 측백나무 가로수길을 걸어가고 있다.
"여보! 우리 다윗한테는 오늘 이 일 이야기하지 마세요."

"다윗한테는 뭐할라꼬 이야기해. 걱정하구로."
"여보. 나는 당신 앞에 먼저 죽어 뻘끼라."
"내 먼저 죽는다니 무슨 말을 그래 하시오."
"나는 당신 없으면 못 살아요. 당신보다 먼저 죽던지……."
"만약 당신 먼저 죽으면 나는 당신 따라 죽어뻘끼라!"
"오늘따라 죽는다는 말 왜 해? 우리 두 사람 오래오래 살아야지. 여보! 우리 두 사람 먼저 죽으면 우리 다윗은 우찌될까?"
"우리 다윗은 보통 사람과는 달라요. 나무로 말하면 큰 거목이 될 꺼에요. 거목 아래서 뭇사람이 피로를 풀고 쉬어가는 그런 거목 말이요."
우리가 죽고 나면 우리 다윗은 우찌할꼬 박씨 부인은 눈물을 흘린다.
"여보! 비록 우리가 한 날 한 시에는 태어나지 않았드래도 저 세상으로 갈 때에는 한 날 한 시에 갑시다."
"그것이 사람 마음대로 어떻게 그래 되어요."
"아니에요! 당신이 먼저 죽으면 나도 당신 따라 칵, 죽어불끼라."
"마음에 걸리는 것은 우리 강생이 다윗이 제… 여보, 우리 다윗은 장차 큰 인물이 될 꺼에요."
"여보! 나는요. 우리 강생이를 잉태하고 낳았다는 그 사실 하나만 가지고도 너무나 행복하고 감사해요."
"암! 다윗, 그 자체가 우리 두 사람의 기쁨이요. 행복이지."
"범사에 하나님 아버지께 항상 감사드리며 살아야 해요."
"네, 여보."
노부부가 걸어가는 측백나무 가로수 신작로 길 옆 보리밭에는 보리가 피어 봄바람에 하늘 그렸다.

다윗이 마라톤 선수들과 구북리를 지날 때에는 후미와 500미터 이상 앞 서고 있다. 다윗은 엘리사벳이 찬물을 적셔서 건네준 손수건으로 땀을 닦다가 손수건을 펼쳐보았다. 청실로 다윗을 홍실로 '♡ 그리고 엘리사벳'이라고 한 땀 한 땀 정성껏 자수가 놓여져 있다.

국민학교 3학년 시절부터 엘리사벳이 다윗에게 다윗을 생각하여 청실 홍실로 한 땀 한 땀 손수 자수를 놓아 선물한 가제 손수건이다. 엘리사벳도 똑같은 가제 손수건을 항상 몸에 지니고 다녔다.

청보리 피던 오월 소낙비를 피해 공회당 대기실에서 다윗의 품에 안겨 이성으로서 다윗에게 사랑을 느낀 이후부터 엘리사벳은 손수건에다 홍실로 영원불면의 ♡를 자수 놓았던 것이다. 홍실로 수 놓여진 '♡' 위에 다윗은 입가에 잔잔한 미소를 머금으며 입술을 갖다 대었다.

엘리사벳의 향기인 자스민 꽃향기가 전신에 퍼졌다.

"엘리사벳, 다윗이 지금 1등으로 달리고 있어!"하며 다윗은 달리고 또 달렸다. 서생리를 지날 때는 후미 그룹과 1000미터 넘게 차이를 두었다. 남생리 바다를 끼고 남생리와 동생리 어귀에 접어들었을 때에는 이미 후미 선수들은 눈에 보이지 않았다. 이곳에서 마라톤 심사위원들의 마지막 점검을 마쳤다.

선창이 있는 곳이다. 남생리 바다가 끝자락에서부터 동생리 교회 옆과 동생리 사무실 앞까지 500미터 길이 1939년 4월 27일 소록도 3차 확장공사 때 소록도 개원 이래 토목공사 중 제일 큰 선창공사가 밤낮 4개월간에 걸쳐 진행된 곳이다.

일인들의 학정 속에서 특히 좌등의 잔인무도한 채찍질과 몽둥이질, 발길질의 포악하고 혹독한 독촉 속에서 여인들은 돌과 흙을 머리에 이고 나르느라 정수리가 다 벗겨지고 남성들은 지쳐 쓰러질 때까지 조수의 물때를 맞추어 둑을 쌓고 길을 만들어 선창공사를 밤낮없이 진행했던 곳이다.

또한 각 호사마다 배정된 가마니 짜기, 송진 채취, 송탄유 만들기, 숯 굽기를 하면서 사람으로서가 아니라 전쟁 물자 만드는 기계로 험난한 나환 인생 고역의 길을 살아오신 아버지, 어머니, 형제자매님들이었다.

다윗은 악몽의 세월을 살아온 소록의 아버님, 어머님, 형제자매님들을 생각하면서 달리고 달려 등하교길에 엘리사벳과 만나고 헤어지던 곳에 도착했다. 이곳에는 엘리사벳 어머님께서 병에 찬물을 담아서 다윗을 기다리고 계셨다.

"어머님!"

"오냐. 다윗아. 1등으로 들어오고 있구나. 역시 우리 다윗이야. 자, 이거 찬물이다. 조금만 먹고 손수건에 적셔 얼굴과 머리를 닦아라."

"네, 어머님. 감사합니다. 이 손수건 마라톤을 출발할 때 엘리사벳이 찬물을 적셔 저 다윗에게 준 거에요."

"아! 그랬구나."

"다윗아. 이제 뒤에 아무도 따라오지 않으니 지금부터 천천히 달려라."

"아니에요. 어머님. 개선문 앞에서 엘리사벳이 기다리고 있어요. 빨리 가야해요."

"원! 녀석도, 1등으로 들어오고 있는 우리 다윗을 보고 우리 엘리사벳이 무척 좋아하겠구나."

"네 어머님, 처음 출발할 때 엘리사벳에게 1등으로 들어오겠다고 약속했어요."

"오냐! 그래 참으로 장하구나."

"그리고 어머님! 어머님께서 사주신 유니폼과 신발을 신고 일등했습니다. 어머님 감사합니다."

"오! 그래. 신발은 잘 맞느냐?"

"너무나 잘 맞아요. 맞춤 신발이예요. 그리고 어머님 발도 너무 편해요."

"어머님 감사합니다. 저 다윗이 1등하여 엘리사벳과 함께 어머님께 인사드리러 갈게요."

"오냐, 그래."

다윗은 물병을 엘리사벳 어머님께 드리고 개선문을 향해 달렸다.

인선은 1등으로 개선문을 향하여 달리고 있는 다윗을 보면서 '참으로 애처롭구나. 육지에 건강한 부모 밑에서 태어났더라면 크게 될 인물인데 이를 어쩌나……' 한탄하면서 멀어져 가는 다윗을 안타깝게 바라보았다.

대운동장에 마지막 경기가 끝나갈 무렵은 다윗은 1등으로 개선문에 도착하고 있었다. 소록도 대운동장에 함성이 울리며 녹산중학교 악대부에 승자의 행진곡이 연주되면서 운동장 관람석을 가득 메운 관람객들이 일제히 일어서서 1등으로 들어오고 있는 소년장자 다윗에 환호하였다.

다윗은 소록도 개원 이래 16세의 나이로 23세에서 33세까지 출전하는 미감청년과 나병으로부터 완치된 청년 마라토너들을 물리치고 멀찍이 거리를 두며 1등으로 개선문에 들어서고 있다.

누구인가 입에서 "권다윗이 신생리 뒷산자락 정기를 타고 신목(神木)의 기다림 속에서 태어났다하더니 그 말이 거짓이 아니었구나." 했다.

중학교 악대부의 북소리와 개선의 나팔소리가 소록도 대운동장을 진동시켰다. 개선문 앞에서 영식이와 월순이와 함께 다윗을 기다리고 있던 엘리사벳은 1등으로 들어오고 있는 다윗을 보고 펄쩍펄쩍 뛰면서 기뻐한다.

엄지손가락을 하늘로 치켜세우며 "우리 다윗 최고야!" 영식이가 옆에서 "내가 1등으로 들어온다고 했잖여! 다윗을 이길 자는 하나님 밖에 없당께!"

월순이도 "역시, 다윗이야. 암! 없고 말고제!"

다윗은 개선문 앞에서 기뻐하는 엘리사벳의 손을 잡으며 말했다.
"엘리사벳 이리와 함께 달리자."
"월순아, 우리도 다윗 뒤따라 가자."
"그려. 영식아 같이 가자."
월순이와 영식이도 다윗과 엘리사벳 뒤따라 손을 잡고 달려간다.
"엘리사벳. 등하교길에 만나는 성당 앞 신작로길 있지."
"그래. 다윗."
"그곳에서 우리 엘리사벳 어머님 만났어. 어머님께서 찬물을 주셔서 조금 먹고 나머지는 우리 엘리사벳이 마라톤 출발할 때 준 손수건에다 적셔 얼굴과 머리를 닦았어."
"그래. 다윗, 잘했어."
"어제 저녁에 어머님께서 우리 다윗을 위하여 그렇게 하신다고 하셨어."
"엘리사벳에게 약속을 지켰지."
"그래. 다윗. 고맙고 수고했어! 어휴! 이 땀 좀 봐."
엘리사벳은 손으로 다윗의 이마에 땀을 닦아준다.
"우리 경기 끝나고 다시 만나 우리 엘리사벳 어머님께 다윗이 1등하여 엘리사벳과 함께 인사드리러 간다고 했어."
"자. 엘리사벳 그리고 영식아, 월순아 여기서 헤어지자."
다윗은 엘리사벳의 손을 놓고 번개 같이 운동장을 한 바퀴 돈다. 재환자들 우리와 같은 박수소리. 소록도 하늘을 진동시킨다.
엘리사벳은 달리고 있는 다윗을 바라보며 두 손을 모으고 성모 마리아님 감사하고 감사드리나이다 -성호- -찬미 예수님-

결승선을 100미터 앞두고 중학교 악대부 앞을 막 지날 때 중학교 2학년 고두준 담임선생이 1등으로 들어오고 있는 다윗을 보고 만세를 부르며 달려 나와 다윗을 끌어안았다. 다윗은 고 선생님을 번쩍 들어 등에 업고 결승선을 통과했다. 다윗은 결승선을 통과한 후 선생님을 내려놓은 뒤 고 선생님의 오른손을 번쩍 들어 올렸다. 이때 고 선생은 다윗을 힘껏 끌어안았다.

"다윗아. 정말 장하구나. 너는 소록도의 자랑이야. 그리고 우리 녹산중학교 자랑이고!"

"고 선생님께서 배려해 주신 덕입니다."

"우리 다윗은 겸손함도 가졌구나."

"선생님께서 가르쳐 주셨지요."

"오냐, 그래. 착하고 너무나 대견스럽구나."

구북리 천막 아래서 종구 아버지가, "저 다윗 말이여! 우리 종구하고 친구구먼." 옆에 있는 동료 재환자를 보고 말한다.

"그럴 것이여."

"종구가 카던데 다윗이 힘이 장사래."

"자기 또래 학생들을 양손으로 두 사람을 번쩍 들어올려 접시 돌리듯 가볍게 빙글빙글 돌린디야."

"작년 추석 씨름대회 때 다윗이 중학 1학년 때야. 그때 서생리에 사는 120킬로가 넘는 소록도 제일의 씨름꾼 광로를 세 번씩이나 모래판에 패대기쳤지 않는감."

"그때 상으로 탄 쌀 세 가마니를 한 가마니는 엘리사벳에게, 한 가마니는 신생리 교회에, 한 가마니는 집으로 가지고 갔다더만."

운동경기 때문에 하루를 쉬고 그 다음 날, 다윗은 오늘 아침에도 엘리사벳의 손을 잡고 녹산중학교로 갔다.

"엘리사벳."

"그래, 다윗."

"요번 운동경기에 나가서 1등으로 시상 받은 육지사회 귀성권말이야."

"참, 다윗 그거 어떻게 할 거야?"

"다윗은 육지사회에 일가친척도 없고, 있다고 해도 우리 엘리사벳과 40일간이나 떨어져 있기 싫어."

"다윗, 엘리사벳이 어제 밤에 우리 다윗이 육지사회에 귀성을 떠나면 잠시 헤어져 있을 생각을 하니 걱정이 되어 한잠도 못 잤어."

"우리 엘리사벳은 못 잔 얼굴이 더 예뻐."

다윗은 엘리사벳의 볼을 두손으로 감싼다.

"장난치지마. 엘리사벳은 심각하게 말하는데……"

"다윗이 우리 엘리사벳을 40일간이나 어떻게 못 봐. 그런 일은 있을 수도 없고 상상도 하기 싫어."

엘리사벳은 다윗의 손을 꼭 잡았다.

"엘리사벳. 그래서 말인데 1등으로 탄 육지사회 귀성권말이야. 이거 기환이에게 주려고 해."

"박기환 말이야?"

"그래. 기환이가 지금 고향에 가고 싶어 안달이 나 있거든."

박기환은 경기도 이천 태생으로 어린 시절 악성피부병과 창(瘡)으로 고생을 하다가 나병으로 오진되어 11살 때 부모님의 손을 잡고 소록도로 입원하게 되었다. 기환이를 소록도에 입원시켜 놓고 어머니 부모님은 부모님대로, 기환이는 기환이대로 혈육과 헤어짐이 아쉬워 울고 또 울었다. 기환이는 신생리 희망사에 입주하여 요양 생활 중 악성피부병과 창은 완치되었으나 전신에 흉터를 남긴 채 녹산국민학교와 녹산중학교를 다윗과 함께 다니고 있다.

또한 기환이는 1년에 한 차례 부모님께서 면회도 오셨고, 매달 부모님 한테서 편지와 약간의 생활비까지 왔었다. 그러나 아버님께서 몸이 편찮으시다는 편지를 받고난 뒤 7개월 넘도록 편지가 단절된 채 부모님 걱정에 기환이는 잠도 설치고 안절부절하였다.

엘리사벳과 함께 학교에 도착한 다윗은 박기환을 불렀다.

"기환아."

"그래, 다윗이구나. 요번 운동회 때 참 대단하더라. 역시 다윗이야."

"그래, 고맙구나. 요번 운동회 때 상품으로 탄 육지사회 40일간 귀성권 말이야. 이거 기환이 너 줄 테니 이거 가지고 고향에 부모님한테 가봐. 이 귀성권은 우승자가 누구에게 주어도 그 효력이 있는 귀성권이야."

"이렇게 귀중한 우승권을 다윗이 왜 나에게 줘."

"아니야, 기환아. 다윗은 귀성 나가봐야 갈 곳도 없고, 우리 엘리사벳과 한 순간도 떨어져 있을 수는 더더욱 없어!"

다윗은 옆에 있는 엘리사벳을 바라보았다. 엘리사벳이 얼굴이 붉어지면서 다윗의 손을 꼭 잡았다. 다윗은 안주머니에서 귀성권이 들어있는 봉투를 꺼냈다.

"기환아, 이거 받아. 그리고 말이야."

다윗은 주변을 한번 살폈다.

"이거 가지고 고향이 가서 다시는 소록도에 들어오지마. 그리고 고향에서 부모님과 함께 꼭 같이 살아. 알았제."

"이렇게 귀중한 것을……. 다윗아, 정말 고맙다. 이렇게 소중한 것을 나에게 주다니."

기환이는 고마움의 눈물을 한없이 흘렸다.

"기환아, 울지 말고 다윗이 하라는 대로 꼭 해. 알았지."

"그래. 다윗. 이 은혜는 잊지 않을게."

"기환아, 다윗에게 은혜 갚은 길은 고향에 가서 부모님과 행복하고 건강하게 잘 사는 것이야."
"엘리사벳, 너에게도 고맙다."
"자치제 사무실에 가서 귀성권이거 내 말하고 보이면 왕복 차비 줄 거야. 속히 가봐."
"기환아, 고향에 가서 부모님과 함께 행복하게 건강하게 잘 살아."
기환이는 다윗과 엘리사벳에게 몇 번이고 고개 숙여 고마움을 표하며 다윗이 건네준 귀성권을 가지고 학교를 조퇴하고 귀성길에 오른다.

신생리 11호사 다윗의 방 앞 늦은 밤, 영식이가 방문 앞에서 다윗을 부른다.
"다윗아. 다윗아."
"영식이 아이가. 이 밤중에 무슨 일이고?"
"어머니, 잠깐 나갔다 오겠습니다."
다윗이 방문을 열고 나온다.
"영식아, 밤중에 무슨 일이가?"
"다윗아. 내 쪼까 봐야 쓰건는디."
다윗은 신발을 신으며 "말해봐. 무슨 일인데?"
"월순이 말이여. 오늘 학교에 안 나왔는데 집에 무슨 일이 있는기여?"
"참. 오늘 학교에 월순이가 안 나왔지."
"맞어. 안 나왔어야. 그런데 말이여. 며칠 전에 월순이가 찔찔 짜면서 말이여. 수원쪽으로 시집 가게 됐다고 하면서 소록도를 나와 같이 도망치자고 하던데. 나가 소록도를 도망칠 수 있어야제. 그리고 어제 학교에 안 나온기여. 다윗아. 나가 말이여. 시방 맴이 찝찝해서 못 살겠다야."
"천상 다윗, 너가 월순이 집에 한번 가봐야 쓰것어야."

"월순이 어매하고 아부지가 다윗 너라면 껌뻑하자녀."

"나도 우리 어머니한테 들은 이야기가 있어. 그리고 지금 월순이 부모님이 많이 편찮으셔서 오늘 내일해."

"하여튼 내가 월순이 집에 가서 월순이를 어떻게 하던 데리고 나올 터이니 영식이 너는 집 앞에 도랑가에 가 있어."

"다윗, 너는 우리들 대장이고 해결사이어야."

"쓸데없는 소리 말고 어두운데 조심해서 가 있어."

"알았어야."

신생리 11호사와 12호사는 여섯 가정이 사는 부부병사이다. 11호사와 12호사가 연결되어 있기 때문에 열두 가정이 살았다. 월순이는 12호사 첫째 방에 살고 있다. 월순이는 병석에 누워 계시는 아버지 어머니를 간호하고 있다.

"어머니, 다윗입니다. 잠시 들어가겠습니다."

다윗은 방문을 열고 들어간다. 월순이 아버지는 일어나지 못하고 월순이 어머님께서 겨우 일어나신다.

"다윗이 이 밤중에 어쩐 일이냐?"

"어머니, 일어나시지 마세요."

월순이가 다윗을 보고, "다윗아 어쩐 일이여?"

"어머님 아버님께서 많이 편찮으시다고 문병 왔어."

"월순이 너 부모님 간병한다고 오늘 학교에 못 나왔구나?"

월순이는 울먹이면서 "앞으로 학교에 못 갈 것 같아."

"다윗아, 너는 내 자식 같아서 하는 말인데 우리 월순이 말이여. 월순이 아버지하고 나가 죽기 전에 월순이를 시집보내려고 지금 중매쟁이가 요번 운동회 때 소록도에 와 있어야."

"어머님. 결혼식은 언제 하려고요?"

"결혼식이고 뭐고 지금 할 형편이 아니어야. 어차피 월순이 애비하고 나는 오래 살지 못해서 해서 요번 중매쟁이가 왔을 때 월순이를 섬 밖으로 내보내려고 해야."

"그런 일이 있었군요. 어머님, 마음 편안히 가지시고 미음이라도 좀 드셔야지요."

"목구멍에 들어가야 먹제. 물만 먹어도 토하는디."

"치료소에서 누가 왔다 갔습니까?"

"왔다 가고 말고제. 백약이 무효야. 이제는 아편도 안 들어야. 그냥 죽을 날만 기다리고 있는거제."

"어머님, 숨 가쁘신데 말씀 그만하시고 자리에 좀 누으세요. 다윗이 눕혀 드릴게요."

다윗은 월순이 어머님을 자리에 누인다.

"어머니, 월순이하고 밖에 나가서 잠깐 이야기 좀 하고 들여보낼 게요."

"오냐! 월순아, 어여 나가봐."

"네, 엄니."

지금 영식이는 13호사 자신의 집 앞 도랑가에서 초조하게 다윗을 기다리고 있다. 다윗이 월순이를 데리고 오고 있다.

"다윗아."

"영식아, 월순이 데리고 왔으니 너희들끼리 이야기 나누고 있어. 나는 저쪽에 가 있을 테니까 시간 오래 끌면 안 돼."

"알았어야. 월순아, 영식이는 월순이의 손을 잡는다."

월순이는 영식이를 보자 훌쩍훌쩍 울고만 있다.

"월순아 어찌 된기여?"

"영식아, 나 내일 섬을 떠나야."

209

"섬을 떠난다니? 그게 뭔 말이여?"
"저번에 말했잖여. 수원으로 간다고."
"워매, 내일 가는기여."
월순이 흐느껴 운다.
"월순아. 나는 너 없으면 못 살아야."
"그런 말하지 말어. 이제 다 소용없어야! 아무 말하지 말어."
월순이 통곡한다. 다윗은 월순이 울음소리에 영식이와 월순이 곁으로 온다.
"월순아 울지마."
다윗은 월순이의 어깨에 다독거린다.
"영식아, 다윗아. 건강하게 잘 살아야써. 그리고 다윗아, 엘리사벳에게 못 만나고 간다고 전해줘."
월순이가 흐느끼며 어둠 속으로 뛰어간다.
"워매. 나 죽겄는거."
영식이는 땅바닥에 픽 주저앉는다. 다윗은 영식이를 일으켜 세웠다.
"영식아, 월순이를 진정 사랑하면 월순이 행복이나 빌어줘."
"워매! 하나님도 무정하시제."
"다윗아. 나가 말이여. 지금부터 교회에 안 나갈끼여. 나가 말이여 하나님께 우리 월순이하고 맺게 해달라고 얼마나 기도했는디야. 이제는 말짱 황이여."
다윗과 영식이가 서 있는 도랑가 밤하늘에서 유성이 빛을 내면서 사라졌다. 개구리가 도랑에서 구슬피 운다. 개골개골개골 어둠 속에서 개구리가 짝을 구슬프게 부르고 있다.

마지막 가을 소풍

중학교 3학년, 마지막 가을 소풍을 맞이했다. 소풍 장소로는 언제나 그리하듯 국민학생과 중학생이 함께 구북리 산 너머 십자봉으로 간다.

국민학교 1학년 담임선생님이 앞 서고, 1학년생들을 선두에 2~6학년 선생님과 학생들이 가고, 그 뒤를 이어 녹산중학교 악대부가 행진곡을 연주하며 학년순으로 학생들과 선생님들이 십자봉을 향해 간다.

7개 부락에서 자기 부락에 있는 학생들을 위해 보리차를 끓여 차출된 일꾼들이 물통을 매고 온다. 또한 과자도 함께 가지고 와서 나눠준다.

소풍이 끝나고 나면 각자 학생들은 자기네들이 살고 있는 부락 사무실에 가서 소풍날에 배려하여 주신 각 부락 이장님께 감사 인사를 하고 헤어지는 것이다.

소풍날이면 어김없이 따라오는 소록도 명물 구북리에 사는 또덕이다. 또덕이는 소록도 7개 부락 결혼잔치집이나 환갑잔치집, 그리고 상가집에 어김없이 찾아다닌다. 이런 또덕이를 위하여 잔치집이나 상가집에서는 밥과 음식을 실컷 먹도록 배려해준다. 또덕이는 정신없이 밥과 음식을 먹고 나서 하도 배가 불러서 일어날 수 없어 벽에 기대어 몇 시간이고 있다가 겨우 일어나 절름거리며 걸어 나간다. 그는 나이도 고향도 성도 이름도 모르는 오직 먹는 것 밖에 모르는 천치 바보다. 얼굴은 마치 불독같이 생겼다. 구북리 독신 남병사에 살고 있는 또덕이는 양손이 꼬부러지고 한쪽 발은 축 늘어져 걷고 있을 때는 한 발은 던지고, 한 발은 절뚝거리고 걷는다. 자기의 불편한 몸을 아랑곳하지 않고 나이 많고 앞을 보지 못하는 맹인 환우들을 위하여 구북리에서 언덕길을 걸어서 신생리를 거쳐 중앙리 병원 본관까지 와서 약을 타다가 전해주는 착한 일도 한다. 이런 또덕이를 위하여 학생들은 또덕이에게 사탕이며 삶은 계란, 사이다 같은 것을 준다. 또덕이는 학생들에게 고마움의 표시로 알아들을 수 없는 소록도 병원장의 훈시와 병신춤을 추어준다.

언제나 그랬듯이 소풍날이면 엘리사벳은 점심을 정성들여 준비해 오고, 다윗은 어머님께서 삶아주시는 계란과 함께 매점에서 사이다와 과자를 준비하여 엘리사벳과 다정히 먹는다.

점심시간이 끝나고 보물찾기가 있은 뒤 자유시간이다. 예전과는 다르게 근래에 침울해져가는 엘리사벳이었다. 자작나무에 기대어 저 멀리 고흥만을 바라보고 있는 엘리사벳에게 다윗은 코스모스와 야생국화를 한 아름 꺾어서 가져 갔다. 하염없이 고흥만을 바라보고 있는 엘리사벳의 입 속으로 다윗이 먹고 있는 오색사탕을 밀어넣었다. 엘리사벳은 입가에 잔잔한 미소를 머금으며 방금 다윗이 입속으로 밀어 넣어준 오색사탕을 빨았다.

"엘리사벳, 무슨 걱정이 있는 거야? 얼굴이 수척해 보여."

다윗은 요 근래에 말수가 줄어들고 우울해 하는 엘리사벳이 걱정된다.

"요 사이 어머님께서 무척 편찮으셔서 걱정이야."

엘리사벳의 착 가라앉은 음성과 표정으로 보아 어머님의 병세가 심상치 않음을 느꼈다.

"오늘 아침에 나오면서 미음을 끓여놓고 왔는데 좀 드셨는지 모르겠어."

자작나무 아래서 몇 발짝 앞으로 걸어가더니 멍하니 서 있다. 다윗은 이렇게 상심하는 엘리사벳을 보고 다윗의 가슴이 찢겨 나가는 듯 아프고 괴로웠다.

"어머님께서 어디가 그리 편찮으신데?"

"어머니께서 몇 년 전부터 가슴앓이를 하셨는데 요사이 자주 심해져 걱정이 돼. 아마도 심장이 많이 안 좋으신가봐."

"어머님께서 심장이 안 좋으신 줄은 다윗이 알고 있었지만 요사이 무척 심해지셨구나."

"아니, 어머니가 그렇게 편찮으시면 오늘 소풍 오지 말고 어머니 간병이나 할 것이지 그랬어?"

"엘리사벳이 소풍을 안 오면 다윗의 점심은 어떡하려고?"

이렇게 다윗과 엘리사벳은 모든 기쁨과 또한 모든 슬픔을 공유하였다.

겨울방학에 접어들 무렵 김인선의 심장병은 심해져 갔다. 더불어 엘리사벳의 얼굴에도 어두운 그림자가 깊게 드리웠다.

소록도 병원장 정윤근은 부임하자마자 병원에 수용된 원생들의 실태를 직접 보고자 중앙리를 거쳐 동생리에 이르렀다. 동생리에서 첫 번째로 들린 곳이 여자들이 살고 있는 독신병사였다.

김인선은 방안에서 누워 있다가 너무 가슴이 답답해서 청마루 햇빛이 들고 있는 양지바른 곳에 눈을 감고 잠시 앉아 있었다.

병원장 정윤근이 청마루에 앉아있는 그녀를 바라보았다. 비록 병원의 원생이기는 하나 그녀가 앉아있는 자태에서 마치 학이 둥지에 앉아 있는 청아한 모습이었다. 그런데 어디에서 많이 본 듯 눈에 익은 얼굴이 아닌가.

정 원장은 기억을 더듬으며 김인선이 곁으로 다가갔다. 정 원장은 깜짝 놀라 소리를 지를 뻔 했다. 인선은 주위의 인기척에 감고 있던 눈을 떴다. 병원장 정윤근의 입에서 먼저 "혹시 김인선 씨, 아닙니까?"
 김인선도 소스라치게 놀라며 몸을 바로 세웠다.
 "아니 윤근 씨가 여길 어떻게……."
 "역시 그랬군요. 제가 이번에 소록도 병원장으로 발령받고 왔습니다."
 그랬다. 정윤근은 엘리사벳의 생부가 되는 서홍업과 경성의대 동기생으로 한때 김인선을 짝사랑하였다. 김인선은 서홍업과의 관계, 소록도에 입원하게 된 사연들을 정 원장에게 털어놓았다. 당분간 이 사실을 옛 정인 서홍업에게는 말하지 말라고 간곡하게 부탁하였다.
 병원장 정윤근은 인선 씨가 한 마디 말도 없이 자취를 감춘 뒤, 서홍업은 인선 씨를 못 잊어 폐인이 되어 술로 세월을 보냈다고 하였다. 인선도 가슴이 무너지는 아픔을 간신히 견딘다. 서홍업은 겨우 정신을 차려 의료업에 종사하던 중 부모님의 권유에 못이겨 가정을 이루고 있다는 사실을 인선에게 이야기해 주었다.
 "인선 씨, 저를 찾으실 일이 계시면 병원장실로 바로 오십시오. 제가 소록도 병원에 있는한 성의껏 도와 드리겠습니다."
 "정 원장님, 감사합니다."
 "김인선 씨 미모는 예나 지금이나 변함이 없습니다."
 "정 원장님도, 다 옛 이야기입니다."
 동생리 바다가 갈매기가 울부짖는다. 끼익끼익.

 오늘은 일요일이라서 다들 교회나 성당에 예배 드리러 가고 병석에 누워있는 어머니와 엘리사벳만 남았다. 인선은 자리에서 일어나 앉으며 미음을 끓여서 들어오는 엘리사벳을 바라본다.

"엘리사벳, 여기 앉거라."

"어머니, 미음을 끓였는데 좀 드시지요."

"오냐. 조금 있다가 먹자구나."

"엘리사벳."

"네, 어머니."

"자, 이거 받아 보아라."

인선은 엘리사벳에게 흰 봉투를 내밀었다

"어머니, 이게 무어에요?"

"우리 엘리사벳 아버지에게 보내는 편지이니라. 엘리사벳이 직접 읽어 보아라."

"아버지요?"

엘리사벳은 아버지에게 보내는 편지를 받아들었다. 충격과 당황함의 떨리는 손을 진정시키며 봉투 속의 편지를 꺼냈다.

사랑했던 홍업씨 전

한 많은 김인선이 한 순간도 잊지 못하고 사랑했던 홍업 씨에게 글을 올립니다.

이 한 목숨 다 바쳐 진정으로 사랑했던 홍업 씨. 지금 저 인선은 앞으로 다가오는 운명을 피할 수 없어 인생의 죽음 앞에서 당신의 혈육이며 당신의 딸, 마음마저 병든 인선의 분신인 우리의 딸 엘리사벳을 걱정하며 글을 올립니다.

사랑했던 당신의 곁을 떠나 올 때, 저 인선은 이미 나환의 몸으로 사랑하는 당신의 앞날의 행복을 빌면서 천 갈래 만 갈래 찢어지는 가슴을 부여안고 사랑하는 당신과 함께 할 수 없는 박복한 운명을 한탄하며 소록도로 왔습니다.

몇 번이나 죽으려고도 하였지만 그때 이미 저의 뱃속에는 당신의 핏줄이 잉태하고 있었습니다.
　홍엽 씨, 이 무슨 얄궂은 운명의 장난입니까? 이제 저 인선은 한 많고 당신을 향한 그리움과 사모함의 생을 정리해야 할 날이 멀지 않은 것 같습니다.
　당신과 저 사이에 이루 헤아릴 수 없는 사연과 밀어들이 많으나 저 인선의 작은 가슴에 묻고 우리들의 못다 한 사연들을 아름다운 추억으로 고이 간직하고 떠나렵니다.
　홍엽 씨, 당신의 딸 엘리사벳을 부탁합니다. 당신의 딸 엘리사벳은 저 김인선의 태중에 있을 때 성스럽고 자애로우신 성모님께서 소록도 입원하고 첫날밤 꿈속에 나타나시어 봉사와 선행을 하기 위하여 지어주신 거룩한 이름 엘리사벳입니다.
　우리 엘리사벳을 잉태하고 탄생시킨 후 양육하면서 천상에 계시는 천주님과 예수님, 성모님께 드리는 김인선의 생사를 건 간절한 소망의 기도 속에서 교육시켰습니다.
　또한 저 김인선이의 한숨과 눈물과 당신을 향한 그리움의 애절한 사랑의 마음속에서 딸 엘리사벳을 고이고이 키웠습니다.
　우리 엘리사벳을 위하여 제가 못 다한 부족한 점이 있으시면 당신이 메꾸어 주십시오. 제가 이루지 못한 소중한 꿈을 당신의 딸 엘리사벳으로 하여금 마음껏 펼치게 하여 주십시오.
　홍엽 씨, 당신의 딸 엘리사벳을 부탁합니다.
　내내 건강하시고 하시는 일마다 성공하십시오.
　저승에서 당신을 만나면 그땐 당신 곁에서 오래오래 같이 당신의 사랑을 받고 서로 사랑하며 당신과 함께 있으렵니다.
김인선 올림

　어머니 인선의 편지를 다 읽고 난 엘리사벳은 초라하게 야윈 어머니를 바라보았다. 어머니 인선의 눈에서 야윈 볼을 타고 눈물이 하염없이 흘러내렸다. 엘리사벳은 어머니를 끌어안고 대성통곡을 했다. 두 모녀는 이렇게 서로를 끌어안고 얼마나 울었는지 모른다. 집 앞 바닷가에 갈매기가 두 모녀의 슬픔을 같이하려는 듯 슬피 울며 지나갔다.

시간이 얼마나 흘렀을까? 인선은 딸 엘리사벳을 진정시키며 조용히 말을 이어갔다.

"엘리사벳."

"네, 어머니."

"이 편지를 내일 다윗과 함께 소록도 병원장을 찾아가 전달하여라. 원장에게는 이미 어머니가 이야기를 해놓았느니라. 아버지에게 보내는 편지라하고 원장님에게 전해주고 오면 된다. 만일 병원 입구에서 너희들을 저지하면서 어떻게 왔느냐고 묻거든 내 이름을 대고 병원장님한테 전해줄 것이 있어서 만나러 왔노라 하면 만나게 해줄 것이다."

"네, 어머니. 알겠어요."

"우리 엘리사벳 아버님되시는 분과 이곳 소록도 병원장, 그리고 이 어머니가 꿈 많은 젊은 시절 경성의대 동기생이었느니라."

엘리사벳은 어머님께서 청운의 길을 걸어보시지도 못한 채 몹쓸 병에 걸려 소록도에 오시어 인고의 세월을 살아오신 어머님을 생각하니 가슴이 메어진다. 말문이 막혀 초라하게 야윈 어머님을 한동안 바라보고 또 보았다.

다음 날 다윗과 엘리사벳은 녹동을 바라보고 있는 바닷가 도로변에 위치한 병원 본관 앞에 서 있었다. 이곳은 원생들은 출입할 수 없는 곳으로 병원장을 비롯 의사, 간호사들의 전용 출입구이며 병원장의 집무실이 있다.

"어떻게 오셨습니까?"

다윗의 당당한 체구에 위축된 듯 입구를 지키던 돋보기 안경을 낀 수위가 물었다.
"저희들은 원장선생님을 뵈러 왔습니다."
"무슨 일로 오셨습니까?"
엘리사벳이 "원장선생님께 가셔서 동생리에 사시는 '김자 인자 선자'되시는 분이 보낸 심부름이라 하세요."
건강한 사회 육지의 사람으로 알았던 수위는 동생리라는 말에 의아해하며 잠시 머뭇거리다가 안으로 들어갔다. 잠시 후 수위가 나왔다.
"이층으로 올라가시면 왼쪽 첫 번째 방이 병원장님 집무실입니다."
엘리사벳과 다윗이 이층으로 올라가자 병원장이 문을 열고 나온다.
"오. 네가 바로 엘리사벳이구나."
"안녕하십니까? 저는 서엘리사벳입니다."
"저는 권다윗입니다."
"어머니한테서 너에 대하여 잘 들었느니라. 그리고 같이 온 이 학생은 소록도 소년장사 다윗이고."
병원장 정윤근은 엘리사벳의 어머니에게서 엘리사벳과 다윗에 대하여 많은 이야기를 듣고, 두 사람을 잘 알고 있었다.
"여기서 이럴 게 아니라 내 사무실로 들어가자구나."
히포크라테스의 선서가 부착된 깨끗하게 정리정돈된 집무실에서 엘리사벳은 편지를 꺼냈다.
"원장선생님, 어머니께서 이 편지를……."
엘리사벳은 말을 하다가 잠시 머뭇거렸다. 아버지란 말이 입 밖으로 나오지 않는다.
"어머니께서 이 편지를 이 분께 전해주셨으면 하는 심부름으로 제가 원장님을 찾아뵙습니다."
엘리사벳이 내민 편지봉투에는 '서홍업 친전'이라고 쓰여 있었다.

"그러마. 마침 내일 서울에 출장 갈 일이 있으니 가는 김에 서원장을 만나서 내가 직접 전해주마."

수간호원이 유자차를 내왔다. 고흥에서 생산되는 유자로 만든 달고 새콤한 차였다. 그런데 유자차를 들고 온 수간호원이 자꾸 엘리사벳을 보고 또 보았다.

"정 간호원."

"네."

"왜 자꾸 엘리사벳을 보시나."

"바로 이 분이 그 유명하신 서엘리사벳 씨군요."

정윤근 원장도, 엘리사벳, 그리고 옆에 앉아 있던 다윗도 놀랐다.

"아니, 정 간호원이 어떻게 엘리사벳을 알아?"

"우리 간호원들 사이에 녹산중학교에 다니고 있는 서엘리사벳이라고 하는 여학생이 하도 미인이라는 소문이 자자해서요. 설마했는데 과연 듣던대로 대단한 미인이시네요."

"잘 봐 주셔서 감사합니다."

"이런 곳에 이런 특출난 미인이 있을 줄이야. 참으로 놀랍군요. 얼굴과 몸에서 형언할 수 없는 서광이 빛나는군요. 정말 아름답고 곱네요! 제가 태어나고 처음으로 보는 미인인 것 같습니다. 피부와 얼굴, 몸매 또한 매력이 천성적으로 타고 났네요. 참으로 출중하고 대단한 미인이십니다. 이 세상에 아름다움은 모두 가지고 계시네요. 같은 여성으로 엘리사벳 씨 미모 앞에 부럽기보다도 참으로 경이롭네요."

"과찬의 말씀이십니다."

엘리사벳은 정중히 수간호원에게 일어서서 예의를 표했다.

"그럼. 누구의 피를 물려 받았는데……."

"엘리사벳 어머님되시는 김인선 씨는 경성의대 시절 그 미모 앞에서 남학생들의 오금을 못 폈으니까 지금은 우리 병원에 와 계시지만. 그러신 분이군요 암! 대단했었지."

"옆에 같이 오신 분이 그 유명하신 권다윗 씨군요!"

"정 간호원이 다윗을 어떻게 알아?"

"원장님도 소록도에서 권다윗 씨를 모르는 사람이 누가 있나요. 과연 두 분을 옆에서 직접 보니까 선남선녀가 따로 없네요. 참으로 소록도란 곳이 특이한 곳이군요. 이런 특출한 두 분을 배출하였으니."

"아무튼 저희 두 사람에게 과분한 칭찬해 주셔서 감사함에 몸 둘 바를 모르겠습니다."

다윗은 일어서서 정중하게 예의를 표했다. 병원장 집무실에서 이런저런 일상적인 이야기를 나눈 시간이 잠시 흘렀다.

"원장선생님, 저희들은 이제 이만 가겠습니다."

"조금 더 있다가 가지 않고 벌써 가려고?"

"네. 일이 조금 있어서요. 바쁘신 와중에도 저희들에게 시간을 배려해 주셔서 정말 감사합니다."

"아름다운 미모 못지않게 예의 또한 바르구나. 과연 김인선 씨의 딸답구나."

"그래. 그렇게 하려무나. 그리고 어머니에게는 내일 서울 출장 가는 길에 서원장을 만나서 이 서신을 꼭 전하여 드린다고 말씀드려라."

"네, 원장님 고맙습니다. 안녕히 계십시오."

다윗과 엘리사벳은 병원장 집무실을 나와서 병원 앞 아름드리 소나무가 서 있는 바닷가로 손을 잡고 걸었다.

바로 이곳 우측에 해방 직후 한국 민간인 참혹 역사에 제일 처절하며 잔인무도하여 천인공노할 오순재와 송회갑 일당이 미하리소에서 무참히 살해한 소록도 간부들과 죽지 않고 신음하는 간부들, 그리고 길거리에서 또는 각 병사에서 손발을 묶고 압송한 간부들을 구덩이 속으로 살아있는 채로 던져넣고 그 위에 송탄유를 뿌리고 불을 질렀던 생화장과 생매장한 바로 그 현장이다.

다윗은 언제인가 때가 오면 하늘도 땅도 통곡하는 참혹의 살육사건을 만천하에 알리리라고 다짐했다. 이 참혹의 현장을 다윗은 머릿속에 되새기며 중앙리와 신생리 사이의 바다 해변 둑길로 접어들었다.

신생리쪽에서 바라다 보이는 녹동항에는 배들과 육지로 연결하여 오가는 버스가 오고가 있었다. 엘리사벳은 줄곧 말이 없이 걷다가 녹동항이 보이는 곳에서 발걸음을 멈추었다.

녹동쪽에서 불어오는 겨울 해풍을 맞으며 몸부림치는 파도 위로 갈매기가 힘겹게 날고 있다.

"다윗, 아까 엘리사벳이 원장선생님께 준 그 편지 말이야. 그게 뭔지 알아."

"엘리사벳. 아까부터 그 편지가 궁금했었어."

"서울에 계시는 우리 아버지께 보내는 편지야."

"서울에 계시는 아버지라고?"

"서울에 계시는 아버지하고 이곳 소록도 병원 원장님하고 우리 어머님이 함께 경성의대 동기생이셨대."

다윗은 흠칫했다. 한 번도 아버지에 대하여 이야기하지 않던 엘리사벳이 아닌가. 다윗은 머리가 복잡해졌다. 바다 위를 나르던 갈매기가 다윗과 엘리사벳 머리 위를 힘겹게 나르고 짖궂게 울어댄다.

정윤근 병원장은 서울 출장을 마치고 종로구 관철동에 있는 서홍업 병원을 찾아갔다. 서홍업은 부모로부터 물려받은 병원을 운영하면서도 서울의대 모교 교수직도 겸하고 있었다.

서홍업이 재단이사장 겸 원장으로 있는 선홍병원은 준종합병원 규모이다. 찾아오는 환자들의 수용을 다 하지 못하여 병원을 확장하고 있었다.

정윤근은 병원장 집무실 앞에서 비서를 통하여 면회를 요청했다. 잠시 후 서홍업이 반가이 나오며

"아이구 이게 누구신가. 정 원장 아니신가?"

"서 원장 오래간만일세. 자네 결혼 때 보고 이번이 처음일세그려."

"에끼 이 사람, 그동안 소식도 없이."

"소식 없기로는 자네도 마찬가지 아닌가."

"아, 그렇단가. 하하하."

오랜만에 두 손을 반갑게 잡고 우정의 악수를 나눴다.

"자자자. 우선 내 방으로 가세."

서홍업과 정윤근은 집무실에 마주 앉았다.

"마침 퇴근시간도 됐고하니 요 앞에 나가서 저녁 겸 술이나 한 잔 하세."

"술— 거 좋지."

"술이라면 예나 지금이나 좋아하는군 그래."

"이 사람아, 술만큼 정직하게 어디 있던가."

"그것은 자네 말이 맞네그려."

오랜만에 만난 두 사람은 선흥병원에서 걸어서 5분 거리가 채 안 되는 일식집 미조리에 들어갔다.

"아이쿠, 원장님 어서 오십쇼."

"네, 장사 잘 됩니까?"

"네, 원장님 덕분이에요. 자 이리로 오시지요."

미조리 주인은 몸소 2층 특실로 모셨다.

서홍업과 정윤근은 따끈한 정종에 복어 날개를 노릇노릇 구워 정종에 담근 정종대포를 좋아했다. 방어와 돔 회를 안주 삼아 따끈한 정종 잔에

복날개를 띄워 황갈색으로 우려낸 정종을 두 사람은 들고서 서홍업이 먼저 "우리가!" 정윤근이 이를 받아서 "남이가!"하면서 단숨에 들이켰다.
"카-아 역시 날씨가 으스스할 때는 이 따끈한 정종이 제일이야."
"암 그렇고말고."
두 사람은 술꾼답게 술에 대해서도 일가견이 있었다.
"병원 사업이 바쁜 게로구먼. 병원을 확장하고 있는 걸보니."
"아무래도 교수직은 그만 두고 병원 업무에만 열중해야 될 것 같아."
"아— 그렇게 바쁜가."
"이 병원을 앞으로 종합병원으로 만들려고……."
"종합병원하려면 의과대학도 있어야 할 텐데?"
"그래서 일산에 대학 부지를 마련해 두었어. 그런데 정 원장. 자네는 좀 어떤가?"
"이 사람아, 월급 받는 원장이 어떻고 저떻고 할 게 뭐 있는가."
"그런 말 마시게. 월급 꼬박꼬박 받고 있을 때가 제일 편하네."
"아— 그런가. 하하하."
두 사람은 이런저런 지난 이야기 속에서 정종을 연거푸 몇 잔 들이켰다. 단전에서 훈훈한 술기운이 오른다. 정윤근은 잠시 서홍업의 얼굴을 살피며 조심스레 입을 열었다.
"자네 집사람은 잘 계시는가."
"그 사람이야 자기 취미활동도 하고 요사이 학교 나가고 있지."
"응용미술을 전공했다고 그랬지?"
"지금 자기 모교인 이대 교수로 나가고 있네."
서홍업과 결혼한 김정숙은 교수로 있었다. 소록도 원장 정윤근으로서도 김인선의 사연을 서홍업에게 이야기하기에 앞서 서 원장이 가정을 가지고 있었기 때문에 신중을 기하고 있었다.

"자네 슬하에 자녀는?"

일순 서홍업의 얼굴에 어두운 그림자가 스쳐 지나갔다.

"글쎄 말일세. 자식하고는 인연이 없는 것 같네. 서로가 노력해도 잘 되지 않아. 그래서 지금 포기상태야."

자식이 없다는 서홍업의 말에 정윤근은 한편으로 안도의 한숨을 내쉬었다.

"자네는 어떤가?"

"아들만 둘일세."

"아들이 둘씩이나. 자네는 복도 많네그려. 누구는 하나도 없는데 아들이 둘이라니 나이가 들수록 자식 있는 주위 사람들이 부럽기만 하다네."

"자네 부인은?"

"우리 식구 말인가. 지금 전남대학에 나가고 있지."

"부인되시는 분이 광주 분이라고 그랬지? 그럼 자네 부인과는 서로 떨어져 있겠구먼."

"그렇다네. 1주일에 한 번씩 만나는 주말부부라네."

"자네와 자네부인은 늘 신혼이겠구먼."

"에끼! 이 사람아. 신혼은 무슨 신혼."

"하하하하……."

이 두 사람은 다시 따끈한 정종을 들이켰다. 정윤근은 서홍업이 자식들이 줄줄 있으면 여러 가지고 곤란한 일들이 있지 않을까 생각했는데 자식이 없다하니 불행 중 다행이었다.

"서원장."

"왜 그런가?"

"지금부터 내가 하는 말 잘 듣게."

"아니. 자네 무슨 말하려고 그렇게 뜸을 들이나. 어서 말씀해 보시게."

"자네 아직도 김인선 씨를 잊지 않고 있는가."
 순간 서홍업의 손에 쥐고 있던 정종 잔을 탁자 위에 떨어뜨린다. 쨍그렁 소리를 내면서 깨어져 무릎에 술이 쏟아져 옷을 적셨다. 서홍업은 술을 닦지도 않은 채 정윤근 앞으로 바짝 다가앉으며
 "자네, 혹시 인선이 소식을 알고 있는가."
 "이 사람, 예나 지금이나 김인선 씨라 하면 사족을 못 쓰는군."
 "내가 어떻게 김인선이를 잊겠는가. 참으로 알 수 없는 게 여자의 마음이라 하지만 인선이가 그럴 줄이야."
 "인선 씨가 자네에게 어떻게 했는데……."
 "이 사람아 말도 말게. 한 마디 말도 없이 그렇다고 이렇다 할 이유도 없이 서울에서 사라지고 말았다네. 소식 없는 인선이를 찾아 전국에 갈 만한 곳은 안 가본 데가 없다네. 그렇게 헤매다가 내가 반 광인이 되어 있었던 적도 있었다네. 지금쯤 죽었는지, 살아있는지 참으로 무정한 사람일세그려."
 서홍업은 잠시 생각에 잠기더니 일식집 여직원들 들어오게 하여 깨어진 술잔과 탁자 위를 정돈하게 하고 다시 술상을 차려오게 했다. 따끈한 정종을 들이켰다.
 "서원장. 자네 인선 씨 말일세. 지금 우리 병원에 있네."
 서홍업은 소스라치게 놀란다. 하마터면 또다시 정종 잔을 깨뜨릴 뻔 했다.
 "아니, 그게 무슨 말인가. 인선이가 자네 병원에 있다니. 소록도 병원에 있단 말인가?"
 정윤근은 안주머니에서 김인선이 서홍업에게 전해주라는 편지를 꺼냈다.
 "인선 씨가 자네에게 전해드리라고 하는 편지일세. 한번 보시게."

서홍업은 정윤근이 편지를 낚아채듯 받아서 손에 경련을 일으키며 읽고 또 읽었다. 김인선의 편지를 읽고 또 읽은 서홍업을 보면서 정윤근은 정종만 들이켰다.

"정 원장. 내일 아침에 병원 일을 대충 정리하고 나하고 같이 소록도에 같이 가세."

"그런데 서원장. 나는 내일 자네하고 같이 갈 수 있지만 지금 같이 살고 있는 자네 부인과 상의를 하고 나서 가는 게 어떤가?"

"그렇게 해야겠지. 오늘 저녁에 집사람에게 이야기해야겠지."

백합 여인은 가고

인선 옆에서 간호하다가 잠깐 엎드려 자고 있는 딸을 깨웠다.
"엘리사벳."
"네, 어머니."
"주위가 왜 이리 어두우냐? 천지가 암흑으로 변하고 있구나. 내가 천 길 만 길 낭떠러지에 떨어지는 것 같구나."
엘리사벳은 갑자기 불길한 예감이 스쳐 지나갔다.
"어머니, 정신 차리셔요."
엘리사벳은 어머니의 야윈 손을 두 손으로 잡고 다가 앉았다.
"엘리사벳."
"네, 어머니."
"이제 우리 엘리사벳과 헤어져야겠구나."
"어머니, 자꾸 왜 그런 말씀을 하세요?"
"엘리사벳."
"네. 어머님"
"자애로우신 성모님께서 나를 부르고 계시는구나."
엘리사벳은 그만 울음을 터뜨렸다.
"엘리사벳, 너무 슬퍼하지 말아라. 우리 인간은 한번은 가야 할 길이 아니더냐. 곧 아버지가 오실 것이다. 이제 이 어미가 없더라도 아버지를 따라 서울에 가서 학업에도 충실하여 봉사와 선행을 하는 훌륭한 사람이 되어야 한다. 안과 의사가 꿈이랬지?"

"네, 어머님. 어머니 눈을 낫게 해 드리려구요."

엘리사벳은 흐르는 눈물을 겨우 참아가며 대답했다.

"기특한지고, 우리 엘리사벳은 외모와 같이 마음 또한 착하고 아름답구나. 아버지되시는 분은 우리 엘리사벳의 꿈을 꼭 이루어주실 것이다. 훌륭한 의사가 되거든 의사로서의 삶을 네 자신의 안일함보다 환자의 고통과 괴로움을 먼저 생각하는 의사가 되어야 하느니라. 엘리사벳아, 어미가 천상에 계시는 천주님과 예수님, 성모님께 올리는 정성과 소원, 피를 토하는 절규와 생사를 건 간절한 기도 속에서 네가 태어났음을 잊지 말거라. 병들고 가난하고 외롭고 소외된 자들을 대함에 있어 엘리사벳 너의 몸같이 정성껏 돌보고 아끼며 살펴야 하느니라. 또한 우리 엘리사벳은 봉사와 선행을 몸소 실천하기 위하여 이 세상에 태어났음을 잊어서는 아니 되느니라."

"네. 어머님!"

"우리 엘리사벳 이름도 태어나기 전 태중에 있을 때 천상에 계시는 자애롭고 경애로우신 성모님께서 봉사와 선행을 하기 위하여 지어주신 거룩하고 참된 이름이니라."

"네. 어머님. 알고 있어요."

"이 어미는 착하고 아름다운 우리 사랑하는 딸 엘리사벳을 잉태하고 낳았다는 소명감과 매사에 감사한 마음으로 천주님과 예수님, 성모님께 생사를 걸고 간곡히 우리 엘리사벳 장래를 위하여 기도를 드렸단다. 또한 우리 사랑하는 엘리사벳을 위하여 어머니가 비록 병든 몸이기는 하나 어머니의 한평생 모든 것을 다 바쳐 엘리사벳을 위해 다 보냈느니라."

"네, 어머님."

"다윗 말이다. 이 섬에 있기는 참으로 아까운 아이야. 건강사회에서 부모를 잘 만났더라면 큰일을 할 아이인데 참으로 안타깝구나. 이 어머니가 다윗의 타고난 재주나 사람 됨됨을 생각하면 너무나 아까워 가슴이 매어진단다."

이어서 인선은 가쁜 숨을 내쉰다.

"어머니, 아무 말 마시고 진정하세요."

엘리사벳은 숨을 가쁘게 내쉬고 있는 어머니의 두 손을 꼭 잡았다.

"너희 두 사람은 천상배필이나 좋은 환경 속에서 만났으면 더욱 좋았을 것을……. 엘리사벳."

"네, 어머님."

"천상에 계시는 자애로우신 성모님께서 지상에 내려오시어 나의 손을 잡아주시는구나. 천상에서 이 어미에게 축복과 영광의 서광이 비추어지고 있구나. 찬미예수니임"

인선은 말을 흐리며 조용히 고개를 숙였다.

"어머니"

엘리사벳의 폐부를 찢는 듯한 울음소리에 같은 방에서 자고 있던 원생들이 일어났다. 시계는 새벽 3시를 가리키고 있었다.

미모와 재능을 겸비한 보기 드문 근대여성 김인선은 신사임당을 존경했으며 그렇게 살기를 원했다. 기구한 운명의 장난 속에서 나병에 걸려 청운의 꿈을 펼쳐 보지도 못하고 사랑하는 연인 서흥업의 곁을 떠나 소록도에 와서 한 생을 마감하였다. 한많은 인고의 세월이 마흔 해를 넘겼다.

한 송이 백합꽃이었던 김인선은 이렇게 갔다.

독실한 가톨릭 신자인 김인선은 엘리사벳을 낳은 뒤 남은 여생을 천주님과 예수님, 성모님께 올리는 간절한 기도 속에서 보냈다.

성당에서 망자를 위한 조촐한 장례식이 끝났다. 공회당 언덕길을 올라 남생리 뒷산길을 따라 구북리 끝자락에 화장장이 있다. 화장이 이루어지기 전 마지막 망자에 대한 축원 기도를 끝마쳤다.

엘리사벳의 어머니 김인선은 다윗의 재주나 사람 됨됨을 보고 끔찍이 아끼고 친자식처럼 사랑했었다. 다윗도 이런 엘리사벳의 어머니를 진심으로 존경했으며 친어머니 같이 따랐다. 김인선 그녀는 사람을 바로 볼 줄 아는 이 시대의 진정한 지성인이었다.

다윗의 부모는 김인선의 영전에 예를 다했다. 검은 옷을 입고 쓰러질 듯이 애통해 하는 엘리사벳을 다윗이 끌어안고 함께 울었다. 오열하는 엘리사벳의 눈물을 닦아주면서 다윗도 괴로워했다.

엘리사벳과 다윗의 손에는 청실과 홍실로 한 땀 한 땀 자수해 놓아 만든 가제 손수건이 똑같이 쥐어져 있었다. 다윗은 핏기 없는 창백한 얼굴에 슬피 우는 엘리사벳이 하늘나라에서 내려와 울고 있는 천사같이 느꼈다.

구북리 사무실쪽에서 자전거를 타고 허겁지겁 달려온 직원이 병원장님께서 지금 오고 있으니 잠시 화장을 멈추고 기다려 달라고 한다. 잠시 침묵이 흘렀다. 구북리 언덕길에서 뽀얀 먼지를 일으키고 까만 승용차가 다가왔다. 차가 멈추고 병원장과 함께 내린 훤칠한 키의 신사가 김인선의 관을 끌어안고 인선의 이름을 부르며 대성통곡을 한다.

이러한 갑작스러운 광경에 엘리사벳과 다윗, 그리고 신부님을 비롯한 천주교 교우들, 화장장 직원들까지 어리둥절하였다. 인선의 관을 끌어안고 애절하게 통곡하며 몸부림치는 서홍업을 병원장 정윤근이 겨우 진정시켰다. 엘리사벳은 직감적으로 아버지임을 알았다.

화장장 굴뚝에 검은 연기가 올라간다. 서홍업은 굴뚝에 피어오르는 연기를 보고 잠시 생각한다. 김인선이 의대생 모습으로 만년에 미소를 머금고 하늘나라로 올라간다.

홍업 씨, 훗날 하늘나라에서 다시 만나요. 그땐 당신 곁에서 당신 사랑 받으며 영원무궁토록 우리 함께 살아요. 내 사랑 홍업 씨! 인선은 손을 흔든다. 서홍업은 손수건을 꺼내어 흐르는 눈물을 닦았다.

화장을 마친 후 엘리사벳과 다윗, 서홍업이 유골을 수습하여 나무상자에 넣었다. 서홍업은 인선의 유골이나마 서울 가까운 곳에 안치하고자 하였다. 언제든지 들려서 살아생전에 못다 한 정을 사후에라도 함께 하고자 함이었다.

서홍업과 엘리사벳은 동생리 바닷가에 서 있었다.

저 멀리 병원장이 타고 있는 승용차가 대기하고 있고 조금 떨어진 곳에 다윗이 호주머니에 손을 넣은 채 거금도쪽을 바라보면서 발 앞에 있는 조약돌을 발로 차 바다쪽으로 넣고 있었다.

서홍업은 딸 엘리사벳을 바라보았다. 서홍업은 사랑했던 김인선의 편지 내용을 머릿속에 잠시 생각했다.

하늘이 나에게 내려준 고귀하고 귀중한 선물이구나. 열일곱 살 엘리사벳, 나이답지 않게 훤칠한 키에 군살 없는 몸매, 하늘의 별들을 빨아들인 것 같은 깊고 맑은 눈매, 칠흑 같은 검은 머리와 눈썹, 새하얀 피부와 오똑한 코, 난형의 얼굴에 말을 할 때와 미소를 지을 때 볼에 파고드는 보조개가 마치 젊은 날의 김인선을 빼어 닮았다. 서홍업은 김인선을 얼마나 사랑했던가······.

서홍업은 딸 엘리사벳을 고이고이 키워온 사랑했던 여인 김인선을 생각했다. 이 아이의 아버지로서가 아니라 인생의 선배로서 사명감을 가지고 모든 것을 다 바쳐 교육시켜야겠구나.'

"엘리사벳이라고 했지. 내가 너의 아버지다. 어머니를 쏙 빼 닮았구나. 너의 어머니가 서울에서 종적을 감춘 뒤 너의 어머니 인선을 찾아 전국

방방곡곡 갈만한 곳은 안 가본 곳이 없었단다. 아버지가 광인이 되어 방황한 적도 있었단다. 네가 이렇게 장성한 줄도 몰랐으니 이 아버지의 죄가 너무나 크구나. 엘리사벳, 이 애비를 용서해다오."

엘리사벳은 그저 울고만 있었다. 서홍업은 애처롭게 울고 있는 딸 엘리사벳의 어깨를 토닥거렸다.

"내 딸, 아니 우리 딸, 이제 이 아버지를 따라 서울로 가자구나. 이제까지 못다한 아버지의 구실을 지금부터 다하게 해다오. 이제 저 하늘나라에 가신 어머니 대신 이 아버지가 우리 엘리사벳을 위하여 아버지의 남은 여생을 다하여 모든 것을 너에게 다해주겠노라."

아버지와 딸의 17년 만의 만남이 아닌가. 엘리사벳은 처음 서홍업을 보는 순간 어디에서 많이 본 듯한 얼굴이란 생각이 들었다. 이것이 부모 자식간의 혈연이라는 것인가 하고 생각이 들었다. 피는 물보다 진하다고 했던가. 얼마나 불러보고 싶었던 아버지인가. 그러나 엘리사벳은 선뜻 아버지란 말이 입 밖으로 나오지 않는다.

"엘리사벳, 내일이라도 당장 아버지와 같이 서울로 가자꾸나."

"저, 조금 생각할 여유를 주세요."

엘리사벳은 저 멀리 서서 자신을 바라보고 있는 다윗이 오늘따라 너무나 초라하고 쓸쓸해 보였다.

'내가 이 섬을 떠나면 다윗은?' 엘리사벳 가슴이 메어졌다. 내 사랑 다윗이 내 옆에 없으면 엘리사벳이 어떻게 살아갈까? 엘리사벳의 심장이 멈출 것만 같다. 천 길 만 길 수렁 속으로 떨어지는 것만 같다.

다음날 엘리사벳과 다윗은 온종일 같이 있었다.

같이 걷고 뛰어놀며 동정에서 우정으로 우정과 사랑이 깃던 곳들을 찾아다니며 두 사람이 헤어져 있어야 하는 현실 앞에서 괴로움에 몸부림쳤다.

엘리사벳과 다윗은 동생리 겨울 바닷가 모래 위를 걷고 있었다. 거금도에서 불어오는 겨울 해풍이 헤어져야 하는 두 연인을 더욱 차갑게 하였다. 여름철이면 언제나 이곳에 와서 사랑이란 두 글자와 ♡를 모래 위에 새겼던 곳이다.

"엘리사벳."

"그래, 다윗."

"우리 이렇게 헤어지면 언제 또 다시 만나지?"

다윗은 어둡고 걱정 어린 얼굴로 엘리사벳을 바라보았다.

"다윗, 너무 걱정마. 엘리사벳이 서울에 가는 즉시 편지할게. 그리고 엘리사벳은 우리 사랑하는 다윗 사람이잖아. 우리 두 사람은 조금 더 장성해서 한평생 같이 살아 응. 엘리사벳이 아버지께 다윗과 엘리사벳이 사랑하는 사이라는 것을 다 이야기할 거야."

"엘리사벳. 다윗은 우리 사랑하는 엘리사벳을 위하여 이 세상에 태어났으니까."

"그래, 다윗 엘리사벳도 우리 사랑하는 다윗을 위하여 이 세상에 태어난걸."

"다윗, 안아줘!"

누가 먼저랄 것도 없이 서로를 끌어안고 길고 긴 입맞춤을 하였다.

머리 위에서 바다 갈매기가 연인의 이별을 슬퍼하며 끼루룩 날고 있다.

서홍업은 병원장 집무실에서 무겁게 입을 열었다.

"정 원장, 자네에게 긴히 할 말이, 아니 꼭 들어줘야 하는 간곡한 부탁이 있네. 어렵겠지만 들어주겠는가?"

"아니, 서 원장. 자네하고 내 사이에 무슨 부탁이 있다고 그러는가. 어서 말해보시게. 내가 서 원장을 도울 수 있는 일이 있다면 당연히 도와

드려야지."

"어제 그 아이 말일세. 그 용맹스럽게 생긴 남학생 말일세."

"오. 소년장사 다윗 말인가. 그 아이는 우리 원에서 여러 가지로 유명하지. 양 부모가 모두 우리 원생이나 다윗은 감염되지 않은 미감아일세. 부모를 잘못 만나 이 섬에 태어나서 그렇지 만약 육지에서 건강한 부모 밑에서 태어났더라면 크게 될 인물이지."

"그런데 말일세. 내일이면 내가 엘리사벳을 데리고 떠나고 이 두 아이들이 헤어지고 나면 필시 편지 연락이 있을게 아닌가."

"그야 당연하겠지. 두 사람 사이가 얼마나 친한 사이인데. 소록도에서 소문난 바늘과 실이라네."

"그래서 말인데 자네가 어떻게 생각할 줄 모르나 엘리사벳이 이 섬을 떠나는 순간부터 이 섬의 모든 인연들을 딸의 머릿속에서 지우려 하네. 그리고 엘리사벳이 새로운 세상에서 새로운 삶을 시작할 수 있게 아버지로서 해주고 싶네. 엘리사벳의 꿈이 안과의사라니 미국 유명 대학에 유학시켜 세계 의학계에 명성을 떨치는 명의로 키우고 싶네. 추후에 병원도 엘리사벳에게 물려 줄 생각이네. 자네가 꼭 도와줘야 할 일이 바로 여기에 있네. 그러기 위해서는 다윗과 엘리사벳이 계속 연결될 수 있는 서신을 단절시켜 주게."

정윤근은 잠시 생각에 잠기더니

"자네가 생각하고 있는 딸 엘리사벳의 앞날에 관한 아버지로서의 심정은 잘 알겠네. 내가 할 수 있는 일이라면 한번 심사숙고해 보겠네."

"고마우이. 나는 자네만 믿겠네."

서홍업은 딸 엘리사벳과 다윗과의 관계가 심상치 않음을 직감하고 이를 사이를 아예 단절하기 위함이었다. 서홍업은 엘리사벳이 장차 크게 될 인물임을 직감하고 그 기반을 마련키 위한 아버지로서의 배려였다. 소록도와의 모든 인연을 딸 엘리사벳의 머릿속에서 지우려 했다.

엘리사벳과 하루 종일 같이 지낸 다윗은 엘리사벳을 동생리 독신여성 병사에 데려다 주고 매점에 들러 만년필을 사서 집으로 돌아왔다. 송곳을 날카롭게 갈아 만년필 뚜껑에 엘리사벳이라 새기고 ♡를 만년필 몸체에 다윗은 영원불변의 사랑의 혼을 불어넣듯 만년필에 각인해 두었다.

다윗과 헤어진 엘리사벳은 집에 돌아와 어머니 유품을 정리했다. 유품이라 해야 별게 없었다. 어머니가 항상 분신처럼 아껴 쓰던 접이식 화장대와 상아로 만든 머리빗이었다. 외할머니가 어머니에게 물려 준 유물이다.

엘리사벳은 성당에 들러 어머님이 남겨둔 돈 중에서 일부는 다윗을 위하여 남기고, 나머지는 어머님의 연미사와 성당을 위하여 신부님께 바쳤다. 어머니와 자신이 사용하던 손때 묻은 재봉틀은 한 방에 사는 분들이 사용하도록 남겨 두었다.

손수건 사각에는 청실과 홍실로 뜨개질하여 가장자리를 정리하고 하단에 청실로 '다윗'이라 자수를 놓고, 그 옆에 홍실로 ♡를 새기고 옆으로 '엘리사벳'이라고 새겨진 가제 손수건이다. 엘리사벳은 그 밑으로 '우리 두 사람의 사랑이 영원하길……'이라고 홍실로 밤새워 한 땀 한 땀 사랑 언약의 혼을 불어넣어 자수를 놓은 수건 세 장을 종이에 고이 접어 쌌다.

어느새 창밖이 희붐하게 밝아왔다.

내 사랑 다윗

날이 밝자 엘리사벳은 같은 방에서 기거하는 사람들뿐만 아니라 인근에 사시는 어르신들을 일일이 찾아다니며 작별 인사를 하였다.

다윗은 아침도 먹지 않고 집을 나섰다. 밥알이 입으로 넘어가지 않았다. 아침을 먹지 않고 집을 나서는 다윗을 보고 어머니는 걱정 어린 눈빛으로 말했다.

"다윗아. 아침도 묵지 않고 나갈라카나?"

"네, 어머님 지금 나가봐야 해요."

밤새 잠을 못 이루고 엘리사벳과 이별의 괴로움에 몸부림치던 다윗이 아닌가. 밤 사이 다윗의 얼굴이 말이 아니었다.

"다윗아."

"네, 어머니."

"엘리사벳이 오늘 소록도를 떠나겠구나."

"네, 어머니. 어제 엘리사벳이 어머니, 아버지께 그렇게 인사드렸잖아요."

그랬다. 다윗과 엘리사벳은 어제 하루 종일 같이 다니면서 이곳 신생리 11호사까지 와서 다윗의 아버지와 어머니께 큰절로 하직 인사를 한 것이다.

엘리사벳은 연세가 많으신 사랑하는 다윗의 아버님, 어머님께 올리는 큰절이 마지막이 아닌가 하는 생각이 들어 엘리사벳의 눈에 눈물이 가득 고였다.

다윗의 아버님 곁에서 큰절을 받고 있던 다윗의 어머니는 머리에 두르고 있던 수건을 풀어 소리 없이 흐르는 눈물을 닦았다.

"이렇게 우리 엘리사벳과 헤어지면 언제 다시 만나겠노?"

"어머님, 아버님. 저 엘리사벳이 서울에 도착 즉시 다윗에게 편지할 때 안부 드릴게요. 부디 건강하세요. 그리고 오래오래 사셔야 해요."

"오냐, 기특한지고!"

엘리사벳이 다윗과 함께 신생리에 와서 다윗의 어머니 아버님께 소록도에서의 마지막 인사를 하고 동생리 집으로 가기 위해 다윗과 함께 언덕길을 올라 공회당 앞을 막 지나갈 무렵 엘리사벳이 붉어진 얼굴로 공회당 대기실쪽을 바라보았다. 다윗에게 무언가 말을 하려다 그냥 지나쳐 버렸다.

"엘리사벳, 왜 그래. 무슨 할 말 있어?"

"다윗, 아무 것도 아니야."

엘리사벳 양 볼의 보조개가 저녁노을을 받아 유난히 깊게 들어갔던 어제의 일을 잠시 생각했다.

"다윗아."

"네, 아버님."

"엘리사벳과 헤어짐이 아쉽고 괴로울지라도 서러워하지 말아라. 뜻 있는 곳에 반드시 길이 있을 것이다. 너의 두 사람을 반드시 다시 만날 것이야."

"네. 아버님. 엘리사벳과 저 다윗이 그렇게 약속했습니다."

"오냐. 그랬을 것이다. 엘리사벳이 다윗 너를 기다리고 있겠구나. 어서

가 보거라."
"네. 아버님, 어머님 다녀오겠습니다."
바쁜 걸음으로 공회당 언덕길을 오르는 다윗을 보면서 "네가 부모를 잘못 만나서 안타깝구나. 귀여운 내 아들 다윗아. 이를 우짜면 좋노."
어머니는 눈시울을 적시며 다윗을 바라본다. 엘리사벳은 집 앞에 나와서 항상 다윗을 바라보고 서 있던 그 자리에서 저 멀리 공회당 언덕길을 내려오고 있는 다윗을 바라보고 있었다.
태산을 옮길 것 같던 씩씩한 다윗의 발걸음이 오늘따라 쓸쓸해 보인다. 공회당 입구 사람이 두 팔을 벌리고 서 있는 듯한 솔송이 다윗을 애처롭게 내려다 보고 있다.
우리 엘리사벳과 어릴 적부터 저 소나무 아래서 자주 만났던 곳인데 두 사람은 누구랄 것도 없이 서로 달려가 두 손을 꼭 잡고 쳐다보았다.
엘리사벳과 다윗 모두 얼굴이 밤 사이에 무척 수척해 있었다.
"엘리사벳."
"다윗, 왜 그래."
"얼굴이 밤새 수척해진 것 같다."
"그래. 밤새도록 우리 다윗만 생각했거든. 다윗의 얼굴도 마찬가지네."
"그래. 다윗도 밤새도록 우리 엘리사벳만 생각했어."
엘리사벳과 다윗은 서로를 쳐다보면서 쓸쓸히 웃었다. 오늘따라 엘리사벳의 볼에 보조개가 더 깊게 패였다.
"엘리사벳은 언제 봐도 아름답구나. 아마 천사나 선녀도 우리 엘리사벳만 못 할거야. 우리 사랑하는 엘리사벳은 절세가인이야."
"만날 때마다 그 소리야."
"볼수록 예쁘고 아름다우니까 그러지."
엘리사벳은 수줍은 듯 고개를 떨구고 다윗의 손을 꼭 잡았다.

"엘리사벳, 옆에 놓인 것 이리 줘. 다윗이 들고 갈게."

다윗은 엘리사벳의 어머니 유품을 손에 들었다. 사람이 손을 벌리고 서 있는 듯한 공회당 앞 동생리를 내려다보고 있는 소나무가 헤어짐의 아쉬움에 몸부림치는 다윗과 엘리사벳을 솔잎을 떨구며 애처롭게 내려다보고 있다. 다윗과 엘리사벳은 녹산국민학교와 녹산중학교를 지나 미하리소를 지나 장안리에 접어들었다.

긴 한숨을 내쉬며 벌써 수탄장(愁歎場) 길이구나.

그래, 수탄장길이야.

소록도 환자들의 몸에서 태어난 자식인 미감아들은 네 살이 되면 부모와 격리시킨다. 건강직원들이 거주하는 보육소에 수용되었는데 한여름과 한겨울을 제외한 계절에 한 달에 한 번씩 건강지대와 환자지대의 경계선이 있는 수탄장, 장안리 해변가 도로 길거리에서 2미터 간격을 유지한 채 자식과 부모가 서로 마주보며 상봉한다. 이때 보육소 규칙이 부모는 자식이라 할지라도 육체적 접촉이나 울음을 터뜨리거나 일체의 음식물과 특히 돈 같은 것들을 주는 것은 금지로 되어 있었다.

보육소 보모나 선생들의 감시 하에 면회가 시작된다.

20분가량 면회가 끝나면, 어린 자식들과 헤어진다. 자식들이 손으로 눈물을 훔치며, 보육소에 올라간 뒤에야 환자 부모들은 길 위에 주저앉아서 병든 자신의 기구한 운명을 한탄하며 땅을 치고 대성통곡을 한다. 소록도 사람들은 이 한탄의 길을 수탄장이라고 부른다.

수탄장길은 경성의학부를 나온 평북 연변 출신 한국인으로는 3대 원장 김상태 원장 때부터 시작된다. 김상태는 청년 시절 일본인 4대 원장 주방정계 밑에서 의사생활을 하였다. 이 주방정계가 소록도 의혈남아 이춘상에게 1942년 6월 20일 보은 감사절 날 단죄당한 그 장본인이다.

건강지대와 병사지대 경계선 입구에 까만 원장 승용차가 세워져 있고 서홍업과 정윤근 원장이 보인다.
　다윗은 안주머니에서 만년필을 꺼낸다.
　"엘리사벳, 이거 받아. 만년필이야. 이 만년필 쓸 때마다 다윗을 생각해. 이 만년필에는 우리 엘리사벳과 다윗의 영원불변의 사랑을 다윗이 혼을 불어 넣어 각인하였어."
　"다윗, 고마워."
　"엘리사벳이 좋아하는 홍자색의 코스모스 색이야!"
　다윗, 엘리사벳은 다윗이 선물한 엘리사벳과 다윗의 영원불변의 사랑을 다윗이 혼을 불어 넣어 각인한 이 만년필을 고이고이 간직하였다가 하늘나라에 갈 때 가지고 갈 거야. 엘리사벳 머리에 꽂고 있는 머리핀도 마찬가지야.
　엘리사벳은 다윗이 선물한 만년필을 다윗의 입술에 갖다 대었다가 자신의 입술에 다시 갖다 댄 후 손에 꼭 쥐고 있다.
　"만년필 옷 속에 넣지 않고서."
　"아니야, 다윗 엘리사벳이 손에 꼭 쥐고 있을거야."
　엘리사벳은 종이에 싼 손수건을 다윗에 준다.
　"다윗, 이게 손수건이야. 다윗을 향한 영원불변의 사랑언약을 엘리사벳이 밤을 새워가며 혼을 불어 넣은 마음이 이 손수건에 한 땀 한 땀 자수가 놓여있어. 다윗, 오로지 엘리사벳만 생각해야 해. 알았지."
　다윗은 목이 메여 고개만 끄덕인다. 엘리사벳은 다윗의 양 볼을 두 손으로 감싼다.
　"왜? 대답하지 않을 거야. 어서 해봐."
　"그래, 엘리사벳, 다윗은 항상 우리 엘리사벳만 생각하고 있고, 다윗은 언제나 엘리사벳 사람이 잖아. 그리고 다윗은 우리 엘리사벳을 위하여 세상에 태어났으니까."

"그래, 나도 다윗 사람인걸, 엘리사벳도 우리 다윗을 위하여 이 세상에 태어났으니까."

"다윗과 엘리사벳, 우리 두 사람은 지금은 잠시 헤어져 있지만 언젠가 다시 만나서 함께 살 거야. 우리 이렇게 약속해."

다윗과 엘리사벳은 새끼손가락을 걸면서 약속했다. 다윗의 눈에 살얼음 같은 눈물이 고였다.

엘리사벳은 안주머니에서 편지봉투를 꺼냈다.

"어머님께서 돌아가실 때 많은 돈을 남겨 놓으셨어. 그 돈의 일부야, 나머지 돈은 성당에 신부님 갖다 드렸어. 어머님 연미사와 불우한 교우들을 위해 쓰시려고 어머님께서는 항상 다윗을 자식같이 생각하셨잖아. 어머님께서 주시는 것이라 생각하고 받아."

"이 돈을 다윗이 받아도 되겠어?"

"어머님께서 주시는 것이라고 했잖아."

"그래. 이 돈 쓸 때마다 감사하신 마음으로 어머님 생각할게."

다윗은 편지봉투를 호주머니에 넣는다. 그리고 다윗과 엘리사벳은 경계선 입구에 들어섰다.

경계선이 있는 이곳은 해방 후 한국인 원장으로 세 번째요, 소록도 개원 이래로서는 8번째 재직한 김상태 원장시절, 이곳을 경계로 유독지대와 무독지대로 이름을 짓고 경계선 연결 주위에는 아카시아 나무를 심어 울타리를 만들었다. 그것도 모자라 아카시아 나무와 나무를 연결 철조망을 두르고 도로 중간에는 육중한 철문을 달아 건강지대와 환자지대를 차단 분리했던 곳이다.

김상태 원장은 소록도 의혈남아 이춘상의 의도에 단죄당한 일본인 4대 원장 주방정계 밑에서 소록도에 의사로 재직했었는데, 그때 일본인 주방 원장 밑에서 원장에게 배운 그대로 사람으로서는 도저히 할 수 없는 폭정과 강압에 재환자들을 짐승 대하듯 하는 야만적 행동에 못 이겨 1953년 10월 23일 소록도 재환자 전체의 서명으로 김상태 원장 불신임 사건이 일어난 이후 그 회오리 속에서 소록도 재환자들이 이곳까지 밀고 올라와 "김상태 원장 물러가라." 외치며 김상태 원장과 대치했던 소록도 4.6사태의 그 현장이며 그 당시 이곳에 김상태 원장이 고흥경찰서 총으로 무장한 경찰까지 불러들여 재환자들과 물리적 충돌 직전 경찰들의 진압 총소리에 놀라 많은 재환자들이 해방 직후 건강직원 오순재, 송회갑 등에 의해 자행된 소록도 재환자 간부급 84명 대살육의 악몽을 회상하면서 뒤로 한순간에 밀리면서 도망가는 바람에 넘어지고 깔리고 부상당하는 아비규환의 혼란 속에서 신발이 벗겨져 미처 자신들의 신발을 신지 못한 재환자들의 임자 잃은 신발들이 수탄장길에서부터 공안부(옛 미하리소) 사이 길 위에 흩어져 있어 이것을 모두 주워 모으니 두 가마니나 모였다. 소록도 재환자들에게 한 많고 뼈아픈 사연이었다.

이때 다윗의 나이 4살이다. 바로 이 현장에 아버지와 어머니 함께 세 식구가 와 있었다. 다윗은 호기심이 나서 어머니의 손을 잡고 맨 앞줄로 갔다. 이 때 고흥경찰이 쓰고 있던 모자 앞 끈을 내려 턱 밑에 두르고 있었다.

분위기가 이상한 것을 직감한 어머니께서

"여보, 이상해요. 빨리 다윗과 함께 자리를 피해야 겠어요. 우리 다윗이 다치면 어떻게요?"

"그래요. 그렇게 합시다."

세 식구는 대중 속을 빠져 나와 공안부 앞을 지나 중앙리와 신생리 사이 샘터에 이르렀을 때 탕─탕─탕─ 공포탄 총소리와 함께 총알이 만령당쪽으로 날아 가면서 대오가 순식간에 무너지기 시작했다.

울고 떠난 내 고향.

웃고 맞은 소록도이어야 했으나 그때는 그러하지 못하고 재환자들에게 시련의 시기였다.

서홍업은 엘리사벳과 다윗이 다정다감하게 멈추었다가 걷고 하면서 서로 손을 잡고 속삭이며 오고 있는 모습을 바라보면서 지난 세월 김인선과 사랑했던 지난날들이 주마등같이 스쳐 지나갔다.

"저 애들이 오늘로 마지막이 될 터인데……."

"정 원장, 여기서 저 아이들을 헤어지게 할 것이 아니라 선창까지 차에 같이 태우고 가서 거기서 서로 작별하기로 하세. 저 애들이 오늘로 마지막이 될 게 아닌가."

딸의 장래를 위하여 다윗과의 편지 교신을 단절해 달라고 소록도 병원장 정윤근에게 부탁하였으나 서홍업 자신 또한 한 여인을 애절하게 사랑했던 사람으로서 차마 인륜에 어긋나는 사실이라는 것을 자책해서였다.

"그러면 자네와 나는 여기서 헤어지세. 오늘 급한 수술이 있어서 말일세."

정 원장은 운전기사에게

"서 원장님과 저기 경계선에 서 있는 두 분을 요 너머 선창까지 잘 모시게."

"네, 원장님."

"서 원장, 자 우리 악수나 한 번 더 하세."

"정 원장, 요번에 여러 가지로 많은 신세를 지고 가네. 서울에 오거든 다시 만나세."

"이 사람아. 자네와 나 사이에 신세가 다 뭔가. 아무튼 서울 출장길이 있으면 한번 들리겠네. 그때 술이나 한 잔 사게."

"암, 사다마다."

서홍업, 엘리사벳, 다윗 세 사람이 건강지대 태화리를 지나 녹동 항구가 손에 잡힐 듯이 지척에 보이는 선착장에 도착했다. 선착장에 정박 중인 동력 제비선이 출발 준비를 마치고 있었다. 다윗의 머리 위에 천 근 만 근 무거운 그림자가 내려앉았다. 과연, 다윗이 사랑하는 우리 엘리사벳을 떠나보내면 언제 또 다시 내 사랑 엘리사벳을 만날 수 있을까?

찬송가 속에 나오는 요단강이 생각난다. 다윗이 서 있는 이곳에서 녹동까지는 동력선으로 5~10분 거리다. 나 다윗은 지금 이 바다를 건널 수 없는 몸이다. 지척에 있는 저 곳은 다윗이 갈 수 없는 금단의 곳이다.

도선창에서는 서홍업의 비서, 그리고 엘리사벳 새엄마가 될 김정숙 교수가 기다리고 서 있다. 바다 건너 녹동 항구에는 서홍업이 타고 갈 승용차와 그 옆에서 운전기사가 차의 먼지를 손질하고 있다.

김인선의 유해는 항구에 대기 중인 서홍업의 차에 이미 실었다. 서홍업이 엘리사벳에게 다가오며

"엘리사벳, 이 분이 새엄마가 되실 분이시다. 인사드려라. 선녀 같은 딸이 있다는 소식을 듣고 이곳까지 단숨에 오셨다."

"저, 엘리사벳입니다. 잘 부탁드리겠습니다."

"네가 엘리사벳이구나. 아버지에게 들은 그대로 너무나 곱구나. 어떻게 이런 곳에서 너와 같은 아름다운 미인이 있었다니 참으로 놀랍구나."

서홍업이 다윗에게 다가선다.

"자, 우리 이쯤해서 헤어지자구나. 자, 엘리사벳 어서 배에 오르거라."

"이 물건은 엘리사벳 어머니 유품입니다."

다윗이 서홍업에게 가방을 전한다.

"오, 그래!"

엘리사벳이 한두 발 가는 듯 하다가 돌아서서 다윗의 품에 안긴다. 다윗도 엘리사벳을 끌어안는다. '엘리사벳!' 다윗과 엘리사벳의 눈에 눈물이 하염없이 흘러내리고 있다.

"엘리사벳, 이제 떠나야지. 아버지와 어머니께서 한참을 기다리고 계시잖아."

"아니야 다윗. 이렇게 조금만 더 있다가."

엘리사벳이 다윗에게 더욱 매달린다. 다윗이 가제 손수건을 꺼내 엘리사벳의 눈물을 닦아준다. 우리 엘리사벳이 흘리고 있는 이 눈물이 바로 천사와 선녀의 눈물이구나.

"엘리사벳, 자 어서."

엘리사벳 어깨를 토닥거리며 서홍업 곁으로 걸어간다. 엘리사벳이 흐느끼면서 다윗의 손을 잡고 부들부들 떤다.

"다윗, 엘리사벳을 잊지마. 알겠지? 그리고, 서울 도착 즉시 편지할게, 내 편지 받은 즉시 답장 꼭해야 해 알겠지?"

다윗은 목이 메여 고개만 끄덕인다. 엘리사벳은 발을 동동 구르며

"고개만 끄덕이지 말고, 대답 좀 해봐 어서!"

엘리사벳 음성이 높아졌다.

"그래, 엘리사벳 편지 받은 즉시 답장 꼭 할게."

서홍업 비서와 김정숙은 배에 먼저 타고 엘리사벳과 서홍업이 배에 막 타려다 엘리사벳 다시 뛰어와 다윗의 품에 안긴다.

"다윗, 다윗을 두고 못 가겠어. 다윗!"

대성통곡한다. 다윗은 눈물을 글썽이며 엘리사벳을 달랜다.

"엘리사벳 이러지마. 이러면 안 돼. 우리 두 사람은 다시 만나게 되잖아. 자, 부모님들이 걱정하셔!"

"다윗, 엘리사벳 편지 받고 바로 답장해야 해."

"그래, 편지 받는 즉시 바로 답장할게."

"엘리사벳도 집에 도착 즉시 편지할게."

다윗은 엘리사벳을 겨우 달래며 배에 태웠다.

"자, 엘리사벳. 배에 조심해서 타."

엘리사벳은 한 손에 다윗이 선물한 만년필을 꼭 쥐고 배에 타고서도 다윗의 손을 놓지 않는다. 다윗! 서홍업은 다윗의 손을 놓지 않으려는 딸을 겨우 달랜다.

"엘리사벳 진정해라. 어서 다윗의 손을 놓아야 배가 출발하지 않느냐."

녹동 바다를 메울 듯이 눈보라가 휘날린다. 눈 무게에 못 이겨 갈매기가 울부짖으며 날은다.

엘리사벳은 다윗의 손을 놓자마자 배 뒷전에 주저앉아 대성통곡을 한다. 엘리사벳이 다윗! 큰소리로 부른다. 서홍업이 딸 엘리사벳을 겨우겨우 달래고 있다. 다윗이 엘리사벳을 보며 손을 흔든다. 통- 통- 통- 배가 점점 멀어져 간다.

내 사랑 엘리사벳을 태운 배가 바닷물을 가리켜 멀어져가고 있다.

저, 통통배 소리가 다윗의 심장을 갈기갈기 난도질하고 있구나.

오. 내 사랑 엘리사벳이여!

이렇게 헤어지면 또 언제 만나리.

다윗과 엘리사벳의 울부짖음이 눈보라 속에서 녹동바다 위를 메아리친다. 엘리사벳은 녹동쪽으로 가는 배 뒷전에 서서 다윗을 바라보며 눈보라 속에서 눈물을 흘리며 손을 흔든다. 녹동 항구에 도착 후 차에 오르기 전 엘리사벳은 다윗을 향해 몇 번이고 손을 흔들며 또 흔들었다.

다윗도 활화산처럼 북바쳐 오르는 이별의 안타까움에 몸부림치며 엘리사벳을 향하여 손을 흔들고 또 흔들었다.

서홍업은 엘리사벳을 차에 겨우 태우고 달래며 서서히 녹동항을 멀리한다. 지척을 분간할 수 없는 눈보라 휘날린다.

내 사랑 다윗, 안녕!

오! 내 사랑 엘리사벳과 이제 헤어지는구나.
이제 다윗 혼자 이 섬에서 쓸쓸히 남는구나.
엘리사벳이 떠난 소록도에서 과연 다윗이 살아갈 수 있을까?
이렇게 헤어지면 언제 또 다시 내 사랑 엘리사벳을 만나리.
다윗의 눈에서 하염없이 눈물이 흘러내리고 있다.
엘리사벳이 탄 차가 고흥쪽으로 사라지는 것을 보면서 녹동바다 위 허공을 향해 엘리사벳과 이별을 통곡하며 엘리사벳 이름을 절규하며 부른다.
"내 사랑 엘리사벳!!"
다윗은 차가운 바닥에 퍽 주저앉는다. 다윗의 얼굴에 눈물이 겨울 해풍에 얼어 번들거리다.
고흥쪽으로 달리는 차안에서 엘리사벳은 차창 밖에 눈보라를 바라본다. 내 사랑 다윗!
엘리사벳은 다윗이 선물한 머리에 꼽힌 머리핀을 만진다.
오늘 수탄장길에서 다윗에게 선물 받은 손에 쥐고 있는 만년필을 바라본다.
다윗! 건강하게 잘 있어. 우리 두 사람 다시 만날 때까지……. 다윗이 눈을 맞으며 눈사람이 되어 무거운 발걸음이 수탄장길을 내려가고 있다. 다윗은 눈 위로 외로운 발자국을 남기면서 쓸쓸히……
고흥길 차 안에서 엘리사벳이 사랑하는 다윗을 생각한다. 지금쯤 내 사랑 다윗이 수탄장길에서 눈 위에 발자국을 남기며 외로이 수탄장길을 내려가고 있겠지.
다윗은 눈보라를 맞으며 엘리사벳에게 선물 받은 가제 손수건을 펼쳤다. 청실로 다윗 홍실로 ♡ 엘리사벳 그 밑에 '우리 두 사람의 사랑이 영원하길'이라고 엘리사벳이 밤을 새워 가며 자수한 것이다.

내, 사랑 엘리사벳이여!!
가제 손수건이 눈보라 속에서 휘날린다.

엘리사벳이 도착한 서울 종로 종각 뒤편 대궐 같은 큰 이층집과 600여평에 정원과 어마어마한 가구들이 즐비하여 가정부가 두 명이다. 대문 입구에는 운전기사 대기실과 집을 관리하고 정원수와 잔디를 손질하는 사람, 2층에 마련된 엘리사벳의 방에 고인 김인선의 차례상이 차려져 있었다. 엘리사벳의 새엄마 김정숙이 가정부 아줌마에게 미리 전화를 하여 마련해 둔 것이다. 엘리사벳은 어머니의 유해함을 차례상 앞에 올려놓고, 향을 피우고 두 번 절을 올렸다.

어머니의 축원 기도를 올린 뒤 "어머님, 여기 서울 아버님댁이에요. 오늘밤 저하고 여기서 주무시고 내일 어머님 가톨릭 추모의 집에 편히 모실게요. 어머니 편히 계세요."

엘리사벳은 아버지와 새 어머니께 인사를 올린다.

"아버님, 어머님. 돌아가신 저의 어머님께 배려해주신 은혜를 잊지 않겠습니다. 고맙고 감사합니다."

"무슨 말이야? 우리들이 할 일 아니냐?"

"암! 그렇다 마다요."

"엘리사벳, 마음을 편히 가져라. 이곳이 앞으로 네가 살 곳이야."

"네 감사하고 고맙습니다."

"자, 우리 이제 내려갑시다. 우리 엘리사벳이 피곤할테니 좀 쉬어야지."

"아이구. 내 정신 좀 봐! 그렇게 해야지요."

엘리사벳은 1층으로 내려가는 아버지와 어머니를 배웅한 후 책상에 앉아서 다윗이 선물한 만년필로 편지를 쓰기 시작한다.

내 사랑 다윗에게

내 사랑 다윗! 나, 엘리사벳이야.

이곳 서울 종로구 종각 뒤편에 있는 아버지 집에 방금 도착하여 내 사랑 다윗에게 편지를 쓰는 거야. 소록도 선창가에서 내 사랑 다윗과 헤어져 녹동을 멀리하면서 엘리사벳은 내 사랑 다윗과 헤어짐이 아쉽고 안타까워, 얼마나 울고 또 울었는지 몰라.

내 사랑 다윗!

엘리사벳은 오로지 다윗을 위하여 이 세상에 태어났고, 다윗은 엘리사벳을 위하여 이 세상에 태어났다는, 그 참된 정의 다윗과 엘리사벳은 잊어서는 안 돼!

내 사랑 다윗과 엘리사벳의 사랑은 영원불변이니까

내 사랑 다윗에게 받은 귀중하고 고귀한 선물들.

크리스마스이브날 성당에서 들려오는 캐럴송을 들으며, 중앙공원 전나무 아래서 사랑하는 다윗과 엘리사벳이 장래를 약속하며 사랑하는 다윗에게 받은 머리핀!

사랑하는 다윗과 잠시 헤어지는 날, 수탄장길 위에서 내 사랑 다윗에게 선물 받은 엘리사벳과 다윗의 영원불변의 사랑을 다윗이 혼을 불어 넣어 각인한 내가 좋아하는 짙은 자주 코스모스색 만년필! 장미 피는 5월 사랑하는 다윗의 손에 장미 가시에 찔려가며 꺾어준 탐스런 노란 장미를 손에 들고 야자수 아래서 엘리사벳과 다윗이 다정히 손을 잡고 찍었던 우리 두 사람의 사진.

고이고이 간직할게. 사랑하는 다윗에게 받은 귀중한 선물. 같이 찍었던 사진들은 내 사랑 다윗의 분신이니까.

내 사랑 다윗!

내 사랑 다윗이 없는 이 세상 삶 자체는 엘리사벳은 생각조차 하기 싫어, 그것은 암흑과 죽음이니까. 내 사랑 다윗과는 지금 잠시 헤어져 있으나 우리 두 사람은 곧 만날거야! 그리고 우리 함께 살아!
　　엘리사벳은 오로지 내 사랑 다윗을 위하여 이 세상에 태어났으니까?
　　이 편지를 받은 즉시 답장해야 해, 알았지, 내 사랑 다윗!
　　내 사랑 다윗의 편지를 학수고대하고 있으니까?
　　내 사랑 다윗과 엘리사벳 사이에 감미롭고 아름다운 사랑의 대화가 얼마나 많으리오 만은 다음 편지에 하기로 해.
　　그리고 아버님, 어머님께 만수무강하시라고 꼭 안부 전해줘.
　　엘리사벳이 내 사랑 다윗 아버님, 어머님께 효도해야 되니까!
　　　　　　　서울에서 내 사랑 다윗을 그리며……

　편지를 다 쓴 엘리사벳은 봉투에는 물론 혹시나 하여 편지 안에도 주소를 써넣는다. 샤워 후 침대 위에서 만년필을 손에 쥐고 가슴에 품은 채 다윗, 다윗, 내 사랑 다윗! 이름을 세 번 부른다.
　다음날 아침, 산해진미 식탁, 식사를 하지 않고 진수성찬을 바라보는 엘리사벳. 세상을 떠나신 어머니 생각, 다윗 생각뿐이다.
　"엘리사벳, 반찬이나 밥이 입맛에 맞지 않는 게냐?"
　"아니에요. 식탁이 너무 풍성해서요. 어머님."
　"우리 엘리사벳과 우리 세 식구가 이렇게 마주 앉아 함께 식사를 하고 있으니 행복이 따로 없고 이게 바로 행복이구나."
　"엘리사벳, 천천히 많이 먹어라, 한참 먹을 나이 아니냐."
　"네, 아버지. 어제 저녁에 돌아가신 어머님을 위하여 배려해주신 두 분께 한 번 더 감사에 말씀을 올립니다."
　"이 일은 살아있는 사람이 할 일 아니냐."
　"네, 어머님."

"우리 엘리사벳은 외모 못지않게 심성 또한 착하고, 고우며 예절도 바르구나."

"저 엘리사벳을 칭찬해 주셔서 감사합니다."

세 식구는 아침을 먹은 후 커피를 마셨다.

"여보. 우리 엘리사벳 편입문제 때문에 오후에는 경기여고에 다녀와야겠어요."

"그렇게 하시구려. 경기여고 교장이 친구 사이랬지."

"그래요. 오랜만에 친구도 만날 겸 엘리사벳의 진학에 관하여 알아봐야겠어요."

"그렇게 하세요."

"우리 엘리사벳이 경기여고에 바로 들어가야 할텐데……."

"그리 되도록 해야겠지요."

김정숙은 자신이 차를 운전하여 학교로 가고 서흥업과 엘리사벳은 어머니 유해를 서울 근교 가톨릭 묘역에 안치하고 아버지와 함께 병원으로 간다.

"엘리사벳"

"네. 아버지"

"이 병원을 왜? 선흥병원이라고 지었는지 아느냐?"

"아버지. 왜 그리 지으셨어요?"

"우리 엘리사벳이 모르는 게 당연하지. 선흥병원 첫 자인 '선' 자는 돌아가신 네 어머니 이름 끝 자를 따고, '흥' 자는 아버지 중간 이름을 따서 지었단다."

엘리사벳은 아버지께서 얼마나 어머님을 사랑하셨는지 알 수 있었다. 나도 후일 훌륭한 의사가 되어 병원을 경영할 때 병원 이름을 '다윗과 엘리사벳'이라고 지어야겠다고 마음먹었다.

"엘리사벳"

"네. 아버지"

"저 화단을 보아라. 지금 저 화단에는 아무것도 보이지 않으나 봄이 되면 백합화가 화단 전체 장관을 이룬단다. 하늘나라에 계시는 너의 어머님은 백합화를 무척이나 좋아 하였느니라."

엘리사벳은 돌아가신 어머니를 회상했다. 어머님께서는 백합화를 너무나 좋아하셔서 동생리 여성병사 화단에 백합을 심어 가꾸셨다. 어느덧 그리움과 사모함의 시간은 지나고 엘리사벳 너와 함께 화단을 바라보고 있으니 참으로 감회가 새롭구나.

그리고 너의 어머니 몸에서는 항상 백합 향기가 났느니라. 그랬다! 어머니 몸에서는 항상 백합 향기가 났었다.

엘리사벳은 어머니의 백합 향기를 맡으며 잠들곤 하였다.

상사화의 사랑

엘리사벳은 아버지와 같이 서울 선홍병원에 도착했다.
여비서가 정중하게 인사 올린다.
"원장님 나오셨습니까?"
"그래요. 우리 엘리사벳 알지?"
"아다마다요. 어제 같이 왔잖아요."
"참 그렇지."
"안녕하세요."
"오늘은 더 아름다우시네요."
"감사합니다."
사무장이 결재 서류를 들고 들어온다.
"원장님 출장 잘 다녀오셨습니까?"
"네. 잘 다녀왔어요. 참 인사하세요. 제 딸이에요."
"네, 사무장 김순호입니다."
"아니, 원장님 딸이시라니요? 이런 미인 따님을 언제 두셨습니까?"
"사연이 많아요. 이야기는 차차하고 결재 서류나 봅시다."
"네. 원장님"
사무장은 엘리사벳의 미모에 경탄한다.

엘리사벳은 간밤에 다윗에게 쓴 편지를 부치기 위하여
"김 비서님, 우편함이 어디에요."
"편지 부치시게요. 저 주세요."
"아니에요. 제가 부쳐도 됩니다."
"그러시면, 1층에 내려가셔서 출입구 쪽에 보시면 우편함이 있습니다."
"비서님, 감사합니다."
1층으로 내려와 우편함에 편지를 넣는 엘리사벳의 미모에 놀라 간호원과 환자들이 모두 쳐다본다.

다윗에게 편지를 수십 차례하였으나 다윗에게 답장이 없자 엘리사벳은 초조해지기 시작했다. 오늘 밤도 엘리사벳은 다윗이 선물한 만년필로 하얀 백지 위에 다윗의 이름을 수도 없이 써내려가다가 만년필을 손에 쥐고 흐느끼다가 엎드려 잠이 들었다.
수없이 써내려간 "다윗 왜? 답장이 없지?"라는 글씨 위에 눈물이 떨어져 얼룩이 졌다.
김정숙이 쟁반 위에 과일과 음료수를 들고 문 밖에서 문을 두드려도 기척이 없자 엘리사벳 방으로 들어온다. 정신을 놓은 채 다윗의 보고픔에 지쳐서 책상 앞에 엎드려 자고 있는 엘리사벳의 그리움의 글귀를 본다.
김정숙은 조용히 이불을 가져다 엘리사벳에게 덮어주고 가볍게 엘리사벳의 어깨를 도닥거린다. 1층으로 내려온 김정숙은 서재에서 책을 보고 있는 남편 서홍업에게 간다.
"여보, 우리 엘리사벳이요."
서홍업이 읽고 있던 책을 접으며, "우리 엘리사벳이 어째서요?"
"우리 엘리사벳이 소록도를 나올 때 선창가에서 서로 헤어진 잘 생긴 그 청년 말이에요. 다윗이라는……."

"음! 다윗을 말하는군."

"다윗이라는 청년에게 우리 엘리사벳이 수없이 편지를 했나 봐요. 다윗이라는 청년에게서 답장이 없자 안달이 나서 애가 타나 봐요. 지금 엘리사벳이 '내 사랑 다윗'이라는 이름 옆으로 '다윗, 왜 답장이 없지'를 수없이 써내려 가다가 지쳐서 잠이 들었어요. 여보, 이러다가 우리 엘리사벳 큰일 나겠어요."

서홍업이 긴 한숨을 내쉰다.

"당신이나 저한테 얼마나 귀중하고 소중한 하늘에서 내려준 여식 아닙니까, 어떻게 좀 해보세요. 그리고 오늘 학교에서 엘리사벳 담임한테 전화가 왔는데 요사이 엘리사벳이 말수가 적고 혼자서 무언가를 골똘히 생각하고 교실에서만 우두커니 앉아 있다고 하면서 집에 무슨 일이 있느냐고 묻더군요. 여보, 내일은 일요일이고 하니 어디 가서 외식이나 하면서 이야기 좀 해보세요."

"당신 말대로 우리 그렇게 합시다."

정릉 입구에 있는 아담한 양식집, 연인들의 집은 서울에서도 암소 스테이크로 이름이 있는 곳이다. 서홍업과 김정숙 엘리사벳 세 사람은 특실에 자리잡았다.

"엘리사벳."

"네, 아버지"

"다윗이, 그렇게 보고 싶으냐?"

"아버지, 우리 다윗이 보고 싶기도 하지만 더 걱정이 되는 것은 우리 다윗에게 수없이 편지를 해도 답장이 없으니 무슨 일이 있는지 걱정이 되어서요. 저, 엘리사벳이 우리 다윗에게 서울에 도착 즉시 편지를 하면 바로 답장하기로 언약하고 언약했어요. 아버님께서도, 소록도 도선창에서 우리 다윗과 헤어질 때 보셨잖아요. 우리 두 사람은 약속 불변이에요. 그런데 참으로, 이상하고 이상해서 걱정이에요."

"그러냐, 엘리사벳."

"네, 아버님."

"보고 싶은 사람을 참고 기다리는 것도 사랑에 미덕이란다. 다윗이 너에게 답장 안 한다고 무슨 일이야 있겠느냐. 시간이 지나면 편지야 오지 않겠느냐. 그런데, 엘리사벳."

"네, 아버님."

"지금, 네가 더 걱정해야 하는 것은 학교수업이란다. 너는, 지금 공부하는 학생이 아니냐. 의사가 되려는 꿈을 가졌다면 공부에 더욱 열중해야 하지 않겠느냐. 엘리사벳, 네가 열심히 학업에 충실하며 너의 뜻한바 꿈을 이루는 것이 다윗을 위함이고, 다윗 또한 진정으로 너에게 바라는 바가 아니겠느냐. 아무 생각 말고 당분간 학업에 열중하거라. 만일 엘리사벳 네가 고등학교 졸업까지 다윗으로부터 편지 연락이 없거든 소록도에 한번 다녀오너라. 내가 주선해주마. 어떠냐? 아버지가 한 말을 새기겠느냐."

"네, 아버님. 아버지 소록도에 한번 다녀오라는 말씀 진정이세요?"

"이 아버지, 이 세상에서 제일 아끼며 사랑하는 하나밖에 없는 우리 금지옥엽인 딸에게 거짓말을 하겠느냐."

"아버지, 고맙습니다. 앞으로, 아버지 어머니 기대에 어긋남이 없이 열심히 공부하겠습니다."

"그래, 역시 우리 엘리사벳은 이 아버지의 착한 딸이구나. 엘리사벳, 정말 고맙구나."

"어머님에게도 심려를 끼쳐드려서 죄송합니다."

"대학은 미국에 유명한 명문 의대에 들어가서 훌륭한 명의가 되어야지, 아버지께서 주선해 주신다하니 학교 졸업 후 미국에 유학 가기 전 소록도에 한번 다녀오너라."

"네, 어머님, 아버님 고맙습니다."

"이 아버지는 우리 엘리사벳이 원한다면 저 하늘의 별이라도 따줄 수만 있으면 따주고 싶구나."

"여보, 저에게도 저 하늘에 별 하나 따주세요."

"아! 그래요, 따서 주지요. 우리 엘리사벳 먼저 따주고 나서 그 다음에 당신에게 따드리리다. 하- 하- 하-."

"엘리사벳, 너희 아버지는 이러신 분이란다. 엘리사벳 너는 우리 집안의 등불이요. 평화요 희망이란다. 알겠느냐?"

"네, 어머님 명심하겠습니다."

"엘리사벳, 이 어머니는 비록 너를 낳지는 않았을지라도 너는 나의 귀중한 딸이니라."

"네, 어머님 잘 알고 있습니다."

"고맙구나."

"아버지, 어머니 엘리사벳이 드릴 말씀이 있습니다."

"무슨 말이냐. 말하여 보거라."

"저와 다윗과의 관계인데요. 저와 다윗은 8살 국민학교 입학식날 만나서 동정에서 우정으로 이어져 서로가 사랑하게 되었습니다. 아버지, 어머니. 저와 다윗은 장성한 후 서로의 장래를 약속했어요. 그리고 그 약속은 절대 변할 수 없어요. 엘리사벳이 소록도에서 나오기 전 아버님께 말씀드린다는 것이 조금 늦었어요. 그리고 다윗과 엘리사벳의 모든 언약은 한번하면 절대 변하지 않아요. 우리 두 사람의 약속은 불변이에요. 아버지, 어머니."

"오, 그러냐! 이 일은 우리 엘리사벳이 더욱 장성한 후 다시 한번 생각해 보자구나."
 엘리사벳은 흐트러진 마음을 정리해 가면서 공부에 열중하게 된다.
 사랑하는 다윗의 편지 답장과 고등학교 졸업 후 다윗을 만난다는 부푼 기대 속에서……

 다윗은 공회당 입구 사람이 두 팔을 벌리고 서 있는 솔송 아래서 초췌한 얼굴로 서 있다. 어린 시절 엘리사벳과 자주 만나던 곳이다. 사랑하는 엘리사벳이 소록도를 떠난지 벌써 한 계절이 지났는데, 편지 한 장 없으니 이게 어찌된 일인가?
 참으로 이상하구나. 내 사랑 엘리사벳!
 김영식이가 신생리쪽에서 공회당쪽으로 허겁지겁 달려온다.
 "저기 있구먼. 다윗아, 다윗아. 아이고 숨차!"
 "어! 영식이냐."
 "거기서 뭘 하는 기여. 큰일 났어야."
 "큰일이, 무슨 큰일이야."
 "다윗, 너의 아버지께서 쓰러졌어야. 빨리 집에 싸게 싸게 가 보랑께."
 "뭐, 아버지께서……"
 신생리 11호사쪽으로 번개같이 달려간다.
 "워매! 큰일 났부렀어. 나도 시방 이러고 있을 것이 아니라 다윗 따라 싸게 가야제."
 영식이가 다윗 따라 내려간다. 정신을 잃은 채 누워있는 권경돌 옆에서 어머니가 슬피 운다. 다윗이 급히 뛰어 들어온다.
 "아버지"
 "강생아, 이제 우짜면 좋노? 아버지가 정신을 잃은 채 쓰러지셨다."
 권경돌이 겨우 정신을 차려 다윗의 손을 잡는다.

"다윗아."
"네. 아버지 정신 차리십시오."
"내 사랑하는 아들 다윗아."
"아버님."
"다윗아, 한센인 자식으로 태어난 너의 운명을 부끄럽고 창피하게 생각하지 말고 자책하지 말아라, 내색도 하지 말아라. 이것이 되돌릴 수 없는 너의 운명이며 인간사 굴레의 한센인 부모와 건강하게 태어난 자식간에 인연과 만남이니라."
"아버님, 소자 다윗은 이제껏 한 번도 한센인 부모로부터 태어났음을 부끄럽고 창피하게 생각하지 않았으며, 후회해 본적도 없습니다. 항상 태산 같으시고, 위풍당당하시며, 의젓하신 아버님과 자애로우신 어머님의 자식으로 태어났음을 하느님께 항상 감사 기도드렸습니다. 또한 이 세상 어느 위인들보다도 아버님, 어머님을 제일 존경합니다."
"오냐. 그래 다윗아. 너 말이 거짓이 아님을 이 아버지가 잘 아느니라."
"아버지, 소자 다윗이 아버지 어머님께 효도 많이 해드릴게요."
"내 사랑하는 아들 다윗아."
"네, 아버지."
"너의 어머니와 같이 우리 사랑하는 다윗을 낳고 우리 두 부모는 비록 한센인이었으나, 얼마나 기쁘고 행복했는지 모른단다. 우리 다윗의 태어남 자체가 우리에겐 참으로 큰 효도였느니라. 우리 다윗은 한센인 부모에게 기쁨과 희망과 영광과 축복과 환희였느니라. 내 사랑하는 아들 다윗아."

다윗은 눈물을 글썽인다.
"네, 아버님"
다윗의 어머니를 바라보면서

"아버지가 죽고 나면 너의 어머니마저 아버지 뒤를 따라 올 것이다. 이제 다윗 너 혼자서 이 세상을 살아가야 하느니라. 잠시 고난이 있겠으나 다윗 너는 크게 될 인물이니라. 다 썩어가던 고목에서 새싹이 돋고 울창한 거목이 되어 꽃을 피우고 열매를 맺어 수많은 새들이 날아들어 배를 채우며 둥지를 틀고 번식을 하며 수많은 사람들이 나무 그늘 아래 구름같이 모여들고 지친 나그네가 큰 거목 아래서 피로를 풀고 쉬어가는구나."

"네, 아버님."

"내 아들 다윗아, 너는 큰 거목이니라."

하늘을 쳐다본다.

"하늘나라에 천상의 문이 열리고, 천사들의 나팔소리가 들리고 있구나. 내 사랑하는 아들 다윗과 이 세상에서 인연을 정리해야겠다. 다윗아, 내 사랑하는 아들 다윗아."

다윗은 끝내 울음을 터트린다.

"네, 아버님."

"삶을 살아감에 있어 정식하고 의롭고 지혜롭게 살아야 하느니라."

권경돌은 조용히 눈을 감는다.

"아버지."

"여보, 나만 두고 가면 어쩌려고 이카요."

박만순도 가슴을 감싸안고 몸부림친다. 아니 어머님, 다윗은 어머님을 끌어안는다.

"왜 이러세요. 어머니, 정신 차리세요. 어머니마저 이러시면 안 됩니다."

"내 강생아."

"네, 어머님."

"아버지, 어머니는 비록 한센인이었으나, 우리 강생이가 태어난 자체가 말로 표현할 수 없는 너무나도 큰 행복이었단다. 이제 엄마는 우리 강생이 아버지 따라 가야겠구나. 이 엄마가 없더래도 배 곯지 말고 무엇이던 알아서 챙겨 묵어라. 알겠제, 내 강생아."

야윈 손으로 다윗의 얼굴이 만진다.

"네, 어머님."

"내 강생아. 어미를 너의 아버지 곁에 뉘어다오. 내 강생이 너의 아버지 손을 잡고싶구나."

"네, 어머님."

다윗은 눈물을 흘리며 아버지와 어머니를 나란히 뉘이고 아버지와 어머니 손을 꼭 잡도록 한다.

"내 강생아. 이제 쉬어야겠구나."

박만순은 항상 입버릇처럼 남편 따라 죽겠다 하던 그 말대로 남편 손을 잡고 같이 운명한다. 다윗의 통곡소리가 신생리 11호사를 진동시킨다. 영식이가 들어온다.

"다윗아 이게 어찌된 일이여."

다윗이 아버지, 어머니를 끌어안고 대성통곡한다.

"아이구! 큰일 나 뿌렀네. 나가 시방 이러고 있을 때가 아니제."

영식이가 급히 밖으로 나간다. 13호사로 급히 달려간다.

"엄니, 엄니, 있소."

영식이 어머니가 문을 열고 나온다.

"왜? 이리 호들갑이여?"

"엄니 큰일 나부렀소, 지금 쌍초상이 났당께."

"쌍초상이라니 그게 뭔 말이여?"

"지금 다윗, 부모님이 둘 다 돌아갔소, 빨리 가보시오. 다윗 집으로."

"워매 이것이 무슨 날벼락이랑가?"

영식이와 어머니 11호사쪽으로 달려간다.

"내가 이럴 줄 알았어, 말이 씨가 된 기여! 허구헌 날 다윗 아버지 따라 같이 죽겠다고 하더니 결국 이렇게 됐부럿땅께."

신생리 교회 앞에서 장례 절차를 마치고 찬송가 291장 '날빛보다 더 밝은 천국' 속에 교회에서 구북리를 거쳐 화장장에서 화장 절차를 마치고, 신생리 11호사 뒤편 만령당에 다윗 아버지와 어머니 유해를 안치까지 찬송가 노래 소리 뒤를 다윗과 영식 신생리 교회 교인들이 따라간다.

날빛보다 더 밝은 천국(찬송가 291장)

1. 날빛보다 더 밝은 천국 믿는 맘 가지고 가겠네
믿는 자 위하여 있을 곳 우리 주 예비해 두셨네
후렴 : 몇 일 후 몇 일 후 요단강 건너가 만나리
　　　 몇 일 후 몇 일 후 요단강 건너가 만나리

2. 찬란한 주의 빛 있으니 거기는 어두움 없도다
우리들 거기서 만날 때 기쁜 낯 서로가 대하리
후렴 : 몇 일 후 몇 일 후 요단강 건너가 만나리
　　　 몇 일 후 몇 일 후 요단강 건너가 만나리

3. 이 세상 작별한 성도를 하늘에 올라가 만날 때
인간의 괴롬이 끝나고 이별의 눈물이 없겠네
후렴 : 몇 일 후 몇 일 후 요단강 건너가 만나리
　　　 몇 일 후 몇 일 후 요단강 건너가 만나리

4. 광명한 하늘에 계신 주 우리도 모시고 살겠네
성도를 즐거운 노래로 영광을 주 앞에 돌리네
후렴 : 몇 일 후 몇 일 후 요단강 긴너가 만나리
　　　몇 일 후 몇 일 후 요단강 건너가 만나리

스승과의 첫 만남

　희망사 팽나무 아래 강학수가 중절모를 깊숙이 내리쓰고 가마니 위에 앉아 만령당쪽을 바라본다.
　'다윗이 이제 이곳으로 오겠구나.'
　다윗은 신생리 11호사 부부사에서 희망사로 거처를 옮기고 밤을 맞이한다.
　희망사에서의 첫날밤이다. 돌아가신 부모님 생각, 엘리사벳이 소록도를 떠난지 3개월이 지나 4개월이 가까워도 편지 한 장 없어 애간장이 타는 초조한 마음으로 잠이 오지 않아 뒤척인다. 바닷가에서는 하염없이 갈매기가 끼루룩 끼루룩 울어댄다.
　옆에서 중학교 동기생 은식이가 코를 골며 정신없이 자고 있다. 방문이 살며시 열리며 바다가 팽나무 밑에서 하루 종일 앉아 있기만 하던 강학수가 들어왔다. 다윗은 강학수를 보는 순간 언제인가 한번 본듯한 생각이 스쳐 지나갔다. 방금 방에 들어선 강학수는 저녁식사 때 은식이가 차려놓은 밥상 앞에서 스스럼없이 식사를 끝마치고 밥상을 앞으로 밀어내더니 그대로 앉아 있다. 시간이 한참 지난 후에도 그대로 앉아서 자는 것 같았다.
　희망사에 실성한 사람이 있다하더니 저 분이신가? 다윗은 잠이 들었다 눈을 뜨니 아침이었다.

다윗이 기거하게 된 희망사는 독신 남학생들이나 대체로 젊은 층에 속하는 의학강습 청년들이 모여 산다. 한일자 형태의 커다란 가옥 구조에 큰 방이 4개나 연결되어 한 방에 8명씩 기거한다. 강학수와 은식이, 이곳으로 이사 온 다윗 세 명이 살았다.

집 뒤 마당에는 닭, 돼지, 토끼를 기르고 있다. 축사가 쭉 연결되어 그 규모가 소록도에서 제일 크고 가축의 수도 제일 많았다.

조금 떨어진 바닷가 바로 옆에는 아름드리 팽나무가 서 있다.

아침을 같이 먹으면서 다윗은 은식이에게 어제 저녁에 있었던 일을 물어보았다.

"은식아."

"왜?"

"어제 저녁 한 두시쯤 되어서 식사를 하고 있던 그 분 말이야."

"강 선생님 말이구나."

"그래. 그 분 좀 이상한 분 아니니?"

"강 선생님, 그 분은 보통 사람이 아니야. 귀신같은 사람이야."

"너 또 허풍 떠는구나."

은식이는 중학교 동기생이기는 하지만 평소 손버릇이 나쁘고, 거짓말을 잘해서 학교 다닐 때 다윗에게 혼쭐나게 두들겨 맞은 적이 있었다.

"왜 내가 다윗 너에게 거짓말을 하겠니. 요 밑에 가두리 고기 잡는데 있지?"

가두리 고기 잡는 곳이란 녹동을 바라보고 있는 신생리 앞바다는 중앙리와 장안리 해변을 끼고 있다. 바닷물이 빠지고 나면 갯벌이 소록도에서 가장 넓은 곳이다. 신생리, 중앙리, 장안리 미감아들이나 건강한 원생들은 이곳에서 바지락, 키조개, 파세기, 백합, 개맛, 꼬막, 대합, 맛, 우럭, 고동, 납작고동, 각시고동 등의 조개류와 낙지, 속새우 등을 잡고 신생리 굴날부리쪽에서 굴, 김, 파래, 톳, 미역 등을 채취한다.

중앙리 끝나는 바다둑길에서 신생리 정미소 맞은편 창고 뒤 둑길 사이 30~40미터가 희망사 뒤 팽나무가 있는 쪽으로 둑길을 따라 들어오면서 바닷물이 들어온다.

만조가 되어 바닷물이 들어오면 물이 빠져나가기 전 묻어두었던 그물을 중앙리쪽과 신생리쪽에서 동시에 끌어올려 물고기를 잡는 것을 가두리라 부른다. 가두리에서 잡은 물고기 숭어, 농어, 돔, 별돔, 문저리, 기타 잡어 등은 신생리 독사병사에 입원중인 병약한 도움실 환자들에게 특식으로 공급된다.

가두리 고기 잡는 곳은 신생리 사무실에서 관리하고 있었다.

"그래 말해봐."

"달빛이 찬란한 밤이었어. 아마 그날이 보름일거야. 강 선생님이 몇 일째 식사도 안 하시고 집에도 들어오시지 않아서 걱정이 되어 내가 찾아 나가보았거든. 아마 밤 2시쯤 되었을 거야. 항상 앉아 계시던 팽나무 밑에도 안 계시고 해서 바닷가 가두리 고기 잡는 곳으로 막 들어섰을 때야. 그때 가두리에 만조가 되어 있었어. 그런데 말이야. 그물 위로 강 선생님께서 걸어서 건너가고 있는 거야."

"요자식, 또 거짓말을."

다윗은 은식이의 머리에 꿀밤을 먹였다.

"아구야!"

"야, 임마. 강 선생님이 예수님이냐. 물 위를 걸어가게."

은식이는 다윗의 꿀밤을 맞고 머리를 감싸 쥐면서

"다윗, 자꾸 때리지 말고 내 말을 끝까지 들어봐. 하마터면 내가 기절할 뻔 했어. 그리고 하도 무서워 집으로 달려 온 일이 있었는데 그 후부터 나는 강 선생님을 똑바로 볼 수가 없어. 하도 무서워서."

"너 자꾸 이런 식으로 거짓말 하면 나한테 죽어."

"다윗, 나는 다윗한테 맞아 죽어도 좋아. 그런데 이것만은 사실이야. 내 이 두 눈으로 틀림없이 보았으니까. 하늘을 두고 맹세할게. 그리고 다윗, 지금 이 집 뒤에 있는 토끼, 닭, 돼지 키우는 막사 있지?"

"그래, 굉장히 크던데."

잠시 은식이는 무언가 생각했다.

"다윗아, 지금부터 내가 하는 말은 비밀로 해야 해. 강 선생님이 아시면 큰일나니까. 내가 희망사에 올 때 선임자들한테서 일체 비밀이라고 들었으니까."

"그래, 알았으니까 어서 말이나 해."

"그게 전부 강 선생님 거야. 아마 소록도에서는 제일 클 거야. 이것들을 사육하고 관리하기는 이 집 전체에 살고 있는 우리 모두가 하고 있지만 말이야. 어제 저녁에 다윗, 네가 먹던 돼지국 말이야. 계란하고 그거 강 선생님이 우리 희망사에 있는 사람 모두에게 그냥 주는 거야. 돼지는 변질이 잘 되지 않는 겨울철에 주로 잡아먹고, 계란은 매일 한 개씩 먹게 해 줘. 그리고 토끼하고 닭은 일주일에 1번씩 잡아서 먹도록 하셨어. 그런데 강 선생님 자신은 고기를 잡수시지 않아. 물론 계란도, 식사하시는 것도 대중없이 어쩔 때는 잡수시다가 어쩔 때는 며칠씩 굶기도 해. 그래도 나는 매일 때마다 강 선생님 식사는 차려놓는 거야. 처음 가축을 키우면서 1년 넘게는 강 선생님께서 가축들의 사료를 사주셨는데 지금은 계란이나 일부 가축들을 팔아가면서 충분히 키울 수 있어. 해서 가축들의 수가 이렇게 불어난 거야. 항상 강 선생님께서는 비가 오나 눈이 오나 바람이 부나 계절에 관계없이 저기 팽나무 밑에만 앉아 계셔. 다윗, 그리고 말이야. 나만 그런 것이 아니라 바로 옆방에 있는 종식이 말이야. 종식이는 강 선생님이 앉은 자리에서 그대로 붕 떠서 팽나무 위로 올라가는 것을 보았데. 종식이한테 가서 직접 물어봐."

다윗은 은식이에게 무슨 말을 들었는지 자신의 귀를 의심한다.

"그리고 내가 말이야. 강 선생님 빨래를 해 드리고 있는데 빨랫감을 내놓으시는 날에는 빨랫감 위에 10원짜리 한 장을 꼭 올려놓으셔. 강 선생님이 내게 수고비를 주시는 거야. 아마도 강 선생님은 돈이 많으신가봐. 그런데 이상한 게 또 있어."

"그게 뭔데?"

다윗은 호기심이 점점 생겨서 다그쳐 물었다.

"내가 이곳 희망사에 온 지가 3년이 다 되었는데, 한 번도 강 선생님께서는 말씀하시는 것을 못 봤어. 그리고 주위 모든 사람들이 강 선생님을 보고 벙어리라고도 하고, 정신이상자라고도 하고, 또 도인이라고도 하고, 도사라고도 하고, 판사님이라고도 하고, 박사님이라고도 해. 하여튼 강 선생님은 별명이 많으셔. 지금 우리들이 키우고 있는 토끼, 돼지, 닭들은 강 선생님께서 해방 후 소록도에 오셨는데 그때부터 키우고 또 번식도 시키면서 잡아먹으라고 하셨데."

다윗은 아침을 먹고 은식이에게 들은 강학수란 사람이 하도 신기하고 궁금해서 강학수가 앉아있는 팽나무 밑으로 갔다.

강학수는 지금 팽나무 밑에서 가마니를 깔고 그 위에서 미동도 않고 앉아 있었다. 어제 저녁에 방에서 본 그 모습이었다. 중절모를 깊숙이 내려쓰고 옆에는 입원할 때부터 짚고 왔다는 신사용 지팡이가 놓여 있었다. 다윗은 미동도 하지 않고 앉아 있는 강학수 앞으로 막 다가섰을 때였다.

"왜? 엘리사벳과 같이 오질 않고 다윗 너 혼자만 왔느냐?"

다윗은 깜짝 놀랐다.

강학수는 장님이었고, 그는 말을 못하는 벙어리라고 하지 않았던가. 또한 이 분이 어떻게 엘리사벳을 알고 내 이름을 어떻게 안단 말인가. 다윗은 잠시 말문이 막히어 그지 멍하니 서 있었다.

"왜, 대답이 없느냐?"

다윗은 비로소 이 분이 벙어리가 아님을 알았다.

"선생님께서는 어떻게 저를 알아보시고 또한 엘리사벳을 어떻게 아십니까?"

"왜? 내가 앞을 볼 수 없는 봉사라고 그러느냐? 비록 나는 육체적으로는 앞을 볼 수 없는 봉사이나, 마음으로 사물을 볼 수 있는 심령의 눈을 가지고 있느니라. 또한, 나는 삼명육통하였느니라."

다윗은 잠시 생각한다.

"삼명육통이라고 하셨습니까?"

"그랬느니라."

"삼명육통을 아느냐?"

"모르옵니다."

"모르는 게 당연하지. 삼명육통이란 첫째, 숙명명, 즉 숙명통이라고 하는 것으로 자신과 타인의 지난 세월을 훤히 알 수 있는 것이고, 둘째, 천안명, 즉 천안통이라는 것으로 자신과 타인의 전생과 후생의 모든 운명을 알 수 있는 것이고, 셋째, 누진명, 즉 누진통으로 현세의 인간사를 잘 알아 이를 지혜롭게 살아가는 것이고, 넷째, 천이통으로 사람이 귀로 들을 수 있는 모든 소리를 들을 수 있는 것이고, 다섯째, 신족통으로 사람이 어느 곳이던 자유자재로 다닐 수 있는 것이고, 여섯째, 타심통으로 타인의 마음속을 유리속처럼 훤히 들여다 볼 수 있는 것을 말함이니라."

"그런 것이 있군요."

"하하하 그랬느니라. 다윗, 너는 삼명육통 중에 천이통과 신족통을 할 수 있는 재능과 능력을 가지고 태어났느니라."

"제가 어떻게 그런 재주를 가지고 태어나다니요?"

"다윗, 너는 아무리 먼 곳에서 나는 소리도 들을 수 있고, 아무리 높은 곳이라도 오를 수 있고, 어느 곳이던 다닐 수 있느니라."

다윗은 자신이 먼 곳에 나는 소리를 들을 수 있고, 높은 곳을 뛰어오르고 발을 땅에 밟지 않고 3~4미터를 걷는 회상한다.

"아! 그래서 제가 그랬군요. 이제까지 풀 수 없었던 수수께끼가 풀리는 것 같습니다."

"그래, 그러하느니라."

"다윗, 너는 네가 태어나고 자란 신생리 11호사 뒷산자락 천하 길지의 실낱같은 정기를 받고, 수령을 알 수 없는 신목의 기다림 속에 태어났느니라. 그 신목이 바로 다윗 너이니라. 너는 그 신목과 명을 같이 할 것이니라."

다윗은 "네"하며 고개를 끄덕인다.

"다윗아."

"네. 선생님."

"다윗 너와 엘리사벳이 녹산국민학교에 입학 후 따뜻한 봄날 오후 희망사 앞 매화나무에서 매실을 따다가 나와 마주친 적 있지?"

다윗이 지난 일을 회상한다. 희망사 앞에는 청매화나무 열 그루가 서 있다.

"다윗, 저기에 달린 청매실 따줘."

"그래, 엘리사벳."

다윗은 그 자리에서 훌쩍 뛰어올라 청매실을 양손에 한 움큼 따서 가볍게 내려온다. 엘리사벳은 박수를 친다.

"우리 다윗은 못하는 게 없어."

강학수가 다윗과 엘리사벳 앞에 나타났다.

"다윗과 엘리사벳이구나."

다윗과 엘리사벳이 놀란 얼굴로 바라본다.

"아저씨, 저희들 이름을 어떻게 알아요?"

"다윗아, 그리고 엘리사벳아."

"네, 네"

"이 아저씨는 우리 다윗과 엘리사벳이 이 세상에 태어나기 전부터 잘 알고 있단다."

"다윗과 엘리사벳이 이 세상에 태어나기 전부터요?"

다윗과 엘리사벳이 서로를 쳐다보며 고개를 갸우뚱한다. 엘리사벳 얼굴에 두려움을 느끼며 다윗의 손을 잡는다.

"다윗, 엘리사벳 집에 데려다 줘. 집에 갈거야."

"그래, 엘리사벳 다윗이 집에 데려다 줄게."

"아저씨, 안녕히 계세요."

"오냐. 그래 기특하고 자랑스럽구나."

다윗과 엘리사벳이 다정히 손을 잡고 동생리쪽으로 간다. 강학수는 걸어가고 있는 다윗과 엘리사벳을 보고 있다.

저기, 지금 소록이 낳은 불세출의 영웅 다윗과 봉사와 선행을 하기 위하여 태어난 절세가엔 엘리사벳 그 부모들의 지혜로움으로 저렇게 건강하게 잘 자라고 있구나.

다윗, 하- 하- 하- 많이 자랐구나.

"다윗아, 너는 무예를 펼치기에 무예인으로서 타고난 체질이로구나. 그런데, 항상 붙어 다니던 엘리사벳은 지금 어디에 있느냐?"

"네, 엘리사벳은 지금 소록도에 없습니다. 엘리사벳 어머님께서 돌아가신 후 서울에 사시는 아버지를 찾고 그 아버지를 따라 서울로 갔습니다."

"음! 그랬을 것이다."

"아니, 선생님 아시고 계셨습니까?"

"나는 삼명육통하였다고 하지 않았느냐."

"네, 그렇군요."

"편지 한 장 없는 엘리사벳 때문에 심기가 불편하고, 또한 엘리사벳이 무척 보고 싶은 게로구나."

"선생님이 어떻게 그것을 다 아십니까?"

"나는 삼명육통하였느니라."

"아, 그러셨다고 하셨지요."

"다윗아, 내가 너의 그 고민을 해결해주마."

"참말이십니까 선생님?"

"암! 참말이고 말고."

"선생님, 제가 어떻게 하면 되겠습니까?"

"지금부터 내가 하는 말을 잘 들거라."

"네, 선생님."

"오늘이 며칠이냐?"

"3월 25일입니다."

"그래 오늘이 3월 25일이야."

"오늘 이 시간부터 3년하고 7개월 후 밤 12에 나는 이 세상과 모든 인연이 끝나느니라."

"아니 선생님, 이 세상과 인연이 끝난다니요."

"그래, 이 강학수가 세상에 떠난다는 것이니라. 즉, 죽는다는 것이지."

"아니, 선생님이 죽는다니요."

"인간은 누구나 죽게 되어 있느니라. 생은 반드시 멸하는 것이니라. 내가 죽은 후 다윗 네가 할 일이 있느니라."

"선생님, 그것이 무엇입니까?"
"소록도에서는 사람이 죽고 나면 화장을 하게 되어 있지 않느냐?"
"네, 그렇습니다."
"화장을 한 후 내 뼈를 경남 진주에 있는 우리 조상들이 잠들어 계시는 선산에 내 뼈를 묻어 달라는 것이다. 물론 그곳에는 조상 대대로 선산을 관리하는 사람이 있으니까 그 분에게 내 유골을 인계만 하면 되느니라. 다윗, 네가 이 약속을 지켜 줄 수 있겠느냐."
"네, 선생님."
"이 약속만 지켜주면 이 세상에서 너를 아무도 따르지 못하고 능가할 수 없는 절체절명의 무공을 가르쳐주겠다."
"참말이십니까?"
"암, 그렇고 말고."
"선생님 감사합니다."
"또한 대학 입학 과정의 검정고시 수업과 3년7개월 후 소록도를 떠나 서울에 가서 대학 4년간의 등록금, 그리고 평생 돈 걱정 없이 생활할 수 있는 생활비까지 보장해주마. 너는 그때 대학생으로서 다윗 네가 오매불망 그리고 있는 엘리사벳을 찾으면 될 게 아니냐. 엘리사벳도 그때쯤이면 서울서 어떤 대학에 다니거나, 엘리사벳과 만날 인연이 아직 이르면 엘리사벳이 외국 어느 대학이던 다니고 있을 터이고, 엘리사벳이 외국에서 대학을 졸업하고 귀국하면 그때 서로 만나면 될 게 아니냐. 자 어떠냐. 밑지는 장사가 아니 잖느냐."
"선생님, 지금하신 말씀이 진정이십니까?"
다윗은 섬밖에 피붙이 하나 없는 다윗이 아닌가. 만약 이것이 사실이라면 이런 기회가 어디 있겠는가.
"다윗아, 강학수는 허언을 하지 않느니라."

"어릴 적 처음 다윗 너를 만났을 때, 내가 너희들에게 말했듯이 강학수는 다윗 네가 이 세상에 태어나기 전부터 잘 알고 있었느니라. 그래서 내가 소록도에 들어왔느니라."

다윗이 태어나기 전부터 소록도에 들어왔다. 다윗은 잠시 생각한다.

"너무 깊게 생각 말거라. 차차 알게 될 것이니라."

"네, 선생님."

"왜? 그러느냐?"

"지금 소록도에는 귀성길이 막혀 함부로 건강사회에 나갈 수도 없고 건강한 사람도 퇴원시키지 않고 있는데 어떡합니까?"

"다윗아."

"네, 선생님."

"그 때쯤이면 다윗 너와 같은 한센병에 감염되지 않은 건강한 자나 한센병에 완치된 자는 이 섬에서 살아갈 수 없느니라."

"그런 날도 오는군요."

"그렇단다. 그런 날이 오게 되어 있느니라."

"그런데, 선생님 궁금한 게 또 있습니다."

"무엇이냐?"

"이곳 희망사에는 30여 명의 소년과 청년들이 있는데 왜 하필이면 저 다윗입니까?"

"물론 그렇겠지. 여기에는 두 가지 사연이 있어서이다. 첫 번째는 너 다윗만이 강학수가 생각하고 있는 이 모든 일들을 할 수 있는 재질과 능력이 있고, 둘째 다윗 너는 태어남 자체가 기구한 운명을 가지고 태어났느니라. 다윗 네가 태어나고 자란 신생리 11호사 뒷산은 천하의 명당자리가 있는 곳이다.

일본 원장으로 소록도 4대 원장인 주방정계 원장 시절 소록도 2차 확장 사업 때인 1937년 10월 15일 납골당인 만령당이 일본인 건축 설계사 노부나가에게 맡겼다. 노부나가는 일본 장도 애생원 만령당을 그대로 본 따서 신생리 뒷산 중턱에 건축하였다. 노부나가는 풍수와 무속에 있어서 당대 일본 최고인 호사이의 제자이다. '호사이'는 만주관동군 사령부를 大자로, 서울 중앙청을 日자로, 부산 시청을 本자로 짓게 하여 만주에서부터 한반도 전체를 하늘에서 내려다보면 大日本으로 표기한 그 장본인이다. 천하 길지에 대하여 방가의 지시와 주방 원장의 부탁을 받고 소록도를 답사한 노부나가는 한반도의 물줄기를 바꿀 천하의 명당이 신생리 뒷산에 있음을 알고 이곳에다가 만련당을 건립하여 대명당의 혈을 차단키 위함이 우선이었다. 또 하나는 누가 보더라도 천하의 명당자리에 재환자들의 유골을 안치한다는 기만적인 술책의 가소로운 명분도 있었다. 이러한, 가소롭고 기만적인 술책으로 일본 장도 애생원 만련당을 그대로 본 따 소록도 신생리 뒷산 중턱에 건축하였느니라.

아무리 '천하'의 길지라 해도 화장을 한 수천 명의 유골을 한 곳에 안치하면 명당으로서 그 영기가 상실된다. 허나, 이곳 정기는 끊어진 혈이나 만련당이 건축된 곳에서 밑으로 실낱같이 가는 혈이나마 11호사까지 뻗쳐 있다. 만련당을 건축한 노부나가는 이러한 길지의 숨어있는 원리를 몰랐느니라."

"선생님, 그런 깊은 뜻이 숨어 있었군요."

"만련당 수천의 혼령들은 나환의 몸으로 소록도에 와서 일인들의 노역과 학정에 시달리다가 죽어갔으며, 감금 폭행 살아 있는 자의 의학적 실험 등에 제명에 살지 못하고 죽은 자, 죽은 후에도 의학적 실험이라는 미명 아래 죽은 몸을 갈기갈기 찢기우는 두 번의 죽음을 당한 한 맺힌 혼령들이다. 그 원한의 혼령들의 영기가 만련당 바로 밑에 위치한 11호사까지 미쳤는데, 그곳에서 다윗 네가 태어난 것이다. 만약 천하의 혈처가 끊기지 않았더라면 다윗 너는 우리 한반도에 물줄기를 바꿀 정치적 대지도자가 되었을 것이다. 허나 그것도 다윗, 너의 운명이니라."

강학수는 잠시 말을 끊고 쉬다가 다시 말을 이었다.

"그곳 11호사에 태어난 아이는 힘은 항우를 뺨치고 머리 또한 천재적이나 그곳은 특출한 생명이 태어난다 해도 이름을 잘못 지으면 세상에 나온지 3개월이 채 안되어 죽고, 20세 이내에 기인을 만나지 못하면 20을 넘지 못하고 절명하는 자리다. 이제까지는 다윗, 네가 부모님께서 지혜롭게 지어주신 너의 이름 덕으로 살아왔고 지금부터는 강학수의 절체절명의 무공으로 다윗을 지키기 위함이니라. 또한, 다윗 너는 신생리 11호사 뒷산자락에 그 위용을 잘아하는 소록도 사람들이 언제부터인가 신목(神木)이라고 말하는 영기서린 거송과 생명을 함께 할 것이니라. 바로, 거송 신목이 너 자신이며, 바로 그 신목이 다윗 태어남을 수백 년 세월의 모진 풍상을 견디며 기다렸느니라."

강학수는 다윗을 자세히 바라 보았다. 다윗의 표정에서 신목과 자신을 비교해서 일러주는 강학수의 뜻을 가슴에 깊이 새겨두었다.

"다윗아, 인류사를 회고해 보면 헬레니즘(희랍문명=서구문명) 측면에서 제우스가 바람을 피워 태어나게 한 제우스의 아들 헤라클레스가 제일의 장사요, 헤브라이즘(기독교문명) 측면에서는 구약성서 12사사 중 한 사람인 삼손이 제일의 장사이다. 우리 동양에서는 중국의 항우가 제일의 장사이니라. 사마천의 『사기』에는 항우를 가리켜 비록 한나라 유방에게 패하였으나, 항우는 100년에 하나 나올까 말까하는 큰 인걸이었다고 기록되어 있다. 다윗, 너는 초나라 항우를 모든 면에서 앞지르는 두뇌와 힘을 가진 영걸이다. 그러나 모든 영웅들이 다 그러하듯 다윗 너는 기구한 운명 속에서 살아가야 하며 또한 장수(長壽)하지는 못한다.

세계사를 회고해 보면 양명학의 왕양명, 10만 양병설의 이율곡, 내일 지구의 종말이 온다 할지라도 한 그루의 사과나무를 심겠다던 스피노자, 천재음악가 쇼팽, 컴퓨터의 아버지 앨런튜링에 이르기까지 세기의 천재들이 40대에 세상을 하직하였느니라. 전지전능 전애전의 모든 것이 다 위대하신 절대자이신 그 분은 우리 인간들에게 전부를 모두 다 주시는 분이 아니시다. 다윗, 너는 타고난 힘과 비범한 재주 못지않게 외롭고 험난한 인간사 굴레를 벗어나지 못하고, 고독과 인고의 세월을 살 것이다. 나무가 조용히 서 있으려 하나 바람이 나무를 잠시도 가만히 있게 하지 않느니라. 다윗, 너와 엘리사벳과의 관계도 그럴 것이다. 다윗, 너와 엘리사벳은 생년월일시까지 똑같은 날 태어났다. 다윗, 네가 애가 타게 보고 싶고 그리워하는 엘리사벳은 다윗 너와 마찬가지로 한 시대가 낳은 희대의 인물이니라. 여성 중에 여성이며, 미인 중에 으뜸인 절세미인이니라. 이 질곡의 섬 소록도에 100년에 하나 있을까 말까하는 특출한 두 사람을 태어나게 한 희한한 곳이니라."

다윗은 선생님의 해박한 말씀을 가만히 듣고만 있다.

"다윗아, 너는 신생리 11호사 뒷자락 정기를 받고 신목의 기다림 속에 태어났고, 엘리사벳은 그 어머니의 깊고 깊은 신앙과 피를 토하고 살을 깎는 생사를 건 간절한 소원의 기도 속에서 태어났느니라. 자고로 절세가인은 단명하던지 아니면 수많은 세월의 밤낮을 눈물로 삼키며 처절한 외로움의 고독 속에서 그 험난한 가시밭길과 인고의 세월을 살아가야 하느니라. 이것이 절세가인이 겪어야 하는 그 사람의 운명이니라. 천하의 영웅과 절세가인의 만남은 한번 만나서 헤어지면 두 번 다시 만날 수 없는 운명이다. 그래서 너희 두 사람은 수많은 시간과 인내의 세월을 서로가 찾고 헤매어야만 하느니라. 즉, 너희 두 사람의 애절한 사랑이 하늘을 감동케 하여야만 만남이 가능하느니라. 엘리사벳은 태어남 자체의 심성이 천사와 같이 착하기 때문에 수많은 봉사와 선행을 할 것이다. 엘리사벳은 봉사와 선행을 하기 위하여 이 세상에 태어났으며, 엘리사벳의 심성은 우주만상을 감싸고 있는 하늘의 마음이니라. 또한 다윗과 엘리사벳 두 사람의 애절한 사랑이 하늘을 감동케 하여 너희 두 사람은 반드시 재회할 것이다. 다윗아."

"네."

"우리 인간사 삶 자체가 만남이 헤어짐이니라. 태어남 자체는 삶을 위함이요, 삶은 죽음을 위함이니라. 즉, 사(死)는 생(生)을 위하여 존재하는 것이고, 생은 사를 위하여 태어났느니라. 너와 엘리사벳과의 만남이 길지 않을지라도 괴로워하지 말고, 서러워 말며 아쉬워하지 말아라. 이것이 우리 인간사이니라. 다윗 너와 강학수와의 만남과 헤어짐도 우리 인간사 굴레에 한 인연이니라."

다윗은 나이는 어리나 사람을 바로 볼 줄 알았고, 머리 또한 천부적으로 뛰어났다. 다윗은 강학수 앞에 무릎을 꿇었다.

"스승님, 소제자 높으신 스승님의 뜻을 따르겠습니다."

"그럼 이제 너와의 약속은 성사된 걸로 알고 오늘밤 9시가 되면 섬 전체에 전기가 꺼진다. 그때 이곳으로 나오너라. 다윗, 너는 신생리 11호사 뒷산자락 정기를 받고 신목의 기다림 속에 태어나 힘과 머리가 뛰어나고 번개같이 빠른 몸을 가지고 태어났느니라. 너의 체격은 씨름과 육상, 평행봉과 철봉, 역기, 아령 등으로 기초 체력이 잘 갖추어져 있을 뿐만 아니라 그 체질 또한 부모로부터 무예인으로서 최적의 몸을 받고 태어났느니라. 바로 무예수련으로 들어가자구나. 손오공이 하루에 9만 리를 날아간다 하나 그것은 부처님 손 안에서니라. 지금부터 강학수가 다윗 너를 부처님 손을 벗어나 너의 기재(奇才)를 만천하에 마음껏 펼칠 수 있는 절학(絶學)의 무예를 전수해주마. 무예수련 처음 과제는 무인 백동수가 이덕무, 박제가 등 지인들의 도움으로 저술하여 조선조 22대 이산 정조에게 바친 중국 일본 조선의 무예를 총집대성한 『무예도보통지』를 배우게 될 것이고, 두 번째로는 나의 선친으로부터 나에게 전하여 강학수가 다시 보완한 '수침지회(手鍼指會)'를 배우고, 마지막 세 번째로는 인간의 육체적 움직임의 한계를 벗어난다는 어떠한 곳에서도 날아오는 총알을 피할 수 있고 총을 발사하는 그 상대를 제압할 수 있는 '초비회격(超飛回擊)'을 배우게 될 것이니라."

저녁 9시가 넘자 다윗은 강학수가 명상에 들어가 있는 팽나무 아래로 갔다.

"스승님, 다윗입니다."

"오냐. 알고 있느니라."

강학수는 앉아있는 가마니에서 한 겹을 빼내어 다윗에게 준다.

"다윗아, 이것을 깔고 앉거라."

"네, 스승님."

다윗은 가마니 위에 무릎을 꿇고 앉는다.

"다윗아, 편하게 앉거라."

"네, 스승님."

"무예수련에 들어가기 전에 몇 가지 강론할 게 있느니라."

"네, 스승님 말씀하십시오."

"먼저 먹거리에 관하여 설하겠노라. 우리 인간도 어차피 동물이니라. 해서 먹어야 명을 유지하느니라. 그러나, 거짓은 초보자일 때이고, 어느 경지에 이르면 기를 운용하게 될 것이니라. 그때는 먹는 것은 신경 쓸 필요가 없느니라. 하늘에 계신 전지전능하신 분은 먹지도 마시지도 아니하시면서 영원무궁토록 전지전능 전애전의하시지 않느냐. 그분께서는 기를 경영하시고 계시는 분이시니라. 인간은 기에 대해서 함부로 말하여서는 아니 되느니라. 기는 전지전능 전애전의하신 그 분의 영역이니라. 그러나 그것은 그때 가서 할 일이고 지금은 그렇지가 않느니라. 다윗, 너는 내일부터 식후 계란 1개, 일주일에 3번씩 닭과 토끼를 잡아 육식케 하고, 고기가 변질하지 않는 겨울로 접어들면 돼지를 잡아 저장하여 먹어라. 지금 희망사 뒤편에 있는 모든 가축들은 다윗 너를 비롯한 희망사에 기거하고 있는 자들의 몫이니라."

"스승님, 알겠습니다."

"이것은 단백질과 지방의 섭취 이야기이고, 탄수화물은 기존 원에서 배급해주는 식량에서 섭취하면 되느니라. 또한, 비타민 섭취는 이곳 텃밭에서 계절에 따라 파종 수확하고 있는 배추, 무, 시금치, 건대, 파, 마늘, 쑥갓, 상추, 콩, 당근, 오이, 토마토 기존의 과일나무에서 무화과, 감, 살구, 포도, 석류 등으로부터 섭취하면 되고, 희망사 앞에 있는 매실나무에서 봄철에 매실을 수확하여 효소를 만들어 물에 희석하여 먹어라. 바로, 이것이 약과 음식은 그 뿌리가 같다는 약식 동원의 원리와 밥상 위에 약이 있다는 산가요록의 원리를 말함이니라."

"네, 스승님. 그렇게 이행하겠습니다."

"무예를 수련하기 이전에 무예의 유래와 전래부터 알아야 하느니라. 이것은 모든 원리에 있어서 이론이 앞서고 뒤이어 실기가 뒤따르는 것이니라. 우리 한반도에 무예가 전수된 것은 중국으로부터이니라. 우리 민족의 고유 무술은 신라인들에 의한 본국검과 우리 조상들에 의하여 전수된 태껸뿐이니라. 태껸에 대해서는 추후 이야기하기로 하고, 검(劍)과 도(刀)는 칼이라는 공통된 점은 있으나 깊게 들어가면 다르다. 검은 고대와 중세 때 사용했던 것으로 앞과 뒤가 칼날이 있는 것이다. 도는 중세 이후에 사용했던 것으로 앞면은 칼날이 있고 뒷면은 칼등이다. 검은 사용시 칼이 잘 부러지고 앞뒤 칼날이기 때문에 살상용이다. 도는 사용시 칼이 부러지지 않게 제작된 것으로 칼날은 강한 강철로, 칼등은 칼날의 충격을 흡수하게끔 유연성이 있는 강철로 제작되어서 칼이 잘 부러지지 않는다. 또 사용자가 사용시 살상의 뜻이 없을 때는 칼등으로 상대를 제압하게끔 제작된 것이다."

"네, 스승님."

"우리 한반도에 무예를 전수한 중국은 인도로부터 무예가 들어오게 되느니라. 중국에 무예를 전수한 사람은 남인도 향지국 선승 달마, 즉 보리달마이니라. 보리달마는 남인도 향지국 3번째 왕자로 태어나 일찍이 스승 반야다라 밑에서 선종을 공부하고 득도하였다. 60세에 달마는 스승과 헤어져 스승의 뜻에 따라 동정불교를 행하기 위하여 큰형님의 뒤를 이어 왕위에 오른 조카를 면접하는 자리에서 동정불교를 이야기한 바 조카는 인도와 중국 사이에 해발 4000미터~5000미터가 넘는 험준한 파미르고원 산맥을 걱정하여 삼촌되시는 달마에게 수도로 가시도록 배를 한 척 배려하느니라. 이것이 동정불교의 시작이니라."

"네, 스승님."

"그런데 달마가 동정불교를 전파하기 위하여 중국에 왔을 당시 중국에는 지의가 이룬 법화경을 중심으로 하는 천태종이 있었고, 법장이 화엄경을 바탕으로 하는 화엄종이 있었으며, 도선이 계율을 연구하고 중시한 율종이 있었고 현장은 법상종을 열었느니라. 이것은 가람불교, 또는 강설불교라 한다. 달마는 이와 정반대인 사권능가능경을 중시하고 이입과 사행의 가르침을 설파하여 정반대의 좌선을 통해서 그 사상을 실천한 사람이니라."

스승의 가르침

"다윗아."
"네, 스승님."
"불교의 창시자 석가는 세계적인 불교학자 W 가이거가 주장한 BC 563~483년경에 인도 카필라성 시카족의 슈도다가왕과 마야부인 사이에서 태어났느니라. 코끼리가 옆구리로 들어오는 태몽을 꾸고 부처를 잉태한 카필라성 왕비 마야부인은 산월이 되어 친정인 다하다하성으로 가던 도중 동산에서 쉬다가 태자를 낳게 되느니라. 이 동산이 후일 마야부인 친정어머니 이름을 따서 룸비니라고 부르게 되었단다. 마야부인은 난산 끝에 태자를 낳은지 이레 만에 죽고, 이모 마하프라자가 태자를 양육하였느니라. 이 태자고마타 싯타르타가 후일 석가모니, 즉 부처이니라."
"네, 스승님."
"부처는 29살에 생사고뇌를 극복하기 위하여 그 길을 찾아 출가 6년간 고행길에 36세에 보리수 아래서 새벽별을 보고 정각을 이루었느니라. 그 후 45년간을 수많은 사람들에게 해탈과 열반의 길을 가르치다가 80세에 사라쌍수 나무 아래서 입멸하셨다. 부처가 죽고 6개월 후 살아생전에 45년간의 교화활동 기간 행하여진 교법과 승단의 청정한 생활규범을 설한 계열규정 결집이 왕사성 칠엽굴에서 시행되었느니라. 사촌이며 부처의 애제자 아난존자가 조용히 두 눈을 감고 살아생전 스승 부처께서 하신 말씀을 기억해냈느니라. 그래서 불경의 첫머리에 '나는 부처님으로부터 이렇게 들었습니다. 즉 여시아문 일시불이 된 것이니라. 다윗아.'"

"네, 스승님."

"6세기 초, 달마가 중국 양나라 무제를 만났느니라. 불교에 심취된 양무제를 만나본 달마는 선종불교가 뿌리내리기에는 이르다는 사실을 알고 소림사 토굴로 들어가 면벽 수도하지 9년 뒤 선종은 중국에서 비로소 빛을 보게 된다. 그것은 중국 천지를 떠돌던 40대의 신광이 인도 고승이 소림사 뒤 토굴에서 은거한다는 소문을 듣고 소림사로 찾아오면서 시작된다. 신광은 토굴 앞에서 달마를 기다렸으나 달마의 모습조차 볼 수 없었다. 신광은 심기가 대단한 사람이었다. 한 겨울 추위가 맹위를 떨치는 12월 소림사에 눈이 내렸다. 토굴 앞에서 허리까지 찬 눈 위에 무릎을 꿇고 달마 선사를 기다리고 먹지도 마시지도 않은 채 말이다. 며칠 만에 모습을 본 달마 앞에서 신광은 제자로 삼아 줄 것을 애걸하였다. 그러나 달마는 묵묵부답 토굴 속으로 들어가 버렸다. 이러기를 며칠 후 다시 토굴 밖으로 나온 달마를 본 신광은 호신도를 꺼내 오른팔을 잘라 달마의 면전에 바쳤느니라. 새하얀 눈 위에 선혈이 낭자하자 달마는 감읍하여 신광을 제자로 삼고 머리를 삭발해준 뒤 법명을 혜가로 지어주었느니라. 이렇게 시작한 선종은 달마→혜가→승찬→도신→홍인으로 이어지면서 홍인의 문하 6대 혜능과 신수에 이르렀느니라. 선종은 신수의 북선종과 혜능의 남선종으로 갈라진다. 선종이 남북으로 갈라진 데는 돈오점수론에서이다. 돈오는 깨침을 말함이요, 점수는 점차적 수행과정을 말함이다. 북선종은 돈오 이전에 차츰 도를 수행하는 점수과정이 있어야 한다는 점수돈오이고, 남선종은 돈오 후 점수과정인 돈오점수를 중요시하였다. 남선종은 혜능 이후 위암→임제→조동→운문→법안 등 5가를 이루었고,

걸출한 선승들을 배출하면서 송대 이후 중국 불교의 주류를 이루었느니라. 선이란 석가가 영산설법에서 말없이 꽃을 들자 제자 가섭이 그 뜻을 알았다는데서 연유한 이심전심으로 불립문자를 종지로 삼았느니라. 선종은 한반도에 들어와 지금의 조계종이 되었느니라."

"네, 스승님."

"다윗아. 무예의 전수경로를 이야기함에 있어서 불교와 깊은 연관성이 있기 때문에 이를 설파하였느니라. 달마는 소림사 토굴 속에서 9년간 벽면 참선 속에서 달마권, 일명 소림권을 창안한 것이 아니고, 동정불교 이전에 달마는 달마권을 통달한 달인이었느니라. 달마권은 인도 요가승들에 유래된 것으로 뭇 짐승들의 먹이사슬부터이니라. 잡아 먹으려고 하는 쪽과 잡아먹히지 않으려는 짐승들의 동작에서 공격과 방어가 창안되었느니라. 후일, 달마는 선승들에게 달마권, 일명 소림권을 사사하였느니라. 선승들은 앉아서 좌선을 많이 하였으므로 치질과 습진에 시달리게 되고, 치질과 습진 약을 선승들에게 제공한 자들이 무당산에 도관을 차려놓고 도를 연마하는 도교의 도사와 한 곳에 머물지 않고 방랑하면서 수행하는 도교의 도인들이었느니라. 도교 경전은 『포박자』이며 저자는 갈홍이니라. 『포박자』를 경전으로 도학을 하는 도사나 도인들의 신선이 되기 위하여 선단(仙丹)이라는 약제를 제조하여 복용하였는데 여기에서 중국 화공학의 기초가 형성되고, 더 나아가 불꽃놀이 폭죽이 개발되어 이 폭죽이 유럽으로 건너가 살상용 화약이 된 것이니라. 소림사 선승들은 약값의 대가로 달마권, 일명 소림권을 도인이나 도사들에게 전수하게 된 것이니라. 무예는 역사의 흐름과 동시에 무인들의 수정과 보완, 그리고 여러 파로 분파되면서 한반도 우리나라에는 당수라는 이름으로 전파되었고, 중국에서 일본으로 건너가 가라데, 합기도, 일명공수도 등이 되었느니라."

"다윗아."

"네, 스승님."

"다윗아. 우리나라에 무예가 체계화한 백동수가 중국, 일본, 조선의 전통무예를 집대성한 『무예도보통지』를 정조에게 바쳤느니라. 이 『무예도보통지』도 허점이 많이 있어 보완한 무예를 지금부터 다윗 너에게 가르치려 하느니라."

"네, 스승님. 열심히 배우겠습니다."

강학수의 몸은 태산이요, 바람이었다. 유연하기로는 그물에 걸리지 않는 바람이다. 다윗의 무예수련은 이렇게 시작되었다. 강학수는 다윗이 힘에 밀리거나 쓰러지려면 부모가 자식을 감싸주듯 다윗의 몸을 감싸주고, 혹은 질타하면서 무예를 가리키며 전개한다. 무섭고 인자하신 아버지 같았다.

"다윗아, 밤에는 무예수련, 낮 시간에는 준비해놓은 고등학교 과정의 교재를 공부하거라. 또한 대학교 과정의 교재 공부를 3년7개월 이내에 마치도록 하여야 한다. 공부의 방법은 독학으로 하되 모르는 것이 있으면 나에게 물어 보도록 하여라. 또한, 내가 준비해 놓은 참고 교재를 참고하여라. 그리고 순간순간 명상시간을 가져 밤에 배운 무예를 생각하며 머리로 무예를 복습하여야 한다."

"네, 스승님. 명심하겠습니다."

"명상을 함에 있어서 명상 속에서 머리로 수련하여야 하며 자신을 망각하는 아망오 속에서 우주의 무한대의 기를 흡입하고 응축하여야 하느니라. 다윗아."

"네, 스승님."

"지금부터는 수침지회를 배우게 될 것이니라. 수침지회에 대하여 설하겠노라. 수침지회는 선친께서 창안하셨느니라. 선친께옵서는 한의학에 명의셨고, 침술에 능하신 달인이셨느니라. 수침지회를 연마하기 앞서 침술에 대하여 설하겠노라."

"네, 스승님."

"역사시대에 접어들어서도 상당기간 동서양의 의학이 무당, 주술사 등에 의하여 행하여졌다. 동양의 의학은 신농의 본초와 BC 475~BC 221에 걸쳐 각각 81편, 총 16만자 이상의 한자로 황제가 신하 기백 등 6명과 한의학의 원리에 대하며 문답체로 인체의 생리, 병리, 경혈의 흐름 천지간에 원리 인간과 우주 간에 조화 등을 소문과 영추 두 부분으로 나누어 서술한 『황제내경』으로부터 시작되고, 서양의 의학은 히포크라테스 집안 독보적으로 윗대라 하는 신화적 인물 아스클레피오스(로마신화의 아이스쿨라피우스와 동일인)로부터 시작되었느니라."

"다윗아."

"네, 스승님."

"소록도 의사들 가운 윗주머니 있는 곳에 뱀이 감긴 지팡이 문장이 있지 않느냐?"

"네, 보았습니다."

"그 지팡이를 항상 집고 다녔던 사람이 아스클레피오스이다."

"네, 그렇군요."

"침술은 춘추시대에 중국에서 시작되었느니라. 인도의 명의 항카라 밑에서 의술을 배우고, 후일 인도 제일의 신의가 된 기파가 있듯이 중국의 3대 신의로 전한 시대 창공 순우의(淳于意), 춘추전국 시대의 편작(編鵲), 한나라 말의 화타(華佗)가 있다. 순우의는 구침지회를, 중국 전국시대의 명의 진월인 편작은 고대 무당들에 의해서 행하여졌던 의술을 무당으로부터 분리하여 경험적 지식을 바탕으로 하나의 약제처방에서 벗어나 여러 가지 약재를 사용하여 약의 효능을 강조하였다. 화타는 마불산이라는 마취제를 술에 타 마시게 한 후 외과적 수술로 개복과 뇌수술까지 했느니라.

신선계의 창공에서부터 시작된 침술은 후한 말의 황보밀에 와서 침술의 영역이 무예로 연결되는 전기를 마련하였느니라.『침구갑을경』을 저술한 황보밀은 불우한 청소년 시절 중국 천지를 부랑하면서 사람을 치고 때릴 때 사람 신체의 360군데 급소가 어느 곳에 위치해 있다는 것을 스스로 터득하였고, 이것을 토대로 침술과 연결하였느니라. 바로 그 침술이 나의 선친으로 이어졌다. 선친께서는 유연성의 극치인 우리 고유의 무술 태껸에 접목시켜 수침지회라 하였느니라."

선친에 대한 생각으로 강학수는 잠시 말을 끊었다. 다시 천천히 말을 이었다.

"다윗아, 수침지회는 사람의 360군데 급소를 유연한 동작으로 침을 손에 들고 번개같이 공격과 방어하는 무술이다. 나는 이것을 보완하여 좌우 10개의 손가락이 침이 되어 상대방 360군데 급소를 공수와 방수가 되게 하는 것이니라. 수침지회는 상대의 급소를 슬쩍 찌르면 상대방이 넘어가서 심한 고통을 느끼고, 상대의 급소를 중간쯤 찌르면 상대가 몇 분간 정신을 잃고 쓰러진다. 심하게 깊게 찌르면 상대가 목숨을 잃게 되는 무예로서 상대가 그 누구든 이 수침지회에 걸리면 빠져나가지 못하고 치명타를 입게 된다. 그러므로 수침지회를 펼치는 각별한 정신적 수양이 필요한 무예이니라. 즉, 인간이 창안한 무예 중에 으뜸이요, 신기 중에 궁극이니라. 이 수침지회를 다윗, 너에게 이를 전수하고자 함이다. 먼저 수침지회를 배우기 전에 반드시 해야 할 항목이 있으니라."

"스승님, 그것이 무엇입니까?"

"본시 수침지회를 펼치는 도구는 침이 아니더냐. 해서 침 대신 손가락과 손바닥으로 무예를 펼쳐야 하기 때문에 손가락과 손바닥을 강철로 만들어야 한다. 즉, 철지장이 되어야 하느니라. 처음에는 바닷가 모래사장에 가서 너의 손가락 끝 관수로 모래 바닥을 찌르는 연습부터 하거라. 후에 비가 온 후 땅바닥에 관수로 단련을 하고, 딱딱한 땅바닥에 관수와 손바닥 장으로 연습을 같이 하고, 그 후로는 붉은 벽돌로 단련을 해야 하느니라. 또 그 후로는 돌 중에서 가장 여문 차돌로 연습하면 되느니라."

"네, 스승님, 그렇게 하겠습니다."

"다윗아."

"네, 스승님 너의 뒤에 있는 하얀 차돌이 있다. 차돌을 나에게 던져라."

다윗은 뒤에 있는 차돌을 주어 강학수에게 던진다. 강학수는 차돌을 받는가 싶더니 관수로 구멍을 내고, 이내 손에 쥐고 가루를 내어버린다. 다윗의 눈이 휘둥그레진다.

"다윗아, 이것이 바로 수침지회이니라."

흐름이 물과 같고, 스쳐지며 가는 것이 바람 같으며, 번개같이 빠르고 벼락같이 강한 강학수의 수침지회가 다윗에게 자연스레 전수된다.

한편 서울에 온 엘리사벳은 다윗에게 수십 통의 편지를 보냈으나 답장이 없어 가슴만 태운다. 오늘도 내 사랑 다윗에게 편지를 보냈어. 이번에는 꼭 답장해야해. 응— 내 사랑 다윗. 왜 답장 없는 거야?

"엘리사벳, 이거 받아. 만년필이야. 이 만년필 쓸 때마다 다윗을 생각해. 우리 엘리사벳과 다윗의 영원불면한 사랑을 다윗이 혼을 불어넣어 각인해 놓았어."

엘리사벳의 눈에 눈물이 고인다. 다윗이 준 만년필을 손에 들고 보고 픔에 괴로워한다. 자나 깨나 다윗을 향한 그리움과 다윗에게서 답장이 오지 않음을 괴로워하면서도 졸업 후 소록도에 있는 다윗을 찾아가리라는 기대와 설렘으로 학업에 열중하였다.

　소록도에서 어머니와 살던 때가 떠오른다. 늘 학같이 기품을 지녔던 여인 김인선, 엘리사벳은 어머니를 진실로 존경하였다. 비록 한센병에 걸렸으나 기품을 잃지 않고 항상 인자하였고 너그러우셨다. 엘리사벳은 어머니 김인선을 제일 존경하였고, 다음으로 존경한 인물이 퀴리 부인이다.

　퀴리 부인으로 통하는 마리 퀴리는 세계적인 과학자이자 조국 폴란드를 한없이 사랑한 애국자인 마리 퀴리는 세계여성들의 귀감이요 본보기였다. 처녀 때 이름은 마리아 스쿼도프스카(Maria sktodowska)는 폴란드 출신의 이민 프랑스 과학자이다. 방사능 분야의 선구자이며 여성 최초의 노벨상 수상자이다. 물리학상은 남편 퀴리와 함께 받았고, 화학상은 혼자 노벨상을 받은 유일한 인물이다.

　폴란드가 세계에서 자랑하는 세 사람의 위대한 인물이 있다. 지동설의 천문학자 코페르니쿠스와 천재 음악가 쇼팽, 그리고 퀴리 부인이다. 마리 퀴리는 과학자로 연구에 몰두하며 지속적으로 방사능에 노출된 결과로 67살의 나이로 세상을 떠났다.

　마리 퀴리는 내조의 아내로, 훌륭한 딸을 키운 어머니로, 퀴리부인의 장녀 이렌은 물리학자로 노벨 물리학상을 받았으며, 차녀 이브는 음악가 겸 작가로 어머니의 전기를 썼다. 후일 마리 퀴리 부부의 유해는 프랑스 국립묘지 판테옹에 이장되었다. 프랑스 정부에서는 퀴리 부인이 이민자 출신의 과학자였지만 예의를 다해 업적을 기렸다.

　엘리사벳의 책상 위에는 중앙공원에서 다윗과 함께 찍은 사진이 케이스에 넣어 세워져 있다. 책상 앞에 단정하게 앉아 있는 엘리사벳의 머리에 머리핀이 꽂혀 있고, 유난히 하얀 손에는 수탄장길에서 다윗이 선물한 만년필이 들려 있다.

　소록도 희망사 다윗의 책상 위에는 중앙공원에서 엘리사벳과 함께 찍은 사진이 사진케이스에 넣어 세워져 있다. 성탄 전야 장래를 약속하며, 엘리사벳에게 받은 홍실과 청실로 엮어 짠 장갑과 수탄장길에서 엘리사벳에게 받은 가제 손수건을 들고 있다.
 내 사랑 엘리사벳. 오늘도 우리 엘리사벳. 편지를 기다렸단다. 오, 내사랑 엘리사벳이여!
 다윗의 눈에도 홍근하게 눈물이 고인다.

초비회격이 무엇인고하니

밤 9시가 넘어 칠흑의 어둠 속에 강학수 앞에 다윗이 서 있다.
"다윗아, 오늘밤은 인간의 육체의 한계를 벗어나 총알을 피하고, 이를 발사하는 자를 공격한다는 초비회격(超飛回擊)을 전수할 것이니라."
"네, 스승님."
"초비회격은 내가 일본 동경제국대 법학부 유학 시절 동기생인 장찬성과의 만남에서부터 시작하였느니라. 일본 전국에 최고의 무인을 뽑는 대회가 열렸는데 가라데, 합기도, 유도할 것 없이 통합하는 일본 최고의 무인대회였다. 이 대회에 나는 상대들을 모두 제압하고 우승하였느니라."
강학수는 잠시 말을 끊었다. 가라데, 합기도, 유도 선수들과의 대결하여 당당히 우승했던 때를 회상해 본다. 일본 최고의 무인대회를 마친 어느날 장찬성 동기가 나에게 도전장을 내밀었다. 장찬성은 14세기 송나라 윗대 조상님이 되는 장삼봉 진인의 태극권 승계자로 우승자인 나하고 한번 대결해 보자는 도전이었다. 다윗아."
"네, 스승님."
"태극권은 중국 진씨 가문의 무예라는 것이 있으나, 장삼봉에 의하여 창안되었다는 설이 상당히 설득력을 갖게 되느니라. 무당산에서 도학과 무예를 연마했던 무당파 후예 중에 14세가 중국 송나라 말, 장삼봉이라는 사람이 있었다. 장삼봉에 의해 소림사의 달마권과 태극 오행설, 황제 내경의 호신술 등 중국 각 성씨 집안을 대대로 전해내려오는 다양한 무술 등을 절묘하게 결집하여 집대성한 것이 태극권이니라."

"스승님, 장찬성 동기분과도 대결을 하셨군요."

"그랬지. 나는 장찬성의 도전을 흔쾌히 받아들였다. 우리의 대결은 말 그대로 용호쌍박이었다. 공수와 방수가 현란한 조화를 이루고 심오한 내공이 결집된 장찬성의 무예는 실로 극에 달해 있었다. 우리는 승부를 보지 못하고, 그 다음날 또 다시 대결하였다. 나는 그 다음날 대결에서 아버지에게서 배운 극한의 고수에게 사용하는 기법으로 장찬성을 몰아치다가 입속에 미리 넣어두었던 소침으로 그의 머리 위로 올라가 목과 뒷머리가 만나는 천추혈 급소에 내공의 기로 불어넣어 꽂았느니라. 이것은 암수이나 장찬성을 이길 수 있는 유일한 방법은 이것 밖에 없었느니라. 소침을 반쯤 꽂자 장찬성은 잠시 정신을 잃게 되었으니라."

"스승님, 중국의 최고 고수인 정찬성을 이기셨군요."

"그런 셈이지. 우리는 그 뒤부터 친하게 지냈단다. 그런데, 장찬성은 중국 본토에 본부를 둔 삼합회와 깊은 관련이 있어."

"스승님, 삼합회는 무엇입니까?"

"장찬성이 나에게 자주 삼합회에 대하여 이야기하였거든. 장찬성의 할아버지와 아버지가 모두 중국 본토 삼합회와 깊게 관련되어 있어. 반청운동에 앞장 섰던 천지회 일부 비밀조직이 삼합회야. 처음에는 반청운동이었으나 시간이 지나자 목적을 상실한 채 지금은 폭력집단으로 변질되었다고 하더구나. 돈되는 일이면 무슨 짓인들 마다않는 만행을 저지르고 있는 것이 홍콩에 본부를 둔 삼합회라고 한단다. 삼합회의 근본정신을 훼손하는 홍콩 삼합회를 자신이 언제인가는 꼭 바로 잡겠다는 뜻을 가지고 있었어. 장찬성, 그는 영리하고 머리회전이 빨라. 다정다감하면서도 차가울 때는 얼음보다 차가운 사람이야. 도대체 마음의 깊이를 헤아릴 수 없는 수수께끼 같은 친구였지. 그러나 해박한 지식의 소유자로 중국의 황하문명, 즉 양소문명과 홍산문명, 일명 동이문명에 대하여 우리 두 사람은 많은 시간을 갑론을박하였느니라."

"다윗아."

"네, 스승님."

"지금부터 본격적으로 초비회격에 대해 가르켜 주겠다."

"네, 스승님."

"장찬성이 어디에선가 구해온 권총으로 총알을 피할 수 있는 무예를 둘이서 같이 수련하게 되었구나. 천둥번개는 양전기와 음전기의 방전으로 먼저 빛이 번쩍이고 그 뒤 소리가 나는데 이 원리를 응용한 수련방법이니라. 사람의 몸이 초인적인 빠름이 없으면 곧 사망에 이르는 아주 위험한 기예를 우리 두 사람은 권총 방아쇠 마찰에 의하여 일어나는 소리와 뒤이어 총알이 발사되는 간격 차이를 이용하여 처음에는 한 발씩 쏘아 가면서 조심스럽게 수련하다 뒤이어 총알을 피함에 있어서 숙달된 후 6발을 연달아 발사하여 이를 피할 수 있는 경지에까지 이른 것이니라. 우리 두 사람은 이것을 초비회격이라 명명하였느니라."

"네, 스승님. 그래서 초비회격이 생겨났군요."

"다윗아, 이 원리를 알았으니 다윗 너는 지금도 초비회격을 펼칠 수 있느니라."

"스승님, 제가 초비회격을 말입니까? 그것은 불가능합니다."

"하— 하— 하— 다윗아."

"네, 스승님."

"다윗, 너는 삼명육통 중에 사람이 귀로 들을 수 있는 모든 소리를 먼 거리에서 개미가 움직이는 소리까지도 다 들을 수 있는 천이통을 할 수 있지 않느냐. 또한 축지를 할 수 있는 신족통도 할 수 있고……."
"아! 그렇군요. 저는 먼 거리에서 움직이는 개미 발자국 소리도 들을 수 있고 아무리 먼 거리도 단숨에 달릴 수 있습니다."
"그래, 바로 그거야. 그게 천이통이고, 신족통이야."
"다윗아, 너의 스승 앞에서 열 보 뒤로 가서 서거라."
다윗이 뒤로 열 보 후진하여 선다.
"지금 내가 이 지팡이로 옆에 있는 돌을 칠 것이니라. 그 지팡이가 돌에 닿는 순간 소리가 나겠지, 바로 그 간격 차이를 이용하여 번개같이 나에게 와서 공격하거라. 무예도보통지든, 수침지회든 그 순간에 펼칠 수 있는 환경이 되면 어떠한 무예도 되느니라. 자, 준비되었느냐."
"네."
강학수는 지팡이를 돌에 친다. 딱. 다윗은 번개같이 날아와 수침지회로 강학수를 공격한다. 강학수는 쉽게 방어한다.
"늦구나. 조금 더 빨리해야 하느니라."
초비회격 수련은 이렇게 시작된다. 또한 다윗이 초비회격 수련이 마무리 될 즈음에는 강학수와 다윗의 거리가 조금씩 조금씩 멀어진다.
"상대를 제압함에 있어 육안으로 상대를 보아야 하겠지만 육안보다도 더욱 중요한 것은 심안이니라. 그래야 나와 같이 장님이지만 심안으로 상대의 모든 것을 읽을 수 있고 헤아릴 수 있으며 알 수 있느니라. 그러기 위해서는 육신적 수련 이외에 육감, 직감, 영감, 오감 등을 운용하여야 하며 수많은 묵상과 명상시간을 가져서 무예수련의 흐름 일체를 머리와 마음으로 읽어야 하느니라. 그 흐름 속에서 우주의 광활한 에너지를 너 자신의 것으로 활용하는 기 수련을 끊임없이 하여야 한다. 이것은 너 다윗이 무예 수련을 마친 후에도 일생을 사는 동안 쉬지 않고 하여야 한다. 무예는 기본체력이 바탕이 되어야 하나 그보다 더 중요한 것이 정신이다.

무예를 힘으로 하는 것이라 생각들 하나 그것은 하나를 알고 둘은 모르는 어리석은 생각이다. 모든 운동과 무예는 힘으로 하는 것이 아니라 머리로 하는 것이니라. 또한 무예는 정신에서 출발하고 생각과 사색, 묵상과 명상으로 이어지느니라. 여기에서 묵상과 명상은 깊게 들어가면 차이가 있다. 묵상은 종교적 차원을 넘어 전지전능 전애전의하신 절대자와의 교감이요, 명상은 자기 자신과의 자아형성이다. 즉 극기인의 길이다. 다윗, 알겠느냐?"

"네, 스승님. 명심 또 명심하겠습니다."

"우리가 강한 펀치를 말할 때 스피드와 파워라고 흔히들 말한다. 이는 빠른 동작과 강한 힘의 일치를 말함인데 인체의 한정된 한 부분이 아니라 인체의 모든 곳이 포함되어야 하느니라. 공수와 방수, 즉 공격과 방어가 몸 전체의 육체이어야 한다는 것이다. 모든 무예의 절정은 한 순간의 빠름과 순발력의 합이어야 한다. 그러기 위해서는 부모로부터 타고난 체력도 중요하지만, 그 보다 더 중요한 것은 꾸준한 수련과 머리와 정신 혼으로 이어지는 묵상과 명상을 함께 하여야 한다. 우주의 기(氣)를 끊임없이 받아들이고 활용해야 하며 응축하여야 한다. 또한 응축된 기를 최소한 소진하면서 상대와 맞서야 하느니라. 그래야만 수많은 사람과 수 없는 시간동안 대결하더라고 지칠 줄 모르는 강인한 무예를 차원 높게 전개하며 승화시킬 수 있다. 무예란 수련인이 펼치는 예술이어야 하느니라."

바다에서 물안개가 피어오르고 있는 고요한 만조의 바다를 바라보면서 강학수는 다윗에게 다시 이른다.

"다윗, 광활하게 펼쳐지는 저 바다를 보아라. 고요함이 극에 달하는구나. 신생리 바닷가에서 녹동쪽을 바라보는 바다는 마치 바닷물이 정지해 있는 듯 고요하며 미동조차 없는 밤이다. 시간이 정지된 듯한 저 바다의 모습이 도인들이 말하는 무극(無極)의 세계이니라. 검을 다루는 검수가 검식을 펼치기 전 마음의 평정을 갖지 않으면 상대에 패하는 것과 마찬가지로 무예를 펼치는 무예인은 그 마음이 저와 같이 고요함을 유지해야 하느니라. 참으로 우주에 기가 충만한 밤이로구나. 기란 현상세계에 존재하는 모든 존재의 그 근원이며 생명 그 자체이니라. 우리 자연계의 만물이 생성, 변화, 소멸도 결국은 기의 활성과 흐트러짐 속에서 함께 하는 것이니라. 이 우주 속에 광활하게 펼쳐져 있는 무한대의 기를 어떻게 너의 것으로 활용하느냐에 따라 너의 무공의 척도가 좌우된다. 우주의 무한대 기를 경영하시는 분은 전지전능, 전애전의하시며 모든 일의 절대자이신 신뿐이다. 우리 인간은 한계가 있어서 절대자의 경지에까지는 이르지 못하나 꾸준한 묵상과 명상 속에서 그 기를 자기 것으로 만들어 가는 수련을 계속하면은 신의 경지 가까이 갈 수 있느니라. 기는 신의 영역이다. 기를 함부로 말하는 것이 아니다. 인간이 공기를 마시거나 음식물을 먹을 때 기도 함께 마시고 섭취하나 우리 인간은 그 기를 극히 제한된 미세한 부분만 자기의 것으로 만들고 나머지는 자기 것으로 만들지 못하고 응축하지 못하며 다시 몸 밖으로 내보내고 있는 것이다. 전지전능, 전애전의하신 절대자에게 선택되어 절대자가 계신 곳에 초청된 분들이 살고 있는 영의 세계에는 기를 경영하고 기를 먹고 마시며 사는 것이다. 이들이 사는 곳은 영원불멸 영생의 세계이다. 즉 기는 지구가 생성되기 이전부터 존재하는 형이상적 무형무체(無形無體)이며 구극극미(究極極微)의 원자적 무한대의 신의 영역인 것이느니라. 다윗아."

"네, 스승님."

"기를 집중시켜 너의 것으로 만들기 위해서는 명상의 기본자세가 형성되어야 하느니라. 다윗 너는 지금부터 나를 잘 보아라."

강학수는 앉은 자리에서 서서히 부상하여 지면으로부터 1미터에서 정지한다. 또한 오른손에는 스승의 지팡이가 쥐어져 있다. 다윗의 눈이 휘둥그레진다.

"다윗아."

"네, 스승님."

"다윗아, 너도 해보거라."

"네. 스승님, 그렇게 하겠습니다."

다윗도 스승 없이 뛰어오른다. 강학수는 뛰어오르다 땅으로 내려가는 다윗을 지팡이로 가볍게 받쳐준다.

"다윗아, 스승의 지팡이 위에서 가부좌를 틀고 앉아서 양손을 무릎 위에 고스란히 내리고 단전으로 기를 집중시키면 되느니라. 나와 이 연습을 계속하면 너의 몸은 마치 깃털과 같이 될 것이니라. 알겠느냐?"

"네. 스승님."

우리 민족의 뿌리

 책상 앞에 열심히 공부하는 다윗의 교재가 고등학교 과정을 마치고, 대학교 교재로 바뀌었다. 강학수가 문을 열고 들어오자 다윗은 일어나서 공손하게 스승을 맞는다.
 "스승님."
 "오냐. 교재가 대학교재로 바뀌었구나."
 "스승님의 가르침 때문입니다."
 "아니다. 다윗. 너는 천부적 머리를 가지고 태어났느니라."
 "스승님께 드릴 말씀이 있습니다."
 "무엇이냐 말하여 보아라."
 "우리 민족의 고조선 역사에 대하여 알고 싶습니다."
 "그것은 당연한 일 아니냐. 우리 민족의 뿌리를 알아야 함은……. 우리 민족의 고조선역사는 애석하게도 중국 사마천의 『사기』나 반고의 『한서』, 일본의 『서기』 같은 중국과 일본인들의 자존심인 역사서가 전해오지 않느니라. 물론, 우리 민족도 『고조선비사』, 『고구려유기』, 『백제서기』 같은 문헌들이 있었으나 전란에 모두 유실되었느니라. 참으로 안타까운 일이지. 김부식의 『삼국사기』나 일연의 『삼국유사』가 있으나 이 역사서는 후일 고려 때 기록이기 때문에 우리 민족의 고조선사를 이해하는데 한계가 있느니라. 물론 여러 대에 내려오면서 편집된 『환단고기』와 같은 역사서가 전해오기는 하나 이 역사서는 중국 학자들과 많은 학술적 교류가 필요한 역사서이다. 해서 우리 민족의 고조선사는 주로 중국 문헌에서 찾아볼 수 있다."

"네."

"다윗아, 우리 민족의 뿌리를 알기에 앞서서 먼저 알아야 할 것이 우리 인류의 근원부터 알아야 하느니라. 우리 인류는 성경에 기록된 창조주께서 창조하신 아담과 이브의 자손이 될 수도 있고, 영원한 것은 아무 것도 없고 만물은 끊임없이 변천한다고 말한 영국학자 찰스 다윈이 1859년에 발표한 『종의 기원』 학설로부터 진화되었다고 볼 수도 있다. 그러나 여기에도 깊게 들어가면 많은 의구점이 있느니라. 이 점에 대하여서는 학술적 많은 연구가 필요하다. 1925년 아프리카 남부에서 한 화석이 발견되었다. 지금부터 약 200만 년 전 최초로 도구를 사용했던 인간의 발자취라고 말하는 오스트랄로피테쿠스(Australopithecus)라는 두뇌 용적이 현인류의 1/3 정도이며 생김새가 원숭이에 가깝고 어정쩡한 직립보행을 하였으며 지구상에 살다가 환경조건에 적응 못하고 사라졌는데 이들은 인간이라고 보기에는 문제점이 많다. 그 후 50~60만년 오스트랄로피테쿠스보다 두뇌 용적 약 1000cc 정도의 인간이 나타난다. 자바인 피테칸트로푸스에렉투스(Pithecanthropuserectus), 북경인 시난트로프스페키넨스(Sinanthropuspekinensis)가 이들이다. 이들을 호모에렉투스(HomoErectus)라 한다. 그후 약 20만년 전 자바나 북경인보다 진화된 독일 네안데르탈지방에 살았다는 네안데르탈인(Neanderthalensis)이 나타났는데 이들의 뇌 용적은 1200cc 정도며 불을 사용할 줄 알았다. 그 후 약 4만년 전 현인류의 직접적인 조상이라고들하는 호모사피엔스(Homosapiens)가 나타난다.

1879년 에스파냐 북부 해안 알타미라 동굴 속에 들어간 사냥꾼에 의해서 선사시대 것으로 보이는 유물을 발견하였다. 이를 이곳 영주인 돈마르셀리노에게 알렸고 돈 마르셀리노는 동굴탐사를 시작하게 된다. 이 때 5살 난 딸 마리아도 함께 아버지를 따라가는데 아버지 곁에서 마리아는 무심코 횃불 너머로 동굴 천장을 바라보다가 소 그림이 보이는 것 같았다. "아빠 소가 있어요." 마리아는 이것을 아버지에게 말하여 알타미라 동굴벽화는 세상에 알려진다. 바로 이 동굴벽화를 그린 주인공들이 현생 인류의 조상인 호모사피엔스다. 이들은 약 4만년 전에 지구에 나타났다. 지구상 인류들의 피부색이 백인종, 황인종, 흑인종인 것은 아마도 자연적 기후의 조건에서였을 것이다. 처음 우리 인류는 남녀 모두 공동체 생활 속에서 오로지 종족 유지 본능으로 정조 개념 없이 생활해 왔었다.

　그러나 남성들은 차츰 목축과 농사를 경작하게 되고, 여성들은 지정된 장소에서 남성들에 의한 목축과 농사를 손질하고 갈무리하면서 남성들과 여성들은 목축과 농사의 잉여물을 자신의 혈육에게 이어주려는 사고가 생겼다. 또한 자신들의 혈육을 증명하기 위한 정조개념에 신경을 쓰게 되면서 차츰 가정제도가 생긴 것으로 추정하고 있다.

　우리 한민족은 북방 몽고 계통에 속하며 그 기원은 시베리아 바이칼호 부근이라고들 한다. 우리 민족은 아시아 대륙에서 출현한 몽고인종이 바이칼호 부근에 살다가 약 1만년 전 홍적세(洪績世)가 끝나고 충적세(沖積世) 초기 후빙기가 시작되면서 남으로 이동하기 시작해서 동북중국 지역과 한반도 지역에 정착하게 된 것으로 추정하고 있다. 종족으로는 황인종이며 언어학적으로는 알타이어계에 속하느니라. 또 다른 설은 그 이전에 남하하여 살았다는 설도 있다. 우리 조상들이 남하하다가 중국 요서 대릉하 유역과 난하 유역 일대에서 정착했다는 설이 있는데 이 설에서 후일 단군이 고조선을 중국 대륙에 건국했다는 설이 된다. 단군(檀

君)은 환인(桓因)의 손자이고, 환웅(桓雄)의 아들이다.

다른 학설은 식민 일본학자 이마니시(今四龍) 이나바(稻葉岩吉) 설을 이병도가 이이받은 학설로 한무제(유철)가 고조선을 멸망시키고 네 곳으로 갈라서 한사군을 개설했는데 이것은 낙랑군, 임둔군, 진번군, 현도군으로서 그 중 중심축 역할을 하는 낙랑군이 한반도 북단 대동강 유역에 있다는 설이다. 그 반대로 남한학자 윤내현과 북한학자 리기진이 주장한 학설로 한사군중 중추적 역할을 하는 낙랑군이 중국 갈석산 부근 난하 유역에 있었다는 설이다. 이 두 학설에서 낙랑군이 갈석산 난하 유역에 있었다면 고조선 건국이 중국 대륙에 있었다는 것이고, 그 반대로 낙랑군이 한반도 대동강 유역에 있었다면 고조선 건국이 한반도 일대에 국한된다는 것이다. 여기에서 정확하게 정의를 내리기 쉽지 않으나 중국의 여러 문헌을 참고해 볼 때 고조선 건국이 중국 요동 서쪽에 있었으며, 황하문명보다 1,000여 년 앞선 홍산문명인 동이문명이 고조선 선인들이 주축이 되었다고 보아진다. 동이 9개 부족의 작품이라 할 수 있으나 이런 역사들은 우리나라 학자들과 중국 학자들 간의 고대 문헌에 의한 지리적 탐사와 발굴에 의한 학술교류가 우선적으로 필요한 것이다. 다윗아."

"네, 스승님."

"북경 아래 위치한 탁록에서 한족의 우두머리 황제와 동이 9개 부족의 우두머리 치우(蚩尤)가 탁록대전 이후 한족이 강하면 한족이, 동이가 강하면 동이가 중국 대륙을 다스려 왔느니라. 작은 우리나라는 지금 열강들에 의하여 사상적 이념과 그들의 실익 속에 분단되어 반 토막이 되어있고 항상 전운이 감돌고 있느니라. 허나 미국이란 강대국이 경제적 지원과 협조는 물론 군사적 지원 아래 위기를 모면하고 있으나 미국도 큰 의미에서 볼 때 자기 국가의 국익을 위함이니라. 지금 우리나라는 사상적 이데올로기 속에 작은 반도가 반 토막이 나 있고, 주변 중국 소련 일본 열강 등 속에 위축되어 있느니라.

　이럴 때일수록 신생리 뒷산자락 천하의 길지가 살아있고, 그 주인이 태어났더라면 좋았을 것을……. 그곳은 우리 한반도의 정세적 물줄기를 바꿀 대영도자가 태어날 자리이니라. 다윗, 너는 바로 천장비지 혈처의 주인이었으나 그 혈처는 일인들에 의해 끊어지고 실낱 같은 혈이 남아 그 혈을 타고 다윗 네가 태어난 것이니라. 허나 다윗아, 너는 이 스승을 만나지 못하였으면 너는 이 세상 사람이 아니였느니라. 전지전능, 전애전의 하신 신께옵서 나와 너와의 인연을 맺고자 이 강학수를 나병인으로 만들어 이곳 소록도에 오게 한 것이니라."

　"스승님. 제가 정말 천하의 길지에 태어났습니까?"

　"다윗아, 그런 인연으로 내가 나병에 걸려 소록도로 오지 않았느냐. 이것은 너와 나의 어쩔 수 없는 운명이야. 다윗아, 오월동주(吳越同舟)라는 고사가 있다. 이것은 중국 춘추시대 오나라와 월나라가 수많은 전쟁으로 앙숙 사이인데 한 배에 타고 있다는 뜻이니라. 가령 우리나라가 일본에 당한 36년간의 과거진행형은 뼈 속 깊이 간직하되 우리나라는 지형적 정세적 일본과 같은 배를 타고 가야 하느니라. 히로시마와 나가사끼에 원자폭탄을 맞고 패전국이 되었으나 지금 무섭게 도약하는 일본을 보아라. 우리 민족이 바로 이 점을 배워야 하느니라. 우리나라가 일본은 가장 본받아야 할 국가이고 가장 경계해야 할 국가이니라. 다윗아."

　"네. 스승님."

　"너와 내가 기거하고 있는 희망사 앞 화단에는 뿌리는 하나이나 줄기에서 꽃 색깔이 각각 서로 다른 분꽃이 피어 있지 않느냐?"

　"네. 스승님."

　"그와 같이 우리 인류의 근원과 뿌리는 하나이니라. 다만 지역적 환경과 기후, 또한 사상적 이념과 종교적 개념으로 인하여 흩어져 있을 뿐이니라. 다윗아."

"네, 스승님."

"방에서 나가 팽나무 아래로 가자구나. 오늘은 너와 함께 팽나무 위로 부상하여 팽나무 잎을 밟고 그 위에서 무예도보통지와 수침지회, 그리고 초비회격을 펼칠 것이니라."

"스승님."

"왜, 그러느냐."

"스승님, 다윗이 팽나무 위로 뛰어오르거나 넘을 수는 있으나, 팽나무 위에서 팽나무 잎을 밟고 무예를 펼친다는 것은 불가능할 것 같습니다."

강학수는 통쾌하게 웃는다.

"다윗아."

"네, 스승님."

"너는 능히 할 수 있느니라. 다윗 너는 태어나면서 천이통과 신족통을 할 수 있는 재능을 가지고 태어난 자이니라. 처음에는 스승이 너를 부축하면서 할 것이나, 다윗 너는 빠른 시간 안에 이를 습득할 것이니라. 그 원리는 다윗, 네가 공부한 교재에서 만유인력을 접했을 것이니라."

"네, 스승님. 1664년부터 1666년 2년 동안 유럽 전 지역에 페스트가 창궐하였을 때, 아이작 뉴턴이 캠브리지대학 공부를 잠시 접고 고향인 잉글랜드 동부 링컨셔의 울주소프에 있던 중 사과밭에서 사과 떨어지는 것을 보고 모든 물체는 거리와 질량에 관계없이 각자 고유의 중력을 가지고 있음을 알게 된 것입니다."

"오냐, 역시 다윗이구나. 바로 그것이 만유인력이니라. 그래서 뉴턴을 보고 현대과학의 아버지라 일컬어지는 것이니라. 오늘까지 다윗 너는 스승의 명에 따라 명상 중에 우주의 무한대 기를 응축하였을 것이니라. 지금 저 팽나무 위로 올라 가면은 그 순간부터 너의 응축된 기와 지구의 중력과 맞서게 될 것이니라. 그 정점에서 너의 몸은 부상되어 땅 위에서 생활하는 것과 같을 것이니라. 마치 사과나무에 사과가 달려 있듯이 말이다. 물론 처음에는 내가 너를 부축하여 도울 것이니라. 시간이 지나면 머리로 무예를 펼치게 될 것이고, 두 눈을 감고도 천이통과 신족통의 조화 속에서 오감과 영감을 교차하며 무예를 펼칠 것이니라. 수련은 육체의 힘으로 하는 것이 아니라 머리로 하는 것이니라. 자, 지금부터 팽나무 위로 올라간다."

순식간에 강학수는 다윗의 손을 잡고 팽나무 위를 부상하여 올라간다. 처음 다윗은 팽나무 잎 사이로 발이 빠졌으나, 강학수의 도움과 다윗의 응축된 기로 지구의 중력을 방어한다. 신족통과 천이통으로 이를 극복하면서 차차 팽나무 잎 위에서 무예를 펼치게 되고, 결국은 두 눈을 감고 스승과 공수와 방수를 펼치게 된다.

"다윗아."

"네, 스승님."

"나는 본시 어릴 때부터 선친에게 유학을 공부하였느니라. 공자는 유학의 시조다. 공자는 춘추시대 말 노나라 창평향 추읍에서 태어났다. 지금의 산동성 남동이다. 공자가 태어난 연대를 BC 552년으로 보는 사람도 있다. 아버지 숙량흘은 공자가 3세 때 돌아가셨다. 어머니는 안씨 집안으로 이름은 징재이다. 공자는 180센티미터가 넘는 거구로 힘이 장사였느니라. 춘추시대 그 시절은 힘이 있어야 살 수 있었고, 힘이 있어야 자신의 뜻을 펼칠 수 있는 시기였다. 좋은 예로 공자의 애제자는 안회가 분명하나 자로라는 제자가 있었느니라. 자로는 힘이 장사요, 성격이 아주 괴팍한 자였으나 공자 앞에서 힘에 짓눌려 제자가 된 재미있는 일화가 있다. 공자는 극기복례(克己復禮), 즉 자기 자신을 이기고 예에 따르는 것이 곧 인(仁)으로 보았다. 그러기 위해서는 많이 배워야 하고 배운 후에 자기 자신을 다스리고 그 후 타인에게 이를 베푸는 것, 즉 수기치인(修己治人) 이것이 유학의 기본정신이다. 이 수기치인을 어떻게 하느냐 하는 방법론을 제시한 것이『중용』과『대학』에 나와 있다.

또한 그 방법론 제시하는 학문이 성리학, 즉 주자학이다. 수기치인에 대해서는 뜻은 같으나 방법론적으로 들어가면 방법에 이견이 있어서 성리학도 되고 양명학도 된다. 성리학은 일명 주자학이라고도 하는데 중국 송나라 유학자 주희에 의하여 고대 유학이 재정비되었다.

성리학은 우리나라에는 고려 말 지방 중소 지주 출신으로 개혁세력이었던 안향에 의하여 원에 유학, 주자전서와 초상화를 손수 필사본으로 하여 고려에 소개했는데 이색에 이어 정몽주, 정도전 등이 이 학문을 이어받았다. 후일 정도전에 의하여 조선 건국의 통치 이념으로 삼게 된다 조선의 유학자들은 고려 때 안향을 가리켜 동방의 주자라 칭했다. 또한 양명학은 중국 명나라 중기 유학자 왕양명으로부터 시작된다. 시호는 문성으로 저장성 여요에서 태어났다. 그는 몸이 매우 허약하였다. 37세 때 심즉리 지행합일(知行合一)을 주장했는데 이는 인간의 마음 속에는 선천적인 판단력이나 논리적인 순수감수성을 실천하는 일, 이를 양명학이라 하였다. 그는 47세 때 죽었는데 모르는 것이 없는 중국 최고의 학자이다. 조선조 이율곡의 전신이라고 하는 사람도 있다. 이는 죽음, 허약한 체질, 천재적 박식한 두뇌를 가진 대학자 등 유사한 점이 많다는 것에서 유래된 것이니라.

우리나라에 유학이 미친 영향은 정신적 문명과 윤리적 도덕에 있어서는 지대한 공헌을 하였다. 그러나 물질문명적 측면에서 보면 시대가 요구하는 실질적 가치를 상실하고 사대사상에 발이 묶여 시대적 흐름에 부응하지 못하는 폐단을 낳았다. 특히 중국이 우리나라를 자기네들 변방의 일개 성으로 생각하는 등 오류를 남기게 되었느니라. 또한 공자가 주장한 존화양이론(尊華穰夷論), 일명 화이론, 혹은 존주론으로 한민족만이 중국의 전통이고 다른 민족은 비전통인 오랑캐 취급을 받게 된다."

"네, 스승님."

"다윗아, 공부란 끝이 없다. 항상 배우려고 하는 자세가 중요하다."

"스승님, 명심하겠습니다."

"여기에서 잠시 알고 넘어가야 할 점이 있다."

"스승님, 그게 무엇이 옵니까?"

"우리가 말하는 사대 성인(四代 聖人) 중 석가모니는 공자보다 12년이 세상에 먼저와 80세를 살았고, 공자는 소크라테스보다 81년 먼저와 72세를 살았다. 소크라테스는 예수보다 467년 먼저와 71년을 살았고, 예수는 이 세상에 33년을 살았다. 사대 성인의 주 이념으로는 석가는 해탈과 자비, 공자는 인(仁)과 수기치인(修己治人)을, 소크라테스는 삶의 도덕적 온당한 지식의 목적 실천지(實踐知)를, 예수는 믿음, 소망, 사랑 중 사랑을 갈파하였다. 수제자로는 석가는 아난존자를, 공자는 안희를, 소크라테스는 플라톤을, 예수는 베드로를 두었느니라. 알겠느냐?"

"네, 스승님."

"그러나 4대 성인들의 사상과 뜻을 한 마디로 표현한다면 불교는 마음 심이요, 유교는 배울 학자요, 소크라테스는 지혜의 두 글자요, 기독교는 사랑이란 두 글자이니라."

"네, 스승님."

"오늘은 만조가 된 가두리고기 잡는 바닷물 위에서 무예도보통지, 수침지회, 초비회격을 펼치는 무예를 연마하게 될 것이니라."

"스승님, 물 위에서요?"

"그렇단다. 왜? 두려우냐?"

"예수님도 아니고, 물 위에서 사람이 어떻게?"

"예수님도 육신을 가진 사람이 아니셨더냐."

"예수님께서는 전지전능, 전의전애하신 하나님의 독생자 아니십니까?"

"그래 다윗, 너의 말도 틀린 말은 아니다. 그러나 예수께서도 다윗 너와 같이 신족통을 전계하신 분이시니라. 지금부터 스승의 말씀을 경청하거라. 다윗, 네가 어릴 적 동전보다 조금 큰 조약돌을 물 위를 향해 던지는 돌물팔매 놀이를 한 적 있지 않느냐."

다윗은 어릴 적 신생리 바닷가에서 영식이와 월순이와 얇은 조약돌을 집어서 수평선 물 위로 던지면 조약돌이 탱탱거리며 물 위로 날아가던 것을 회상한다.

"네, 스승님 기억하고 있습니다."

"둥근 조약돌이 물 위를 탱탱거리며 날아가는 것은 물의 부력과 다윗 네가 발산하는 에너지, 즉, 기로서 지구의 중력을 거슬러 날아가는 것이다. 그 기가 소진되면 물속에 가라앉게 되는 것이니라. 다윗, 너는 지금 팽나무 위에서 팽나무 잎을 밟고 명상 속에서 응축된 기로 지구에 중력을 방어하면서 신족통으로 무예를 펼치지 않았느냐. 그렇게 하면 되느니라."

다윗은 잠시 생각한다.

"네, 스승님 한번 해 보겠습니다."

"처음에는 쉽지 않을 것이다. 이 스승이 옆에서 도울 것이고, 차츰 익숙해질 것이니라. 다윗아, 모든 것은 너 자신을 믿고 머리와 영감 오감으로 하여야 하느니라. 육신은 영의 부산물에 불과하느니라. 자, 가자."

강학수는 다윗의 손을 잡고 물 위에 뛰어들었다. 처음 다윗은 무릎까지 빠졌으나, 강학수의 부축으로 이를 모면하면서 시작한다. 시간의 흐름에 따라 물 위를 걷게 된다.

  또한, 물 위에서 무예도보통지, 수침지회, 초비회격을 연마하였다. 그리고 팽나무 아래 앉아 다윗에게 눈을 감게 하고, 머리와 오감과 영감으로 수련을 마무리하였다.

희대의 한센 기인은 가고

"다윗아."
"예, 스승님."
"목욕물을 데워라. 목욕을 하여야겠구나."
다윗은 부엌에서 큰 솥에다 물을 붓고 목욕물을 데웠다. 목욕을 마친 강학수는 옷을 단정하게 갈아입고 방석 위에 조용히 앉는다. 다윗은 스승 앞에 무릎을 꿇고 앉는다.
"다윗아, 편히 앉거라."
"예, 스승님."
"인간의 마음속에는 항상 두 가지의 싸움터이니라. 육신과 영혼, 이성과 정념, 선과 악, 가아와 진아의 대결 터이니라. 우리 인간은 누구나 자기 자신 위주로 생각하고 자신을 이롭게 생각하며 육신을 편안하고 안일하게 하려는 속성을 가지고 있다. 수련인의 최적의 적은 자기 자신이다. 자신을 억제하고 자신에게 승리하여 극기인으로 가는 길은 꾸준한 수련 속의 묵상과 명상으로 이어지는 자아 형성에 있다 해서 인간본성 자아 형성의 수양적 차원에서 예를 들어 볼 때 맹자의 성선설이나 순자의 성악설 등이 여기에 해당된다고도 볼 수도 있다. 육신은 무예를 담은 그릇이다. 그릇은 항상 비어 있어야 하느니라. 학문과 무예는 그릇 속에 차곡 차곡 쌓아가는 것이 아니라 하나하나 비워가는 것이니라. 그래서 묵상과 명상 또한 비우기 위함이니라. 이제 다윗 너의 무예는 그 상대가 없으며 만약 그 상대가 있다고 한다면 너 자신뿐이니라. 너 자신을 다스리는 극기인이 되어야 하느니라. 지금까지 스승에게 배운 모든 무예를 담은 마음의 그릇은 비워라. 그리고 그곳에 너의 새로운 무예를 담아라. 너의 무예가 그릇에 차거든 새로이 창안될 무예를 위하여 또 비워야 하느니라. 비움의 정신적 겸손의 철학을 잊어서는 아니 된다."

"네, 스승님 명심하겠습니다."

"또한 잠언 18절에 기록된 비전이 없으면 망한다는 구절을 생각하며 앞을 내다보는 비전과 안목을 가져야 하느니라. 이제까지 스승에게 배운 무예이나 그 중요성에 감안하여 초비회격을 한 번 더 다윗에게 설한다. 인간의 한계를 넘어선다는 총알을 피하는 무예는 방아쇠를 당기는 순간과 총알이 격실에서 발사되어 날아오는 순간의 간격 차이 시공을 이용한 것으로서 경공술과 응축된 에너지를 순간적 최대한으로 발산과 흡입을 하면서 빠른 몸 회전으로 상대에 접근하여야 하느니라. 이때 중요한 것은 상대가 10미터 밖일 때는 날아오는 총알을 몸 회전에 의하여 피하면서 접근하여야 하고 상대가 10미터 안에 있을 때는 총알이 날아오지 않는 상태에서 접근하게 되느니라.

이때 상대는 초강력 에너지의 회오리 속에서 정신이 반의식 상태에 이르게 된다. 허나 상대는 이를 느끼지 못하느니라. 다윗 네가 상대에 접근하였을 때 상황에 따라 무예도보통지나 수침지회로 상대를 제압하면 되는 것이니라. 삼명육통 중에 천이통과 신족통은 다윗 네가 태어나면서부터 펼칠 수 있는 기예들을 가졌고, 숙명통, 천안통, 누진통, 타심통은 스승이 가르쳐 주는 것이 아니라 다윗 네가 스스로. 터득해야 하느니라. 이 사통을 숙제로 두고 갈 것이니라. 또한, 다윗 네가 깨친 무예라 할지라도 자만하지 말고 수련을 게을리하지 말며, 묵상과 명상을 게을리하지 마라. 창업(創業)도 어려우나 수성(守成)은 더욱 어려우니라. 항상 겸허하고 올바른 마음가짐으로 돈오점수하여야 하느니라."

"네, 스승님."

"다윗, 너는 그 상대가 누구일지라고 100전 100승할 것이니라. 이는 너의 스승 강학수가 다윗 너에게 패하는 것을 가르쳐 주지 않았으니까 허나 매사에 신중에 신중을 기하여야 하느니라. 자만은 금물이며 자만은 바로 패로 이어지느니라."

강학수는 자기가 앉아있던 방석 속에서 두 개의 봉투를 끄집어내었다.

"이 봉투 속에는 내가 죽고 나면 그 장례비용과 네가 이 섬을 떠나 쓸 수 있는 경비가 들어있다. 다른 봉투에는 네가 나의 유골을 가지고 진주에 도착하여 만나야 할 사람의 이름과 주소, 그리고 진주에 있는 나의 남은 재산을 다윗 너에게 상속한다는 유언장이 들어 있느니라. 다윗, 너에게 상속된 재산을 정리하여 서울로 가거라. 그 정도 재물 같으면 서울에 가서 대학 진학은 물론 대학 졸업 후 평생을 써도 남을 돈일 것이니라. 다윗 너의 학업 수준은 명문대학을 우수한 성적으로 졸업한 이보다 우위에 있으나 기회가 되는대로 대학에 진학하여 한 번 더 지적 상아탑을 쌓거라. 네가 너에게 가르쳐준 무예 못지않게 지적 향상에 정진하여 무예와 지를 겸비한 자아형성의 수양인이 되어야 하느니라. 세상을 사노라면 영고성쇠가 있고 기사회생의 고비가 있느니라. 허나 이런 것들은 시간이 다 해결해 준다."

강학수의 말씀을 듣고 있는 다윗은 하늘이 무너지는 듯 충격을 받는다.

"네, 스승님."

"다윗아. 세상 삶을 살아감에 있어서 아무 것도 가지고 있지 않으면서도 끝없이 무진장 가진 자, 무일물중 무진장(無一物中 無盡藏), 그것이 도인과 도사의 길이며 수련자의 참 삶이요, 지혜의 길인 동시에 현자의 길이니라. 자아를 형성하는데 게을리 하지 말아라. 수련육신극기기공(修鍊肉身克己器空), 수련자의 육신은 극기를 담는 그릇이어야 하고 그 그릇은 비어 있어야 한다. 또한 사람을 대함에 있어 남녀노소 누구든 있는 자나 없는 자나 배운 자나 배우지 못한 자나 할 것 없이 자신보다 항상 우위에 두고 보아야하며 자만하지 말고 신중하고 침착하며 겸손하고 지혜로워야 하느니라."

사랑하는 엘리사벳을 서울로 떠나보내고 소식 한 장 없는 차에 아버지와 어머니를 잃고 이곳 희망사에 와서 스승 강학수를 만나 오직 이 분을 부모님 같이 스승 같이 의지하고 존경하며 지내온지 어언 3년7개월, 이제 스승 강학수의 입에서 죽음에 대한 이야기가 나오니 다윗은 기가 막히고 눈이 캄캄해서 하늘마저 무너지는 듯 했다.

"스승님, 이제 저는 스승님마저 없으시면 누구를 의지하고 제가 어찌 살아가라고 먼저 가시렵니까?"

"다윗아."

"네."

"태어남 자체는 삶을 위함이요 삶은 죽음을 위함이니라. 즉, 죽는 것은 또다른 생을 위하여 존재하는 것이고, 생은 사를 위하여 태어났느니라. 생자필멸(生者必滅)이요, 회자정리(會者定離) 아니더냐. 만남이 곧 헤어짐이니라. 자, 이불을 깔아라. 이제 가야 할 시간이 다 되어가는구나."

다윗은 스승의 분부대로 흐르는 눈물을 주체하지 못하며 이불을 깔았다. 강학수는 조용히 자리에 눕고 나서 고개를 돌려 다윗을 돌아본다.

"다윗아, 이제 너와 헤어져야겠구나. 회고해 볼진데 무예인으로서 나의 무예는 하늘에 이르렀고, 삼명육통의 경지에 달통했으나 인간 강학수의 삶은 소록도 우리 환우들과 다를 바 없이 너무나도 길고 험난한 나환(癩患)의 괴로움과 인고의 세월이었느니라. 애제자 다윗아."

"네, 스승님."

"지금 스승이 하는 이 말은 다윗 너에게 마지막이 될 것이야."

"스승님, 말씀하십시오."

"오냐. 나는 사주 명리학과 추명학, 관상학 등에 일가를 이룬 사람으로 내 사주를 내가 아무리 뽑고 뽑아 보아도 강학수가 한센병에 걸려 소록도에 올 팔자와 운명이 아니였느니라. 나는 이 수수께끼를 풀기 위하여 소록도에 입원한 다음날 소록도를 일주하였단다. 소록도와 왜! 무슨 인연이 있기 때문에 왔는가를……. 나는 어릴 적 독서광이었느니라. 선친께서 소장하고 계셨던 돈으로도 구할 수 없는 귀중한 책들을 탐독하였다. 그 책들 중 풍수지리서도 탐독하게 되었는데, 지리서의 고서라는 악수장을 비롯 도선비기, 청오경, 지리정종, 금낭경, 탁옥부, 사마수범, 청낭경, 회남자, 옥수진경, 설심부, 호순신, 명산론, 구천현묘경 등 30여 권의 진서였느니라. 소록도를 일주한 목적은 풍수지리적 나와의 연관 관계였느니라. 소록도를 일주하고 마지막으로 다윗 네가 태어난 신생리 11호사 뒷산자락인 만령당 앞에 섰느니라. 나는 전신에 전율을 느끼며 만령당이 세워진 곳이 천하의 길지라는 것을 알았느니라. 아무리 천하의 길지라 해도 수천의 유골을 안치하면 명당으로 기능이 상실되는 것이니라. 또한 주산 정상에는 종집을 만들어 500관이나 되는 쇠종을 달아 치게 하여 기를 흩트리고 주산과 납골당 사이에는 길을 내어 허리를 잘랐으며 주혈처에는 납골당을 건립한 것이니라. 나는 탈기를 하며 만령당 옆을 바라 보았느니라. 그곳에는 수령을 알 수 없는 신목이 위용을 자랑하며 길지에서 태어날 주인공을 기다리고 있었느니라. 그 주인공과 명을 같이 한다는 것을 알고 기이하고 기이해서 이제 희망사로 가려고 고개를 갸우뚱

하며 11호사쪽을 바라보았느니라."

잠시 숨을 멈추고 생각에 잠긴듯 하였다.

"다윗아, 이게 어찌된 일인가, 나는 또 한 번 놀라고 감탄했느니라. 만령당이 세워진 곳에 영기가 끊긴 혈이나마 가늘게 11호사까지 뻗쳐져 있는 것을 보고 천명을 느꼈느니라. 바로, 강학수가 한센병에 걸려 소록도에 온 사연과 의문의 수수께끼가 풀리는 순간이었느니라. 11호사에서 장차 태어날 아이와의 인간사 인연 때문에 하늘이 너와의 만남을 정하여 주어 강학수가 한센병에 걸리어 이곳 소록도에 온 것이었느니라. 다윗아."

"네, 스승님."

"일인들에 의하여 신생리 뒷산자락 천하의 천장비지가 끊기지 않았더라면 다윗 너는 분단된 한반도의 물줄기를 바꿀 크고도 큰 정치적 영걸이 되었을 것이나 어찌 하겠느냐. 이것도 너의 운명인 것을……. 또한 다윗 네가 한시라도 잊지 못하는 엘리사벳을 반드시 만나게 될 것이다. 그리움에 사무치는 많은 시일이 흐른 뒤이니 우리 인간은 만남 자체가 헤어짐이니라. 너는 당분간 우리나라를 떠나 홍콩에 가서 홍콩생활을 할 것이다. 그때 너의 스승이 일본 유학시절 동기생인 장찬성을 만나게 될 것이다. 다윗아, 나를 대하듯 예의를 다해야 하느니라."

강학수는 거친 숨이 내쉬며 말을 끊었다 이었다.

"다윗아."

소록도야, 잘 있거라

 엘리사벳은 여고 3학년 졸업시험을 마쳤다. 3학년 반 전체 수석이었다. 서홍업과 새어머니 김정숙의 간곡한 권유로 안과 의사의 꿈을 이루고자 엘리사벳은 세계 의대 명문인 미국 존스홉킨스대학에 유학을 결심하고 수속을 밟고 있었다.
 존스홉킨스대학은 미국 메릴랜드 볼티모어에 있는 사립 종합대학이다. 1876년 퀘이커교도이자 은행가인 존스 홉킨스(Johns Hopkins)의 기부금을 바탕으로 설립되었다. 1893년 남자들과 같이 여성들도 의과대학에 입학할 수 있는 조건으로 여성들이 기금을 모금하여 학교에 기부한 후 존 스홉킨스대학 의대가 만들어졌다. 이런 사연을 안 엘리사벳은 존스홉킨스 의대에 더욱 더 여성으로서 큰 의미와 매력을 느꼈다.
 엘리사벳은 소록도에 있을 다윗을 꿈에도 잊을 수가 없었다. 오직 다윗을 만나야겠다는 일념으로 기다림과 갈망의 3년 7개월의 세월을 견디내었다. 며칠 뒤면 소록도에 사랑하는 다윗을 찾아가게 될 설렘과 부푼 마음을 진정시키면서 사랑하는 다윗에게 수탄장길 위에서 선물 받은 만년필을 가슴에 안은 채 다윗의 이름을 세 번 부르면서 조용히 잠을 청한다. 엘리사벳과 다윗의 영원 불변의 사랑의 증표로 다윗이 혼을 불어넣어 각인한 만년필이 아닌가. 내 사랑 다윗의 모습 얼마나 변하였을까?

다윗은 스승 강학수의 장례를 치렀다.

화장을 한 후 유해를 수습하여 나무상자에 넣고 하얀 보자기에 싸 소록도를 떠날 채비를 한다. 3년 7개월 전 스승 강학수가 팽나무 아래서 다윗에게 예언했듯이, 지금 소록도에는 한센병이 완치된 자, 건강한 미감인들 여러 가지 이유로 한센인 흉내를 내고 살아온 건강한 자 등은 퇴원시키는 병원행정에 의하여 다윗이 첫 번째로 육지 사회에 나가게 된다.

다윗은 소식 없는 엘리사벳의 주소나 그의 아버지 서홍업의 병원을 알고자 소록도 정윤근 원장을 몇 번 만나려 하였다. 그러나 정 원장과는 만날 수 없었다. 이제 정 원장마저 소록도 병원을 떠난지 몇 개월이 지났다.

소록도에서는 보내는 편지나 받는 편지 모두 교도과에서 관장한다. 병원장 정윤근이 엘리사벳의 아버지 서홍업의 부탁을 받고 다윗에게 오는 엘리사벳의 편지를 교도과에 지시하여 단절시켰던 것이다. 이러한 사연을 알 길 없는 다윗과 엘리사벳은 그리움으로 애태운 너무나도 길고 긴 3년 7개월의 시간이 지났다.

다윗은 작은 가방을 챙겼다. 가방 안에는 소록도 중앙공원 야자수 아래서 엘리사벳이 노란 장미꽃을 손에 들고 엘리사벳과 다윗이 두 손을 꼭 잡고 찍은 사진 액자와 영원불변의 사랑 언약으로 엘리사벳이 밤을 세워가며 혼을 불어넣어 한 땀 한 땀 자수한 손수건이 들어 있다. 청색 홍실로 한 올 한 올 엮어 뜨개질한 장갑, 엘리사벳과 함께 중학교 입학시절 사랑하는 다윗의 몸매를 머리에 그리며 정성을 다하여 손수 바늘로 한 치 한 치 뜨고 미싱으로 봉제하여 만들어준 중학교 교복을 챙겨 넣고 간단한 소지품도 같이 넣었다.

다윗은 아버지, 어머님이 영면해 계시는 만령당 앞에 무릎을 꿇었다.

"아버님, 어머님. 소자 다윗이 이제 이 섬을 떠나 건강사회에 나가려고 합니다."

다윗의 두 눈에 살얼음 같은 눈물이 고였다.

"오냐, 다윗아. 너는 반드시 뭇사람이 우러러보는 큰 거목이 될 것이다."

"아버님, 어머님. 육지사회에 나가 자리가 잡히는 대로 소자 다윗이 아버님, 어머님을 제가 있는 곳으로 편히 다시 모시겠습니다."

"오냐. 참으로 기특하고 자랑스럽구나."

"다윗아."

"네, 어머님."

"육지사회에 나가거든 배 곯지 말고 무엇이든 알아서 챙겨 묵어라. 알겠제."

"네, 어머님. 저 다윗이 명심할 게요."

다윗의 눈에 눈물이 볼을 타고 흘러내린다.

"아버님, 어머님. 소자 다윗이 다시 뫼실 때까지 편히 영면하십시오."

다윗은 아버님, 어머님을 참배하고 만령당 계단을 내려오면서 다윗이 태어날 것을 기다렸다는 신목(神木)을 바라보았다. 오늘따라 신목이 위풍당당한 위용을 자랑하며 버티고 서 있었다.

다윗은 아버님, 어머님을 참배한 후 신생리에 계시는 여러 어르신들에게 작별인사를 올린 뒤 13호사 영식이 집에 왔다. 영식이가 다윗과의 이별에 섭섭해 한다.

"다윗아, 오늘 소록도를 떠나 뿌린당가?"

"그래, 어머님 계시냐?"

"워매, 다윗아인겨."

"네, 어머님 안녕히 계세요."

"다윗, 너는 잘 되었다야. 건강한 사람들을 다 퇴원시킨다고들 하는데,

우리 영식이는 갈 데 올 데 없어서 큰일난기여."
"다윗아, 이렇게 헤어지면 언제 다시 만나야."
"어짜든 몸조심 혀야써. 어머님께서도 건강하세요."
"영식아, 너가 배 타는 곳까지 바래다 줘라."
"엄니 그래야 쓰것구먼요."
다윗과 영식은 수탄장길 앞 임시로 마련된 전마선이 대기하는 곳으로 간다.
"나도 시방 몇 일 있으면 다윗 네가 살던 희망사 방으로 이사 갈끼여. 다윗아 혹사 말이여, 아니 제 그럴 리 없겠제."
"영식아, 무슨 말을 하려고 그래?"
"저 월순이 때문이야. 월순이가 보고 싶어서 미치겠어야."
"영식아, 수원으로 시집 간 사람인데, 이제 월순이는 잊어."
"그래야 쓰것제. 아이구! 이 썩을 놈의 세상."
"진주에 가서 스승님의 유해를 안치한 후 스승님의 유산을 정리하여 엘리사벳을 찾으려 서울로 갈꺼야."
임시로 마련된 수탄장길 앞 바다가 전마선에 오르기 전 다윗은 영식이 두 손을 잡는다.
"영식아, 우리 손이나 한번 잡아보자."
"그려, 다윗아."
영식이는 눈물을 글썽인다.
"영식아 건강하게 잘 있어."
"다윗아, 편지 이야기하면 노이로제 걸리겠지만 건강사회 나가서 자리 잡히는 대로 편지 한 장하더라고잉."
"알았어. 영식아, 우리 인연이 있으면 또 다시 만나게 될꺼야."
"또 내가 인연을 한번 만들어 볼께."

"다윗아, 그러면 얼마나 좋겠어야. 나는 영식이와 월순이 두 사람을 항상 잊지 않고 있어. 다윗아, 고맙더라고잉."

"우리는 소록의 후예들이 잖아그려. 우리는 소록도 후예랑께."

다윗은 배에 오른다. 녹동을 향해 멀어져 가는 전마선, 전마선을 바라보고 있는 영식이는 눈에 고인 눈물을 닦는다. 아이고 이 썩을 놈의 세상. 녹동에 도착한 다윗은 참으로 감회가 새로워 한동안 소록도를 바라보았다.

나의 모든 것이 생성하고 자라면서 나의 사랑 엘리사벳을 만났던 곳, 이제 그리움에 사연 많고 정 들었던 저곳을 떠나는 것이다. 다윗은 혼신의 힘을 다하여 소록도를 향해 큰소리로 사랑하는 엘리사벳의 이름을 불러보았다.

"내 사랑 엘리사벳!"

소록도 하늘 위에서 사랑하는 엘리사벳의 이름만이 메아리 쳐 갔다. 한 많고 수많은 사연을 간직한 다윗이 태어난 질곡의 섬 소록도를 다윗은 이제 떠나가는 것이다.

다윗은 녹동에서 고흥까지 50리, 고흥에서 벌교까지 80리, 도합 130리 길을 버스를 타고 가고 있다. 다윗은 곰곰이 생각에 잠긴다.

전국 각지의 나환자들이 소록도로 강송(强送)되었다. 이외에는 교통수단을 이용할 수 없어서 걸어서 걸어서 간다. 장날이 되면 닭이나 병아리, 돼지새끼나 개, 강아지, 토끼 등을 차에 태워줘도 나병환자는 안태워준다. 짐승보다 못한 취급을 받는다.

특별한 경우 부유한 집안에서는 승용차를 대절하여 오거나 화물 트럭을 전세내어 짐 싣는 화물차 뒤에 타고 오는데 이 경우는 극히 드물다. 나환자들이 걷고 걸어서 소록도로 가다가 벌교에서 고흥, 고흥에서 녹동에 이르는 130리길에 접어들면 인간으로서 체력이 한계점에 이른다.

　수많은 나환자들이 사회의 냉대와 조소 속에서 굶주림에 지치고 갈증을 느끼며 전신에 쑤셔오는 나병의 고통 속에서 태워 달라 애원해도 태워주지 않고 지나쳐 가는 차와 우마차를 원망하면서 이 황토 130리길을 절룩거리며 걸어서 소록도로 왔던 것이다. 비 오고 바람 부는 황토길 위에 해는 저무는데 어둠을 밝힌 주막은 있건만 하룻밤 쉬어가야 할 주막에서 내쫓김을 당하였다.

　며칠 몇 주를 먹지 못하고 마시지 못한 채 몹쓸 나병에 만신창이가 된 몸은 정신을 놓은 채 걷는다. 걷다가 쓰러지면 객사한다. 우리 나환의 아버지, 어머니, 형제, 자매님들은 사력을 다한 이 황토 130리길은 생과 사의 갈림길이었다.

　모든 나환자들은 며칠 몇 주를 허기진 배를 개울물로 채우며 걷는다. 날이 어두워지면 다리 밑이나 무덤가 등이 이들의 숙소다. 전신에 뼛속까지 파고드는 나병의 고통을 견디어내며 혹여나 후한 사람 만나면 먹다 남은 밥 몇 숟갈이 겨우 얻어먹는 요기이다.

　잔치집이나 상가집이 생기면 이들은 생일날이다. 이날만큼은 나병인을 박대하더라도 내쫓지는 않는다. 담장 밑이나 대문 근처 구석진 곳에서 쭈그리고 앉아 허기진 배를 해결할 수 있기 때문이다.

　동네 앞을 지날 때는 주로 밤에 지나쳐야 한다. 낮에 별난 사람이나 개구쟁이 아이들을 만나면 돌팔매를 맞고 죽던지 나병의 몸에 또한 병신이 된다. 이 인고의 길을 걸어서 걸어서 소록도, 소록도로 가는 것이다.

　소록도야 잘 있거라.
　이 다윗은 이제 너를 떠나는구나.
　너 소록도는 나를 태어나게 해준 곳이기도 하였고, 이 세상에서 제일 사랑하며 그리워하는 나의 사랑 엘리사벳을 만나게 해준 너 소록도 아니더냐. 소록도 너는 냉대와 조소 속에서 세인들에 의해 버림받고 사회의 부랑자였던 나환들의 몸을 안착시켜주고 의식주를 해결해주며 하늘나라의 종교적, 영적 생활과 재활의 새 생명을 얻게 한 것은 신에 의한 축복의 섬이요, 처절한 도륙, 생화장, 인권유린, 고문, 폭행, 감금, 박해, 노역, 강제낙태, 단종, 의학적 발전이란 미명아래 자행된 죽은 자의 해부, 인체실험 등은 인간에 의해 처참히 저지른 통탄의 섬이기도 하구나.

축복과 통탄과 풍광과 사랑의 섬, 너 소록도를 이제 나 다윗은 떠나고 있구나. 사랑하는 나의 엘리사벳을 찾는 날, 사랑하는 우리 엘리사벳과 같이 소록도 너를 다시 찾아와 보리 피리를 불어주마.

소록도야, 그때까지 잘 있거라.

다윗을 찾아 소록도로

　서홍업은 과년한 딸을 걱정하여 엘리사벳을 소록도에 보내면서 자신이 타고 다니는 승용차와 운전기사, 여비서까지 동행시켰다.
　녹동항에 검은색 고급 승용차가 서서히 섰다. 운전석 옆에서 선흥병원 여비서가 내린다. 뒷좌석에서 같이 내리는 엘리사벳.
　"아가씨 소록도 병원에서 사람이 나오기로 되어 있습니다."
　"그래요."
　"혹시 서울 선흥병원에서 오신 손님 아니십니까?"
　"네, 그렇습니다."
　"지금, 병원선 제비선으로 모시겠습니다."
　"비서님, 비서님께서는 기사님과 함께 녹동에 계세요. 저 혼자 섬에 들어갔다가 오겠습니다."
　"그래도 되겠습니까?"
　"신생리에 가신다고 하셨지요."
　"네, 그렇습니다."
　"지금 만조 시간이라 바로 신생리 입구 가두리 고기 잡는 곳에 정박해 드리겠습니다. 자, 타십시오."
　"감사합니다."

"비서님, 저 다녀오겠습니다."
"아가씨, 조심해서 다녀 오십시오, 여기서 기다리겠습니다."
엘리사벳이 탄 제비선이 통통 소리를 내며 신생리 가두리 고기 잡는 곳으로 달린다. 이 제비선이 3년 7개월 전 태화리 도선창에서 다윗과 헤어져 녹동으로 타고 온 바로 그 제비선이다. 잠시 그때를 회상한다.
"아가씨, 도착했습니다."
"네. 수고하였습니다. 볼일을 보시고 섬을 떠나실 때 연락을 주시면 저희 제비선으로 모시겠습니다."
"네. 알겠습니다."
엘리사벳은 단숨에 희망사 육거리 앞을 지나 신생리 11호사를 찾아 간다. 엘리사벳이 13호사 앞을 막 지날 때였다.
"아이구, 이게 누구랑가. 엘리사벳 아인기여?"
"네, 영식이 어머님, 그동안 잘 계셨어요?"
"어디 갔다가 인제 오는기여, 다윗이 3일 전에 소록도를 떠났는디 이를 어쩌면 좋티야."
"아니 어머님, 다윗이 3일 전 소록도를 떠났다니요?"
"이러지 말고, 청마루에 가서 좀 앉더라고."
엘리사벳의 손을 잡고 청마루에 앉힌다.
"엘리사벳, 네가 섬을 떠나고 다윗이 얼마나 너의 편지를 기다렸는지 몰라야."
"아니, 어머님 다윗이 제 편지를 기다렸다구요?"
"엘리사벳이 다윗에게 편지를 수백 통했는데, 답장이 없어서 애가 얼마나 가슴이 조였는데요. 그래서, 이렇게 다윗을 찾아왔고요."
"워매 시방 이게 뭔 말이여. 이런 일도 다 있당가?"
"다윗은 엘리사벳 너 편지를 눈이 빠지게 기다렸제. 정말로 살다살다본께 요상한 일도 다 있당께?"

엘리사벳은 잠시 무언가 생각한다.

"다윗이 건강사회에 일가 친척이 한 분도 없는데, 어디로 갔습니까?"

"엘리사벳, 네가 섬을 떠나고 3개월이 지난 3월 22일에 다윗 아버지가 먼저 돌아가셨어야. 그런디 말이여, 다윗 어머니도 충격을 받아 같이 죽은 기여. 다윗 아버지가 죽으면 같이 따라 죽겠다고 하더니만 말이 씨가 된기여. 하루 사이에 다윗이 혼자가 됐어야. 그래서 희망사로 이사 갔는디 그 희망사에서 강 선생님인가 하는 기인 한 분을 만나서 그 분의 배려로 사회에 간기여. 언뜻 들은 소문에는 강 선생님 그 분이 자신 유해를 진주 선산에 묻어주는 댓가로 어마어마한 유산을 다윗에게 주었다는 소문이여야."

"네! 그런 일이 있었군요."

"병이 완치된 건강한 사람은 점차적으로 퇴원시키고 있어야."

"소록도가 3년 7개월만에 많이도 변했군요."

"변하고 말고제. 우리 영식이는 지금 희망사로 이사 갔어야. 영식이 한테 가서 다윗에 대하여 상세히 물어봐. 다윗이 소록도를 떠나던 날도 같이 있었으니께."

"네, 어머님. 그럼 만령당에 들러 다윗 아버지, 어머님께 인사드리고 희망사로 가겠습니다."

"어머님 건강히 계세요."

"오냐, 엘리사벳아."

13호사에서 만령당으로 가고 있는 엘리사벳을 영식이 어머니가 바라보며 "엘리사벳 효심이 천사여! 엘리사벳이 더욱 아름답고 예뻐진거여. 선녀를 능가하는 인물이구먼. 과연 다윗이 혼을 잃을만 혀. 본디 절세가인은 시련이 많은 기여! 그랑깨, 3일 사이에 몬만나제. 이럴 어쩌면 좋당가?" 혼잣말로 중얼거린다.

엘리사벳은 만령당에 들러 다윗의 아버지, 어머님께 예를 올린 뒤 희망사로 향한다.

"영식아, 엘리사벳이야."

"엘리사벳아, 아까 말이여 요 앞 육거리에서 11호사 쪽으로 가는 것을 보았어야. 혹시나 했는디 엘리사벳 너였구나. 편지 한 장 없이 왜 이제 온 기여. 다윗 지금 소록도에 없어야."

"11호사 올라가다가 너희 어머님 보고 대충 이야기 들었어. 내가 우리 다윗에게 편지 수 백통 넘게 했는데 다윗이 편지 한 장 못받았다하니 정말 기가 막혀."

"그게, 뭔말이여! 엘리사벳, 너가 편지를 수 백 통 넘게 했어야? 다윗이, 너의 편지를 주야로 수도 없이 기다렸어야. 내가 그건 잘 알제, 그런디 무슨 이런 희한한 일이 다 있당가. 아무리 생각해도 이해할 수가 없어? 어떻게 이런 일이."

"영식아, 진주로 갔다던 다윗 연락처 알고 있어?"

"나가 그것은 모르제. 강 선생님 유해를 진주 선산에 모셔놓고, 서울로 엘리사벳을 찾아간다고 했당께."

"다윗 보고 품에 가슴 조이며 답장을 얼마나 기다렸는데, 이럴 어쩌면 좋아."

엘리사벳의 눈에서 눈물이 흘러내린다.

"이 썩을 놈의 세상 어찌 이리 돼 간디야. 엘리사벳아, 만약에 말이여 다윗이 나한테 편지 오면 엘리사벳 너에게 연락할 텐께 울지 말고, 너, 나한테 주소나 적어주고 가더라고."

"그래, 영식아. 우리 집 주소하고 전화번호 적어줄게."

주소와 전화번호를 적는 만년필에 새겨진 각인된 이름을 영식이 슬쩍

본다.
"만년필에 엘리사벳 너와 다윗의 이름이 새겨져 있구나."
"맞아. 다윗과 엘리사벳이 헤어지던 날, 수탄장길에서 다윗이 나한테 선물한 만년필이야. 나는 손수건을 다윗한테 선물했고……."
"다윗이 금이야 옥이야 하며 가지고 다니던 그 가제 손수건 말이여?"
"그래, 그 가제 손수건이야."
"내가 밤을 세워가며 다윗과 사랑언약을 손수건에 한 땀 한 땀 수놓은 거야."
엘리사벳은 영식에게 종이에 적은 주소와 전화번호를 준다.
"워매, 너희 두 사람은 정말 못말려야!"
"다윗과 나는 한 몸이야. 그런데, 지금부터 어쩔꺼야?"
"성당에 들러 성모님께 기도를 드린 후 진주에 가서 우리 다윗을 찾아보고 서울로 가야지. 혹시 진주에서 우리 다윗을 만날지 모르잖아. 그런데 말이야 내가 서울에 가는 즉시 미국 유학을 가기로 되어 있어. 영식아."
엘리사벳이 잠시 생각한다.
"영식아, 다윗한테서 연락이 오면 서울 그 주소로 꼭 연락해. 내가 미국 유학 가 있어도 연락이 되니까 알았제. 영식아."
"응 그래. 그렇게 해야제."
"영식아, 건강하게 잘 있어."
"그래, 엘리사벳도."
성당쪽으로 힘없이 걸어가는 엘리사벳을 바라보는 영식은 다윗과 나는 왜, 이럴까? 혼자말로 중얼거린다.
성당에 들른 엘리사벳은 성모님 앞에 무릎을 꿇고 두 손을 모아 기도를 올린다.

구세주 예수님을 낳으신 성모님, 저 엘리사벳은 어떻게 하면 좋겠습니까? 다윗을 향한 3년 7개월이란 세월이 저에게는 수십 년 아니, 수백 년보다 긴 그리움과 기다림, 애모의 나날이었습니다. 저, 엘리사벳은 이곳을 떠나면 미국 유학길에 오릅니다. 다윗 소식조차 모른 채 미국으로 가야하는 저의 가슴이 천 갈래 만 갈래 찢어지는 것 같습니다.

성스럽고 자애로우신 성모님, 아무 연고도 없는 몸으로 살아가야 하는, 내 사랑 다윗을 불쌍히 여기시어 성모님의 자애로우신 따스한 손길로 보살펴 주시옵고, 언젠가는 우리 다윗과 엘리사벳이 꼭 만나게 보살펴주시옵소서.

성호를 그으며 찬미 예수님

내 사랑 다윗! 성당이 떠나갈 듯 큰소리로 외치며 통곡한다. 얼마나 시간이 지났을까? 엘리사벳의 쓸쓸한 발걸음이 성당에서 나온다.

다윗과 정들었던 곳을 하나 하나 찾아 나섰다. 공회당 앞 솔송 아래 중앙공원, 신생리 교회 앞 코스모스 길, 공원 야자수 아래 녹산국민학교, 녹산중학교, 동생리 바닷가, 신생리 바다둑길, 수탄장길을 둘러보았다. 다윗과의 추억이 생생이 살아 숨쉰다.

녹동항에 도착한 엘리사벳은 소록도를 바라보고 있다. 손에는 다윗이 선물한 만년필이, 머리에는 머리핀이 꽂혀 있다. 엘리사벳은 말없이 눈물만 흘리며 소록도를 바라본다. 갈매기가 만나야할 사랑하는 사람을 만나지 못해서 안 됐다는 듯 끼루룩거리며 날고 있다.

오, 내 사랑 다윗!

아가씨가 만나야 할 분을 만났으면 좋았을 것을…….
"아가씨, 이제 떠나셔야지요."

"아가씨, 이제 떠나셔야지요."

"네, 비서님, 서울 가는 길에 진주에 잠시 들러서 가세요. 제가 찾는 사람이 3일 전에 진주에 갔다가 볼일을 본 후에 서울로 간다고 하였으니 지금쯤 진주에 있을 거예요."

"그 분 가신 곳은 아십니까?"

"모르고 있어요."

"아가씨 알겠어요. 그렇게 하세요. 그러시면 지금 출발하셔야 합니다."

진주에 도착한 엘리사벳은 진주 시내를 배회한다. 진주 전경, 촉석루 남강, 엘리사벳을 태운 차가 진주 시내를 배회한다. 엘리사벳는 차에서 내려서 한길과 골목길을 두리번거리는 엘리사벳, 내 사랑 다윗, 어디 있는거야. 내 사랑 다윗을 이렇게 애타게 애절하게 찾고 있는데, 어느 곳에 있는거야.

엘리사벳의 눈에는 하염없이 눈물이 흐른다. 여비서가 "아가씨, 이걸로 눈물 닦으세요." 그러면서 손수건을 내민다.

"비서님, 제게도 있어요."

엘리사벳이 다윗과 함께 가지고 다니던 바로 그 가제 손수건이다.

"아가씨, 오늘은 일단 서울로 가셔야 합니다."

"네, 그렇게 하세요."

차안에서 엘리사벳은 진주가 멀어질 때까지 돌아보며 눈물짓는다.

내 사랑 다윗이 이곳 어딘가에 있을 텐데……. 내 사랑 다윗! 부디 몸 건강히 잘 있어. 우리 두 사람 다시 만날 때까지 내 사랑 다윗!

상사화의 그리움

엘리사벳은 김포공항 출국장으로 들어선다.
"아버님, 어머님 공부 잘 하겠습니다. 미국 도착 뒤 바로 전화 드리겠습니다."
"오냐, 그래 몸조심하고 전화 자주하거라. 소록도에 가서 만날 사람 만나고 갔으면 좋았을 것을……."
"아버지, 어머니. 그만 들어 가세요."
"엘리사벳, 네가 들어 가는 것 보고 들어가야지."
엘리사벳은 인사하고 출국장으로 들어간다. 엘리사벳을 태운 비행기가 잠시 후 이륙한다.

다윗은 진주에 들러 스승 강학수의 유골을 선산에 안치한 뒤 강학수로부터 물려받은 유산을 정리하고 서울에 올라와 연희동에 자리를 잡았다. 대학 진학 준비를 하는 한편 엘리사벳을 찾아 나섰다. 지금쯤 대학에 진학하여 다니고 있을 엘리사벳을 찾기 위해 서울시내와 근교에 있는 각 대학의 교무실, 서무실을 찾아다니며 헤매었으나 엘리사벳을 끝내 찾지 못했다.
다윗은 혹시나 하여 서울시의사협회를 찾아갔다. 개업의 중에 서홍업

이름을 찾았다. 세 사람의 서홍업 이름을 가진 의사들을 일일이 찾아다녔다.

다윗은 선홍병원 수위실에서 서홍업 원장을 찾았다. 엘리사벳이 미국으로 떠나자 서홍업 원장은 수위실 직원들에게 "혹시 소록도에서 다윗이라는 젊은이가 자신을 찾아 오거든 내가 병원을 그만두었다."고 하라는 지시를 내려두었다.

선홍병원을 찾아간 다윗은 서원장이 병원을 그만두었다는 말을 전해 듣고 망연자실한다. 내 사랑 엘리사벳을 찾을 마지막 희망마저 끊긴 것이다. 사랑하는 엘리사벳의 이름을 부르면서 정신이 나간 사람같이 발길 가는대로 걸었다. 얼마를 걷고 또 걸었는지 모른다.

다윗은 전신에 추위를 느꼈다. 12월 서울 날씨는 소록도보다 더 추웠다. 길 건너 서울역이 보였다. 관철동에서 이곳까지 마냥 정신을 놓은 채 걸어온 것이다. 저녁 7시가 넘고 있다. 추위를 잠시 피하고 허기진 배를 채우기 위하여 골목 안 포장마차로 들어갔다.

다윗은 소록도에 있을 때부터 겨울이 다가오면 염색한 검은 군복과 검은 운동화를 신고 다녔다. 오늘도 다윗은 이 차림이다.

"어서 오십시오. 손님 무엇을 드시겠습니까?"

쉰이 조금 넘은 듯한 부부가 운영하는 포장마차였다.

"우동 한 그릇 주세요. 삶은 계란하고요."

"손님 날씨도 추운데 소주 한 잔하시지요."

다윗은 아무 생각 없이 "네. 그렇게 하세요."하고 말하였다.

삶은 계란을 까먹고 우동을 먹기 시작했다. 소록도에 있을 때 교회에 가면 목사님이 "담배는 배부르지 않고 몸에 해로운 것이므로 돈을 지불하고 피우지 말고, 술은 처음에는 사람이 술을 먹으나 술이 과해지면 술이 사람을 먹고 광인을 만들어 그 위험함이 사람이 배 돛대 위에서 누워 잠을 자는 것과 같이 위험천만이다."고 설교하셨다.

　또한 무예를 가르쳐 주셨던 강학수 스승님께서 "술은 몸에 혈액순환을 위하여 소량을 즐겨야 하며 취하게 마시면 육신과 영혼이 패망한다."고 하시지 않았던가.

　다윗은 이 생각을 하면서 우동 한 그릇과 계란 세 개를 먹는 사이에 술이 어떤 것인가를 궁금하였다. 소주를 물 컵에 두 번 부어 단숨에 마셔 버렸다. 한 병을 단숨에 먹고나도 아무렇지도 않았다. 다윗은 체질상 술에 취하지 않는 특이한 체질임을 알았다.

　"아니, 손님 소주 한 병을 두 번에 다 마셔도 괜찮습니까?"

　"오늘 처음 먹어본 술인데 괜찮네요."

　막말이 끝나기도 전에 "사람 살려요. 저 좀 도와주세요!"하는 여자의 비명 소리가 들려왔다. "이 년이 어디를 튀어 튀기는."

　둔탁한 소리와 함께 "으악, 살려주세요!" 여인의 비명이 또다시 들려왔다. 다윗은 자리에서 일어섰다. 음식 값을 계산하고 포장마차를 나왔다.

　골목 안에서 건장한 일곱 명의 청년들이 한 여인을 둘러싸고 주먹으로 때리고 발로 차면서 난폭하게 끌고 간다. 다윗은 본능적으로 큰소리로 외쳤다.

　"그 손 놓지 못해!"

　다윗의 목소리가 얼마나 우렁차던지 일곱 명의 젊은 청년들이 잠시 흠칫했다. 이때 포장마차 주인 부부가 나와서 이 광경을 목격한다.

　"당신네들 지금 무엇하는 짓이야. 연약한 여인을 주먹과 발로 마구 구타하면서?"

　젊은 청년들이 끌고 가던 여인을 놓아두고 다윗 주위를 에워싼다. 다윗은 싸늘한 미소를 띠고 못이 박힌 듯 꼿꼿하게 서 있다.

　"이 자식, 여기가 어디라고 돼지 목 따는 소리를 내뱉고 있는 거야?"

포장마차 주인이 다윗 곁으로 와서 귀뜸한다.

"손님 그냥 가세요. 이 분들은 이곳 터줏대감들입니다. 봉변 당하지 마시고 그냥 가세요."

"아니, 터줏대감이면 연약한 여인을 저렇게 마구 차고 때려도 된다는 겁니까?"

이때 청년들에게 풀려난 여인이 다윗 곁으로 달려오면서 "다윗아, 너 다윗 맞지?" 다윗도 깜짝 놀랐다. 그리고 여인을 똑바로 바라보았다.

"아니, 너 월순이 아니냐? 조월순."

"그래, 나 월순이야. 조월순."

"이것들이 놀고 있구먼 놀고 있어."

일곱 명의 청년들이 다윗에게 공격할 자세를 취했다.

"다윗아, 사정이야기는 다음에 하고 나 좀 구해줘. 저 사람들은 나쁜 사람들이야. 인신매매꾼들이야."

"뭐, 인신매매?"

"인신매매 좋아하네."

한 청년이 다윗을 향해 주먹을 날렸다. 다윗은 자신의 얼굴로 날아 들어오는 상대의 주먹이 얼굴 가까이 왔을 때 손바닥으로 가볍게 막고 상대의 주먹을 감싸쥐고 옆으로 비틀어 버렸다.

"우지끈! 으악!"

상대방의 팔이 꺾인 채 부러져 버렸다. 다윗은 그 자리에서 뛰어오르며 두 사람의 어깨 위에 올라서서 팽이 같이 돌며 두 발로 6명의 젊은이를 한순간에 잠재워 버렸다. 눈 깜짝할 사이에 7명의 장정들이 길거리에 나뒹군다. 이 광경을 목격한 포장마차 주인은 물론 월순이도 경악을 금하지 못한다.

월순이는 다윗이 신생리 뒷산자락 정기를 받고 신목(神木)의 기다림 속에 태어난 인물이라고 알고 있었다. 항우를 뺨치는 힘과 빠르기는 번개 같다는 장사로 소록도에서 소문이 나 있었으나 오늘의 싸움 실력은 상상을 초월한 것이다.

다윗은 아무런 일이 없었다는 표정으로 두 손을 탁탁 턴다.

"월순아, 어떻게 된 거야? 너 수원으로 시집 가서 잘 살고 있다고 들었는데……."

월순이는 훌쩍거리며 말을 못한다.

"월순아, 울지 말고 저기로 들어가 이야기 좀 하자."

다윗은 월순이를 조금 전 나왔던 포장마차로 데리고 들어갔다.

"참으로 대단하십니다요. 손님 같으신 분을 50 평생 처음 봅니다."

포장마차 부부는 다윗을 보고 연신 굽신거린다.

"저자들은 혼이 좀 나야 돼요. 연약한 여인을 구타하는 나쁜 사람들이니까요."

"월순아, 뭐 좀 먹어야지."

"그래, 우동하고 삶은 계란 먹지. 소주도 한 잔 사줘."

"월순아, 너 술도 하는구나."

"그래. 이 몹쓸 세파가 날 이렇게 만들었어."

신생리 11호사에 다윗이, 12호사에 월순이, 13호사에 영식이가 살면서 어릴 적 손꼽친구였다. 녹산국민학교에 입학하고 나서는 엘리사벳과 함께 네 명은 형제같이 지냈다.

월순이는 녹산국민학교를 졸업하고 녹산중학 입학한 뒤 부모님이 모두 나병 이외에 지병(객병)을 앓았다. 시한부 삶을 살아오신 부모의 강압에 못 이겨 녹산중학교를 중퇴하고 수원 음성나환자 자활촌으로 시집을 갔다. 남편 조강례를 돈이 많은 사람으로 알고 시집왔으나 그것은 미감아를 아내로 맞이하기 위한 속임수였다. 조강례는 나이도 마흔줄이고 아편

중독자에다가 의처증 환자였다. 이를 까맣게 모르고 월순이 부모들은 돈이 많다는 중신애비의 말만 믿고 배불리 먹고 잘 살아라하고 딸을 시집 보낸 것이다.

월순이는 부모님이 모두 월순이가 수원으로 시집간 후 1년이 채 안 되어 돌아가셨다. 3년 여 세월동안 갖은 수모와 폭행을 참으면서 인고의 세월을 살아왔다. 월순이는 이럴 적마다 시집 오기 전 친구이자 정인이었던 김영식을 그리워하였다.

김영식은 신생리 13호사에 살았다. 13호사는 월순이가 사는 12호사 바로 밑에 있다. 월순이와 김영식은 어릴 적부터 서로를 끔찍이 아꼈고, 철이 들고 나서는 서로 좋아하였다. 다윗은 월순이와 김영식 관계를 잘 알고 있었으나 부모들은 까마득 몰랐다.

김영식은 친부모가 아니었다. 영식이 부모들이 소록도 입원하기 전 부랑생활을 할 때 길거리에 버려진 영식이를 거둬 키운 것이다. 월순이가 수원으로 시집을 간 후 그렇게 쾌활하고 교회도 열심히 다니던 영식이는 말수가 줄고 내성적인 성격으로 변하였다. 교회에도 잘 나가지 않았고 학교에도 자주 결석하는 아이로 변해갔다. 이런 영식이를 위하여 다윗은 바른 길로 이끌어주기 위하여 무척 노력했으나 허사였다.

월순이는 우동과 계란 세 개, 소주 한 병을 다 먹고 계란을 세 개나 더 먹었다.

"월순이, 너 술 잘하는구나."

"나쁜 사람 만나서 늘었는 게 술밖에 없어……."

"월순아, 술 많이 먹지 마. 술은 몸에 혈액순환을 위하여 한두 잔을 즐기는 것이지 취하게 자주 마시면 육신과 영혼이 망가져."

"다윗아, 앞으로 가능한 자제할 게."

월순이는 자기의 지난 슬픈 세월들을 다윗에 다 이야기하였다. 남편의 폭력에 못 견뎌 사흘 전 수원에서 가출해서 서울역에서 배회하던 중 인신매매꾼들에게 붙들렸다고 한다. 몸을 파는 창녀짓을 강요받고 이에 불응하자 3일 동안 골방에 가둬두고 하루에 한 번 김밥 한 줄만 주었다. 그리고 두들겨 맞고 기절하다 깨어나면 또다시 폭력을 했어. 감시가 소홀한 틈을 타서 뛰쳐 나와서 다윗을 만난거야. 다윗은 긴 한숨을 토해냈다. 이 슬픈 현실들이 소록 후예들이 겪어야 하는 현실인 것을······.

"다윗, 너와 엘리사벳 관계는 어떻게 되었어?"

"지금 사랑하는 우리 엘리사벳은 서울에 살고 있을 거야. 오늘도 엘리사벳을 찾아 헤메다가 이곳에서 월순이 널 만난거야."

"음. 그랬었구나."

"엘리사벳이 다윗 너를 어릴 적부터 얼마나 좋아했는데······. 아무튼 오늘 다윗 너를 만나지 못하였으면 큰일 날 뻔했어. 다윗, 너는 월순이의 은인이야. 평생 잊지 않을께."

"월순아, 지금부터 내가 하는 말을 잘 듣고 잘 생각해서 처신해. 이제까지 있었던 일들은 모두 다 잊고 지금부터 새 출발하는 거야. 3여 년 전으로 돌아가서 영식이와 다정다감하게 지내던 그 때처럼 말이야. 내가 세 달 하숙비와 생활비를 마련해 줄게. 청계천쪽에 가봐. 그곳에 봉제공장이 많아. 구직광고가 많이 붙어있어. 공장에 일단 취직한 후 소록도에 있는 너의 영식이에게 편지를 해서 영식이가 이곳으로 나오도록 해서 둘이 같이 살아. 지금 소록도에는 미감아들을 육지로 다 퇴원시키고 있어. 또한 나병이 완치된 자들도 지금은 소록도에 살 수가 없고 점차적으로 퇴원시키고 있어."

"아, 소록도가 그렇게 변하였구나."

"지금 영식이는 건강사회에 나와 봐야 아무 데도 오갈 데 없는 몸이야. 월순이 네가 함께 해야지."

"다윗, 너의 말은 다 좋은데 영식이가 과연 다른 사람에게 시집까지 간 나를 받아줄까?"

"월순아, 너는 영식이를 그렇게 사귀고도 영식이를 몰라? 영식이는 그런데 연연할 친구가 아니야. 월순이 너를 위해서라면 목숨까지 바칠 친구야. 내가 소록도에서 나오는 날 영식이를 만났거든. 그때 영식이가 진정으로 애통하게 울면서 월순이 너 이야기만 하더라. 정말 미치도록 보고 싶다고 하소연하면서 눈물짓더라. 그리고 영식한테 편지할 때 희망사로 해야 해. 지금 영식이는 희망사에 살고 있으니까. 알았제. 영식이한테 하루속히 편지를 해야 해. 사유야 어떠하든 건강한 자들은 지금 소록도에 오래 있지 못해."

"그래, 다윗이 시키는 대로 영식이한테 내일이라도 빨리 편지할게. 아니, 편지는 시일이 걸리니까 전보를 칠께."

"월순아, 꼭 그렇게 해야 해. 알았지. 자, 지금 나가자. 내가 지금 청계천쪽에 가서 하숙하는 집을 구해 줄게."

"다윗, 고마워!"

다윗과 월순은 포장마차를 나왔다. 추위가 기승을 부리는 서울에 밤은 소록의 후예들의 어깨 위로 눈발이 하염없이 내리는 겨울밤은 깊어만 갔다. 다윗은 메모지에 살고 있는 연희동 주소를 월순이에게 적어준다.

"영식이가 오면 영식이하고 내가 살고 있는 곳에 꼭 와 알았지."

"그래, 다윗 꼭 그렇게 할게. 다윗 고마워."

"고맙긴 우리들은 소록의 후예들이고 형제나 마찬가지 잖아."

월순이와 헤어진지 며칠 후 다윗은 일요일 오후 혼자 사는 서울 살림이나마 그래도 생활하는데 필요한 물건들이 있어서 남대문 시장으로 생활용품을 구하러 나갔다. 이것저것 필요한 물건을 사서 손에 들고 퇴계로 쪽으로 나왔을 때였다.

다윗이 누구인가

건장한 체구의 중년 신사와 건장한 젊은이들이 앞에서 걸어오고 있다. 그 중간에 있는 중년 신사가 눈에 익은 듯 했으나 개의치 않고 막 지나가려는 순간 중년 신사가 다윗 앞으로 다가왔다.
"저, 혹시 권다윗씨 아니신가요?"
다윗은 흠칫했다. 서울에서 자기를 알아보는 사람은 없다. 꿈에도 잊을 수 없는 엘리사벳과 악의 수렁에서 구해준 조월순 뿐인데, 어떻게 나를 알아보고 또 이름까지 알고 있는가?
"제가 권다윗은 맞습니다만은 선생님께서는 누구신지요?"
"오! 다윗 맞구나. 나 용식이형이야."
"아, 용식이형."
최용식, 그는 미감아로 소록도에서 최고의 운동선수였다. 다윗보다 7살이 많았다. 최용식은 신생리 4호사 부부병사에 아버지, 어머니와 함께 살았다. 마라톤, 씨름, 배구, 축구 등 모든 운동에 있어서 그를 능가할 자는 소록도에서 아무도 없었다. 그는 집 마당에 평행봉과 철봉, 역기, 아령, 샌드백 같은 운동기구를 만들어 놓고 아침저녁으로 운동을 열심히 하였다.
다윗이 어린 시절 최용식에게 평행봉과 철봉을 배웠고, 씨름 기술과 달리기, 마라톤 등도 배웠다. 다윗이 녹산국민학교 6학년 시절, 최용식은 소록도를 탈출하였다. 소록도와 녹동 사이 제일 가까운 곳은 동력선으로 오분 거리이나 이곳은 건강직원만이 사는 태화리이다. 물살이 험하여 수영으로는 도저히 건너갈 수 없는 곳이다. 이곳은 건강직원들이 육지 녹동으로 건너가는 선창이 있다. 수영으로 건널 수 있는 육지와 가까운 곳은 신생리 굴날부리에서 녹동쪽인데 이곳은 이삼천 미터가 넘는 바다이다.

최용식은 밤을 이용하여 이곳에서 녹동까지 헤엄쳐 건너 소록도를 탈출한 괴력의 사람이다. 그 시절 소록도에는 나병이 완치된 자라도 일시적 귀성이나 퇴원 등이 금지된 때였다. 만약 도주하다가 잡히게 되면 한 달간 감금실에서 하루 두 끼에 몽둥이찜질은 물론이고, 감금실을 나온 즉시 단종수술을 당하게 되어 있었다.

다윗은 어린 시절 최용식을 형이라 부르며 따랐다. 이러한 최용식을 서울 퇴계로 입구에서 칠년만에 만난 것이다.

"다윗, 너 S도에서 언제 나왔느냐?"

"두 달 조금 지났습니다."

"그래, 우리 여기서 이럴게 아니라 어디 좀 들어가서 잠시 이야기나 하자구나."

초대 교회 때 그리스도 신자들이 로마의 핍박으로부터 같은 신자끼리 자기들의 신분을 알리고자 땅바닥이나 종이 위에 물고기 그림을 그린 일이 있었다. 물고기와 기독교는 깊은 연관성이 있다. 르네상스 시절 레오나르도 다빈치가 1495~1497년 2년에 걸쳐 그린 명작「최후의 만찬」에 보면 예수님께서 그 제자와 함께 죽음을 앞두고 마지막 식사하는 장면을 그린 것이다. 지금 그림에는 예수님 앞에 놓인 접시가 빈 접시이다. 식사를 하는 자리에서 왜 음식이 없을까? 현대의 지식인들이 현대의 기술을 총동원해서 분석한 바 그 당시 다빈치가 그린 원본 그림(이탈리아 밀라노 싼타마리아 델레그라치에성당 식당 벽)에는 접시 위에 잉어가 있었다는 것이다. 세월의 흐름 속에 물고기 그림이 지워진 것이다. 수제자 베드로와의 만남도 물고기를 잡는데서부터이고 성경에 나오는 오병이어(五餠二魚)는 어린이가 가지고 있는 5개의 빵(보리떡)과 2마리의 물고기로 예수님의 말씀을 듣기 위해 찾아 온 수천의 군중들을 위하여 하늘을 보시고 축성하시고 음식을 나누어 먹이고도 남은 부스러기가 12광주리가 되었다는 기록이 있다 해서 물고기는 기독교와 깊은 연관이 있다.

소록도를 나온 미감아들이 소록도란 말 대신 S도라고 소록도를 표현했다. 둘이는 길옆에 있는 2층 다방으로 올라갔다. 최용식을 뒤따르던 건장한 젊은 친구들도 들어왔다. 이들은 두 테이블 건너 앉았다.

다방 안에는 명국환의 아리조나 카우보이 유행가가 흘러 나오고 있다.

"용식이형, 형은 지금 어떻게 지내고 있습니까?"

"나 말이야. 지금 인천에서 무역회사를 하고 있는데 이 일 때문에 오늘 서울에 온 거야. 자, 이거 내 명함이야. 이 명함에 있는 주소로 한 번 찾아와. 빠른 시일 내에 꼭 한 번 들러."

"알겠어요. 언제 한번 시간을 내서 갈 게요. 그런데 용식이형 S도에서 어떻게 헤엄쳐 나왔어요?"

"응, 다윗이 몹시 궁금한 게로구나."

"내가 S도를 헤엄쳐 나올 시기에는 S도에는 귀성길이 막혀 있어서 그래서 할 수 없이 도망쳐 나온 거야. 굴날부리 돌아가면 바닷가에서 바다 쪽을 보고 반원형으로 돌담을 둘러쌓아 물고기를 잡는 곳 있지. 바닷물이 만조가 될 때 돌담 위로 물고기도 함께 들어왔다가 바닷물이 빠지고 나면 돌담 안에 남아 있는 물고기를 잡는 돌발 말이야. 그곳에서 의족을 만드는 오동나무를 일미터쯤 톱으로 잘라서 가슴에 안고 헤엄쳐 나왔어. 오동나무 없이도 헤엄은 자신이 있었는데 혹시나 해서였어. 물론 헤엄쳐 나온 후 입을 옷과 속옷, 세면도구들은 우유가루 배급 때 우유가루를 넣어 나오던 비닐 큰 봉지 속에 넣어 허리에 끈으로 연결하여 차고 나왔지. 헤엄쳐 나오다가 만약 상괭이를 만날까봐 바다에서 고기 잡을 때 사용하던 작살도 함께 가지고 나온 거야. S도와 녹동 사이 바다에는 상괭이가 자주 다니고 있지 않니. 한 오백미터 녹동 육지가 남았을 때 S도 도선창 쪽으로 흐르는 급물살에 휘말려 혼이 났어. 그곳 물살이 센 줄은 알았는데 그렇게 급물살일 줄은 미처 몰랐어. 물론 유속이 느린 조금 물 때를 맞추어 가기는 했지만 말이야. 그런데 다윗아?"

"네."

"내가 알기로는 굴날부리에서 녹동까지 사천미터가 훨씬 넘고 오천미터 가까이 되는 것 같더라. 밤 12시가 조금 넘어서 바다에 들어갔는데 새벽녘에야 녹동항구에서 조금 떨어진 바다가에 도착했으니까. 물론 헤엄쳐 가다가 지치면 물 위에 누워 쉬어가면서 가기는 했지만 말이야. 육지에 도착 즉시 옷을 입고 육로로 버스를 이용하지 않고 예당, 여수, 통영을 경유하는 부산행 배를 탄 거야."

"아, 그랬군요."

"내가 S도를 도망친 후 신생리가 발칵 뒤집어졌을 거야."

"용식이형 말도 마. 신생리가 발칵 뒤집어지고 야단난리가 났으니까. S도에서 육지로 도망자가 생기면 S도가 며칠간 시끄럽고 요란하잖아요."

"그래! 그랬을 것이야."

"용식이형. 인천에는 아는 사람이 있어서 인천에 살게 된 거야."

"아니야. 다윗 너와 같이 이 육지사회에 일가친척이 하나도 없어. S도에서 헤엄쳐 나올 때에는 다윗 너도 잘 아는 김영복 목사님을 만나 신학

공부를 하려고 나왔어. 김영복 목사님하고 나 하고는 잘 알고 지내는 사이잖니. 지금 김영복 목사님께서는 서울에 계시거든. 다윗 너도 잘 알다시피 내가 교회에 얼마나 열심히 잘 다녔는데……."

"그것을 다윗이 잘 알아요."

"내가 부산에 도착하여 기차로 서울에 와서 서울역에서 지갑을 소매치기 당한거야."

"아니구, 저걸 어쩌나. 그래 어떻게 되었어."

"내가 혹시나 해서 비상금을 신고 있는 양말 속에 넣어두었거든."

"용식이형 잘 했어요."

"그리고 서울역에서 수소문 끝에 서울역을 무대로 날뛰는 소매치기패들을 붙잡은 거야. 7~8명이 되었어. 이들을 사정없이 족쳤어. 그런데 이들 입에서 뜻밖에 나에게 지갑을 소매치기한 자들은 인천에서 원정 온 소매치기라 하는 거야. 그래서 이들 아지트를 알아가지고 인천에 가서 이놈들을 붙잡은 거야."

"용식이형, 그래서 어떻게 되었어?"

"인천에 있는 이놈들도 7명이 되었어. 이놈들을 보는 순간 사정없이 까돌렸어. 그래서 내가 잃어버린 돈 두 배를 받아낸 거야. 그것이 인연이 되어서 인천에 살게 된 거야."

"오, 그랬었구나."

"다윗, 너는 어떻게 S도에서 언제 나오고 어떻게 서울에서 살게 되었니?"

"용식이형, 지금 S도에는 용식이형이 있을 때와는 많이 달라졌어요. 건강한 사람과 미감아들 건강을 회복한 사람은 지금 S도에서 살 수 없어."

"오! 그리되었구나."

"다윗은 신생리 희망사에 계셨던 선견지명이 탁월하신 어느 기인 한 분께서 배려해 주신 은혜로 서울에 와서 살게 되었고, 곧 대학에도 진학하게 돼."

"그래. 참으로 잘됐구나. 그런 분이 신생리 희망사에 계셨다니. 혹시 자신의 사재를 내놓아서 희망사에 사는 학생들에게 계란과 고기를 먹게 하신 그 분 아니시니? 희망사에 살던 친구가 이 사실은 절대비밀이라고 하면서 나에게 귀뜸하더라. 선행을 하시는 그 분이 아시면 큰일난다고 이 사실은 다윗 너에게 처음으로 이야기하는 것인데 6.25전쟁이 일어나고 8월 5일에 16세~17세로 보이는 북한군 40여 명이 40대 장교 3명과 함께 소록도에 들어왔거든."

"용식이형, 그때 다윗의 나이가 세살 때야."

"그래. 내 나이가 열살 때니까 다윗의 나이가 세살 때이지. 북한군이 중앙리를 거쳐 신생리에 도착하여 희망사 앞을 막 지나가려다 팽나무 밑에 앉아 있는 그 분을 본 거야. 북한군이 장교 한 명과 함께 희망사 앞길에 정렬해 서 있고, 북한군 장교 2명이 팽나무 밑에 미동도 하지 않고 앉아 있는 그 분 곁으로 간 거야. 북한 장교가 앉아있는 그 분 곁으로 가까이 갔을 때 그 분이 앉은 자세에서 서서히 붕 떠서 팽나무 위로 올라가 팽나무 가지 위에 잠깐 앉아 있다가 또다시 천천히 앉은 자세 그대로 내려와서 처음 앉아있던 그 자리에 앉는 거야. 북한군 장교 2명이 기겁을 하고 물러났다는 거짓말 같은 이야기를 희망사에 살고 있던 친구한테 들었어. 9월 29일 북한군이 소록도를 떠나고 며칠 있다가 하도 신기하고 거짓말 같아서 내가 희망사 팽나무 밑에 가 보았거든, 지금도 그때만 생각하면 전신에 소름이 끼쳐."

최용식은 전신에 잠시 가벼운 경련을 일으켰다.

"중절모를 깊숙이 내려쓰고 가마니 위에서 앉아 있는 그 분 곁으로 한 이미터 가까이 갔을 때 그런데 그 분께서 입으로 부는 휘파람 소리 같은 것을 내는 거야. 그런데 내가 갑자기 십미터 뒤로 밀리면서 고구마밭에 뒤로 넘어진 거야. 내가 하도 무서워서 기겁하고 달려 나왔어. 그리고 다시는 그 곳에 가지 않았어."

"용식이형이 혼쭐이 났구나."

"혼줄이 다 뭐니. 어릴 때 그 충격으로 성인이 되서도 희망사 앞을 지나갈 때면 그분이 앉아 계시던 팽나무 밑은 쳐다보지도 않았어야. 내가 직접 겪은 사실이나 이러한 사실을 누구한테 말할 수도 없고 말을 한다고 누가 믿겠니. 나만 병신 취급 받지."

"용식이형, 강 선생님께옵서는 박학다식하시며 무예의 경지가 하늘에 이르셨고, 삼명육통에 이르신 분이야."

"다윗아, 그러면 사람의 마음 속을 유리속을 보듯이 훤히 들여다보고 예수님같이 물 위로도 걸어 다닌다는 말 아니냐."

"용식이형, 강 선생님께옵서는 그러신 분이야. 희망사 바로 밑에 가두리 고기 잡는 곳 있지. 그 물 위로 걸어가시는 것을 직접 눈으로 본 사람이 있어. 나도 보았고……."

"참으로 신기하고 거짓말 같은 현실이구나. 어떻게 그런 일이 일어날 수 있고, 또한 그러신 분이 어떻게 병에 걸리시어 S도로 왔지?"

최용식은 잠시 말이 없었다.

"참 다윗아, 너희 아버님, 어머님은 어떻게 되시었니?"

"두 분 다 돌아가셨어요."

"그랬었구나. 참으로 정정하셨던 분이셨는데 너희 어머님께서는 신생리에서 음식 솜씨로 이름이 나셨잖니."

"용식이형, 나는 불효자예요. 부모님께 효도 한 번 못해드리고 허무하게 저 세상으로 보내 드렸으니까요."

"다윗아, 여기에 불효자 아닌 사람 누가 있느냐. 그런 말 마라. 부모님이야기하니 코가 시큰해진다. 다윗, 너희 아버님 말이야 젊은 시절 참으로 대단하셨다고 하더라. 우리 아버님이 다윗 너희 아버님께 형님이라고 하지 않더냐. 너희 아버님께서는 그 연세에도 군살 하나 없이 타고나신 몸매 아니시드냐. 나도 우리 아버님에게 들은 이야기인데 너희 아버님 발길질과 박치기가 일품이라 하시더라. 젊은 시절에는 일본에 서도 알아주는 주먹이셨다고 하던데……. 몹쓸 병에 걸리시어 진주에 나오셔서 진주 일원 나조례단체 연합장으로 계실 때 진주에서 한다하는 건강한 걸인들이나 넝마인들, 심지어 진주 시내의 주먹들까지도 다윗 너의 아버지 앞에서 오금을 못 폈다고 했다."

"용식이형. 아버지께서 여름철에도 항상 긴 팔의 옷을 입고 다니셨고 등물하실 때 보면은 윗몸 전체가 칼자국과 문신 투성이셨어. 그래서 아버지께 물어보니까 일본에 계실 때 다치셨다고 하셨어요. 아마도 아버님의 젊으신 시절은 험난한 세월을 사셨는 것 같아요."

"그래, 참으로 대단하시었다고들 하더라. 그런데 다윗아, 동생리에 살았던 엘리사벳 말이야. 너와는 바늘과 실이었는데 지금 어떻게 되었니?"

"우리 엘리사벳은 지금 서울에 살고 있을 거예요. 어머니가 돌아가시고 아버님되시는 분이 서울서 병원을 하시고 계시는 분인데 아버지를 따라 서울로 갔으니까요."

"오! 그래. 엘리사벳 아버님께서 의사였구나."

"우리 엘리사벳 어머님과 아버지되시는 분, 그리고 S도 병원장이었던 정윤근 원장이 경성의대 동기생이래요."

"지금 서울의대 말이야. 그래, 어쩐지 엘리사벳 어머님께서는 재색을 겸비한 미인이시고 인품이 있으시더라. 엘리사벳 어머님께서 경성의대 출신이라는 것을 알고 있었으나 정윤근 원장과 동기였다는 이야기는 처음 듣는구나. 엘리사벳이 다윗 너를 만나면 얼마나 좋아할까?"

조금 떨어진 곳에 앉아있던 용식이형과 같이 들어온 건장한 젊은이가 용식이형 곁에 와서 귓속말로 무언가를 말하였다.
"어, 그래 알았어."
"다윗 너와 이야기하다 보니 정말로 시간 가는 줄 몰랐구나."
"다윗아, 지금 바쁜 일이 있어서 나가봐야 한다. 내가 조금 전에 너에게 준 주소로 꼭 놀러와. 그때 지난 이야기하면서 밤새도록 같이 있자."
"네, 용식이형 그렇게 할게요. 꼭 갈게요."
용식이형은 다방 여급에게 봉투를 가져오게 하여 지갑 속에서 돈을 끄집어내어 봉투에 넣었다.
"다윗, 이거 얼마 되지는 않지만 받아둬."
용식이형은 사양하는 다윗에게 봉투를 던지다시피 하고 꼭 자기한테 놀러오라는 말을 남기고 다방을 나갔다. 참으로 소록도에 있을 때나 지금이나 인정 많은 형이다.
다윗과 최용식은 7년만에 만나서 이야기를 나눈 후 다시 만나기로 약속하고 헤어졌다. 최용식 뒤를 따르던 건장한 젊은이가 말했다.
"형님, 아까 다방에서 형님과 이야기하시던 그 젊은 분 말입니다."
"어! 다윗 말이야?"
"네. 그 분 몸 보니까 한 가락 하겠던데요. 몸이 강철같이 생겼던데요."
"다윗은 우리들과는 다른 사람이야. 다윗은 어느 한 곳의 정기를 타고 신목(神木)의 기다림 속에서 태어난 특출한 사람이야. 다윗이 어릴 때 내가 운동을 가르쳐 주었는데 머리가 천재야. 그리고 다윗의 몸은 사람의 몸이 아니라 바로 강철이야. 국민학교 4학년 때부터 얼마나 힘이 장사고 번개같이 빠른지 나도 함부로 못했어. 지금은 장성했으니까 아마 대단할 꺼야."
"그런 분이시군요. 어쩐지……."

최용식과 퇴계로 입구에서 만나고 헤어진 뒤 다윗은 사흘 뒤 토요일 오후 인천으로 갔다. 내일이 일요일이니 저녁을 같이 자면서 이런저런 이야기나 할 겸 간단한 가방을 챙겼다.

  다윗은 언제나 하룻밤이라도 자기가 사는 방을 비울 때는 엘리사벳과 찍은 사진, 엘리사벳으로부터 선물 받은 귀중한 모든 물건을 분신처럼 작은 가방에 챙겨 넣고 다니는 버릇이 생겼다.

  인천 부둣가에 위치한 최용식이 대표로 있는 용문무역은 겉으로는 보르네오, 필리핀, 마닐라 등지에서 원목을 수입하는 무역회사였다. 이것은 형식적이고 본업은 홍콩에서 밀무역을 위주로 하는 밀수회사였다.

  최용식은 조직이 비대하여 귀금속에서부터 심지어 마약까지 손을 대고 있었다. 이를 까마득히 모르고 있는 다윗은 최용식을 찾아간 것이다. 사무실 앞마당에는 아름드리 원목들이 사무실 창고 앞에 수북이 쌓여 있었고, 용문무역 간판이 걸려있는 창고 앞에 들어서려는 순간, 창고 안쪽에서 많은 사람들이 난투극을 벌이고 있는 듯 소리가 시끄러웠다.

  다윗은 의아해 하면서 닫힌 창고 문을 열고 들어갔다. 창고 안에서는 70~80명의 건장한 사나이들이 서로 뒤섞여서 난투극을 벌이고 있다. 손에는 몽둥이, 칼, 도끼, 쇠파이프, 야구방망이 등의 살상용 무기를 들고 있다.

  다윗은 용문무역 회사를 잘못 찾아온 게 아닌가 하고 창고를 다시 나가려고 하는 순간, "다윗"이라고 부르는 용식이형의 비명 섞인 목소리가 들렸다. 다윗은 순간 비명이 들리는 쪽을 바라보았다. 용식이형이 칼을 맞고 배를 움켜쥔 채 다윗을 부르고 있다. 순간 다윗의 몸이 전광석화같이 허공을 날았다. 배에 칼을 맞고 비틀거리는 용식이형을 한 손으로 부축하면서 혈맥을 짚어 흐르는 피를 지혈시켰다.

  다윗은 한 손과 한 발로 무기를 들고 다가오는 이들을 차례로 때려 뉘였다. 다윗의 손과 발길질에 사람들은 가을바람에 낙엽지듯 나가 떨어져 뒹굴었다.

다윗의 손에 부축되어 신음하던 최용식은 다윗이 상대를 제압하는 광경을 보고 어안이 벙벙하였다. 언제 어디서 이런 무예를 연마하였단 말인가. 지금 다윗이 펼치고 있는 무예는 사람으로서는 도저히 흉내낼 수 없는 신기였다. 다윗이 지나가는 곳마다 사람의 몸뚱이가 하늘로 솟구쳐 나가 떨어졌다

용운무역 창고에서 최용식의 부하 30여 명과 서울 남대문 퇴계로 명동을 무대로 활동하는 50여 명의 폭력배들의 싸움에 다윗이 끼어든 것이다. 서울 폭력조직들은 수적으로 우세하여 최용식과 30여 명을 거의 제압하고 최용식에게 치명타를 가하였으나 다윗의 출현으로 사태가 뒤바뀐 것이다.

서울 폭력조직의 우두머리가 호주머니 속에서 권총을 꺼내들었다. 그리고 다윗을 향해 권총을 겨누는 순간, 다윗의 몸이 팽이같이 회전하여 허공을 날았다. '팅―'하는 총소리가 창고 안을 울리는 순간, 서울 폭력조직의 우두머리가 들고 있던 총이 하늘을 나르고 그는 두 손으로 만세를 부르며 나가떨어졌다. 다윗은 초비회격을 펼친 것이다.

다윗은 다시 돌아와 최용식을 부축한다. 이 모든 동작이 모두 눈 깜짝할 사이에 눈으로 확인하기 어려운 순간적으로 이루어졌다. 최용식은 다시 한 번 놀랐다. 다윗의 무예가 총알도 피할 수 있다는 것을……. 다윗에게 권총을 놓치고 만세를 부르며 나가떨어져 있던 서울의 우두머리는 부하들의 부축을 받으며 일어섰다.

"참으로 대단한 놈이로구나. 총알도 피하다니 네놈도 이제는 마지막이다. 비장의 무기인 내 미사일 박치기 맛이나 한 번 봐라."

그는 다윗을 향해 허공에 몸을 날렸다. 마치 미사일이 날아오듯 다윗

을 향해 서울 우두머리의 머리가 날아들었다. 미사일처럼 머리로 날아들어오는 거리가 머리 가까이 다가왔을 때 다윗은 최용식을 부축한 채 옆으로 살짝 비켜 섰다. 우두머리는 다윗을 빗나가 창고 벽에 머리를 박고 말았다. 벌어진 창고 벽 안쪽 벽에 연결한 쇠보드에 머리가 박혀 그자리에서 절명을 했다.

이때 경찰차가 요란한 싸이렌을 울리며 경찰들이 들이닥쳤다. 최용식과 그의 부하 한 명과 함께 다윗은 용문무역의 비밀 아지트로 겨우 피신하였다. 최용식은 칼에 맞은 아랫배를 움켜쥔 채 다윗을 보면서 말했다.

"다윗, 큰일났구나. 사람이 죽었으니 이곳은 당분간 안전하니 여기서 좀 쉬자구나. 그런데 다윗, 너는 힘은 장사요. 빠르기가 번개 같았으나 언제 그런 무예를 익혔느냐?"

"용식이형, 지금 그런 이야기를 주고받을 때가 아니 잖습니까?"

"하기야 그렇다마는 하도 너의 실력이 어마어마하고 놀라워서 하는 말이다."

"지금 이렇게 되면 어떻게 됩니까?"

다윗은 엉겁결에 몸을 피하기는 했지만 앞으로 일이 걱정이 되었다.

"다윗, 지금부터 내가 하는 말을 잘 들어라. 너는 지금 본의든 본의가 아니든 간에 너와 맞서 싸우던 상대가 죽었으니 간접살인을 하게 된 셈이다."

"그러면 어찌되는 겁니까?"

"경찰들이 먼발치에서 우리들의 현장을 목격했으니 지금쯤 우리를 잡으려고 혈안이 되어 있을 것이다. 일단 날이 어두워지면 이곳을 빠져나가서 다시 생각해 보자. 지금 서울쪽으로는 못 간다. 가다가는 바로 잡힌다."

최용식은 무언가를 잠시 생각하더니 상처에 심한 통증을 느꼈다.

"자, 우선 응급처치를 해야겠구나. 이곳은 응급처치가 가능한 곳이다."

최용식은 소록도에 있을 때 의학 강습소에서 3년간 의학을 배웠다. 최용식은 강습소에서 배운 지식대로 자신의 배에 꼽혀있는 칼을 뽑고 소독을 하였다. 약을 바르고 봉합사와 수술용 바늘로 칼에 찔린 상처를 봉합한 뒤 항생제 주사를 놓았다.

"다윗, 나 때문에 너에게 미안하구나. 다 내 잘못이 크다. 한때 착실한 기독교 신자요 목사가 되겠다던 내가 타락해 이렇게 벌을 받게되는구나."

그랬다 최용식이 소록도를 도주한 후 들리는 소문에 의하면 목사가 되는 신학공부를 하고 있다는 소식도 들었었다. 그런데 현실은 그렇지 않았던 것이다. 최용식은 결연한 마음을 먹은 듯 다윗의 이름을 불렀다.

"다윗아. 지금 다윗 네가 당하는 이 현실을 직시해야 한다. 마음을 굳건히 하고 밀항을 하여 홍콩에 가 당분간 피신해 있거라. 이곳이 어느 정도 수습이 되면 내가 너에게 연락을 할 터이니 그때까지만이라도 홍콩에 피해 있거라. 그 길이 제일 안전하다. 내가 홍콩까지 갈 수 있는 길과 홍콩에서의 은신처를 제공해주마."

최용식은 방금 응급조치를 마친 배를 움켜쥔 채 숨을 몰아쉬었다. 다윗은 눈앞이 캄캄했다. 앞으로 사랑하는 엘리사벳도 찾아야 하고, 또 서울에서 스승 강학수의 배려로 겨우 자리를 잡고 대학도 진학하려나 하였더니 이게 무슨 날벼락이란 말인가.

그러나 한편으로는 만약 이곳에서 경찰에 잡히게 되면 간접살인죄로 형무소행이 아닌가. 다윗은 잠시 말이 없다. 이 사건이 있은지 며칠 뒤 다윗은 홍콩 번화가 몽콕시장 내에 있는 대륙상회에 들어섰다. 다윗의 손에는 최용식이 몽콕시장 안에 잡화상을 하고 있는 왕차이 앞으로 보낸 편지와 사랑하는 엘리사벳에게서 선물 받은 분신처럼 소중한 물건들이 담긴 작은 가방이 들어 있다.

미국과 홍콩의 연인

 엘리사벳이 미국에 도착했다. 미국은 하늘에서 축복을 내려준 나라라고 생각했다. 광활한 영토에 지하자원이 풍부하고 끝없이 펼쳐진 대지 위에는 곡식이 넘쳐난다. 상점마다 쌓여있는 생필품들, 국민성이 친절하고 매사에 긍정적으로 생활하는 습관이 몸에 배여 활기에 찬 도시가 살아 꿈틀거리는 듯 했다.
 존스홉킨스 의과대학 입학시험은 미국 전 지역에서부터 세계 여러 나라에서 모인 수재들 가운데 엘리사벳이 1등, 마리아 엘리가 2등을 차지했다.
 마리아 엘리는 기숙사 룸메이트인 이스라엘 여학생이다. 쾌활한 성격으로 엘리사벳을 오랜 친구같이 대했다. 엘리사벳이 항상 몸에 지니고 다니는 만년필과 머리핀, 그리고 다윗과 같이 찍은 사진을 보고 마리아 엘리는 호기심에 묻곤 하였다.
 엘리사벳은 잠들기 전에 자신에게 다짐했다.
 '내 사랑 다윗은 오로지 이 엘리사벳을 위하여 이 세상에 태어난 사람이다.'
 엘리사벳 자신도 사랑하는 다윗을 위하여 이 세상에 태어나지 않았는가. 이유야 어떻든 내 사랑 다윗도 엘리사벳을 그리워하며 애절하게 찾아 헤매고 있을 것이다. 내 사랑 다윗과 엘리사벳은 헤어질 수도 없으며 헤어져서도 안 된다.

우리 사랑하는 다윗은 하늘, 엘리사벳은 땅.
우리 사랑하는 다윗은 해, 엘리사벳은 달.
그리고 우리 두 사람은 바늘과 실인 것을……
엘리사벳과 다윗은 일심동체며, 오로지 내 사랑 다윗을 위함이 아닌가. 오! 내 사랑 다윗.

엘리사벳은 매년 방학동안 한국에 나가 사랑하는 다윗을 만약 찾지 못하면 의대를 졸업하고 훌륭한 안과 전문의가 되어 한국에 가는 날 사랑하는 다윗을 꼭 찾으리라 마음속으로 다짐에 다짐을 하였다.
마리 퀴리 같은 여성이 되리라는 꿈을 꾸면서 엘리사벳은 사랑하는 다윗이 영원불변의 사랑을 다윗이 혼을 불어넣어 새겨둔 만년필을 손에 쥐고 가슴에 안았다. 사랑하는 다윗의 훈기가 느껴지는 듯 했다.
또한 엘리사벳은 유학 생활 내내 학교 연구실과 실험실, 기숙사와 병원을 오가며 오로지 학업에만 전념하였다. 기껏 해야 일요일마다 성당에 갈 뿐 처녀시절 마리 퀴리가 그리하였듯이 학문에만 열중하였다.
엘리사벳은 재학시절에도 미모와 학구적 실력을 겸비한 의대생으로서 동기 여대생들의 부러움과 남학생들의 선망의 인기를 독차지했다. 지성과 미모와 인격을 겸비한 여인으로서 성장해 가고 있었다.

동방의 진주라고 불리는 홍콩은 중국 대륙 남동부에 있다. 명나라 시절 동완에서 생산되는 향나무를 중계운송하기 시작하면서 샹강이라고 불리게 되었던 곳으로 홍콩은 샹강의 광둥어 발음을 영어식으로 표시한 것이다.

다윗이 찾아간 홍콩 몽콕시장 내 대륙상회의 왕차이는 한족으로 다윗보다 열살 정도 많았다. 보통 체구였으나 바늘로 찔러도 들어가지 않을 만큼 단단한 체구의 소지자였다. 그의 험난한 과거가 말해주듯 오른쪽 손목에서 손등까지 도끼에 찍힌 깊은 상처자국 투성이다.

그는 한국말을 잘 하였다. 날카롭고 싸늘한 눈으로 다윗이 건넨 편지를 잠시 본 왕차이는 "오시느라 수고하셨습니다. 잠시 저를 따라오십시오." 왕차이는 다윗과 함께 대륙상회 뒷문을 빠져 나와 좁은 골목길로 걸어갔다.

"오늘은 제가 좀 바쁩니다. 앞으로 다윗 선생께서 기거할 곳을 마련해 드리겠습니다."

두 사람은 대륙상회로부터 5분가량 걸어서 당도한 조그마한 2층집에 들어섰다.

"이곳은 내가 사는 곳입니다. 여기 2층에 방이 비어 있으니 우선 여기서 생활하십시오. 그리고 필요하신 물건이나 불편한 것이 있으면 대륙상회에 있는 린칭에게 이야기하십시오. 내가 린칭에게 이야기해 놓겠습니다."

지금 왕차이는 대륙상회의 경리 겸 물건을 팔고 있는 린칭을 말하는 것이다.

"졸지에 이곳까지 와서 정말 선생님께 피해가 많습니다. 앞으로 신세를 져야 할 것 같으니 잘 부탁드립니다. 그리고 혹시 가게에 제가 도와드릴 일이 있으시면 언제든지 시키십시오."

"알겠습니다. 일단 며칠간은 아무 생각 마시고 푹 쉬십시오."

왕차이는 종종걸음으로 어디론가 사라졌다. 외모로 풍기는 인상과는 달리 예절과 학식도 갖춘 사람같이 보였다.

2층집은 다윗 혼자 생활하는 데는 불편함이 없이 생활도구가 잘 갖춰져 있다. 노크 소리가 나서 문을 열어보니 린칭이 쌀과 반찬거리를 넣어준다.

 "고맙습니다, 심부름시킬 일이 있으시면 언제든지 말씀하십시오."

 "네, 알겠습니다."

 다윗은 가방 속에 물건을 꺼낸다. 소록도 중앙공원 야자수 아래서 엘리사벳과 손을 잡고 찍은 사진을 책상 위에 올려놓고, 엘리사벳이 선물한 가제 손수건, 크리스마스이브 전야 서로의 장래를 약속하며 주고받았던 청실과 홍실로 엮어 짠 장갑, 중학교 교복은 옷장에 걸어두었다.

 내 사랑 엘리사벳의 사랑이 깃든 귀중한 선물들. 바로 이 귀중한 물품들은 다윗과 엘리사벳의 분신인 것이다.

 내 사랑 엘리사벳, 엘리사벳과 같이 찍은 사진을 보고 있다.

 다윗은 한동안 사랑하는 엘리사벳을 생각하며 정신을 놓은 채 있었다. 다윗이 기거할 방은 서울 연희동 방 보다 편한 시설이었다. 다윗은 스승 강학수의 예언을 생각하며 지상에서 1미터 부상된 상태에서 단전에 기를 응집시키며 명상과 묵상에 들어간다. 한 30분이 지날 무렵 다윗의 정수리에서 김이 모락모락 난다. 몸이 서서히 내려온다.

 다윗은 소설 속의 주인공 같은 자신의 운명을 곰곰이 새겨 본다. 소록도에서 진주로, 서울로 다시 홍콩으로 우연과 필연이 교차된 시간 다윗은 탁자 위에 놓인 엘리사벳과 함께 찍은 사진을 바라보았다.

 엘리사벳은 언제나 천사의 미소를 짓고 있었다. 매일 수 차례 헤아릴 수 없이 보는 사진이건만 다윗은 이 순간이 가장 행복한 시간이었다.

 사랑하는 나의 영원한 엘리사벳, 다윗은 지금 낯선 이국땅에서 사랑하는 우리 엘리사벳을 그리며 사모하고 있노라. 오! 나의 영원한 불변의 사랑. 언젠가는 내 사랑 엘리사벳을 찾고 내 사랑 우리 엘리사벳과 함께 한

평생을 같이 살아가리라.

엘리사벳은 존스홉킨스대학 교정을 걷고 있다.
엘리사벳은 책을 가슴에 안고 한 손에는 다윗이 선물한 만년필을 들고 머리에는 다윗이 선물한 머리핀이 꽂혀 있다.
내 사랑 다윗! 여기 세계의 의대 명문인 미국 존스홉킨스대학야.
어머님과 약속한 안과의사가 되려고 미국에 유학 왔어. 소록도에 가서도 내 사랑 다윗을 만나지 못하고, 돌아오면서 내 사랑 다윗이 보고 싶어서 엘리사벳이 울고 또 울었어.
내 사랑 다윗, 지금 어느 곳에 있는 거야. 우리 두 사람은 일심동체니까 내 사랑 다윗! 방학 때 한국에 가면 내 사랑 다윗을 찾고 또 찾을게. 엘리사벳은 손때가 묻은 반질반질한 만년필을 얼굴에 비빈다.
수탄장길에서 다윗의 말을 회상한다.
엘리사벳 이거 받아 이거 만년필이야. 이 만년필 쓸 때마다 다윗을 생각해. 이 만년필에는 우리 엘리사벳과 다윗의 영원불변의 사랑을 다윗이 혼을 불어넣어 각인하였어.

마리아 엘 리가 다가와 "엘리사벳. 엘리사벳. 여기에 있었구나." 엘리사벳은 깜빡 회상에서 젖었다가 깨어난다.
"오, 마리아 엘리야."
"무슨 생각을 정신을 놓은 채 하고 있어. 엘리사벳의 이름을 두 번이나 불렸잖아."
"아, 그랬어. 우리 다윗을 생각하고 있었어."
"다윗?"
"그래, 내 사랑 다윗이야. 지금은, 소식이 서로 끊어져 마음 조이고 있어."
"엘리사벳, 너에게 궁금한 게 있는데……."
"그게, 뭔데……."
"엘리사벳이 항상 들고 다니는 만년필하고 머리에 꽂고 다니는 머리핀, 다윗 친구가 준거야."
"그래, 우리 다윗과 엘리사벳이 서로 장래를 약속하며 주고받은 다윗의 분신이야."
"그래서 항상 몸에 지니고, 잠들 때도 품에 안고 자는구나."
"그래, 이것은 만년필이 아니라 바로 내 사랑 다윗이야."
"엘리사벳. 너는 남자친구도 잘 사귀고 공부도 어쩌면 그리 잘 하니?"
"우린 8살 때부터 함께 자랐어."
"호호호, 8살 때부터 말이야."
손으로 입을 가리고 웃는다.
"그래! 동정과 우정, 사랑으로 이어진거야."
"나는 너만 보면 항상 신비스러워!"
"신비스럽긴, 그런 소리하지 말고 기숙사로 가자."
"그래, 엘리사벳."
엘리사벳과 마리아 엘리는 기숙사 쪽으로 걸어간다.

대륙상회와 집에 며칠 째가 되어도 왕차이의 모습은 보이지 않았다. 다윗은 린칭에게 왕차이에 대하여 궁금하고 한편으로 걱정이 되어서 물어보았다.
"우리 사장님께서는 한번 나가시면 며칠씩 소식이 없으신 분입니다."
예사롭지 않게 말했다.
이때 마침 왕차이가 들어왔다. 왕차이의 모습이 심한 격투라도 벌이고

온 사람마냥 옷과 얼굴이 지저분하다. 다윗은 걱정스러워

"왕대인, 많이 다치신 데는 없으십니까?"

"하하하, 다윗 선생께서 이런 모습을 처음 보니까 그러시는가 본데, 앞으로 이런 일들을 자주 볼 겁니다. 다윗 선생께서 걱정할 일이 아닙니다."

"왕대인, 이제 저에게 말씀을 낮추십시오."

"차차 그리 되겠지요."

왕차이는 옷을 갈아입고 난 뒤 어디론가 바쁘게 나가버렸다. 왕차이는 이러한 일이 몇 차례 계속되었다.

다윗이 홍콩에 온 지도 한 달이 다 되어가는 어느 날, 다윗은 작은 오토바이를 타고 거래처에 물건을 배달하고 난 후 대륙상회로 돌아오던 중 신호에 걸려 잠시 정지해 있었다.

맞은편에서 며칠 째 보이지 않던 왕차이가 빠른 걸음으로 도로 쪽으로 걸어가는 모습이 보였다. 뒤를 동양인 두 젊은이가 왕차이의 뒤로 다가서더니 호주머니에서 뭔가를 꺼내어 왕차이의 뒤통수를 내리쳤다. 뒤통수에 일격을 당한 왕차이를 두 젊은이가 양쪽 겨드랑이를 부축하여 길 옆에 세워둔 차에 태우려고 하고 있는 것이 아닌가.

다윗은 오토바이를 휙 돌려 왕차이를 태우려는 승용차 앞으로 순식간에 달려갔다. 승용차 뒷문을 막 닫는 순간, 다윗은 반쯤 닫힌 뒷문을 열고 창쪽에 앉아있는 한 사나이에게 검지로 인중 급소에 꽂았다. 수침지회 공격을 일격에 맞고는 소리 한번 지르지 못하고 앉은 자리에서 픽 꼬꾸라졌다.

다윗은 꼬꾸라진 자를 끄집어내어 길거리에 내던지고, 겨우 정신을 차리고 있는 왕차이를 꺼내는 동시에 맞은편 창쪽에 앉아 있는 사나이에게 검지와 중지로 V자를 만들어 눈에 일격을 가했다.

창쪽에 앉아 있던 사나이도 아이쿠, 비명을 지르며 두 눈을 감싸쥐고 괴로워하는 순간, 운전석 옆에서 재빨리 한 사나이가 문을 열고 다윗쪽으로 나오는 순간 다윗의 오른발이 명치 급소를 가격했다. 윽, 신음소리와 함께 길 옆에 쓰러졌다.

다윗은 운전수쪽 차 위로 가볍게 훌쩍 넘어서 운전석 문을 열고 막 나오려는 젊은이의 팔을 문에 끼운 채 차문을 닫아버렸다. 우지끈 둔탁한 소리가 나면서 젊은이의 팔이 부러졌다. 눈 깜짝할 사이에 장정 네 명이 손 한번 써보지도 못한 채 다윗에게 제압당한 것이다. 순간 다윗은 차를 넘어와서 왕차이를 오토바이 뒤에 태우고 어디론가 사라졌다. 다윗은 왕차이를 태우고 집으로 왔다.

"어디 다치신 데는 없습니까?"

"목이 조금 뻐근합니다만 이런 것쯤은 괜찮습니다. 오늘 다윗 선생님에게 신세졌습니다."

"신세라고까지야 제가 지금 왕대인께 신세를 지고 있지 않습니까?"

왕차이는 다윗이 상대를 제압하는 것을 보고 참으로 놀랐다. 왕차이가 처음 다윗을 보았을 때 보통사람은 아닌 줄 알았으나 현실은 왕차이가 생각했던 것보다 상상을 초월하였다.

"다윗 선생이 보통 분은 아니신 줄 알았습니다만 참으로 대단하십니다. 제가 아직껏 폭력세계에서 수많은 사람을 보아왔어도 다윗 선생님 같으신 분은 처음 보는 것 같습니다. 정말로 전광석화 바로 그거였습니다."

"별말씀을 다 하십니다."

다윗과 왕차이는 1층 방으로 들어갔다. 두 사람은 우롱차를 마시며 먼저 왕차이가 입을 열었다.

"어차피 알아야 할 일들이니까 내 오늘 전부 이야기하리다. 다윗 선생,

혹시 삼합회라고 들어보셨습니까?"

다윗은 스승 강학수에게서 삼합회에 대하여 들은 기억이 났다.

"네, 들은 적이 있습니다."

"처음에 우리 삼합회는 청나라를 타도하고 한족의 부흥을 일으키기 위한 비밀조직이었습니다. 청나라가 망한 후 잔재 일부 세력이 이곳 홍콩으로 들어와 지금은 돈이 되는 일이라면 가리지 않고 다하는 폭력조직으로 변질되었습니다. 나는 홍콩 삼합회 중간 간부입니다."

"아, 그렇습니까?"

"그런데 아까 나를 구타하고 납치하려던 그 젊은 친구들 말입니다. 그들은 중국 본토 북경에 본부를 두고 있는 삼합회 단원들입니다."

"아니, 같은 삼합회끼리 왜들 그러십니까?"

"지금 중국 본토 삼합회는 우리와 조금 다릅니다. 본토 삼합회는 홍콩 삼합회와 조직은 흡사하나 초창기 결성된 삼합회의 정신을 계승한다는 목적의식으로 결성되어 왔기 때문에 호텔 사업과 카지노만 운영하고 다른 사업은 일체하지 않습니다. 중국 고관 정치인들의 자금줄과 빈민층의 인민을 구제하는 사업을 겸하고 있는 단체로 지금 홍콩의 변질된 삼합회를 근절하고 건전한 본래의 삼합회로 만들고자 파견된 자들입니다."

"그렇게 건전하고 이로운 사업을 하고 있는 사람들과 왜 적대관계에 있습니까? 문제는 이곳 홍콩에 있는 삼합회가 문제군요."

"그렇기는 합니다만 그렇게 간단하게 생각할 문제가 아닙니다. 물론 내가 몸 담고 있는 이곳 삼합회가 많은 문제가 있는 것은 저도 인정합니다. 허나 지금 홍콩 삼합회는 그 규모나 조직이 너무 방대해져서 중국 본토 삼합회를 모든 면에서 능가하고 있습니다. 다국적 범죄 집단으로 되어 있기 때문에 간단하게 생각할 문제가 아닙니다. 지금 본토에 있는 삼합회 단원들이 수백 명 홍콩에 들어와 이곳 삼합회와 대치중입니다. 아까 그네들이 다윗 선생님께 당하고 갔으니 언젠가는 이곳으로 다시 찾아 올 겁니다. 그들은 당하고만 있지 않는 자들이니까요."

"다윗 선생께서는 지금부터 빠지십시오. 집안에서 조용히 계시면 됩니다. 본토 삼합회와 홍콩 삼합회 간에 모든 일들이 끝날 때까지 말입니다."

"왕대인의 말씀은 충분히 이해가 갑니다만, 왕대인에게 지금 신세를 지고 있는 처지인데 왕대인께서 당하고 계시는데 제가 어찌 나 몰라라 하겠습니까?"

다윗의 말이 막 끝나기도 전에 대륙상회의 린칭이 사색이 되어 달려왔다.

"사장님, 여기 계시군요. 지금 가게에 낯선 젊은이들이 수십 명 몰려와서 점포를 난장판으로 내고 가면서 이것을 사장님께 전해주라고 했습니다."

린칭이 전해준 메모지 속에는 4월 3일 오후 1시 구룡가 23번지 구룡무역 창고에서 서로 만나자는 내용이었다. 왕차이를 구해서 같이 간 그 젊은 사람과 함께 만나자는 내용이었다.

"드디어 올 것이 온 모양이구려. 다윗 선생과 같이 오라고 하는군요."

"이왕 이렇게 되었으니 오히려 잘 되었습니다. 한번 만나 보지요."

다윗은 태연하게 말했다. 왕차이는 잠시 생각하더니

"지금 당장 홍콩 삼합회에 가서 이 사실을 알려야겠습니다."

다윗은 왕차이를 가로막았다.

"왕대인, 아마도 이 대결은 왕대인과 저 우리 두 사람을 상대로 하는 것 같습니다."

"그렇기는 합니다만, 모든 사건이 홍콩 삼합회와 연관이 있으니까요."

"그러실 게 아니라 일을 크게 벌리시지 말고 저하고 둘이서 이번 일을 끝냅시다."

"두 사람이 그 많은 조직원들을 어떻게 상대하려구요?"

"왕대인, 너무 염려 마십시오. 한번 만나 보기나 합시다."

"다윗 선생, 참으로 저 때문에 이런 골치 아픈 일에 끼어들게 하여 너무나 송구합니다."

"왕대인 별말씀을 다 하십니다."

"그런데 다윗 선생, 본토 삼합회를 잘 모르셔서 그러시는데 만약 그들을 잘못 건드렸다가는 바로 죽음 뿐입니다."

"왕대인, 사람이 한 번 태어나서 한 번 죽지 두 번이야 죽겠습니까? 너무 걱정 마시고 이번 일은 제게 맡겨 주십시오."

다윗의 마음이 굳어진 것을 안 왕차이는 걱정스러운 마음을 지울 수 없으면서도 한편으로 다윗을 믿어보기로 했다.

"알겠습니다. 다윗 선생의 뜻이 정 그러시다면 그렇게 하십시다."

며칠 후 구룡가 뒷골목 창고 안, 이곳은 인적이 뜸한 곳으로 결투 장소로는 적합하였다. 다윗은 왕차이와 같이 약속된 장소 창고의 문을 열었다. 안에는 벌써 본토 삼합회 조직원 70~80여 명이 손에 칼과 도끼 등으로 무장한 채 두 사람을 기다리고 있었다.

중국 무협소설 속이나 영화 속에 나오는 한 장면이었다. 여송연을 입에 물고 서 있는 50대 신사가 보스인 듯 했다. 날카로운 눈매에 흰머리와 검은 머리가 뒤섞인 중후한 신사였다. 다윗이 앞장을 서고 그 뒤에 왕차이가 따랐다.

"다윗 선생, 정신 바짝 차리십시오. 저 중간에 여송연을 입에 물고 나이가 50쯤되어 보이는 자가 슝산이라는 자로서 본토 회장 바로 밑에 있는 두 사람의 보스 중 한 사람입니다. 저 자의 싸움 실력은 중국 본토에서도 알아주며 중국 전 대륙 사격대회에서 1등을 한 권총의 명사수입니다.

그랬다. 중국 본토 삼합회 회장 밑에는 현장에 조직을 직접 진두지휘하는 실전의 보스와 삼합회를 사무적으로 이끌어가는 업무용 보스가 있었는데 슝샨은 현장을 지휘하는 실전보스였다.

"왕대인, 지금부터 내 말을 명심하십시오. 내 뒤에 딱 붙어서 나를 방패 삼아 저들과는 가능한 대결하지 마시고 내 뒤만 따르십시오."

"다윗 선생, 그렇게 하지요."

다윗은 터벅터벅 무리들이 서성거리고 있는 중간을 스스럼없이 가로질러 보스인 슝샨 앞에 섰다. 본토 삼합회 조직원들은 좌우로 흩어지며 금방이라도 공격할 것 같은 자세로 움직였다. 다윗은 싸늘한 미소를 입가에 지으며 조용히 좌우를 살펴본 후 입을 열었다.

"당신이 슝샨이오?"

"그렇다. 내가 바로 중국 본토에서 온 슝샨이다. 참으로 간이 배 밖에 나온 자로구나."

"간이 배 밖에 나오고 안 나오고는 조금 뒤면 아실 터이고, 무엇하러 이 많은 사람을 데리고 오셨소이까?"

"그런 것은 네놈이 알 바 아니지 않느냐?"

"말씀이 너무 거칠군요. 슝샨 선생, 우리 서로가 대결할 때 대결하더라도 좋은 말로 합시다. 나는 숫자에 개념이 없는 사람이며 또한 시간 따위에 구애를 받지 않는 사람이요. 아무리 많은 상대가 있고 그 상대와 많은 시간을 대결하며 소비할지라도 그런 것들은 나에게는 큰 의미가 없어서요?"

다윗은 호주머니에서 검은 띠를 꺼내어 들었다. 검은 띠로 자기의 눈을 가렸다. 뒤에서 이 광경을 보고 있던 왕차이가 기겁을 한다.

"다윗 선생, 어쩌자고 눈까지 가리십니까?"

"하하하. 왕대인 너무 걱정 마십시오. 한번 몸이나 슬슬 풀면서 저들과 함께 한번 놀아 보려구요."

슝샨이 이런 다윗을 보고 말한다.

"지금 무엇을 하자는 게냐?"

"보시다시피 나는 두 눈을 가리고 당신들과 대결하겠다는 게요. 슝샨 선생, 왜 제가 잘못된 게 있습니까?"

"하룻강아지 범 무서운 줄 모른다더니 참으로 갈수록 가소로운 놈이로구나."

"슝샨 보스, 나이도 나보다 연배이시고 보기에는 점잖게 보이시는 분이 교양없이 입이 꽤나 거칠군요."

"아니 저놈이 자 어서 저놈을 깨트려버려!"

슝샨의 입에서 공격 명령이 하달되자 졸개들은 동시에 공격이 시작되었다.

다윗의 스승 강학수는 앞을 볼 수 없는 장님이었으나, 심안과 신체의 오감과 영감과 육감으로 상대를 제압하고 방어하는 비법을 다윗에게 전수하였다. 다윗의 동작은 산과 같고 물과 같았다.

상대들의 칼과 도끼가 다윗의 몸에 20센치 정도 도달할 때까지 미동도 없이 서 있다가 좌우상하를 슬쩍슬쩍 비켜나면서 상대를 공격하고 방어하는 무예는 천하일품이었다. 중국, 일본, 조선의 종합 무예서인 무예 도보통지와 수침지회 내공과 외공, 우주의 기를 적절히 조화시켜 가면서 응축된 기를 조화롭게 펼치는 다윗의 무예를 지켜보고 있는 왕차이는 물론 지금은 적이 되어 싸우고 있는 본토 삼합회의 슝샨까지 탄복하였다. 두 눈을 가린 채 이것은 사람으로서 도저히 할 수 없는 기적 같은 현실 앞에서 뒤에 있는 왕차이가 위험하면 이를 구해내면서 방어와 공격이 20여 분만에 80여 명의 삼합회 조직원들은 10여 명으로 줄어들었다.

이때 슝샨이 앞으로 나섰다.

"애들아 저리 비켜!"

슝샨은 말을 마침과 동시에 권총을 빼어 들었다. 다윗은 순간 몸을 팽이같이 회전하며 슝샨쪽으로 날렸다. '탕팅탕' 연이어 3발의 총성이 창고 안에 울리는 순간, 권총과 슝샨의 몸이 하늘로 날라 7~8미터 나가 떨어졌다. 다윗은 어느새 나가 떨어진 슝샨 앞에 서 있는 것이다.

왕차이는 자기의 눈을 의심하면서 다윗의 몸 뒤로 바싹 다가섰다. 본토 삼합회 조직원들이 절룩거리며 슝샨 뒤로 몰려들었다. 다윗은 눈에 가리고 있는 검은 띠를 풀었다. 슝샨이 겨우 일어서려고 하자 조직원들이 부축해 일으켰다.

"슝샨 보스, 우리 이쯤해서 끝냅시다. 우리가 더 이상 싸워서 좋을 게 뭐 있겠습니까?"

슝샨은 좌우에 부축한 조직원들의 손을 뿌리치고 바로 섰다.

"오늘은 우리가 졌소이다."

"아닙니다. 슝샨 보스. 이기고 지고의 문제가 아닙니다. 서로가 불필요한 부상은 이것으로 끝냅시다. 우리가 서로 싸워야 할 특별한 이유가 없지 않습니까?"

"하기야 그렇습니다."

"네, 그렇게 하십시다."

슝샨은 현명한 사람이었다. 자신은 다윗의 상대가 아니라는 것을 직시한 것이다. 슝샨이 몇 발자국 걸어가다가 뒤돌아서며

"그런데 실례지만 귀하의 존함을 알고 싶습니다."

"제 이름은 알아서 무얼 하시겠습니까?"

"아닙니다. 이 슝샨이 오늘같이 허무하게 당해본 일이 처음이라서 귀하의 존함을 알고자 합니다. 침으로 대단하십니다. 귀하의 그 무예실력

에 존경을 올립니다."

"별말씀을 다 하십니다. 제 이름은 권다윗입니다."

"권다윗, 네 알겠소이다. 내가 꼭 기억하리다. 그런데 내가 보기에는 이곳 삼합회 회원은 아닌 듯싶은데, 왜 우리들 일에 간섭하시게 되시었습니까?"

"잘 보셨소이다. 나는 이곳 삼합회 조직원이 아닙니다. 다만 여기에 계시는 왕대인에게 잠시 신세를 지고 있는 식객입니다. 슝샨 보스 조직원들이 며칠 전 대로에서 우리 왕대인을 폭행하고 납치하기에 내가 왕대인을 구출했을 뿐입니다. 물론 그때 오늘과 같이 불상사가 있기는 했지만 그때는 어쩔 수 없었소이다."

"그러시겠지요. 허나 내가 오늘의 일을 본토에 계시는 회장님께 보고하고 나면 그분의 뜻이 어떠하실지 모르겠으나 아마도 십중팔구는 다윗 선생을 한번 만나고자 하실 것입니다. 우리 회장님께서는 다윗 선생 같은 특출한 무예를 가진 자를 무척이나 좋아하시거든요. 그분의 무예는 우리와는 다릅니다. 그분의 무예는 높이와 깊이를 헤아리기 어려운 입신의 경지에 이른 분이니까요."

"그렇소이까 중국 대륙에도 그런 분이 계시는구려. 아무튼 우리 서로 일을 크게 벌리지 맙시다. 이런 일은 크게 벌려 봤자 상대 모두에게 좋을 게 무어가 있겠습니까?"

"아무튼 잘 알겠소이다."

슝샨 일행과 헤어져 왕차이와 같이 집으로 돌아왔다. 왕차이는 다윗과 같이 집으로 오면서 아무 말이 없었다. 도대체 다윗이라는 사람은 어떠한 사람이기에 이런 신출귀몰한 무예와 더불어 총알도 피할 수 있는 사람인가. 또한 두 눈을 가리고 마치 두 눈으로 보고 있는 것처럼 왕차이는 머리가 복잡해졌다.

"왕대인, 저는 2층에 올라가 조금 쉬어야겠습니다."

"예, 다윗선생. 그렇게 하시지요."

2층 방으로 올라가는 다윗을 왕차이는 정신 나간 사람처럼 멍하니 바라보면서 '내가 기이한 사람과 인연을 맺고 있구나'하였다. 방에 들어온 다윗은 1미터 부상하여 정좌한 채 묵상과 명상에 들어갔다.

용쟁호투

중국 북경에 도착한 승샨은 삼합회 사옥 내에 있는 삼합회 회장 집무실로 향했다. 서열상으로는 회장 바로 밑이나 일단 집무실 입구에 있는 대기실에서 기다리며 여비서를 통하여 회장의 허가가 있어야 회장실에 들어갈 수 있었다.

중국 전통옷을 입은 여비서가 승샨에게 "지금 회장님께서 명상 중이십니다. 30분가량 걸리겠습니다. 기다리십시오." 이때 삼합회 회장 장찬성은 바닥에 앉은 자리에서 명상에 들어 있었다.

승샨은 대기실에서 기다리고 있었다. 30분이 지나고 나서 여비서가 다시 들어왔다.

"오래 기다렸습니다. 들어오십시오."

승샨은 반백의 머리를 짧게 깎고 검은 안경을 쓴 장찬성 회장 앞에서 정중하게 구십도로 예의를 갖춘 뒤 부동자세로 서 있었다.

"승샨, 이리로 와 앉지."

"네, 회장님. 저, 뵈올 면목이 없습니다."

장찬성 회장은 승샨이 홍콩에서 어떤 젊은이에게 당하고 왔다는 사실을 이미 알고 있었다.

"승샨."

"네, 회장님."
"80여 명이나 되는 우리 조직원들이 정체를 알 수 없는 신출귀몰한 젊은이에게 덩했다면서?"
"네, 회장님. 지금도 믿을 수 없는 일이나 그게 사실입니다."
"그래. 그 젊은이에 대하여 아는 대로 말해보게."
"회장님 앞에서 경거망동하고 외람된 일이오나 제 오십 평생 처음 보는 희귀한 자였습니다."
"하하하."
장 회장은 너털웃음을 웃다가 정색을 한다.
"그래. 그 젊은이가 그렇게 대단하던가."
"네, 회장님. 저의 권총도 다윗이라고 하는 그의 앞에서는 무용지물이었습니다. 80여 명의 우리 조직원들이 다윗이라는 젊은이에게 제압당하고 겨우 10여 명만 남았을 때 제가 할 수 없이 권총을 꺼내들었습니다. 순간 다윗 그 사람이 내 앞에 서 있었고, 세 발을 발사하는 순간 권총과 함께 제가 나가 떨어졌습니다. 지금 생각해도 그 순간은 지금도 이해할 수가 없습니다. 제가 어떻게 되었는지? 그런데 그 다윗이라는 젊은 친구는 처음부터 자기 스스로 두 눈을 가리고 앞을 볼 수 없는 상황에서 우리 조직원들과의 대결이었습니다."
"음— 두 눈을 가리고 대결했다. 두 눈을 가리고. 두 눈을 가리고 초비회격을 펼쳤다?"
본토 삼합회 회장은 무엇을 깊이 생각하는 듯 잠시 말이 없었다.
"초비회격은 강학수와 장찬성만이 할 수 있는 비장의 무예인데……."
"회장님 무어라 하명하셨습니까?"
"아. 아닐세. 내가 꼭 만나 봐야 할 젊은 친구이구먼."
"아니, 회장님께서 손수 만나시려구요?"

"왜? 내가 자네와 같이 그 젊은이에게 당할까봐 그러는가."
"아닙니다, 회장님."
"아무튼 그래 흥미 있는 일이 아닌가. 두 눈을 가리고도 명사수이며 속사인 자네의 총을 피할 수 있는 자라면……. 하하하, 나의 젊은 일본 동경유학 시절이 생각나는구먼. 이보게 슝샨."
"네, 회장님."
"오늘은 늦었으니 내일 나하고 홍콩으로 떠나세."
"아니, 회장님 저하고 단 둘만 말입니까?"
"번거롭게 하지들 말고 자네가 직접 다윗인가 하는 젊은이에게 인도하게. 꼭 만나야 할 젊은이 같으이."
"회장님, 그러실 게 아니라 본토 최고의 정예 조직원들로 하여금 회장님을 뫼시도록 하겠습니다."
"슝샨."
"네, 회장님."
"자네 전과 다르게 말수가 많아졌네 그려."
"아이구, 회장님 죄송합니다."
"나 혼자 간다고 하지 않던가."
"네, 회장님. 분부대로 거행하겠습니다."

이틀 후 다윗과 중국 본토에서 온 삼합회 회장은 얼마 전 슝샨 일행과 대결했던 그 장소에서 만났다. 본토 삼합회 회장 뒤쪽에서 우측으로 슝샨이 서 있고 그 맞은편에 다윗이 마주보고 섰으며 다윗 왼쪽에는 왕차이가 섰다.

본토 삼합회 회장은 반백의 스포츠 머리에 나이는 60세 정도이며 눈에는 검은 안경을 끼고 있었다. 다윗은 본토 삼합회 회장과 10미터 거리를 두고 섰다.

소록도 신생리 11호사 뒷산자락 정기를 받고 신목(神木)의 기다림 속에 태어나 힘은 항우를 뺨치고 빠르기는 번개 같으며 또한 입신의 경지를 넘어서고 삼명육통한 스승 강학수로부터 무예를 전수받은 다윗이라 할지라도 바늘구멍 하나 빈틈이 없는 자세와 전신을 감도는 범상스러운 기의 흐름을 지닌 본토 삼합회 회장 앞에서 몸에 전율을 느꼈다.

"오늘 난생 처음으로 다윗이 최강의 강적을 만났구나. 심사숙고하여 맞서야 겠구나."

다윗은 조용히 내공과 외공을 교차하며 우주의 기를 전신에 최대로 운공시켰다. 그리고 운공된 기를 체내에 응축하기 시작했다. 본토 삼합회 회장 역시 비록 나이는 젊으나 빈틈이라고는 찾아 볼 수 없는 다윗의 위풍당당한 자세와 기 덩어리로 뭉쳐있는 그의 몸매에 마치 젊었을 적 일본 학창시절 최강의 상대였던 강학수를 만나는 듯 했다.

내가 지금 태산 앞에 서 있는 듯하구나. 저것은 사람의 몸이 아니다. 강철로 된 기의 결정체이다. 참으로 웅장하고 대단하구나. 내가 지금 60여 평생 무예의 길을 걷고 살아온 무예인으로서 또한 무예를 존중하며 무예를 나의 분신처럼 사랑했던 사나이로서 오늘에 이 대결이 승부에 관계없이 영광스럽고 뜻깊고 후회 없는 장찬성 일생일대의 마지막이 될, 미련도 후회도 없는 장엄한 대결이 되겠구나. 이 장찬성이 바로 이런 대결을 접하기 위하여 얼마나 기다렸더냐. 또한 진정한 무예인으로서 얼마나 갈망하였더냐.

중국 본토삼합회 회장은 조심스럽게 다윗의 전신을 살폈다. 그런데 다윗의 옷깃에 작고 가는 침이 꽂혀있는 게 아닌가. 일본 유학 시절 강학수와의 대결 때에도 똑같은 위치에 침을 꽂고 있었지 않았는가. 중국 본토 삼합회 회장은 잠시 스쳐간 젊은 지난날의 생각을 정리했다. 본토 삼합회 회장은 끼고 있던 안경을 벗어 뒤에 서 있는 송산에게 건네준다. 본토 삼합회 회장의 눈빛은 번개가 번뜩인 듯 푸른 광채를 내며 번득였다. 마치 천둥 번개가 잠시 스치고 지나가는 듯 했다. 과연 대단하구나.
 다윗은 우주의 기를 체내에 응축 집중시켰다.
 "참으로 빈틈이라고는 찾아볼 수 없는 젊은이로세 그려."
 본토 삼합회 회장은 한두 걸음 앞으로 다가섰다. 참으로 바람과 같은 움직임이며 태산이 움직이는 듯 했다. 다윗은 언뜻 스승 강학수가 생각났다. 마치 스승의 움직임이다.
 "오늘 다윗 선생을 만나자 한 것은 중국 본토 삼합회 회장으로서가 아니라 다윗 선생께서 가지고 있는 무예가 가히 궁극의 경지에 도달하셨다기에 이 늙은이가 한번 접해보기 위해서일세. 어떠신가. 우리 무예인들끼리 몇 수 가져 봄이……."
 "본토 삼합회 회장님께서 원로에 이곳까지 소인을 보시려 바쁘신 와중에서 어려우신 발걸음으로 오시었는데 예의상 그냥 보내드릴 수야 있겠습니까?"
 "오늘도 두 눈을 가리고 몇 수 가져 볼 텐가?"
 "회장님께 외람된 말씀이오나 저는 삼명육통하신 장님 스승님으로부터 무예를 전수받았기 때문에 눈을 가리고 안 가리고는 큰 의미가 없습니다."
 "그러면 오늘도 두 눈을 가리고 나와 한번 대결해 보시게나."
 "회장님께 결례가 되지 않으신다면 소인 그렇게 하겠습니다."
 다윗은 호주머니에서 검은 띠를 꺼내어 두 눈을 가렸다.
 "나이로 보아 내가 연장자이고 다윗 선생이 연하니 다윗 선생께서 먼저 공수가 되시게."
 "회장님, 감사합니다. 그럼 소인이 먼저 출수하겠습니다. 그리고 몇 수 가르침을 받겠습니다."

순식간의 일이었다. 다윗과 삼합회 회장이 스치고 지나갔다. 마치 눈에 보이지 않는 바람이 스쳐 지나가는 듯 했다. 이 순간을 옆에서 보고 있던 슝샨이나 왕차이 두 사람이 눈에 보이지 않았다.

다윗과 본토 삼합회 회장은 처음에 서서 마주보던 자리에서 서로가 바뀌어져 각자 등을 돌리고 서 있었다. 다윗의 양손에는 본토 삼합회 회장의 앞쪽 명치 급소와 옆구리 급소 위의 옷을 한 움큼 뜯어 쥐고 있었고, 본토 삼합회의 회장 역시 다윗의 똑같은 명치와 옆구리 급소 위의 옷을 뜯어 한 움큼 쥐고 있었다.

다윗은 수침지회(手鐵指會)를 펼쳤고, 중국본토 삼합회 회장은 태극권(太極券)을 펼쳤다. 이 두 사람은 상대의 두 급소에 치명타를 가하였으나 서로가 급소를 피하여 각자의 겉옷만 뜯어 손에 쥐고 있는 것이다. 두 사람 누가 먼저랄 것도 없이 동시에 돌아서서 상대를 바라보았다. 본토 삼합회 회장은 뜯기어 나간 자신의 명치와 옆구리를 보았다. 다윗도 똑같이 뜯기어 나간 자신의 명치와 옆구리를 보았다.

"역시 내가 본토에서 들은 보고나 다윗 선생을 처음 만났을 때의 느끼는 감정 모두가 다윗 선생과 한수 접하고나니 참으로 대단하시구려."

"아닙니다. 회장님, 깜박했으면 제가 큰일 날 뻔 했습니다. 조금 전 회장님으로부터 좋은 가르침을 받았습니다."

"과연 희대의 영걸이시구려. 또한 겸손한 예절과 절학의 무예 실력을 모두 겸비하셨구려. 다윗 선생, 자 지금부터 내 차례일세. 자 한 수 받아 보시게."

순간 본토 삼합회 회장의 몸이 허공을 날았다. 다윗도 동시에 날았다. 두 사람의 손과 발이 공기를 가르며 요란하게 몇 수 교차되었다. 청룡과 백호가 구름 속에서 천둥 번개를 일으키며 여의주를 서로 차지하려고 대결하는 투혼의 장이다. 본토 삼합회 회장은 한 번 더 감탄했다.

내가 지금 사람과 대결하는 것이 아니라 강철과 맞서고 있구나. 이 때 다윗의 몸이 하늘을 솟구쳐 본토 회장의 머리 위에서 한번 회전하는 것이다. 본토 삼합회 회장은 다윗이 자기 머리 위로 나르고 있을 때 조금 전 옷깃에 꽂혀 있던 침이 그대로 꽂혀 있었다. 이상하구나! 저 동작은 옷깃에 꽂아두었던 침을 나의 천주혈에 꼽기 위한 강학수의 무예인데 왜, 침을 사용하지 않았을까? 다윗과 삼합회 회장이 마주 선다.

"다윗 선생."

"네, 회장님."

"왜? 나를 옷깃에 꽂아 두었던 침으로 공격하지 않으셨소?"

"회장님께서 제가 침으로 공격할 것을 알고 계셨기 때문에 손을 쓰지 않았습니다."

"역시 대단하시구려. 상대의 마음을 읽고 계시다니 다윗 선생께 하나 물어볼 말이 있소이다."

"회장님, 하문하십시오."

본토 삼합회 회장은 한 걸음 앞으로 나오면서

"다윗 선생, 선생께서 혹시 한국에서 오지 않으셨소?"

다윗은 한국이란 말에 흠칫 했다. 어떻게 이 분이 내가 한국 사람이라는 것을 알고 있는가. 잠시 대답을 망설이는 다윗을 향하여 "다윗 선생. 선생께서 혹시 강학수의 제자가 아닌가?"

다윗은 이제 깜짝 놀랐다.

"아니, 저희 스승님을 어떻게 아십니까?"

"역시 그랬었군. 방금 자네가 시도하려고한 그 침술 공격 말일세. 젊은 시절 일본에서 자네 스승 강학수에게 내가 한 번 당하였네."

"아, 그러시면 회장님께서 장찬성 선생님이 아니십니까?"

"오, 내 이름을 알고 있었군 그래. 그러하네. 내가 바로 장찬성일세."

다윗은 본토 회장 장찬성이 스승 강학수와 일본 제국대학 법학부 동기이면서 무예로서 절친했던 사실을 익히 들어 잘 알고 있었다. 또한 스승 강학수는 장찬성과 만날 것이라는 예언을 하지 않았던가.

"선생님, 용서하십시오. 제가 선생님을 몰라 뵈옵고 선생님께 큰 무례를 범했습니다."

다윗은 장찬성 앞에 무릎을 꿇었다. 이것이 스승 강학수에 대한 예의이기도 했다.

"아니, 왜 이러시나. 어서 일어나시게."

장찬성은 다윗을 일으켜 세웠다.

"지금 자네 스승 강학수는 어디에 있는가?"

"저희 스승님께서는 4년 전부터 스승님의 무예를 저에게 전수하시고 몇 달 전에 이 세상을 떠나셨습니다."

"오, 그래! 아직도 한참 살 나이인데. 아니 우리 여기서 이럴 게 아니라 어디 가서 이야기나 좀 하세."

"스승님께서는 또한 회장님과 만날 것을 예언하셨습니다."

이러한 상황이 벌어지자 옆에 서 있던 슙산이나 왕차이가 덩달아 놀랐다.

일행은 아방궁으로 자리를 옮겼다.

진나라 시황제에 의해 산시성 서안서쪽 아방촌이라는 곳에 죄수 70여만 명을 동원하여 1만여 명을 동시에 수용할 수 있는 시설로 2층으로 건축이 시작되었으나 시황제가 죽자 2대 황제 때 완성되었다. 아방궁은 BC 207년 초나라 항우에 의하여 불태워졌다. 그 아방궁의 이름을 따서 이곳 홍콩에 문을 연 곳이다. 세계 각 미인들이 그 나라의 전통 고유의 옷을 입고 손님을 맞이하는 특색 있는 초고급 음식점으로 입구에서부터 실내 장식, 탁자, 음식을 담는 그릇에 이르기까지 모두가 황금으로 장식된 황금 아방궁인 것이다.
 장찬성, 다윗, 슝샨, 왕차이 네 사람은 아방궁 2층 특실에 자리를 잡았다. 물론 장찬성이나 다윗 모두 두 사람 대결 때 손상되었던 옷을 새 옷으로 갈아입은 뒤였다.
 "이곳은 우리 본토 삼합회에서 직영하는 삼합회 소유의 음식점일세."
 장찬성이 아방궁에 대하여 잠시 소개하였다. 곧바로 40세쯤 되어 보이는 중년 신사가 들어와 정중히 장찬성에게 인사를 했다.
 "회장님께서 어떻게 소식도 없이 이곳까지 오시었습니까?"
 "오, 진사장인가. 홍콩에 급히 볼일이 있어서 잠시 들렀네."
 "혹시 하명하실 일이라도 계십니까?"
 "아, 아닐세."
 다윗을 보면서 "이 젊은 친구하고 긴히 이야기할 게 있어서 왔네. 잠시 나가 있게."
 "네, 회장님. 대기하고 있겠습니다."
 아방궁 진사장이 장찬성에게 정중하게 인사를 하고 나갔다.
 향기가 아련하고 금가루를 띄운 이름 모를 차를 들고 중국, 러시아, 미국, 인도의 미인들이 그들 나라의 고유 의상을 입고 들어와 각자 앞에 차를 놓고 정중히 인사하고 나갔다.
 "슝샨, 이들에게 별도의 지시가 있을 때까지 음식을 들이지 말라."
 "네, 회장님"
 "자네 스승 강학수가 한 마디 말도 없이 동경에서 사라졌네. 내가 무척이나 강학수에 대하여 궁금하였다네. 참으로 천재적으로 타고난 영걸이 었는데……. 그래, 어떻게 돌아가셨는가?"
 "회장님, 혹시 소록도란 이름을 들어 보셨습니까?"

"소록도?"

장 회장은 머리를 갸웃뚱한다.

"금시초문인데?"

"그러시면, 한센병이라고 들어보셨습니까?"

"한센병? 혹시 대풍나, 나병 말인가?"

"네, 맞습니다."

"지금은 나병이라 부르지 않고 한센병이라 합니다. 노르웨이 의학자 아우메르 한센의 이름을 따서 그렇게 부릅니다. 한센은 베르겐대학에서 의학을 전공하고 베르겐 제1 나요양소 의사 시절인 1874년 나균을 세계 최초로 발견한 그 분의 업적을 기리는 의미에서 나병을 한센병이라고 칭합니다."

"오. 그런 사연이 있었구려!"

"저의 스승님께서는 동경에서 회장님께 말씀 한 마디 없이 떠나신 이유는 바로 한센병 때문입니다."

"아니, 자네 스승, 강학수가 한센병은 왜?"

"저의 스승님께옵서는 그때 한센병에 걸리시어 학업을 마치지 못하시고 한국에 오시게 되었습니다."

장찬성 회장은 소스라치게 놀란다.

"강학수가 한센병에 걸리었단 말이지?"

"네, 회장님, 맞습니다."

"아니! 세상에 이럴 수가. 그렇게 건강하고 모든 면에서 박학다식한 사람이 한센병에 걸렸다니 참으로 믿을 수가 없구나."

"스승님께서는 동경에서 귀국하시어 고향 진주에 계시다가 해방 직후 소록도 재환자 간부급 90명중 84명이 건강직원들에게 무참히 살해된지 2개월 후인 1945년 10월 10일 소록도에 입원하시었습니다. 스승님과 제가 서로 만나 인연이 된 것은 제가 18살 때입니다. 저는 소록도 신생리 11호사에서 한센인 부모님 몸에서 미감아로 건강하게 태어났습니다."

장찬성 회장, 슝산, 왕차이가 다윗을 보면서 놀란다.

"그렇게 놀라실 것까지 없습니다."

"지금도, 저는 항상 한센인 아버지와 어머님 몸에서 태어남을 후회해 본적이 없습니다. 항상 의젓하시고 준엄하신 아버님과 인자하신 어머님을 범사에 존경하였습니다. 두 분 부모로부터 태어난 자신을 하나님께 감사기도 드리면서 자랐습니다. 또한 두 분을 세계 어느 위인들보다도 제일 존경합니다."

장찬성 회장은 다윗을 바라보면서 고개를 끄덕인다.

"부모님이 돌아가시고 스승님을 부모님같이 생각하면서 무예를 배웠습니다. 스승님께옵서는 무예를 가르치시는 분이 아니라 저를 항상 친자식을 대하듯 아끼셨습니다."

"음, 강학수의 인품으로 보아 그랬을 것이야."

"스승님께옵서는 운명하시기 전 이 강학수가 한센병에 걸리어 소록도에 온 사연은 하늘의 천명을 받고 다윗 바로 너를 만남이었느니라는 말씀과 함께 많은 유산을 저에게 상속하셨습니다. 예언하신 그 날, 그 시간에 정확히 운명하시었습니다. 또한 삼명육통하시어 제가 이곳 홍콩에 올 것과 회장님을 만날 것을 미리 예언하셨습니다."

"강학수가 신의 경지에 이르러 있었구나. 역시 강학수야! 자신이 죽을 날까지도 미리 알고 있었군."

"네. 스승님께옵서는 나균의 침해로 머리카락과 눈썹이 빠지고 실명하셨습니다."

"거기다 실명까지?"

"네, 그러나 박학다식하시고 입신의 경지에 이르시었으며 삼명육통에 달통하시어 육체적으로는 실명하시었으나, 심령의 눈으로 사물을 보셨기 때문에 건강한 사람과 똑같았습니다. 그래서 제가 눈을 가리고도 총알을 피할 수 있는 초비회격을 펼칠 수 있었던 겁니다."

"삼명육통까지 신의 경지라!"

"네, 그러하십니다."

"제가 스승님의 유지에 따라 스승님의 유해를 스승님의 고향 진주 선산에 안치하고 서울로 을라왔습니다. 서울에 온 목적은 제가 꼭 찾아야 할 귀중하고 소중한 사람이 있어서였습니다. 서울생활 2개월쯤 퇴계로 입구에서 소록도에 있을 때 형이라고 부르던 여기에 계시는 왕대인과 잘 아시는(왕차이를 가르키며) 최용식형을 만났습니다. 소록도에서 헤어지고 7년만에 일입니다. 그 분께서 소록도 있을 때 착실한 기독교 신자였고 늘 목사가 꿈이라고 말을 하였기 때문에 목사가 된 줄 알았습니다. 그러나 용식이형은 인천에서 밀수에 깊게 관여하고 있었습니다. 하기야 그분도 소록도 제일에 운동선수였으니까요. 용식이형과 서울폭력 조직 간에 이권 싸움에 제가 끼어들어 서울 폭력 조직 우두머리와 저의 결투에서 우두머리가 실수로 죽는 바람에 제가 이곳 홍콩까지 와서 오늘에 이르러습니다."

"사나이 운명은 늘 한순간에 결정되는 것이지. 강학수, 그 사람 그렇게 갈 사람이 아니었는데 한국이라는 나라가 큰 인재를 잃었구먼……."

잠시 주위가 숙연해졌다. 마치 숙연한 침묵을 깨듯이 장찬성의 이야기가 시작되었다.

"우리 집안은 윗대 조상님들 중 한 분이신 장삼봉 진인으로부터 시작되는 태극권의 무예를 대대손손 이어져 나에게까지 왔네. 또한 1760년도에 중국 푸젠성 남부 주룽강 하류에 있는 정저우에서 청나라를 몰아내고 한족의 부흥을 꾀하기 위하여 조직된 비밀 조직 천지회에서부터 우리 집안 조상들은 깊이 관여하기 시작하였다네. 천지회가 중국 각 지역으로 갈라졌는데 그 중 갈리는 한 파가 삼합회이네. 청나라가 몰락한 뒤 본래의 목적의식을 상실하고 안타깝게도 황금에 눈이 멀어 돈이 생기는 일이면 무엇이든지 하는 폭력조직으로 변질되면서 그 일부가 홍콩으로 들어와 오늘날 삼합회의 범죄 집단이 된 것이네. 우리 가문은 부친 시절부터 중국 본토에 있는 삼합회 범죄 집단들의 근절에 나서서 오늘에 와서는 중국, 본토에는 전부 정화 작업이 끝나고 이곳 홍콩만 남아 있네."

다윗은 스승 강학수로부터 들은 적 있는 삼합회에 대한 내력을 장찬성으로부터 직접 들으니 그들의 한족 자부심과 긍정적 국가건설 구현이라는 명분으로 투쟁했던 한족들의 애국심에 감명을 받았다.

"비록 국가는 서로가 다르지만 자네 스승 강학수와 나는 호형호제하는 사이였다네. 스승의 친구가 되면 나 역시 자네의 스승이 될 수 있지 않는가."

"회장님, 참으로 지당하신 말씀입니다."

다윗은 정중히 고개를 숙였다.

"그럼 내가 자네에게 청이 하나 있네."

장찬성은 다윗의 손을 두 손으로 다정하고 잡으며 진솔하게 이야기하고 있는 것이다. 다윗은 자리를 고쳐 앉는다.

"스승님께서 저에게 청이란 무슨 말씀입니까? 하명하십시오. 따르겠습니다."

"역시 강학수가 예절 또한 잘 가르쳤네 그려. 다름이 아니라 홍콩에 있는 삼합회를 자네가 맡아서 정화작업을 좀 해주게. 내가 아무리 생각해도 적임자는 자네일 것 같네."

다윗은 엉겁결에 장찬성의 말에 따르겠다고는 하였으나 이것은 뜻밖의 일이었다. 비록 국가는 다르나 무예인은 한 형제요 의로운 길은 그 길이 한길이 아닌가.

"제 능력으로 이 어마어마한 일들을 어찌 처리할 수 있겠습니까?"

"에끼 이 사람아, 내가 자네 스승 강학수를 잘 알고 자네 또한 오늘 만나서 알았는데 그런 말은 말게. 지금 자네의 무예 실력은 나를 능가하네. '청출어람(靑出於藍) 청어람(靑於藍)'이란 말이 있지 않던가."

쪽에서 뽑아낸 푸른 물감이 더 푸르고 제자나 후진이 스승이나 선배들 보다 더 뛰어나고, 뒤 파도가 앞 파도를 밀어낸다는 뜻으로서 장찬성은 조금 전 다윗과의 대결 때 자신의 무예가 다윗에게 밀리고 있다는 현실을 알았기 때문에 다윗에게 이 말을 비유한 것이다. 다윗은 자세를 고쳐 앉으며 정중히 고개 숙였다.

"아닙니다. 선생님, 제가 어떻게 선생님을 능가하겠습니까?"

"아닐세. 저 넓은 중국 대륙과 이 홍콩바닥에서는 지금 자네를 능가할 자는 아무도 없네. 만약 자네를 능가할 자가 있다면 자네 자신뿐이네. 그러나 그것도 자네가 극기인이라는 것도 잘 알고 있네. 지금 당장 답하기 곤란하면 며칠 말미를 줄 터이니 이 늙은이를 실망시키지 말게. 아시겠는가?"

"네, 선생님. 깊이 생각해보겠습니다."

그리고 나서 장찬성은 다윗 옆에 앉아있는 왕차이를 보면서

"자네도 한족인줄 아네만은……."

"네, 회장님. 저도 한족입니다."

"이보게, 우리 같은 한족끼리 서로 다투지 말고 명분 있는 일에 나서게. 아시겠는가?"

장찬성의 다짐에 왕차이는 응겁결에 "예."하고 대답하고 말았다.

"여기 다윗 선생 옆에서 다윗 선생을 좀 도와드리게. 자네는 지금 한 세기에 나올까 말까하는 보기 드문 인재와 만나 교류를 하고 있는 것일

세."

"네, 회장님. 명심하겠습니다."

"고마우이. 다윗 선생이 자네를 잊지 않을 것일세."

장찬성은 슝샨에게 명하여 이곳 아방궁 사장을 들게 했다. 곧이어 아방궁 사장이 예의바른 자세로 들어섰다.

"회장님, 찾으셨습니까?"

"진사장."

"네, 회장님."

"앞으로 이 분 말일세. 다윗을 보면서 이 분께서 혹시 이곳 아방궁에 와서 무슨 부탁이 있거든 내 부탁이라 여기고 무슨 일이던 들어드리시게. 앞으로 큰일을 하실 분일세."

"네, 회장님. 회장님 분부대로 시행하겠습니다."

다윗은 자리에서 일어나 아방궁 진사장에게 정중하게 인사했다.

"저는 권다윗입니다."

"저는 아방궁을 운영하는 진종문이라고 합니다. 앞으로 잘 부탁드리겠습니다."

"부탁은 제가 드려야지요."

"그럼 진사장은 나가서 일 보시게."

아방궁 진종문은 뒤로 몇 발자국 물러서더니 정중히 인사하고 나갔다.

"방금 나간 저 진종문 사장 말일세. 저 사람은 북경대학 경영학과를 수석으로 나와 미국 매사추세츠주 케임브리지에 있는 하버드대학 경영학과에서 박사학위를 받은 보기 드문 수재일세."

1088년 개교한 이탈리아 볼로냐대학이 세계 최초의 대학이듯, 하버드대학은 미국 최초의 대학으로 1636년에 뉴칼리지로 개교 1638년 청교도인 하버드 목사의 유산과 도서를 기증받고, 1639년 하버드 목사의 이름을 따서 설립한 명문 종합대학이다. 하버드대학은 처음 성직자 양성을 목적으로 설립하였으나 지금은 세계적인 종합대학이다.

다윗은 아방궁 진사장이 세계 명문대학 출신이라는 것에 대해 한편 부럽고 한편 놀랐다. 장찬성은 안주머니에서 명함을 꺼내어 다윗에게 전했다. 다윗은 장찬성이 건네준 명함을 예의를 갖추어 받았다.

"마음이 결정되는 대로 이곳으로 연락하게. 나는 내일 본토로 가네. 아무쪼록 좋은 인연 있기를 바라네. 슈샨, 여기에 식사시키게. 시장기가 드는구먼."

식사가 들어오기 시작했다. 식사라기보다는 음식의 경연대회를 하는 것 같았다. 산해진미가 가득한 식탁이 비어 있으면 또 가지고 왔다. 한 시간 넘게 식사가 이어지고 각자의 취향에 따라 음료수와 커피, 보이차를 마셨다. 다윗이 마시고 있던 차를 식탁에 내려놓으며

"선생님, 식사 전에 말씀하시던 홍콩 삼합회 말입니다."

"그래. 말씀하시게."

"저는 무예인이지 싸움꾼은 아닙니다. 스승님의 유지를 받드는 뜻에서 드리는 말씀입니다."

"그야 내가 잘 아네."

"그래서 말씀인데요 본토 삼합회나 홍콩 삼합회가 서로간 피를 흘리지 않고 해결하는 방법이 있습니다."

일순간 주위가 숙연해졌다.

"그게 무언가?"

"제가 혼자서 홍콩 삼합회 회장님을 한번 만나는 겁니다. 물론 만나기는 쉽지 않겠으나 그 길은 제가 찾아봐야지요. 제가 어떠한 방법을 써서도 홍콩 삼합회 회장님을 만나 회장님의 마음을 돌렸을 때 그때는 홍콩 삼합회를 어떻게 처리할 의향이십니까?"

다윗은 여기에서 소록도 신생리 11호사 뒷산자락 정기를 타고 신목의 기다림 속에 태어난 그 본체와 타고난 선천적 천재성이 발휘를 하는 것이다.
"만약 그렇게만 된다면 홍콩 삼합회의 처리에서부터 재건에 이르기까지 전 과정을 자네에게 일임하겠네. 이 뜻은 본토 삼합회에서는 관여하지 않고 자네의 뜻에 따르겠다는 것일세."
"그러시면 홍콩 삼합회 회장님의 신변처리 문제도 여기에 포함되는 겁니까?"
"물론이지. 자네가 어떤 처리를 하던지 그 뜻에 따르겠네."
"그럼 제가 빠른 시일 내에 홍콩 삼합회 회장님을 한 번 만나보겠습니다."
"그렇게만 해 준다면야 내가 안심하고 홍콩을 떠날 것 같네. 고마우이. 자네만 믿겠네."
장 회장과 헤어져 곧장 집으로 돌아온 다윗은 왕차이와 마주 앉았다.
"왕대인, 제가 몇 가지 궁금한 게 있는데 왕대인께서 소상히 대답해 주시겠습니까?"
"이제 저는 다윗 선생님을 무조건 따르기로 제 자신에게 맹세하였습니다. 말씀만 하십시오."
"왕대인, 왜 이러십니까? 그렇게 말씀하시면 제가 오히려 몸둘 바를 모르겠습니다."
"아닙니다. 제가 나이는 다윗 선생님 보다 몇 살 많다고는 하나 그런 것은 문제가 아닙니다. 그리고 이 세계에서 저도 잔뼈가 굵은 사람입니다. 제가 앞으로 윗분으로 정중하게 모시겠습니다."
"아무튼 왕대인께서 그렇게까지 말씀하시니 제가 몸둘 바를 모르겠습니다. 저는 왕대인만 믿겠습니다."

"그런데 무엇이 궁금하셔서서 제게 물으시려고 하시는 겁니까?"

"다름이 아니라 홍콩 삼합회에 대하여 모든 것을 알고자 합니다. 구체적으로 조직원 수며 지금 하고 있는 사업체나 규모, 그리고 삼합회의 재산 내역 등 말입니다."

"그것은 그리 어려운 일이 아닙니다. 지금 이 자리에서 소상히 말씀드리지요. 지금 홍콩 삼합회 회장 왕탁의 저택은 홍콩에서 제일 경관이 좋은 부유층 외국인들이 많이 거주하는 해변가에 있으며 대지와 건물을 합쳐서 대략 1000여 평 가까이 됩니다. 지금 삼합회 회장 왕탁은 자기 자신의 사리사욕만 채우는 사람으로 값어치가 나가는 물건이라면 무엇이던 수집하는 수집광이기도 합니다. 왕탁이 기거하는 주택 건물 지하실에 비밀창고가 있는데 그 곳에는 밀수입한 금괴와 달러가 어마어마하게 채워져 있다는 겁니다. 그리고 희귀한 골동품과 귀금속 채권들이 있다고 하는데 그것은 소문일 뿐 얼마나 있는지는 알 길 없습니다. 한 번도 그곳을 들어가 본 사람이 없으니까요. 부동산으로는 홍콩 금융가에 있는 빅토리아 호텔, 부대시설인 카지노, 유흥장, 쇼핑센터, 회원제 헬스클럽, 사우나 등을 직영하고 있고 부둣가에 초호화 유람선 사업, 지금 내가 운영하고 있는 몽콕시장 내의 시장 자체 상가건물 3분의 2가 삼합회 소유입니다. 시장 내의 자릿세며 홍콩 유흥가 집결지에서 보호비 명목으로 매월 상납되는 돈, 창녀촌 직영, 마약과 밀수 등 돈이 되는 일이라면 물불을 가리지 않고 합니다. 홍콩 삼합회에서 하는 사업은 자체 건물로만 하며 여기에다 부동산에 투자하는 사업까지 한다면 그 재산 규모가 가히 천문학적 숫자입니다. 특히 홍콩 삼합회는 현금 보유가 홍콩에서 제일 많습니다."

왕차이는 잠시 숨을 내쉬고 다시 말을 이었다.

"나는 오늘 중국 본토 삼합회 회장께서 몸소 이곳 홍콩까지 오신데 대하여 실로 놀랐습니다. 그 분은 현재 중국을 이끌고 있는 정계의 실세들과 막연한 사이로 알려져 있습니다. 그리고 그 분의 무예실력은 중국 대륙에서는 그를 능가할 자가 현재로서는 아무도 없습니다. 그러하신 회장님께서 이곳 홍콩에 큰 관심을 두는 것은 물론 홍콩 삼합회가 온갖 비리와 폭력으로 저질화된 것은 사실로 반드시 정화되어야 마땅하나 그 이면에는 이런 어마어마한 재력과 이권이 얽혀 있기 때문이기도 합니다. 즉 홍콩 삼합회는 바로 돈으로 연결된다는 것입니다. 지금 본토 삼합회는 중국 핵심 정치인들의 자금줄이 되고 있으니까요. 홍콩 삼합회는 막강한 자금과 수익에 비하여 지금 홍콩 삼합회 회원들에게 돌아가는 이익은 거의 없는 편으로 사실상 홍콩 삼합회는 왕탁 회장 개인 것이나 마찬가지입니다. 저야 시장 안에 조그마한 구멍가게라도 가지고 있으니까 다행이지만 그렇지 못한 회원들은 삶이 실제로 어려운 실정입니다. 지금 홍콩 삼합회 영업장 내에서 일하고 있는 삼합회 조직 회원수는 2000~3000명 가량됩니다. 허나 이들은 왕탁 회장 개인의 노예나 다름없습니다. 왕탁 회장이 그 자리를 차지한지가 무려 20년 가까이 됩니다. 그런데도 밖으로 드러내놓고 불평 한 마디 못하는 것은 왕탁 회장의 잔인성이 이를 데 없어 누구라도 자기 앞에서 불평불만이 있는 자는 쥐도 새도 모르게 처단해서입니다. 반발과 불평불만은 곧 죽음인 셈이죠."

다윗은 왕차이의 말을 들으면서 왕탁 회장의 홍콩 삼합회의 규모를 짐작할 수 있었다.

"홍콩 삼합회 조직원 2000~3000여 명 중에서 무예실력이나 싸움실력과 칼쓰는 솜씨, 권총 솜씨가 뛰어난 자들 200여 명을 선별하여 왕탁 회장의 친위조직으로 이용하고 있으며, 200여 명의 실력자들 중에서 30여 명을 또 선별하여 왕탁 회장의 특별 신변 경호를 하게끔 되어 있습니다. 왕탁 회장은 자신의 몸속에 두 자루의 권총과 허리와 발목에 몇 개의 표창을 항상 지니고 다닙니다. 권총과 표창 솜씨가 가히 일품으로 알려져 있습니다. 권총과 표창 실력으로 홍콩 삼합회 회장 자리에 올랐으니까요. 또한 싸움 실력이 홍콩 제일로 알려져 있습니다. 지금 홍콩 삼합회가 운영하고 있는 창녀촌에 있는 여성들은 왕 회장에 의하여 모두 마약중독이 되어 있어서 마약을 사용하지 않고는 생활할 수가 없는데 그것도 각자 개인이 돈을 지불하여야 마약이 공급됩니다. 앞으로 10일 후면 왕탁 회장의 생일입니다. 생일이 되면 집으로 홍콩 유지들을 초청하여 초호화판 파티가 열립니다. 매년 하고 있으니 요번에도 반드시 할 겁니다. 그날만은 크게 제재를 받지 않고 집으로 들어갈 수가 있습니다. 다른 날에는 통제가 엄하게 실시되어 삼합회 중간급 간부인 저 조차도 함부로 들어 갈 수가 없는 곳입니다."

홍콩 삼합회를 사회기업으로

　홍콩 삼합회 회장 왕탁의 생일파티는 그야말로 대단했다. 천여 평 대지 위에 각종 정원수와 희귀한 정원석, 삼백여 평의 건물에 실내 수영장까지 궁궐을 연상하게 하는 대저택이다. 잔디가 가지런히 깔린 정원에는 왕탁 회장의 생일축하객들로 가득 매워졌다.
　홍콩을 움직이는 자치제 정관계 인사, 경찰 관계자를 비롯 재계 인사, 금융업자, 다양한 축하객들로 왕탁은 축하를 받고 답하느라 분주하다. 전통 차이나옷을 입은 미인들의 서빙으로 또한 요소요소에는 홍콩 삼합회의 왕탁 측근 정예 조직원들이 축하객을 안내한다.
　생일파티가 거의 끝날 무렵 삼합회 회장 왕탁은 축하객을 맞느라 지친 몸을 잠시 쉬려고 자기 집무실로 들어왔다. 쇼파에 앉아서 시가에 불을 라이터로 막 붙이려는 순간 목 뒤에 뜨끔함을 느꼈다. 순간 손에 쥐고 있던 라이터를 바닥에 스르르 떨구며 입에 물고 있던 시가 역시 입술에 붙은 채 덜렁덜렁대는 것이 아닌가.
　왕탁은 순식간에 전신이 마비된 채 이마에는 송글송글 식은 땀이 맺혔다. 왕탁이 파티에서 돌아와 쇼파에 앉아 시가를 막 피우려는 순간, 다윗이 엄지와 검지로 침을 날려 목 뒤쪽 전신에 마비를 일으키는 혈에 침을 꽂은 것이다.

왕차이로부터 왕탁의 집 구조를 미리 알고 파티가 한창일 때 왕탁의 집무실로 조용히 잠입한 다윗이 서서히 걸어 나왔다. 왕탁은 소파에 기댄 채 손끝 하나 꼼짝할 수 없다.

"왕탁 회장님, 처음 뵙겠습니다. 저는 권다윗이라고 합니다. 회장님이 계시지 않는 곳에 몰래 숨어 들어와 죄송합니다."

왕탁은 권다윗이라는 말에 한 번 더 놀랐다. 측근 삼합회 부하들로부터 다윗에 대한 믿기 어려운 거짓말 같은 이야기를 대충 들었다. 왕탁은 가늘고 낮은 소리로 겨우 말을 했다.

"나에게 무슨 짓을 한 게냐."

"제가 늘 사용하는 침으로 왕 회장님의 몸에 장난을 좀 쳐 놓았습니다. 회장님 죄송합니다."

"그래, 장난을 쳐. 장난 치고는 너무 심한 게 아니냐? 도둑고양이처럼 몰래 숨어 들어와서……."

"그래서 회장님께 대단히 죄송스럽다고 말씀드리지 않습니까? 제가 회장님께 한 번 더 고개 숙여 사과드리겠습니다."

다윗은 정중하게 왕탁 회장에게 고개 숙여 예를 올렸다.

"왕 회장님, 움직이지 마십시오. 제가 사용하고 있는 수침은 침이 꽂힌 후 그 상대가 움직이면 침이 몸 속 깊숙이 파고들어 나중에는 저도 그 침을 빼낼 수가 없어서 평생 폐인으로 살아야 합니다. 공력을 소진하지 마시고 제가 하는 말을 조용히 경청하십시오."

"먼저 자네가 장난 쳐 놓은 목 뒤에 박힌 침부터 뽑으시게."

"이럴 말씀입니까. 잠시 후 뽑아 드리겠습니다. 제가 방금 사용한 침은 인체에 꽂힌 시점에서 20분이 경과하면 침을 뽑는다 해도 현재 그 상태로 살아 가셔야 합니다. 허니 20분 안에 회장님의 결정이 계셔야 합니다."

"어서 말이나 해 보시게."

"왕회장님께서 20년 동안 이끌어 오셨던 홍콩 삼합회는 사회의 암적 단체로 폭력적이고, 이 사회에 지탄받는 독버섯 같은 존재입니다. 해서 이 조직을 해체하시고 사회에 건전한 기업으로 만들고 삼합회 2000~3000명 조직원 또한 자신과 가정에 안정을 찾고 악의 수렁에서 벗어나 이 사회에 건전한 사람으로 다시 태어나 가정과 사회와 이웃에 이바지할 수 있는 기회와 새롭고 의로운 참다운 삶을 살아가는데 자신감을 심어 주기 위함입니다. 지금 홍콩 삼합회가 이대로 간다면 얼마 가지 않아 그 누구인가에 의해 처참한 종말을 당할 것입니다. 모든 꽃이 다 그러하거니와 특히 악의 꽃은 오래 가지 않고 처참하게 지는 것입니다. 그런 처절하고 처참함을 당하기 전에 회장님께서 용단을 내리시어 이제까지 노예같이 부려먹었던 수천 명의 조직원들과 그에 딸린 식구들을 위하여 명예롭게 이 자리에서 물러나시어 홍콩을 떠나 외국에서 편안하시고 조용한 노후를 보내시라는 겁니다. 어떻습니까? 제 말이 일리가 있지 않습니까?"

"지금 자네가 그렇게 큰소리 칠 때가 아닐 텐데……. 이 문 밖에는 내 부하들이 있고 또 조금 있으면 많은 부하들이 여기로 몰려올 거야."

"왕 회장님, 그런 것은 염려 마십시오. 제가 이곳에 들어오면서 입구에 서 있는 왕 회장님의 부하 직원들에게 왕 회장님과 똑같이 손을 써놓았습니다. 그리고 제가 그런 것도 모르고 이곳에 들어 왔겠습니까?"

그랬다. 왕탁이 조금 전 자기 사무실로 들어올 때 사무실을 지키고 있던 두 부하들이 부동자세로 서 있는 것을 보았다. 이때 30여 명의 왕탁 회장 정예 실력 부하들이 문을 열고 우르르 몰려 들었다. 순간 다윗의 몸이 허공을 날았다.

홍콩 삼합회 조직원들 중에서도 20여 년 동안 왕탁 회장을 그림자처럼 모시면서 수없는 도전과 응전 속에서도 단 한 번도 패한 적이 없는 난공불락의 조직원들이 아닌가. 자타가 인정하는 최정예의 고수급들이었으나 다윗에게 손 한번 제대로 써 보지 못한 채 추풍낙엽처럼 떨어져 나갔다. 이러한 현실을 눈으로 직접 목격한 왕탁은 자기의 눈을 의심했고 자기가 믿지 못했던 다윗에 대한 소문이 현실인 것을 확인하였다.

"왕 회장님, 이렇게 시간을 자꾸 끄시면 왕 회장님 신상에 이로우실 것이 없습니다. 여기에 나뒹굴어진 이 친구들은 왕 회장님과 진지한 이야기를 나누고자 제가 잠시 기절시켜 놓았습니다. 아마 한 30분 후에는 깨어날 겁니다."

비록 왕탁이 다윗에 의하여 불시에 침 하나에 이렇게 당하고는 있지만 그는 조금 전까지만 해도 홍콩 뒷거리를 호령하고 다스리는 밤의 황제가 아니었던가.

"왕 회장님께서는 저의 불시에 공격을 받으시고 있으나 이 국제 도시 밤거리 홍콩을 호령하시고 다스리시는 보스 중의 보스이신 밤의 황제이십니다. 그에 걸맞게 제가 왕 회장님께 예우를 갖추는 의미에서 제안을 하나 드리겠습니다."

"어서 말해 보시게."

"왕 회장님의 표창과 권총 솜씨가 천하일품으로 제가 들었습니다. 저는 목숨을 걸고 왕 회장님께서는 표창과 권총으로 맞대결하여 본 건을 종결짓는 게 어떠시겠습니까?"

"자네 무예가 아무리 탁월하다 하나 나의 표창과 권총사격을 피할 자신이 있는가? 바로 죽음으로 연결될 텐데……."

"글쎄요. 그야 대결 뒤에 결과가 나오겠지요. 이 대결에서 제가 왕 회장님께 패하게 되면 하나밖에 없는 목숨을 잃게 되는 것이고, 만약 왕회장님께서 제게 패하시게 되면 삼합회 회장 자리에서 물러나시는 겁니다."

"물론이지. 지금 내가 자네에게 순간적으로 방심하여 당하고 있긴 하나 나는 아직까지 이 홍콩 바닥의 보스일세. 나의 모든 것을 걸고 맹세하지."

"역시 회장님께서는 현명하십니다."

"그런데 다윗 선생에게 하나 물어볼 게 있네."

"회장님, 말씀하십시오."

"자네는 본토 삼합회 조직원은 아닌 것 같은데 왜 우리 일에 끼어들어 나를 귀찮게 하는가?"

"잘 보셨습니다. 저는 본토 삼합회 조직원이 아닙니다. 저는 다만 본토 삼합회와 홍콩 삼합회 간에 같은 한족끼리 피를 흘리지 않고 삼합회라는 원래의 결성 취지도 살리고 평화스럽게 본 건을 타결하고자 본토 삼합회 회장님으로부터 전권을 이양받아 움직이는 사람일 뿐입니다. 그럼 제가 지금부터 왕 회장님의 목 뒤에 꽂힌 침을 제거하겠습니다."

왕탁의 뒷목덜미에 침을 뽑은 뒤 두 사람은 정원으로 걸어 나갔다. 조금 전 인산인해를 이루던 정원에는 적막감이 감돌았다.

주위에는 생일파티를 서빙하던 삼합회 중견간부급 조직원들이 왕차이에게 들은 일이 있어서 왕탁이 나타나자 왕탁의 눈치만 보면서 슬금슬금 뒤로 물러나고 있었는데 그 중에 왕차이가 끼어 있었다. 다윗과 왕차이의 눈길이 잠시 마주쳤다. 왕탁과 다윗은 10미터 거리를 두고 마주섰다.

"다윗 선생, 선생께서 내게 사용한 그 침이 무슨 침인가?"

"수침지회의 일종인데 제가 회장님께 무례를 범했습니다. 대단히 죄송합니다."

"아닐세. 참으로 이상하이."

"회장님, 무엇이 이상하다는 겁니까?"

"내가 조금 전 다윗 선생에게 불시에 암수를 당하고도 다윗 선생에게 적대시하는 마음이 들지 않으니 말일세."
 "회장님께서 넓으신 도량과 인자하신 마음으로 소인을 잘 봐 주시니까 그러시겠지요."
 "나는 항상 20여 년 동안 이 자리에 있으면서도 내보다 앞선 자가 있으면 이 자리를 그 분에게 물려줄 생각이었네. 허나 아쉽게도 그러한 분을 이제껏 만나지 못하였네. 사람들이 나를 보고 피도 눈물도 없는 무자비한 천하의 독종이라 하나 그것은 이 왕탁의 일부분만 보고서 하는 말일세. 우리 홍콩 삼합회는 미국 마피아와 더불어 쌍벽을 이루는 무적의 막강한 집단일세. 그만한 실력의 소유자라야 이 삼합회를 이끌어 갈 자격이 있네. 홍콩 삼합회는 모든 면에서 중국 본토 삼합회를 앞서고 있네. 이 자리에 수많은 자가 도전하였으나 나의 벽을 넘지 못하고 나에게 죽었던지 사람 구실을 못하는 병신 신세가 되어 갔네. 오늘 다윗 선생의 실력이 기대되는구먼. 과연 홍콩 삼합회 회장 자리에 오를 수 있는 자격이 되는지 말일세. 물론 조금 뒤면 결정이 나겠지. 어쩌겠는가. 우리 두 사람의 생사를 건 사나이들의 약속이니 끝을 내야 하지 않겠는가."
 "당연하신 말씀입니다. 회장님께서 먼저 출수하시지요."
 왕탁의 손이 움직이는 듯 했다. 곧이어 하얀 금속물질이 다윗을 향하여 날았다. 순간 다윗의 몸이 고무줄같이 휘면서 회전했다. 다윗은 서서히 돌아섰다. 방금 왕탁이 날린 세 자루의 표창이 다윗의 좌우 손과 입에 물려 있었다.
 다윗은 세 자루의 표창을 왕탁 앞에 던져 땅에 꼽혔다. 이때 왕탁이 안주머니에서 권총을 뽑아 들었다. 쌍권총이다. 순간 다윗의 몸이 팽이같이 회전하며 허공을 날았다. '탕탕탕탕' 네 발의 총성과 함께 왕탁의 좌우 손에 쥐고 있던 두 자루의 권총이 하늘로 솟아오르고 왕탁 역시 5~6미터 나가 떨어졌다.

스승 강학수가 운명 직전 그 중요성을 설한 초비회격이다. 어느새 다윗은 나가떨어진 왕탁 앞에 버티고 서 있는 것이 아닌가. 번개가 번쩍하는 한 순간이었다. 이 모두가 순식간에 일어난 일이라서 삼합회 회원들 모두가 자기네 눈을 의심했다.

 홍콩을 호령하던 홍콩 밤의 황제요 홍콩 밤의 시장이라는 호칭을 가진 왕탁 회장이 다윗에게 허무하게 당한 것이다. 홍콩 제일의 표창술과 권총 솜씨로 홍콩의 암흑가를 20년 이상 지배해 오던 왕탁이었으나 혜성처럼 나타난 바람 같은 다윗 앞에서는 이런 관록은 옛 이야기였다.

 "왕 회장님, 이쯤해서 서로의 대결은 접어두시고 저와의 약속이나 지키시지요."

 왕탁은 현실을 직시할 줄 아는 현명한 보스였다. 양귀비꽃이 아무리 곱다하나 시간의 흐름을 못이겨 지듯이 왕탁 회장이 일어섰다. 과연 명불허전이구나. 명성이나 명예가 널리 알려진데는 그럴만한 실력과 사실이였음을 뜻하는 것이다.

 "내가 자네에게 졌네. 사나이들의 약속이니 지켜야지. 자, 내 사무실로 가세."

 왕탁 회장과 다윗은 조금 전에 나왔던 왕탁 집무실로 들어갔다. 사무실 안에서 조금 전에 다윗에게 당했던 30여 명의 용감무쌍한 직속 정예 부하들이 하나둘씩 정신을 차리고 일어났다.

 "다들 밖으로 나가 있도록해."

 "네, 알겠습니다. 회장님."

 "참으로 놀라운 실력일세 그려. 이 왕탁이 수없는 죽을 고비와 험난한 세상을 살아 왔어도 자네 같은 상대는 오늘 처음 보네. 자네는 홍콩 삼합회를 이끌어갈 충분한 자격이 있네. 참으로 대단하이."

 "왕 회장님께서 저를 잘 보셔서 과찬의 말씀을 하고 계십니다."

"아닐세. 자네가 마음만 먹으면 내 목숨쯤은 벌써 거두었을 걸세. 지금 이 시간 이후부터 나의 모든 현지 재산과 기득권을 포기하고 홍콩을 깨끗하게 떠나겠네."

"참으로 현명하신 회장님의 처신에 경의를 표합니다. 그리고 삼합회 앞날을 위하시고 또한 후진들을 위하여 많은 재산을 축적해주신 왕 회장님께 고개 숙여 고마운 감사의 말씀을 올립니다."

"아닐세. 이 많은 재물은 은밀히 따져서 삼합회 조직원들의 피와 땀이 아닌가."

"왕회장님께서 지혜로우시고 현명하시며 투철하신 지도력이 없으셨다면 오늘의 홍콩 삼합회가 존재하였겠습니까?"

"절체절명의 무공과 함께 참으로 사람의 마음을 따뜻하게 토닥거리고 감싸주는 따뜻한 미덕의 인정도 있으시구려. 과연 무와 지와 용과 겸손을 두루 겸비한 희대 제일의 영걸이시구려."

"왕회장님 과찬의 말씀이십니다. 왕회장님 대단히 죄송스럽고 외람된 말씀이오나 홍콩 삼합회를 인수함에 있어 중국 본토 삼합회와 공정성을 기하기 위하여 홍콩에 거주하는 국제 법무팀을 제가 모셨습니다. 불편하시고 귀찮으시더라도 허락해 주시고, 응해주시는 도량과 은혜를 베풀어 주셨으면 감사하겠습니다."

"벌써, 이 왕탁에게 이길 것을 예측하셨구려. 참으로 대단하이."

"회장님 죄송합니다."

"다윗 선생 같으신 분을 만나기 위해 왕탁이 20년간 홍콩 삼합회 회장 자리에 있었던 것 같네그려."

"회장님, 저에게 과찬의 말씀을 하십니다."

"참으로 빈틈없는 분일세그려."

"무예 못지않게 윗사람을 대하는 겸손한 예의범절이나 매사 일처리함

393

에 있어서 또한 확실하군 그래, 암. 그래야지. 내 기꺼이 응하겠네."

왕탁은 호주머니에서 열쇠 하나를 꺼냈다.

"이 열쇠는 지하실 열쇠일세. 다윗 선생과 내가 앉아있는 바로 밑 지하실에는 상상을 초월한 값을 매길 수 없는 진귀한 보석과 중국 고대 유물들이 지하실을 가득 메우고 있네. 물론 많은 금괴와 현금, 채권도 함께 있네."

"회장님 지하실에 있는 물건들 중에서 회장님께옵서 해외에서 노후에 쓰실 수 있는 자금을 가지고 가십시오."

"아닐세. 나는 지금 홍콩을 빈손으로 떠나도 해외에서 내 몸 하나 살아갈 수 있다네. 걱정마시게."

왕탁 심복의 안내로 탕웨이가 들어왔다.

"권다윗 선생님이십니까? 어제 연락주신 국제 법무팀장 탕웨이라 합니다."

"잘 오셨습니다."

왕회장은 탁자 위에 비상벨을 눌렀다. 잠시 후 40대쯤 보이는 여인이 들어왔다.

"경리이사"

"네, 회장님. 부르셨습니까?"

탕웨이를 가르키며 "이 분에게 삼합회 전 재산 모두를 인계하여 드리시게. 이유는 묻지 마시고, 하나도 빠짐없이 속히 인계하시게."

"네, 회장님. 분부대로 시행하겠습니다."

탕웨이를 가르키며 "자, 가시죠. 저희 방으로" 왕탁 회장이 다윗을 보며 "자 되었는가."

"네, 회장님 감사합니다."

"다윗 선생, 인수절차는 곧 끝날걸세. 지금 나하고 같이 지하실에 들어가 보세."

왕탁 회장의 큰 책상 뒤에는 두 마리의 용이 그려진 대형그림이 있었는데, 왕탁 회장은 대형그림의 하단부를 손으로 눌렀다. 대형그림이 옆으로 열리며 그 안에 버튼식 비밀번호를 입력하는 열쇠번호판에 왕탁 자신의 생년월일을 입력하고 중앙에 있는 열쇠구멍에 열쇠를 넣어 돌렸다. 지하로 내려가는 통로가 열린다. 그리고 동시에 불이 켜졌다.

지하에 값진 많은 물건이 있으리라고 생각은 하였으나 상상을 초월했다. 지하실 내에 있는 귀중품들의 변질을 미연에 방지하고 보호하기 위하여 습기방지와 환기, 그리고 일정한 온도유지 시설이 과학적으로 잘 갖춰져 있다. 300여 평 지하에는 금괴, 달러, 채권, 증권, 진귀한 보석, 중국 고대의 유물들이 창고 안을 가득 메우고 있었다.

"자, 보시게. 나는 소시적부터 물건을 모으고, 수집하는 별난 취미를 가지고 있었네. 지금 지하실에 있는 이것만 가지고도 우리 홍콩 삼합회가 앞으로 새로운 사업을 전개하는데 큰 어려움이 없을 것이네, 실로 다윗 선생 같은 분에게 우리 홍콩 삼합회를 맡기려하니 안심이 되고 기대 또한 크네."

"아무튼 왕회장님의 배려로 홍콩 삼합회가 범죄 폭력 비리조직이란 악명을 벗어 버리고 앞으로 홍콩에서 제일 투명하고 건전한 세계글로벌 기업으로 발돋움하는 계기를 왕회장님께옵서 마련해 주신데 대하여 진심으로 고개 숙여 경의를 표합니다."

"이제 나는 홀가분하게 이곳 홍콩을 떠날 것이네. 지난 세월 주름 잡히고, 어두웠던 일을 반성하고 참회하면서 노후를 보낼까 하네."

왕탁, 그는 잔인하고 악랄한 면도 있었으나 당대의 보스다운 기질과 도량, 자격을 갖춘 자로서 재물을 축적하고 증식할 줄 아는 특출한 상재와 두뇌를 함께 겸비한 비범한 인물이었다.

이로서 중국 본토 삼합회가 홍콩 삼합회를 정화시키고자 수년간에 걸쳐 노력하여도 어려웠던 일을 다윗에 의하여 단 1시간 이내에 모든 해결을 본 것이다. 참으로 인간사의 일이란 알 수 없는 일이다.
　근본 삼합회는 한족들이 청나라를 타도하기 위한 비밀조직으로부터 시작된다. 즉 한족이 청나라(동이)를 중국 땅에서 타도하고 내쫓기 위한 결성단체다. 청나라는 엄밀히 따져서 동이족(東夷族)에 속한다. 그리고 우리 고대의 조상들도 동이족이었다. 한족들의 싸움에 동이족인 다윗이 끼어들어 평정한 것이다. 공자의 존화양이론 이전의 동이는 동쪽지역에 화살과 활을 잘 만들고 잘 쏘는 민족이라는 뜻으로 해석되기도 한다. 공자의 존화양이론, 일명 존주론, 화이론이란 것으로 한족이 정통이고 한족 이외 동이는 비전통으로 오랑캐 취급을 받게된다.
　다윗으로부터 홍콩의 전황을 보고 받은 장찬성은 기대는 하였으나 한편으로는 놀랐다. 자신이 그렇게도 몇 년을 걸려서 이루지 못한 숙원 사업을 단 1시간 이내에 해결 처리하는 다윗의 초인적인 능력에 고개가 숙여지고 한편으로 두렵기도 하였다.
　장찬성은 진정 다윗에게 홍콩 삼합회를 이끌어 줄 것을 간곡히 부탁했다. 다윗은 홍콩 삼합회를 인수함에 있어 공정을 기하기 위하여 인수 초기부터 홍콩 내에 있는 국제공인 법무사에게 의뢰하여 처리토록 하고 결과를 본토 삼합회 회장 장찬성에게 직접 보고했다.
　"수 십 년에 걸친 숙원사업을 단시간 내에 해결하다니 참으로 놀라우이!"
　"모두가 회장님의 홍복이십니다."
　홍콩 삼합회 왕탁 회장님은 홍콩을 떠나시어 해외에서 편안한 노후를 보내시라고 배려하였습니다."
　"잘하시었네. 하기야 왕탁도 당대 인걸이 아닌가."

"그리고, 회장님 청이 하나 있습니다."
"말해보시게."
"아방궁 사장님, 진종문 사장님 말입니다."
"진사장 말인가?"
"홍콩 삼합회가 하던 사업 중 건전한 사업은 계승하고, 그렇지 못하는 사업은 폐쇄할까 합니다. 그리고 삼합회 전사원이 다 같이 참여하는 복지형의 새로운 사업과 앞으로 창안될 새로운 사업을 위하여 진종문 사장이 꼭 필요한 분이십니다. 이 분으로 하여금 삼합회 주식회사 총괄을 관리하는 관리총괄이사에 추대할까 합니다. 윤허해 주십시오."
"다윗 회장, 정말 잘 생각하시었네. 그렇게 하시게."
"아니, 저를 회장이라니오. 저는 그럴 자격이 없습니다."
"아닐세. 자네는 충분히 회장 자격이 있네. 앞으로 홍콩 삼합회 주식회사를 잘 경영하시게. 너무나 기대가 크네."
"회장님께서 하명하시면 미력하나마 소신껏 해보겠습니다."
"정말 고맙고 대단하이. 과연 강학수의 제자이구먼."
"그리고 회장님, 홍콩 삼합회 주식회사에 모든 사업계획이 진종문 이사의 주선으로 기획되어 회장님께 보고가 갈 것입니다. 검토하시어 윤허해 주십시오."
"권회장, 윤허랄 게 뭐 있는가, 직접 처리하면 되지."
"아닙니다. 회사의 사운이 걸려있는 큰 사업 만큼은 반드시 회장님의 선결제 후 처리하도록 하겠습니다."
"권회장 뜻이 정 그러시다면 그렇게 하시게나."
"회장님, 저는 홍콩 삼합회 주식회사를 국제도시 홍콩에서 우리 모든 사원들이 복지와 후생을 으뜸으로 누리는 회사를 만드는 것이 저의 꿈이며 소망입니다."

"반드시 꼭 그렇게 될 것 일세. 암 그렇게 되고말고."
"회장님 건강하십시오, 다음에 인사 올리겠습니다."
왕차이가 문 밖에서 똑똑 노크한다.
"네. 들어 오십시오."
"왕대인 마침 잘 오셨습니다. 그렇지 않아도 찾아뵙고 하려던 참인데 찾아뵙다니요."
"지금부터 제가 찾아뵙겠습니다. 회장님."
"조금 전에 본토에 있는 장 회장님께 홍콩 삼합회 인수과정의 전황을 전화로 잠시 보고 드렸더니 저보고 삼합회 회장 자리를 맡아 달라하더군요. 과연, 제가 그런 능력이 있겠습니까?"
"회장님 그런 겸손하신 말씀 마십시오. 회장님께서는 진정하신 홍콩 삼합회의 회장이십니다."
"왕대인께서 앞으로 저를 많이 도와주셔야지요. 왕대인님. 왕대인님을 새로이 탄생하는 삼합회 주식회사 비서실장에 임명할까 하는데 왕대인님 뜻은 어떠십니까?"
"아니. 저 같은 사람을 회장님 비서실장에요."
"천부당 만부당하신 말씀이십니다."
"아닙니다. 비서실장님 꼭 그렇게 수락하여 주십시오. 나는 비서실장님만 믿겠습니다."
"회장님 뜻이 정 그러시다면, 미력하나마 열심히 공부하면서 회장님 뜻에 따르겠습니다."
왕차이 손을 잡으면서 "고맙습니다, 실장님."
전화벨이 울린다. 따르릉 따르릉—
"네, 삼합회 회장님실입니다."
"진종문입니다. 본토 장 회장님으로부터 방금 하명을 받았습니다."

"권다윗 회장님 바꾸어 주십시오."
"회장님, 아방궁 진종문 사장이 본토 장 회장님의 하명을 받고 전화드린답니다."
"네, 전화기 이리 주십시오. 여보세요. 권다윗입니다."
"진종문입니다. 조금 전 본토 삼합회 장 회장님으로부터 하명을 받고 전화 올립니다. 내일 제가 직접 회장님을 찾아뵙고 권 회장님 뜻에 따르겠습니다."
"진 사장님, 감사합니다. 그럼 내일 뵙도록 하시죠."
"실장님 아방궁 진종문 사장님을 새로 창업되는 삼합회 주식회사에 모든 사업을 총괄하실 총괄이사직에 추대하였습니다."
"잘 하시었습니다."

권다윗, 진종문, 왕차이 세 사람이 차를 마시고 있다.
"두 분께서 미력한 저를 옆에서 많이 도와주십시오. 두 분만 믿겠습니다."
"하명하십시오. 따르겠습니다."
"새로이 탄생되는 삼합회 주식회사의 지분문제는 본토 삼합회와 홍콩 삼합회 주식회사 간 50 대 50으로 하고 경영권에 대하여는 본토 삼합회가 일절 관섭하지 않는 걸로 하겠습니다. 50%의 삼합회 주식회사 지분에서 10%는 회사 사원들의 기부사주로 지급될 것입니다. 앞으로 삼합회 주식회사는 사원을 위주로 하는 홍콩사회에서 으뜸 가는 사원복지후생을 목적으로 창업하게 될 것입니다."
진종문, 왕차이 둘 다 같이 고개를 끄덕이며 감명 받는다.
"기존의 호텔사업은 5성급에서 7성급으로 격상하여 새로이 추진토록 하십시오. 또한, 관광객을 위한 유람선 사업도 기존의 선박을 처리하시고 새로운 신형선박으로 교체 영업 전략도 새로이 구상하십시오. 방금 말한 이외의 사업, 즉 삼합회가 기존하고 있던 모든 사업을 폐쇄되고, 부동산을 위시한 모든 자산을 처분토록 하십시오. 지금 이 사무실 지하에는 상상을 초월하는 엄청난 재물이 있습니다. 그 재물도 전부 처리하여 현금화하십시오. 이 금액들은 새로이 창업되는 새로운 사업에 자금으로 쓰일 것입니다. 지금 지하에 있는 보물 중에 금액으로 환산하기 어려운 중국 고대 유물들이 수십 점 있습니다. 이 보물 전부를 진 이사님께서 본토 삼합회 장 회장님과 상의를 하시여 중국 정부에 귀속시키십시오. 이 보물은 원래의 주인에게 되돌려 주는 것입니다. 새로이 창업될 사업은 하늘에는 비행기를 이용한 항공사업 육지에는 차량을 이용한 운송사업 바다에는 배를 이용한 무역사업이 될 것이고, 우리 삼합회 주식회사 전 사원을 위하여 만들어지는 협동금고에서부터 시작되는 금융산업은 은행, 보험, 증권으로 이어질 것이고, 우리 사원들의 건강을 위해서 건립되는 종합병원은 우리 전 사원들 물론 직계가족들에게 무료로 진료와 치료가 될 것이며, 홍콩 거주 일반인들에게는 빈부의 차등에 걸맞게 병원비가 측정될 것입니다. 또한, 사원들의 주택난을 해결하기 위하여 전 사원 복지아파트를 건립하여 사원들에게 무상으로 지급될 것입니다."

다윗은 따스한 차를 조금씩 마시면서 두 사람에게 진지하게 다시 말을 이었다.

"기존 삼합회원 2000~3000명을 우선으로 채용하시고, 새로이 탄생하는 삼합회 주식회사에 참여 뜻이 없으신 분에게는 삼합회에 참여하신 연도에 따라 퇴직금이 지급될 것이고, 삼합회가 경영하던 창녀촌의 여급들에게는 병원 치료비 이외에 위로금과 사회 자활기금이 별도로 지급될 것입니다. 새로이 창업되는 삼합회 주식회사 전 사원들의 자제들에게는 유치원에서부터 대학에 이르기까지 공부가 무상으로 지급되며 대학을 마친 후 삼합회 주식회사에 입사를 원할 시는 우선 채용토록 할 것입니다. 특히 맞벌이 부부를 위하여 유아보호 시설을 국제적 규모로 하여 무상으로 보호보육할 것입니다. 선 사원들에게 아침, 섬심, 저녁 삼식이 무상으로 제공되고, 사원들의 식성에 맞게 잡수시도록 뷔페식이 될 것입니다. 이를 위하여 홍콩 제일의 영양사를 상주시켜 식단을 관리토록 할 것입니다. 또한, 사원들의 건강을 도모하고자 종합 체육센터를 건립하여 현행근로 기준법에서 정한 시간에서 1시간을 단축, 전문 체육 의학인이 사원 개인 체질에 맞는 운동 처방으로 운동하시게 할 것입니다.

사원들의 퇴직 나이를 65세로 하되 연장근무를 원하는 자에게는 3년을 더 연장해주며 퇴직 후 퇴직금 이외에 노후위로금을 창설하여 노후위로금이 매달 지급될 것입니다. 방금 제가 말한 사업 이외에 통신, 메모리, 반도체, 휴대폰, 컴퓨터, 의료기기, 의약, 영화, 방송제작, 사업 등 전망이 좋은 사업을 창업육성토록 하겠습니다. 질 좋은 고품질의 제품을 생산하기 위하여 삼합회 주식회사 회장 직속에 별도 연구개발부를 두어 분야별 석학들을 초빙하여 영재를 영입 각 분야 방계회사에 기술을 지원하고 특허출원을 관장하는 부서가 될 것입니다. 또한, 세계시장에서 가장 값싸고 가장 질 좋은 우수한 제품을 생산 추진 중에 있는 항공 육로 바다 운송사업과 연결하여 전 세계에 수출 삼합회주식회사의 위상을 새로이 정립할 것입니다. 진 이사님께서는 지금부터 방금 제가 말씀드린 본 건들을 구체적으로 사업 계획서를 작성하여 저에게 주십시오."

"네, 회장님. 즉시 시행하겠습니다."

"본 사업 계획안을 제가 보고 난 후 본 계획서를 진 이사님께서 직접 본토 장 회장님을 알현하시여 윤허를 받으십시오. 이것이 그분에 대한 저의 예의입니다."

"알겠습니다."

다윗은 자신의 방에서 1미터 부상한 채 명상에 잠겨 있다.

"회장님, 저 왕비서입니다. 들어가도 되겠습니까?"

"네, 실장님 들어오십시오."

명상 중에 계신지라 기다렸다가 지금 올라왔습니다. 1미터 허공에서 서서히 내려오는 다윗을 보고 기급을 한다. 과연 입신의 경지에 이르신 회장님이시구나.

"무슨 하실 말씀이시라도……."

"이제 회장님께서는 왕탁 회장이 계시던 저택으로 들어 가시지요."

"아닙니다. 저는 이곳이 좋고 더 편합니다. 그리고 왕탁 회장님께서 기거하셨던 저택은 홍콩에서 풍광이 제일 좋은 곳이라 최고급호텔을 새로이 신축하여 경영하고자 설계를 의뢰해 놓았습니다."

"그러셨군요."

"얼마 있으면 우리 사원들이 함께 살 수 있는 복지 아파트가 신축될 것입니다. 그때 저와 같이 그곳으로 이사하십시다."

"네, 회장님. 안 그래도 그렇게 하려고 생각하고 있습니다. 복지 아파트로 이사 가게 되면, 이 집과 몽콕시장 내에 있는 저의 상회는 린칭에게 주려고요."

"실장님, 아주 잘하셨습니다."

"저도 베푸는 철학의 진리를 회장님께 배웠으니까요."

비서실장님도 겸손에 말씀을 다하십니다.

"실장님께서 후덕하시다는 것은 제가 잘 알고 있습니다."

"과찬의 말씀이십니다. 회장님 이제 좀 쉬십시오."

"네, 실장님 오늘 수고 많이 하셨습니다."

비서실장이 나가자 다윗은 탁자 위에 놓인 엘리사벳과 찍은 사진을 그윽하게 바라본다.

엘리사벳을 찾아 서울로

봄, 가을, 여름, 겨울이 바뀌면서 세월이 지나간다.
지금 엘리사벳이 눈이 덮인 존스홉킨스대학 교정 산책길을 걷고 있다. 손에는 다윗이 선물한 만년필이 쥐어져 있다.

내 사랑 다윗!
소록도 공회당 운동장에서 엘리사벳은 다윗을 다윗은 엘리사벳을 눈사람으로 만들어 세워놓고, 그 앞에 '축 결혼'이라고 눈 위에 손으로 쓴 글씨를 생각하면서 잠시 회상한다.
소록도 공회당 운동장의 눈이나 여기 존스홉킨스대학 눈이나 똑같은 눈이건만 다윗은 여기에 없고 엘리사벳 혼자 그때를 회상하며 눈길을 걷는다.
내 사랑 다윗!
엘리사벳의 눈물이 손에 쥐고 있던 만년필 위에 떨어졌다.
존스홉킨스대학 강당에서 의대교수의 강의를 듣고 있는 엘리사벳 옆에는 마리아 엘리가 늘 같이 앉아서 공부한다.
"엘리사벳 엘리사벳 여기에 있었구나."
마리아 엘리가 다가온다.

"또 다윗친구를 생각하는 거야?"

"그래. 다윗과 나는 이렇게 눈이 올 때면 항상 눈사람을 만들었어. 나는 다윗을 만들고, 다윗은 나를 만들어 나란히 세워놓고, 그 앞에 눈 위에 손으로 축 결혼이라고 써놓았어."

"엘리사벳, 우리 이렇게 하자. 지금부터 나는 엘리사벳을 만들게. 엘리사벳 너는 네가 사랑하는 다윗을 만들어."

"고마워. 마리아 엘리, 우리 그렇게 하자."

엘리사벳과 마리아 엘리는 눈사람을 만들기 시작한다. 하늘에서 함박눈이 펑펑 쏟아져도 아랑곳하지 않고 둘이서 눈사람이 된 채 눈사람을 만들었다.

다윗은 안전모를 쓰고 작업복을 입고 아파트 공사현장과 병원공사 현장에 와 있다.

"회장님 여기에 계셨군요."

"이사님 오셨습니까?"

"방금 중국 정부에서 회장님 앞으로 특종우편이 왔습니다. 아마도 중국 정부에 귀속시킨 고대유물에 관한 건 같은데 한번 보시지요."

"그래요."

우편물을 개봉한다.

"음, 중국 정부에서 제게 고대유물을 귀속시켜준 데 대한 고맙다는 내용과 홍콩 영주권, 그리고 중국을 방문할 때는 국빈대우를 해주겠다는 내용이군요."

"중국 정부에서 회장님에 대한 배려인 것 같습니다."

"원래 주인에게 돌려드린 것인데, 이런 걸 가지고 이렇게까지……. 아무튼 중국 정부에 감사함을 드려야겠군요."

"회장님, 여기에 계셨군요."

"실장님, 무슨 일입니까?"

"좋지 않은 일이긴 하나 회장님께서 아셔야겠기에 회장님께 보고 드리겠습니다."

"말씀해 보십시오."

"하나는 한국 인천에 있는 최용식 사장님께서 서울 주먹들과의 결투 후유증으로 세상을 떠나셨습니다."

"아니! 용식이형이 세상을 떠나요?"

"비보이기는 하나 사실입니다. 또 하나는 삼합회가 정리되고 나서 일본 야쿠자들이 홍콩에 진출하여 고리대금업을 하고 있는데, 몽콕시장 내 영세 상인들이 저희 회사금고에서 저리로 대출받은 돈으로 급전을 갚으려 하자 차일피일 시간을 끌면서 변제 날짜에는 나타나지 않다가 시일이 지난 후 나타나 복리이자까지 요구한다는 겁니다. 또한, 폭력도 스스럼없이 자행한다는 것입니다. 주위에서 폭력을 말리던 저희 삼합회 주식회사 금고 직원들이 야쿠자들에게 폭행당한 사건이 벌어졌습니다."

"우리 금고 직원들이 야쿠자들에게 폭행을 당해요?"

"네, 회장님."

"비서실장님께서는 야쿠자들의 아지트를 속히 알아가지고, 나에게 알려 주십시오. 나 혼자 조용히 야쿠자건은 처리하겠습니다. 그리고 실장님께서는 나하고 지금 가야할 곳이 있습니다."

"진 이사님은 볼일 보십시오."

"네, 회장님."

다윗과 비서실장은 기독교 장노교회를 찾아간다. 아담한 교회 전경 목사가 교회 문을 나온다.

"이곳 교회에 목사님되십니까?"

"제가 이 교회에 담임목사입니다."
"목사님 저하고 잠시 이야기 나누시지요."
"무슨 말씀이십니까?"
"지금 저 세상으로 간 불쌍한 영혼을 위하여 기도를 부탁드리려 왔습니다."
"네, 알겠습니다. 교회 안으로 들어가시지요."
"망자되시는 분 존함은 어떻게 되십니까?"
"최자 용자 식자되십니다."
"기도드리겠습니다. 우리 다 같이 하나님께 기도드립시다."
목사, 다윗, 비서실장이 무릎을 꿇고 손을 모으고 기도드린다.
"전지전능하신 주 하나님 아버지시여! 지금 불쌍히 저 세상으로 간 최용식 형제분을 위하여 기도드리옵나이다. 최용식 형제분을 불쌍히 여기시어 보배로우신 주 하나님 품에 품으시어 이 세상에서의 모든 죄를 사하여 주시옵고, 천성에서 주 하나님을 찬비하고 칭송하며 경배하게 해주시옵기를 간절히 기도드리고 기도드리옵나이다. 아멘—"

목사, 다윗, 비서실장 자리에서 일어난다. 비서실장이 목사에게 봉투를 전한다.
"목사님, 이것은 망자를 위한 축원금이옵니다."
"네, 알겠습니다."
"최용식 형제분은 주 하느님의 은총 속에서 영생복락할 것입니다."
"감사합니다."
다윗의 무거운 발길이 교회를 나섰다.
"회장님, 차에 오르시지요."
"저기 교회정원에 있는 벤치에 조금 앉아 있다 가겠습니다. 실장님께서는 기사분과 같이 회사로 먼저 가십시오."

"제가 회사에 도착 후 차를 이곳으로 보내 드리겠습니다."

"그러실 필요 없습니다. 이곳에 조금 있다가 가겠습니다. 실장님"

"네, 회장님."

"일본 야쿠자들 건 말입니다. 그들의 거처를 빨리 알아보십시오."

"지금 바로 가서 알아보고 보고 드리겠습니다."

"그럼, 회장님 먼저 가보겠습니다."

"조심히 가십시오."

다윗은 조용히 생각한다. 참으로 다정다감했던 용식이형이였는데, 저 세상으로 가시다니 한참 살 나이인데 다윗과 인관관계를 맺었던 귀중한 사람들이 하나둘 내 곁을 떠나고 있구나. 이제 다윗은 어떻게 하면 좋은가.

내 사랑 엘리사벳을 찾아 서울로 가는 길을 15년 후로 미루어야 한단 말인가. 오! 내 사랑 엘리사벳이여! 다윗은 안주머니에서 엘리사벳이 수탄길 위에서 헤어지던 날 주었던 가제 손수건을 꺼냈다.

다윗 이거 손수건이야. 다윗을 향한 엘리사벳 영원불변의 사랑 언약을 엘리사벳이 밤을 세워가며 혼을 불어넣어 손수건에 한 땀 한 땀 자수 놓았어. 오로지 엘리사벳만 생각해야해 알았지.

다윗은 가제 손수건을 자신의 입술에 갖다 댄다. 자스민 향기가 전신에 퍼졌다. 내 사랑 엘리사벳!

교회당 정원에 코스모스가 피어 있다. 내 사랑 엘리사벳이 좋아하던 코스모스인데……. 코스모스가 다윗을 향해 바람에 하늘거린다.

오, 내 사랑 엘리사벳이여!

얼마 뒤 비서실장 왕차이로부터 일본 야쿠자들의 보고를 받았다. 다윗은 비서실장에게 나 혼자 조용히 처리할 터이니 이 사실을 회사 담당 직원들에게는 함구하라는 지시를 내렸다.

그 다음날 일본 야쿠자들의 본거지에 다윗이 나타난 것이다.

홍콩에 거주하고 있는 일본 야쿠자들의 본거지는 삼합회 전 회장 왕탁의 주택에서 그리 멀지 않은 곳이었다. 300여 평 대지 위에 1층은 그들의 사무실, 2층은 오야붕 오구지 겐지로의 주택이다. 40~50여 명의 일본 야쿠자들이 항상 경계를 하고 있다.

다윗은 단신의 몸으로 대문 입구에서 명함을 꺼내어 입구에 있는 일본 야쿠자에게 건네며 오야붕 면담을 요청했다. 명함을 받아본 그는 못마땅한 얼굴로 다윗을 아래 위를 살펴보고 나서 중간 보스로 보이는 자에게 건네고 명함을 받아 들고 집안으로 들어갔다.

잠시 뒤 40~50여 명의 일본 야쿠자들이 전열을 정비하는 듯했다. 이윽고 부하들의 경호를 받으며 콧수염을 기르고 머리는 올백으로 빗겨 넘긴 50세쯤되이 보이는 오구지 겐지로 오야붕이 잔뜩 위임을 드러내며 나타났다. 그는 전형적 일본 무사 스타일이었다.

다윗은 몇 걸음 집안으로 들어갔다. 다윗의 움직임에 따라서 40~50여 명의 야쿠자들도 같이 움직였다. 오구지 겐지로가 앞으로 몇 발 걸어 나왔다.

"당신이 삼합회 회장 권다윗이오?"

"그렇소이다. 옛 시절 삼합회가 아니라 지금은 삼합회 주식회사입니다."

"우리하고 같은 연배로 알았는데 꽤 젊으시군요."

"겐지로 오야붕 보다는 많이 아래입니다. 잘 봐주십시오."

"어떻게 여기에 오시었소?"

"겐지로 오야붕께서 잘 아시고 계시지 않습니까? 제가 온 이유를 꼭 설명해야 하겠습니까?"

"하하하— 며칠 전 우리 식구들과 삼합회 식구들 간에 약간의 불상사가 있었다고 들었는데 그 일 때문에 오신 게로구려. 그런 일이라면 부하들을 시킬 일이지 몸소 여기까지 오시었소."

"그 분들은 제 부하가 아니라 우리 삼합회 회사를 다 같이 이끌어가는 회사 사원들입니다. 지금의 삼합회 회사는 종전의 삼합회 폭력조직이 아닙니다."

"그것은 내가 들은 적이 있소이다. 그건 그렇고 다윗 대표, 우리 이렇게 시간 낭비하지 말고 본론부터 이야기합시다."

"그럼 제가 먼저 이야기하리다. 지금 몽콕시장에 영세상인이나 노점상들에게 급전으로 폭리를 취하고 있는 돈 장사를 그만 두십시오. 그러시면 그곳에 대출되어있는 돈은 원금은 물론 은행 이자로 계산하여 우리 삼합회 금고에서 대납하리다."

"하하하, 듣던대로 배짱이 두둑하시구려. 만약 내가 그 부탁을 거절한다면 어쩔 것이오?"

"오구지 겐지로 오야붕께서 쉽게 내 뜻을 수용하지 않으리라 믿고는 왔소이다. 허나 꼭 내 뜻에 따라 주셔야겠소이다."

잠시 주위의 분위기가 험악해졌다.

"하하하, 소문대로 자신이 대단하시구려. 다윗 대표께서 그렇게 자신이 있으시면 여기에 있는 우리 식구들과 한번 겨루어 본 뒤 이야기합시다."

"오구지 겐지로 오야붕 나는 여기에 싸우러 온 것이 아니라 오야붕께서 불법으로 자행하고 있는 금전 거래를 매듭지으러 왔소이다."

"왜, 이제 와서 보니 두렵소이까? 하하하하하."

"겐지로 오야붕께서 사람을 잘못 보셨소이다. 이 사람 다윗은 싸움을 싫어하지만 무예인으로서 정당한 대결은 그 누구와도 여지껏 한번도 물러서 본 적이 없습니다. 오야붕께서 정 싸움을 청하시니까 제가 한 가지 부탁이 있습니다."

"어서 말씀해 보시구려. 어디 한번 들어나 봅시다."

다윗은 호주머니에서 두 눈을 가리는 검은 띠를 꺼집어내어 겐지로 오야붕 앞으로 던졌다.

"내가 겐지로 오야붕에게 방금 던진 그 붕대로 내 두 눈을 가리고 겐지로 오야붕을 비롯하여 여기에 있는 식구들과 겨루어 내가 이기면 조금 전에 말했던 몽콕시장 내 대출건을 내 뜻에 따라 주시겠습니까?"

겐지로 오야붕은 방금 다윗이 자기에게 던진 검은 띠를 자기 눈에 갖다 대고 한번 확인했다.

"내 답에 앞서서 먼저 다윗 대표께서 만약 패하신다면 무엇을 거시겠습니까?"

"거야 제 하나 뿐에 없는 목숨을 걸지요."

"다윗 대표, 이곳에 들어온 이상 두말하기 없기입니다.".

"이를 말씀입니까?"

"좋소이다. 내 그리 약속하리다."

두 눈을 가릴 수 있는 검은 띠가 다윗에게로 건네졌다. 다윗은 주위를 한번 죽 살피고 싸늘한 미소를 입가에 지우며 두 눈을 가렸다. 다윗은 태산같이 서 있는 듯하더니 양 손 끝을 호랑이 발톱 모양 곤두세운 뒤 갈퀴같이 감아쥐고 난 후 양손 끝을 서서히 펴면서 한 발자국 앞으로 걸어 나오는 듯하더니 그대로 서 있다.

다윗의 공격과 방어술은 상대와 대결함에 있어 상대가 총으로 공격하지 않는 한 전후좌우 사방 1미터 안에서 방어와 공격이 이루어진다. 몸을 크게 움직이지 않는 것이 스승 강학수의 무술이다. 응축된 내공의 기를 최소한 소진하면서 몸 밖 외공의 기를 최대한으로 흡입해 가며 전개하는 절학(絶鶴)의 무예인 것이다. 스승 강학수로부터 전수받은 수침지회를 펼치기 위함이다.

겐지로의 부하들은 손에 일본도를 꺼내들고 일제히 덤벼 들었다. 다윗은 스쳐지나가는 야쿠자들의 일본도 등쪽을 한손으로 잡는가 싶더니 손에 압력을 가하여 칼을 부러뜨렸다. 그리고 송곳 같은 손끝으로 상대의 겨드랑이며 옆구리, 명치, 목, 인중, 정수리, 양미간 등 인체 360 군데 급소를 찍어 누른다. 상대는 다윗의 손길이 스쳐 지나가면 허무하게 나가 뒹굴기 시작했다.

처음 이렇게 시작한 다윗의 공격과 방어는 목숨을 건 혈투라기보다는 인간이 펼치는 신의 경지에 이르는 무예의 예술 그 자체였다. 여기에는 호랑이의 강인함과 포효, 곰의 저력과 우직함, 뱀의 지혜로움, 매의 민첩함, 독수리의 기다림과 날카로운 발톱, 학의 군무와 중심이동, 고양이의 유연성 등이 조화를 이루며 인체의 360 군데 급소를 정확하게 공격 40~50여 명의 야쿠자들은 20여 분 경과 후 반으로 줄어들었다.

다윗의 손이나 발이 스쳐간 곳에는 야쿠자들이 일어날 줄 모르고 혼절하였다. 과연 다윗의 무예는 신출귀몰하고 전광석화였다.

"멈추어라."

오야붕 겐지로의 입에서 정지 명령이 떨어졌다. 겐지로 부하들이 공격을 멈추고 겐지로 오야붕 뒤로 모여 들었다. 다윗은 호흡 하나, 자세 하나 흐트러짐 없이 그대로 멈춰 섰다.

"다윗 대표. 내가 직접 상대하리다. 조심하십시오."

말이 떨어짐과 동시에 겐지로와 다윗은 서로를 스쳤다. 다윗은 겐지로의 검을 몇 수 방어만 했다. 실로 겐지로의 검술은 번개와 바람 같았다. 일본에도 이러한 검수가 있었나 싶을 정도로 그의 검술은 천하에 일품이었다. 순간 다윗의 옷소매가 겐지로의 검에 찢기었다. 다윗은 방금 겐지로가 찢은 자신의 옷깃을 손으로 조용히 만졌다.

"참으로 훌륭하신 검법이오. 오늘 제가 겐지로 오야붕에게 많은 것을 배우는 것 같습니다."

"다윗 대표, 왜 공격을 하지 않고 내 검만 피하고 있소이까?"

"겐지로 오야붕의 현란하신 검술에 제가 잠시 혼취하였나 봅니다. 참으로 좋은 검법을 구경 경험하였소이다. 지금부터 제가 공격하지요."

순간 다윗은 겐지로와 스쳐 지나갔다. 다윗은 겐지로의 앞가슴과 옆구리 피가 묻은 겉옷을 한 움큼 뜯어서 손에 쥐고 있었다. 겐지로 오야붕은 뜯기어 나간 자신의 가슴과 옆구리를 보고 흠칫 놀랐다. 뜯기어 나간 겐지로의 가슴과 옆구리 급소에서 피가 흘렀다.

겐지로의 등에서 식은 땀이 흘러 내렸다. 다윗의 일격을 겨우 피하였으나 숨이 막히고 하마터면 두 무릎을 꿇을 뻔했던 아차하는 순간을 겨우 견디어 몸에 중심을 기끄스로 잡았다. 다윗은 미동도 하지 않은 채 싸늘한 미소를 머금고 태산같이 서 있다.

겐지로는 마지막 결심을 했다. 아니 되겠구나, 생사를 가름하는 마지막 보루 필살의 검을 펼쳐야겠구나. 이얏! 기합소리와 함께 몸이 하늘로 솟구쳐 다윗을 향해 내리쳤다.

다윗은 못이 박힌 채 서 있다가 정수리로 향해 내려오는 오구지 겐지로의 검을 두 손바닥으로 맞잡았다, 얼굴색 하나 변하지 않고 태연하다. 겐지로는 다윗의 양손바닥에 잡힌 검을 빼내려고 안간힘을 썼다. 순간 다윗은 검을 비켜서며 수침지회가 오구지 겐지로의 두 눈에 꽂혔다. 으악! 처절한 비명을 지르며 무릎을 꿇고 오구지 겐지로의 두 눈에서 피가 흘렀다.

다윗은 두 눈에 가리고 있던 검은 띠를 푼다. 무릎을 꿇고 괴로워하고 있는 오구지 겐지로 앞에 선다.

"오구지 겐지로 오야봉, 조금 전 오야봉의 두 눈을 다 가지고 가려다 한 눈만 취했소이다. 조금 후면 한눈은 시력을 회복할 것이요, 앞으로 한 눈만으로 남은 여생을 사시면서 지금까지 해 오신 일들이랑 접으시고 자신을 반성하고 좋은 일만 하십시오. 생각해보시오, 당신네들의 선배들이 한국과 중국에 얼마나 많은 악행을 저질렀소이까? 그것도 모자라 당신네들까지 이곳 홍콩까지 와서 저지르는 작태가 너무하다고 생각 안 드십니까? 우리 두 번 다시 만나지 맙시다. 그리고 오야봉과 나와의 약속은 이행하실 줄로 믿고 이만 물러갑니다."

오고지 겐지로는 피를 흘리며 무릎을 꿇은 채 "다윗회장 편히 가시오. 참으로 하늘은 높고 지구는 넓구려. 오구지 겐지로의 목숨을 거두어 가시지 않는 다윗 회장님께 감읍할 따름입니다. 그리고 한 사람의 검도인으로서, 또한 오독구로서 다윗 회장님의 무예실력에 진심으로 경의를 올립니다. 오늘 다윗 회장님께 많은 것을 배웠습니다."

오야봉은 부하들에게 "지금부터 몽콕시장 내 영세상인과 노점 상인들의 대출건은 포기한다."

"네. 오야봉."

다윗은 야쿠자 문제도 단숨에 해결하였다.

볼티모어 존스홉킨스대학 졸업식이 다가왔다.

엘리사벳과 마리아 엘리는 박사복과 박사모를 쓰고 손에는 박사학위 수여장을 들고 있다. 또한 엘리사벳 손에는 박사학위 수여장과 함께 다윗이 선물한 만년필도 들려 있다.

"마리아 엘리, 내일이면 우리도 이곳을 떠나겠네."

"그래. 나는 이스라엘에 가서 조국을 위해 의료일을 할거야."

"엘리사벳도 너희 나라로 가야지. 또 다윗인가 하는 남자친구도 찾아야지."

"우리 다윗을 꼭 찾기는 찾아야 하는데 말이야. 나는 이곳에 남아 경영학을 공부 더 해야겠어."

"의학박사까지 취득하였으면 되지 경영학까지 해서 경영학 박사까지 취득할거야."

"아버지 병원을 상속받게 되면 병원을 경영해야 하거든. 나는 어머님 태중에 있을 때 경애롭고 자애로우신 성모님께서 어머님 꿈속에 나타나시어 봉사와 선행을 할 아이라고 하시면서 이름을 엘리사벳이라 지어 주셨어. 그래서 내 이름이 엘리사벳이야. 나는 아버지 병원을 상속받게 되면 병원 경영은 물론 사회에 소외되고 불우한 이웃들을 위하여 내 목숨 다하는 그날까지 봉사와 선행을 하여야 해. 엘리사벳은 봉사와 선행을 위하여 이 세상에 태어났으니까. 또한, 우리 사랑하는 다윗을 위하여 태어났고."

"그렇구나. 나도 내 조국 이스라엘을 위하여 봉사와 선행을 할 거야."

"마리아 엘리, 우리 다 같이 봉사와 선행을 위하여 행하면서 살자."

"엘리사벳 우리 그렇게 하자. 내일 이곳을 떠나면 편지 자주해야 해."

"하구말구. 그리고 엘리사벳과 너의 남자친구 다윗과 꼭 만나게 해달라고 하나님께 기도도 꼭 할게."

"고마워, 마리아 엘리."

"우리는 영원한 친구잖아. 그리고 다윗친구 만나면 이스라엘에 꼭 한 번 와."

"마리아 엘리도 우리나라에 꼭 와야지."

"그래, 꼭 한 번 갈게."

둘이는 존스홉킨스대학 산책길을 걷고 있다.

홍콩 삼합회 주식회사 회장실, 다윗은 책상에 앉아 결재 서류에 결재를 하고 있다. 비서실장이 옆에 서 있다.

"회장님 이제 공항에 나가 보셔야지요."

"장 회장님께서 갑자기 홍콩에 왜 오시나?"

"사유는 잘 모르겠습니다만은 회장님과 긴밀한 이야기가 있어서 겠지요."

"그러시겠지요, 그럼 다녀오겠습니다."

"회장님, 잘 다녀오십시오."

중국 본토 삼합회 장찬성 회장이 홍콩공항 귀빈전용 출입구로 나온다. 마중 나온 다윗이 정중히 인사한다.

"회장님, 다윗입니다. 어서오십시오."

"오! 권 회장 오랜만일세."

서로 반갑게 손을 잡는다.

"회장님, 어디로 모실까요."

"우리 권 회장과 처음 만났던 아방궁으로 가세."

"네, 회장님. 아방궁으로 모시겠습니다."

벤츠 S600에 모시고 떠난다. 아방궁에 차가 도착하자 대기 중이던 아방궁 사장이 정중히 인사한다.

"회장님 2층 특실로 모시겠습니다."

다윗과 장찬성 회장은 마주 자리에 앉는다. 서빙 아가씨가 차를 놓고 정중히 인사하고 나간다.

"권 회장 지금부터 내가 하는 말을 잘 들으시게. 이 일 때문에 내가 홍콩에 온 것이네."

"회장님, 말씀하십시오."

"권 회장도 이제 가정을 가져야 하지 않겠는가. 그래서 나의 죽마고우

415

이며 중국 정부 고위직에 있는 절친한 친구 무남독녀인 다이칭이 있다네. 미국 코네티컷주 뉴헤이븐에 있는 유서 깊은 명문 예일대학 유학 중 2학년 때 중국 미인대회는 물론 세계미인대회 입상자로 지금은 예일대학에서 박사 과정을 이수 중이네. 미와 지를 겸한 출중한 영재가 있네. 우리 권 회장과는 동갑내기로 방학을 이용하여 중국에 와서 며칠 전 다이칭 양과 다이칭 아버지, 나 이렇게 세 사람이 저녁을 먹는 자리에서 우리 권 회장 이야기를 했더니 호기심을 가지고 권 회장을 한번 만나자고 하는데 어떠신가. 지금 다이칭 당사자가 더 적극성을 보이면서 미국에 들어가기 전에 중국이던 홍콩이던 상관없이 만나자고 하네."

"회장님께옵서 저를 사랑해주시고 배려해주신 고마우신 마음은 제가 뼈 속 깊이 새기겠습니다마는."

"권 회장, 말해보시게."

"처음 회장님을 뵈옵고 바로 이 자리에서 회장님의 친구분이셨던 저의 스승님 이야기를 하면서 스승님의 유해를 신산에 안치하고 서울에 꼭 찾아야 할 사람이 있어서 서울에 온 까닭을 제가 회장님께 말씀드린 기억이 나십니까?" 잠시 생각한다 "음! 나고말고."

"바로, 그 사람이 서엘리사벳이란 어릴 적 저의 친구입니다. 엘리사벳과 저는 국민학교 1학년 입학식날 서로 만나 동정에서 우정으로, 사랑으로 이어져 17살 되던 해 소록도 수탄장길에서 서로의 편지 연락을 약속하고 도선창에서 헤어졌습니다. 그리고 서로가 소식이 단절된 채 오늘에 이르렀습니다. 저와 엘리사벳은 서로의 장래를 약속한 사이입니다. 저는 삼합회 주식회사를 창설한 후 진종문 이사님에게 모든 것을 이임하고 홍콩을 떠나 한국으로 가서 엘리사벳을 찾으려고 하였으나, 소록도에서 제가 형이라고 부르며 따르던 용식이형님께서 서울 폭력조직과의 혈투 때 얻은 상처의 후유증으로 타계하시는 바람에 제가 지금까지 홍콩에 남게 되었습니다. 언젠가는 저는 서울에 가서 엘리사벳을 꼭 찾아야 합니다."
"권 회장, 제발 홍콩을 떠난다는 말은 마시게. 권 회장이 없는 삼합회 주식회사는 상상할 수 없네, 아시겠는가."
"회장님, 시일이 아직 많이 남아 있지 않습니까? 수많은 세월이 흐르더라도 엘리사벳은 꼭 찾아야 합니다. 제가 엘리사벳이고, 엘리사벳이 바로 저입니다. 회장님 뜻에 따르지 못하여 죄송합니다. 용서해 주십시오."
"오, 그런 사연이 있었구먼. 그럼 그 분을 찾으셔야지. 허나, 다이칭양이 너무나 아까워서 내가 해 본 말이네."
"회장님 말씀을 들어보니, 참으로 훌륭하신 분이시군요!"
"암! 훌륭하다마다. 내가 지금끝 보아온 여성 중에는 제일이네. 이제 권 회장 뜻을 알았으니 나는 이만 본토로 가겠네."
"바로 지금 가시려구요?"
"본토에 할 일이 많으이."
"이 일 때문에 바쁘신 와중에도 홍콩까지 오시었는데……."
"아닐세. 권 회장 부담 갖지 마시게."
"회장님, 항공편은?"
"지금 바로 나가면 되네. 권 회장 우리 나가세."
다윗과 장찬성 회장이 아방궁을 나온다. 아방궁 사장 급히 온다.
"회장님 벌써 가십니까?"
"오, 그래. 급한 일이 있어서"
아방궁 사장은 정중히 인사 올린다. 홍콩 공항 귀빈실에 도착한 다윗과 장찬성 회장은 귀빈실 입구에서 "회장님 편안히 가십시오.", "권 회장 우리 또 전화 자주 하세."
다윗은 장 회장을 배웅하고 돌아오는 차안에서 엘리사벳이 수탄장길 위에서 선물한 가제 손수건을 안주머니에서 꺼낸다. 엘리사벳의 음성이 들리는 듯 했다. 내 사랑 엘리사벳! 다윗의 두 눈에 살얼음 같은 눈물이 고여 있다.

올해도 어김없이 다윗의 부모님 기일이 왔다. 다윗은 아버지, 어머니가 돌아가신 날, 무예 스승 강학수가 돌아가신 날, 형이라 부르던 최용식이 돌아간 날, 하루 전에는 교회에 와서 돌아가신 분들의 축원 기도를 한 번도 빠짐없이 드리고 있었다.

"목사님 안녕하십니까?"

"권다윗 회장님, 어서 오십시오. 오늘은 아버님, 어머님 축원기도군요."

"목사님도 이제는 다 아시고 계시군요."

"매년 빠짐없이 오셨으니까요. 자, 교회 안으로 들어갑시다."

"네, 목사님."

다윗과 목사 무릎을 꿇고 축원기도를 드린다.

삼합회 회사 구내식당 뷔페식에는 산해진미가 가득 그릇마다 차 있고 사원들이 식사를 즐기고 있다. 다윗 회장이 일일이 인사드리고 있다.

"사원님들 많이 잡수십시오."

"회장님, 회장님도 잡수셔야지요."

"사원님들 드시고 난 후 제가 들겠습니다. 어서들 잡수십시오."

"회장님 덕분에 저희들이 아무 걱정 없이 근무 잘하고 있습니다. 회장님 정말 감사드립니다."

"아닙니다. 감사는 제가 사원님들께 드려야지요. 이 회사는 여러분들의 것이니까요."

"아이구! 고맙기도 하셔라."

"뭐, 고충사항은 없습니까?"

"아무 고충도 없습니다."

하하하, 모두 웃는다.
"오, 저기 아버님, 어머님들께서도 와 계시는군요."
다윗은 여러 명 퇴식한 나이가 많으신 분들께서 식사하는 곳으로 간다.
"아버님, 어머님들 많이들 잡수십시오."
"아이구, 회장님 덕분에 우리는 늘 이렇게 즐겁습니다."
"퇴직한 늙은이들까지 무료로 식사하라고 삼시세끼 다 챙겨주시니."
"아닙니다, 여기 계시는 아버님, 어머님들께서 우리 회사 밑거름이 되어 주셨기 때문에 오늘 이런 회사가 있는 것입니다."
"감사하고 고맙습니다. 회장님."
"어머님들께서도 많이 드시고 건강하십시오."
"아프면 병원에서 공짜로 치료해주는데 뭐 걱정입니까?"
"어머님 그래도 건강하셔야 합니다."
"회사에 퇴직 후에도 회사에서 이렇게 잘 먹고 체육 의사 처방에 따라 개인체질에 맞게 운동하고 마음 편한데, 병원에는 왜 갑니까?"
일제히 박수를 치면서 웃는다.
다윗은 사원들의 입장에서서 그들의 고충을 들어주고 복지 향상에 앞장 섰다. 시간이 나는 대로 좌담회를 수시로 가져 사원들의 광범위하고 포괄적인 어려움을 들어주는데 노력하였다. 이러한 다윗을 사원들은 구세주같이 믿고 의지했으며 섬기고 진심으로 존경했다.
비서실장 왕차이를 비롯 그룹 총괄부를 맡고 있는 진종문 이사 역시 다윗의 인품에 감동하여 진정으로 다윗을 존경하며 따랐다.
다윗은 스승님의 유지에 따라 수련을 게을리하지 않고 하루 한두 시간은 반드시 묵상과 명상시간을 가지어 돈오점수의 가르침을 지켰으며, 무일물중 무진장의 자세로 살았다.

이러한 바쁜 세월이 흘러 회사 또한 그 규모가 발전에 발전을 거듭하여 그룹 형태를 갖추어 갔다. 다윗은 홍콩생활 30년 동안 홍콩사회 여러 곳으로부터 감사와 공로패, 상장 수여를 정중한 사절을 하였으나 그 와중에도 홍콩 자치제 경제인 중에서 감사와 공로의 패와 상장을 제일 많이 받는 경영인이 되었다.

또한 홍콩의 기업 중 특허권을 가장 많이 가지고 있는 기술연구개발 우량 기업으로 만들었던 것이다.

집무실에 앉아서 사랑하는 엘리사벳과 소록도 공원에서 다정히 손을 잡고 찍은 사진을 바라보고 있을 때 똑 똑똑, 회장실 문을 노크한다.

"네. 들어오십시오."

진종문 이사와 비서실장이 함께 들어온다.

"자. 여기 앉으시지요."

진종문과 비서실장 맞은 의자에 앉는다. 먼저 진이사가

"회장님 홍콩경영인협회와 상공회의소, 두 곳에서 회장님의 탁월하신 경영과 인품에 감읍하여 회장으로 추대하시겠다고 연락이 왔는데 어떻게 하시겠습니까?"

비서실장이 옆에서 거든다.

"회장님 명예직이니까 수락하시지요."

"아닙니다. 저 같은 사람은 그런 능력도 없거니와 제가 그런 것은 좋아하지 않습니다. 일언지하에 거절하십시오."

"회장님, 그러시면 두 곳에서 회장님께 감사패라도 증정하겠다고 하시면 어떻게 하시겠습니까?"

"회장님, 두 곳에 계시는 분들이 성의이오니 감사패는 수락하시지요."

다윗은 잠시 생각한다.

"감사패는 두 분께서 알아서 처리하십시오."

"회장님, 잘 알겠습니다."

엘리사벳은 존스홉킨스대학 총장의 부름을 받고 총장실에 와 있다. 수많은 책들과 벽면에는 역대 총장들의 사진이 걸려 있다. 총장 책상 옆에는 존스홉킨스대학 교기가 세워져 있다. 총장과 엘리사벳 마주앉았다.

"엘리사벳 박사, 박사는 우리 존스홉킨스대학의 귀중한 보물이십니다. 우리 대학 의과대학 입학에서부터 졸업, 그리고 박사학위에 이어서 경영학 입학에서부터 졸업 박사과정을 모두 수석으로 마친 분이십니다. 우리 대학은 의학과 생리학 분야에 세계에서 제일 많은 노벨수상자를 배출한 명문입니다. 그래서 우리 대학에서 엘리사벳 박사에게 제안을 드리겠습니다."

"총장님, 제안이라니요. 편하시게 말씀하십시오."

"우리 대학에서 엘리사벳 박사를 특채로 교수에 임명할까하는데 엘리사벳 박사의 뜻을 묻고자합니다."

"저 같은 미력한 사람은 특채해주신다 하니 몸 둘바를 모르겠습니다. 그러나 저는 한국으로 가야 합니다."

"엘리사벳 박사, 박사께서 한국에 가야할 특별한 사연이 있나요."

"네. 말씀드리겠습니다. 첫째 할아버지 때부터 내려오는 병원을 상속받아 봉사와 선행을 하기 위함이고, 둘째 제가 꼭 찾아야 할 사람이 있습니다. 저는 태어남 자체가 봉사와 선행을 하기 위하여 태어났으며, 지금 제가 꼭 만나야 할 그 분을 위해서 태어나기도 하였습니다."

"우리 대학이 엘리사벳 박사 같으신 분을 꼭 모셔야 하는 것인데, 무척이나 안 됐군요."

"총장님 뜻에 따르지 못하여 죄송합니다."

"한국에 가시거든 소원 성취하십시오."

한편 다윗은 사원들의 독신 아파트에 기거하면서 회사에서 음식 장만을 도와줄 찬모를 사양하고 아침과 점심과 저녁은 가능한 회사 구내식당에서 사원들과 함께 해결하였다. 혹시 모를 그들의 고충을 해결해 주려고 노력하였으며 타의 모범이 되는 검소한 생활을 하였다.

다윗은 회사에서 나이가 많으신 아버님, 어머님 같으신 분들을 보면 항상 아버님, 어머님 대하듯 성심성의껏 정성을 다했다. 이런 다윗을 보고 나이 많으신 회사분들은 진심으로 감읍했다. 다윗은 나이 많으신 분들을 대할 때 항상 어머님, 아버님 생각이 났다. 특히 다윗의 어머니는 음식 만드시는 솜씨가 좋으셔서 다윗은 이제껏 아무리 맛있는 음식을 접해도 어머니께서 손수 만들어 주신 음식만큼은 못했다. 어머님께서는 무 하나를 가지고도 몇 가지 맛있는 반찬을 만드셨다.

어머니의 손길이 한번 지나간 음식은 무엇이든 맛있었다. 항상 어머님 몸에서는 맛있는 고소한 냄새가 나곤 하였다. 신생리에서 어느 한 집에 결혼잔치나 회갑잔치가 있을 때에는 어머님의 음식 만드시는 솜씨가 뛰어나셔서 잔치음식 만드는 데에 약방이 감초처럼 모셔가곤 하였다. 이때에도 어머님께서는 일을 마치시고 돌아오실 때에는 다윗을 위하여 전이며 떡, 누룽지며 맛있는 음식을 싸가지고 오시지 않았던가. 지금도 삶은 계란만 보면 어머니 생각이 난다.

닭이 쌍계란을 낳거나 큰 계란을 낳으면 다윗의 몫으로 남겨두었다. 또한 돼지고기가 배급되는 추석이나 설 명절에는 얼마 되지 않는 배급 돼지고기를 다윗을 위해 간장과 고추장 두 가지 양념을 하여 연탄불 위에 석쇠를 놓고 타지 않게 잘 구워 아들의 입에 넣어주셨다. 나머지 얼마 되지 않는 돼지고기 몇 조각으로 국을 끓여서 잡수시던 부모님이셨다.

아버님께서는 또 어떠셨던가. 아버님께서는 손님으로 초대되시어 잔치집에 다녀오실 때에는 아버님 앞에 놓이신 맛있는 조각낸 전이나 마른 음식은 잡수시지 않고 종이에 싸가지고 오시어 다윗에게 주시곤 하셨다.

아버님 호주머니 속에는 맛있는 냄새가 나곤 하였다.

나병이란 얄궂은 몹쓸 운명의 병에 걸리시어 축복과 통탄과 풍광과 사랑의 섬 소록도에 오시어 불효자를 낳으시고 한평생 이 못난 불효자를 위하여 인고의 희생만 하시다가 하늘나라로 가신 부모님을 생각할 때면 효도 한번 해드리지 못한 다윗 자신이 죄송스러워 통한의 가슴을 눈물로 달래곤 하지 않았는가.

불효한 이 자식은 지금 이국 하늘 아래서 아버님, 어머님 영전에 무릎 꿇고서 불효한 사죄의 눈물을 흘리옵니다. 아버님, 어머님 하늘나라에서 고이 잠드시옵소서.

삼합회 회사 집무실 책상 위에는 소록도 중앙공원에서 다윗이 손에 가시에 찔려가며 꺾어서 엘리사벳에게 준 노란 장미를 엘리사벳이 손에 들고 다윗과 엘리사벳이 함께 야자수 아래서 정답게 손을 잡고 찍은 사진이 항상 놓여 있다. 퇴근 때에는 이 사진을 가방에 넣어서 집에 가지고 온다. 엘리사벳이 다윗의 몸을 머릿속에 그리며 정성을 다하여 엘리사벳 자신의 교복과 함께 한 치 한 치 바늘로 뜨고 미싱으로 봉제하여 만든 중학교 교복과 엘리사벳이 다윗과 엘리사벳 사랑이 한 몸이 되고자 여러 가지 색실로 한 올 한 올 엮어서 만들어 선물한 장갑, 엘리사벳이 영원불변의 사랑언약을 한 땀 한 땀 자수한 가제 손수건 옆에 놓아둔다. 그리고 잠들기 전에는 사랑하는 엘리사벳의 이름을 항상 세 번 부르며 잠들었다.

이것은 사랑하는 엘리사벳과의 약속이었다.

엘리사벳 귀국하다

　미국 유학을 마치고 의학과 경영학 박사학위까지 취득한 엘리사벳은 존스홉킨스대학에 남아서 교수로 후진 양성에 기여해 달라는 간곡한 의대측의 제안을 뿌리치고 한국으로 돌아온다. 마음 속으로는 사랑하는 다윗을 향한 엘리사벳의 사모의 그리움과 다시 찾아 재회하리라는 사랑의 집념이 간절하였기 때문이다. 안과의학 이외에도 후일 아버지 병원을 상속받아 세계적 수준의 병원을 경영하기 위한 경영학 박사 학위도 함께 취득하느라고 12년간의 오랜 시간이 걸린 것이다.
　엘리사벳은 미국 유학생활 동안 방학을 이용하여 해마다 매년 한국에 나와 사랑하는 다윗을 찾았으나 찾을 길이 없었다. 엘리사벳 12년간의 유학생활은 말로 표현할 수 없는 다윗 그리움과 보고픔의 헤아릴 수 없는 낮과 밤의 나날들이었다.
　선홍병원 재단이사장인 서홍업은 이때 선홍병원을 종합병원으로 확장사업 중 과중한 업무에 지쳐서 병을 얻어 자신의 병원에서 입원치료 중이었다. 부인 김정숙 역시 고질적인 고혈압과 신장의 악화로 부부가 같이 병원 신세를 지고 있었다.
　엘리사벳이 미국 유학을 마치고 귀국한다. 출입장으로 들어오고 있는 엘리사벳이 두리번거린다.

"박사님."

"김 비서님, 아버님과 어머님은요?"

"원장님께서 박사님께 걱정을 끼쳐드릴까 배려하시는 마음에서 이야기를 하지 않으셨는데, 지금 원장님과 사모님 모두 편찮으셔서 우리병원에 입원중이십니다. 병세가 심하십니다."

"그러셨군요. 그럼 병원으로 바로 가봐야겠군요."

"네, 그렇게 하셔야 할 것 같습니다."

"차가 준비되어 있으니 가시죠."

"빨리 가야겠군요."

빠른 발걸음으로 공항을 나간다. 변모해가는 서울거리에 들어서는가 싶더니 선흥병원 앞에 차가 멈추고 엘리사벳과 김 비서가 병원 안으로 들어간다.

"김 비서님, 여기 잠깐 계세요. 저, 손 좀 씻고 오겠습니다."

"네, 박사님."

엘리사벳은 손을 씻고 급히 나온다.

"자, 가시지요."

병실 문이 열리고, 엘리사벳과 김 비서가 들어온다. 간호원이 자리에서 일어선다. 엘리사벳이 달려가 아버지의 손을 잡는다.

"내 딸 엘리사벳이구나."

"아버님 이렇게 편찮으시면서 왜? 저에게 연락 안하셨어요."

"우리 엘리사벳이 걱정할까봐."

아버지 눈에 고인 눈물을 닦아드린다.

"간호원님, 아버지 차트 좀 가져오세요. 그리고 담당의사도 좀 보자 하세요."

"네."

"엘리사벳."

"네, 아버지."

"귀국하자마자 너에게 부탁을 하여야겠구나."

"딸에게 부탁이라니오, 말씀하세요."

"오냐, 그래 아버지가 오늘까지는 병상에서 병원업무를 보아 왔는데 이제 안되겠구나. 지금부터 아버지가 하던 모든 병원업무를 엘리사벳 네가 관장하여라."

"아버님 뜻에 따르겠습니다."

"상세한 것은 김 비서가 이야기할 것이니라."

담당의사와 간호사가 함께 병실로 들어온다.

"박사님, 차트입니다."

엘리사벳은 차트를 유심히 본다.

"아버지 당뇨가 있으신데 왜 이렇게 콩팥이 손상되게 놔두셨어요."

"일산에 종합대학을 건립하는데, 신경을 좀 썼더니 그리되었구나."

"아버지, 지금부터 제가 알아서 처리할 터이니 신경 쓰시지 마시고 마음을 편히 가지세요."

"오냐. 이제야 마음이 놓이는구나."

엘리사벳이 담당의사에게 귓속말로 무어라 한다.

"네, 박사님 알겠습니다."

서홍업은 담당의사에게 엘리사벳을 가리키며

"앞으로 원장님이라고 호칭해야 해. 내 대신 업무를 보실 분이니까."

"원장님, 알겠습니다. 앞으로 그렇게 하겠습니다."

"아버님, 어머님은요?"

"너희, 어머님도 우리 병원에 있단다."

"아버님, 어머님께 잠시 다녀 오겠습니다."

"오냐, 그렇게 하려무나."

엘리사벳은 어머니가 누워 계시는 병실로 향했다.

"어머님, 저 엘리사벳이에요."

"오냐. 우리 엘리사벳이구나. 공부한다고 고생 많았지."

어머니의 눈에서 눈물이 흐른다.

"너희 아버지와 내가 이 모양이니 공항에도 못나갔다. 애야 미안하다."

"어머님, 제가 이제 왔으니까 마음을 편히 가지세요. 어머님 곁에서 돌봐 드릴게요."

그러면서 어머니 눈에 눈물을 닦아준다.

"아버지한테 갔다 오는 길이냐?"

"네, 어머님. 아버님 뵙고 오는 길이에요."

"귀국하자마자 네가 애써야겠구나. 우리 엘리사벳이 더욱 아름답고 예쁘구나? 과연 절세가인이구나. 고맙다."

"간호원님, 어머님 차트 좀 가져오세요. 그리고 담당의사분도 좀 뵙자고 해 주세요."

"네."

"어머님 자꾸 왜 우세요. 마음을 굳건히 가지셔야 병을 이기실 수 있어요."

간호원이 차트를 가지고 들어온다. 연이어 아버지 담당의사가 들어온다. 엘리사벳은 차트를 간호원으로부터 받고 유심히 들여다본다.

"원장님과 같은 증상입니다. 사모님께서는 합병증으로 갑상선암이 와 있습니다."

엘리사벳은 고개를 끄덕인다.

"어머님 잠은 잘 자세요."

"엘리사벳, 잠 좀 자게 해다오. 잠을 통 못 잔단다."

"어머니, 걱정 마세요. 제가 편히 주무시게 해드릴게요."
"어머님 조금만 계세요. 아버님 병실에 갔다가 또 올게요."
"오냐. 이제야 마음이 놓이는구나."
엘리사벳은 아버지 병실로 향한다.
"아버님, 어머님 뵙고 옵니다. 부부가 병까지 같으세요."
"글쎄다."
"어머님께서 잠을 못 주무신다하기에 담당 의사에게 이야기해 놓았습니다. 아버지 이제 마음을 편히 가지시고 쉬세요. 바로 아버님 사무실로 가서 제가 아버님 대신 업무를 볼 게요."
"오냐, 기특하고 고맙구나."
엘리사벳은 아버지 집무실에서 김 비서로부터 여러 가지 보고를 받고, 사무장으로부터 보고와 결재를 분주히 한다.
"김 비서님, 잠시 외출 좀하고 오겠습니다."
"네, 박사님. 차를 병원 앞에 대기시켜 놓겠습니다. 아니 원장님."
"비서님 편하게 부르세요."
"아닙니다. 지금부터 원장님으로 존칭하겠습니다."
엘리사벳은 정문 앞 대기 중인 병원장 차에 오른다.
"기사님, 서초구 고속터미널 반포대로 쪽으로 가세요."
"네. 모시겠습니다."
"고속터미널을 끼고 올라가다가 우회전 하시어 300미터쯤 가시면 유성빌딩이 있을 거에요. 그곳에 세워주세요."
빌딩숲으로 변해버린 서울의 거리를 보면서 엘리사벳은 수탄장길에서 다윗에게 선물 받은 만년필을 손에 꼭 쥐고 있다. 오, 내 사랑 다윗! 다윗의 생각에 잠긴다.
"원장님, 다 왔습니다."

"잠시 다녀올 때가 있으니 기다려주세요."

"네, 원장님."

엘리사벳은 건물 안으로 들어간다. 4층 한센인 전국연합회 사무실 안으로 들어선다.

"실례합니다."

"어떻게 오셨습니까?"

"사무장님께 오늘 오전에 전화드린 엘리사벳이라 하십시오."

"네. 알겠습니다."

여직원이 사무장실에 들어갔다가 사무장과 함께 나온다.

"엘리사벳 원장님, 어서 오십시오."

"저와 같이 회장님 방으로 가시지요. 회장님께서도 기다리고 계십니다."

"이렇게 시간을 내주셔서 감사합니다."

"들어가시지요."

한센인연합회 회장실에 들어온 엘리사벳은 자신의 명함을 내놓는다.

"저는, 서엘리사벳이라고 합니다."

"어서 오십시오, 신혁주라고 합니다. 우선 차부터 한 잔하시지요."

"아무 차나 주세요."

"녹차는 어떠십니까?"

"네, 그렇게 하십시오."

"협회에 부탁을 좀 드리러 왔습니다."

"말씀하시지요."

"저는 소록도에서 태어나서 그곳에서 녹산국민학교와 녹산중학교를 졸업하고 17살에 서울에 왔습니다."

회장, 사무장, 차를 들고 오는 여직원 모두 다 같이 놀란다.

"소록도에서 몇 년도 나왔습니까?"

"1964년도 나왔습니다. 저는 대구애락원에서 소록도에 70년도에 들어가 잠시 있다가 1972년도에 나왔습니다."

"그러셨군요, 그곳에서 같이 생활했던 사람을 찾으려고 오늘 제가 찾아왔습니다."

"그 분이 누구십니까?"

"저와 나이가 동갑나기로 1947년도에 태어나 신생리 11호에 살았던 권다윗이라는 사람입니다. 아버님되시는 분은 권자 경자 돌자되시는 분이시고, 어머님은 박자 만자 순자되시는 분이십니다. 저와 수탄장길에서 서로 헤어져 소식이 단절된 채 오늘에 이르렀습니다. 전과는 다르게 그곳 출신 미감아 분들께서는 사회단체에 같이 생활하지 않으나 제가 한번 알아봐드리겠습니다."

"소재가 확인되시면 명함 연락처로 전화주십시오."

봉투 하나를 꺼낸다.

"이것은 작은 저의 성의이오니 사무직원들과 같이 회식이나 하십시오."

"이러시면 아니 되십니다."

"제 성의입니다."

"뜻이 그러시다면 감사히 받겠습니다."

"귀중한 시간 내어 주셔서 감사합니다. 이제 그만 가보겠습니다."

회장과 사무장 엘리베이터 앞까지 배웅한다.

"그럼, 안녕히 가십시오."

"네, 회장님."

엘리베이터 문이 닫히고 내려간다.

"회장님, 방금 가신 엘리사벳 원장님 말입니다. 그 분을 제가 잠깐 알아보았더니 미국에서 박사학위를 두 개씩이나 취득하시고, 지금은 아버님 병원을 경영하시고 계시는데 아버님 병원을 이어받게 될 것이라고 하더군요. 또한 종합병원을 만들고자 일산에 의대와 간호대를 포함한 종합대학을 건축 중이라 하더군요."

"참으로 대단하구나. 소록도 출신중에 저런 분이 계신다니!"

"인물도 절세가인 아닙니까?"

"저런 미모는 처음 보는 것 같습니다. 소록도가 저런 분을 배출하다니."

집무실에 도착한 엘리사벳은 김 비서를 불렀다.

"원장선생님, 부르셨습니까?"

엘리사벳은 책상 위에 놓인 다윗과 함께 찍은 사진을 가르키며 "여기에 있는 사진을 복사하시고 종이에 적은 내용을 함께 전국지 신문에 사람을 찾는 광고를 내어주십시오. 물론 지방신문도 함께 하셔야 합니다."

"네, 원장님."

책상 위의 사진 케이스와 함께 엘리사벳이 건네준 내용 쪽지를 가지고 나간다. 엘리사벳은 다윗이 수탄장길 위에서 선물한 만년필을 꺼냈다.

오, 내 사랑 다윗! 지금 어느 곳에서 무엇을 하고 있는지 엘리사벳이 이렇게 다윗을 찾고 있는데……

엘리사벳은 잠시 다윗을 그리워하더니 아버지 병실로 간다.

"아버님. 공부하느라 못다한 효도를 엘리사벳이 이제부터 아버님께 효도할게요."

"오냐, 그래 기특하구나."

"한국에 오자마자 쉴 새 없이 너에게 환자 대하는 업무도 바쁜데 막중한 병원 업무까지 맡기어 이 아버지가 미안하구나."

"아버님, 그런 말씀 마세요. 저는 환자분을 대하는 일과 아버님께서 하시던 병원 업무도 다 즐겁습니다."

"오냐 그래. 너의 심성이 기특하구나. 병원 업무를 즐긴다 하니 이 아버지는 이제 죽어도 여한이 없구나."

"아버님, 왜 자꾸 돌아가신다고 말씀하세요."

"엘리사벳, 아무래도 내가 오래 살지는 못할 것 같구나."

"아버님, 무슨 말씀을 자꾸 그리 하십니까?"

"아니다. 내가 의사가 아니냐. 나는 나를 잘 알고 있느니라 해서 말인데……. 엘리사벳."

"네, 아버님."

"내가 죽기 전에 엘리사벳 네가 시집이라도 가야 하지 않겠느냐? 이 아버지는 네가 배필을 만나서 오순도순 잘 사는 것을 보고 갔으면 여한이 없겠구나."

"아버지, 아버님께서는 저를 잘 아시잖아요. 저에게는 오직 사랑하는 다윗만이 저의 배필입니다. 아마 곧 사랑하는 다윗을 찾게 될 거에요. 너무 심려마세요. 아버지."

"그래, 너의 그 마음은 이 아버지가 잘 알고 남는다마는 네가 소록도에서 나온 이후 한번도 소식 없는 다윗을 어느 세월에 찾고 만난단 말이냐. 그러지 말고 아버지의 말을 들어보아라. 아버지 친구 자제 중에 지금 초년 판사가 있느니라. 그 사람에게 꼭 시집 가라고 하는 것은 아니니 한번 만나 보기나 하려무나. 너무 아까운 젊은이라서 그러느니라. 그 젊은이 역시 자기 아버지로부터 엘리사벳 너의 이야기를 듣고 한국에 나오면 한번 만나고 싶어 하느니라. 엘리사벳 네가 미국에서 공부할 때 친자식같이 자주 찾아와 병원에 무슨 일이 있을 때마다 그 젊은이가 수고했느니라."

"네, 아버님. 기회가 되면 제가 고마움의 감사 인사를 드리겠습니다."

"애야, 내가 살아 있을 때 이 병원은 물론 아버지의 모든 재산을 너에게 상속하려고 우리 병원 변호사에게 의뢰하여 지금 절차를 밟고 있을 것이다. 이 일에 대해서는 이 병원에 입원해 있는 너의 어머니와도 상의가 이미 끝났느니라."

"아버지 뜻은 잘 알겠습니다. 오래오래 아버지께서 사셔야지요. 아버지 제가 옆에 있을테니간 잠시 주무세요. 옆방에 계시는 어머님에게도 주사를 놓아드렸으니까 지금쯤 주무시고 계실 거예요."

엘리사벳은 아버지 야윈 팔을 주물렀다.

"병원 일이 바쁘지 않으냐?"

"네, 아버님 아버지 곁에 조금더 있다가 나갈래요. 아버님 곁에 엘리사벳이 오래오래 있고 싶어서요."

"우리 엘리사벳은 아름다운 외모와 같이 효심 또한, 착하고 아름답구나."

"아이구, 시원해라."

한참을 아버지 팔과 다리를 주무르고, 아버지가 잠이 들자 아버지 옷을 바르게 하고 병실을 나간다.

서홍업은 꿈을 꾸고 있다. 경성의학부 교정 산책로에서 서홍업은 김인선을 포옹한다.

"이제 인선씨를 영원히 놓치지 않을 거예요. 인선씨! 인선씨!"

엘리사벳이 아버지 병실에 들어온다.

"아버지. 곤히 주무시기에 잠시 나갔다 왔습니다."

"조금 전 꿈속에서 너의 어머니를 보았단다. 얼마나 반갑게 내 품에 안기든지 그게 꿈이 아니고 생시였으면 좋으련만……."

서홍업의 두 눈에서 눈물이 고인다. 엘리사벳은 아버지 눈에 고인 눈물을 손수건을 꺼내 닦아주면서 야윈 손을 두 손으로 잡는다.

"아버지."

"오냐."

"엘리사벳이 항상 아버진 곁에서 효도할 게요. 그리고 우리 다윗을 하루속히 만나 다윗과 함께 아버님, 어머님을 편안하게 모실게요. 아버지, 빨리 건강 회복하시고 속히 일어나세요. 엘리사벳이 간절히 기도드릴게요."

"오냐, 오냐. 기특하구나."

"아버지, 너무 걱정 마시고 마음 편안히 가지세요."

"오냐, 그래. 이렇게 착하고 사랑스러운 엘리사벳이 아버지 곁에 와 있으니 나 이제 죽어도 여한이 없구나."

"아버지, 그런 말씀 마시고, 오래오래 건강하시게 사셔야 해요."

"오냐, 그러고는 싶다만……."

저녁식사가 막 끝날 무렵 서홍업이 입원중인 병실 문이 열리며 핸섬한 젊은이가 꽃을 들고 병실에 들어선다.

"아버님 좀 어떠십니까?"

"오, 현 판사."

서홍업은 누워 있다가 몸을 일으킨다.

"아닙니다. 아버님 일어나지 마시고 그냥 누워 계세요."

"누워 있는 것도 이제 지겹네. 헌데 업무에 바쁘실 터인데 이렇게 여러 번 오다니."

"아버님과 같이 오려고 하였으나 마침 외국에서 손님이 오셔서 못 오시고 저만 이렇게 왔습니다."

"엘리사벳."

"네, 아버님."

"서로 인사하거라. 이 분이 내가 말하던 현정식 판사이다."

"처음 뵙겠습니다. 저는 서엘리사벳이라고 합니다."
"저는 현정식이라고 합니다. 역시 듣던대로 대단한 미인이십니다."
"과찬의 말씀이십니다. 아버님으로부터 현 판사님에 관한 이야기 많이 들었습니다. 저희 병원을 위하여 여러모로 염려해 주신데 대하여 진심으로 감사드립니다."
"그런 말씀 마십시오. 저희 아버님과 절친한 친구 사이신데 저에게도 아버님이 되시지 않습니까. 무슨 일이던 제가 도울 일이 있으면 당연히 도와 드려야지요."
"아무튼 감사합니다."
"엘리사벳."
"네, 아버님."
"여기서 이렇게 아니라 현 판사와 함께 밖에 나가서 젊은이들끼리 이야기나 하려무나. 이 애비는 피로하여 잠시 쉬어야겠다. 오늘 따라 몸이 착 가라앉고 정신이 몽롱하고 자꾸 희미해지는구나."
"네, 아버님 그렇게 하겠습니다. 현 판사님 제 사무실로 가시지요."
여비서로부터 차가 들어오고 두 사람은 마주보고 앉았다.
"엘리사벳 씨의 미모 앞에서 제가 위축되는 것 같습니다. 참으로 아름답습니다. 여지껏 엘리사벳씨 같은 미인은 난생 처음 뵙는 것 같습니다. 전신에 표현할 수 없는 서광이 드리우고 있군요."
"과찬의 말씀이십니다."
"이 세상에서 여성이 가지고 있는 아름다움을 모두 가지고 계시군요."
"현 판사님께서는 농담도 즐겨 잘하십니다."
"아닙니다. 이건 절대 농담이 아닙니다."
"뭇 여성들이 다 그러하듯 자기 자신을 보고 아름답다, 미인이다라고 하는데 싫어 할 사람이 누가 있겠습니까. 아무튼 여러모로 부족한 저를 칭찬해 주셔서 감사합니다."

"저도 어릴 적 미국 생활을 조금 했습니다만 미국이 아무리 좋다하나 내 나라만 하겠습니까?"

"그럼요. 한국 사람은 역시 김치와 된장냄새가 배인 내 조국 한국이 최고죠."

"찾고 계신 분이 있다고 들었는데 그 분 소식은 진척이 좀 있습니까?"

"아직까지는 없습니다만 소식이 곧 있겠지요. 계속 찾는 중이니까요."

"누구이신가는 몰라도 그 분은 참으로 행복한 분이십니다. 엘리사벳 같으신 분이 이렇게 찾고 계시니까요. 그 분이 부럽기도 합니다."

"저는 그 분을 꼭 찾아야 될 의무와 책임을 가지고 있습니다. 미국 대학생활을 더 하려다가 그 분을 찾고 만나기 위하여 한국행을 서둘렀습니다."

"네, 그러셨군요."

"조금 전 아버님 병실에서도 인사를 드렸습니다만 정말 여러모로 애써 주신데 대하여 한 번 더 감사의 말씀을 드립니다."

"아닙니다. 자꾸 이러시면 제가 더욱 난처해집니다. 제가 할 수 있는 일이라면 당연히 도와 드려야지요."

이렇게 두 사람은 일상적인 이야기를 주고받으며 헤어졌다. 엘리사벳은 병원 앞까지 나가서 현정식 판사를 정중히 마중하고 돌아와 집무실 쇼파에 잠시 앉았다.

엘리사벳은 사랑하는 다윗에게 선물로 받은 만년필을 안주머니에서 꺼내 들었다. 그리고 사무실 벽에 걸어놓은 십자가 앞에서 조용히 무릎을 꿇었다.

'사랑과 은총으로 충만하옵신 주 예수님 주님에 이름을 찬미하고 찬송

하나이다.

저는 소록도에서 내 사랑하는 다윗과 헤어진 후 사랑하는 나의 다윗을 한 순간도 잊은 적이 없이 그리워하며 수많은 보고픔의 세월을 보냈습니다. 저 엘리사벳의 애타고 애절한 다윗 사랑을 위한 갈망의 마음을 굽어 살피시어 사랑하는 다윗으로 하여금 저에게 꼭 연락이 있기를 주님의 능력으로 도와주십시오. 간절히 빌고 비나이다.

엘리사벳이 기도를 막 마치고 일어서려는 순간 여비서가 화급히 들어왔다.
"지금 병원장님께서 위독하시답니다. 원장님을 찾고 계십니다."
엘리사벳은 여비서와 함께 급히 아버지 병실로 달려갔다. 담당의사와 간호원들이 초조한 표정으로 엘리사벳이 오기만을 기다리고 있었다. 엘리사벳은 아버지에게로 다가갔다.
"아버님."
"엘리사벳, 이리 가까이 오너라."
엘리사벳은 아버지의 야윈 손을 두 손으로 꼭 잡았다. 죽음을 앞둔 서홍업은 가쁜 숨을 몰아쉬며 말을 이어갔다.
"이 말은 너에게 꼭 하려고 우리 엘리사벳을 기다리고 있었느니라."
"아버님, 정신 차리십시오. 왜 이러십니까?"
"아니다. 우리 인생은 언젠가는 가지 않더냐. 이 아버지가 없더라도 아버지보다는 모든 일을 더욱 잘할 것이다. 내가 다윗과 엘리사벳, 너희들에게 너무나 큰 죄를 짓고 가는구나. 소록도에서 다윗과 네가 헤어질 때 너희 두 사람이 다시는 인연이 닿지 못하게 그곳 원장에게 부탁하여 너와 다윗과의 편지가 단절시켰다. 그리고 혹시나 하여 다윗이 선홍병원을 찾아오면 아버지가 이 병원을 그만두었다 하는 말과 아버지의 신상에 대하여 함구하라는 말을 수위들에게 엄명하였다. 이 아버지는 말이다 우리 엘리사벳이 소록도와 모든 인연을 지우고 새로운 출발을 하도록 하기 위함이었다. 엘리사벳이 다윗을 못 잊어 애태울 적마다 이 아버지는 죄책감으로 괴로워하였다. 이 아버지가 너에 대한 사랑의 과욕으로 저질러진 일이었으나 지금 와서 생각해보니 참으로 후회 막급이구나. 그래서 아버지가 후회하는 마음으로 미국 유학 가기 전 우리 엘리사벳을 소록도에 다윗을 찾아가게 한 것이니라."

가쁜 숨을 몰아쉬는 아버지를 바라보면서 엘리사벳의 얼굴은 눈물로 얼룩졌다.

"엘리사벳."

"네, 아버님."

"다윗을 찾다가 끝내 찾지 못하면……. 현 판사, 그 사람 말이다."

"아버님, 힘겨우신데 아무 말씀 마세요."

"그래 이 말을 너에게 하고나니 이세 마음이 한결 편해지는 것 같구나."

서홍업은 잠시 자기가 누워있는 병실을 둘러보았다.

"이 병원 말이다."

"네, 아버님."

"너의 할아버지와 아버지의 땀과 정신과 정성이 깃든 곳이며 혼이 늘 함께 했던 곳이다. 이 병원을 너에게 부탁한다. 명의의 칭송을 듣기에 앞서 진정으로 환자를 대함에 있어 너 자신의 몸을 대하듯 그들의 고통과 아픔을 진심으로 같이하고 사랑과 긍휼로 대함을 잊지 말아라. 의사란 직업은 사람을 살릴 수도 있고 한순간의 실수와 오진으로 환자의 몸을 망가뜨릴 수도 있고 죽일 수도 있는 것이다. 인간 건강과 생사면에서 전지전능한 신 다음으로 가는 반열에 서 있기 때문에 매사에 겸허한 수도

인의 몸가짐으로 인간 존엄성의 책임과 진실된 천직의 사명감 갖고 항상 공부하며 살아야 하느니라."

이 말을 마지막으로 서홍업은 운명했다. 서홍업. 그는 외과전문 의학박사로 자타가 인정하는 명의이기도 했다. 한국 의학 발전에 크게 기여하여 보건사회부 장관과 대통령의 훈장을 받기도 하였다. 평생을 통하여 존경했던 인물로는 "나는 그에게 붕대를 감아주고 신은 그를 치료했다 (Je le pansais dieu querit)."는 말을 남긴 근대 외과학의 아버지라 칭하는 암브로 아즈 파레(Ambroise pare, 1510~1590)였다. 고인의 장례식은 선홍병원에서 열렸다. 각계 저명인사와 동료, 선·후배의 조문을 받으며 사회장으로 치렀다.

김정숙은 병환 중이라 남편의 마지막 가는 장례식에도 참석하지 못하고, 무남독녀인 엘리사벳 혼자서 많은 조문객을 맞았다. 이때도 현정식 판사는 자기 자신의 일인 양 장례가 끝날 때까지 시종일관 엘리사벳을 도왔다.

소록도 병원장이었던 정윤근도 문상을 왔다. 부산에서 개인병원을 하면서 기독교 장로교회 장로이다. 정윤근은 문상을 마치고 상주인 엘리사벳과 단둘이 마주 앉았다.

"엘리사벳과 다윗 두 사람에게 인류에 어긋나는 잘못된 짓을 하여 엘리사벳 너에게 사죄해야겠구나."

"정 원장님. 아무 말씀 마세요. 아버님께서 돌아가시기 전 저에게 다 말씀하셨어요."

"아, 그랬구나. 기성세대의 한 순간 착오와 신중하지 못함이 너희 두 사람의 마음에 지울 수 없는 큰 상처를 주었구나. 두 사람에 관한 나의 잘못된 과거사를 반성하며 너희 두 사람과 하나님께 사죄하고, 엘리사벳과 다윗이 하루속히 만나도록 하나님께 간절히 기도드리고 또 기도하겠네."

"정 원장님, 저희 두 사람 하루속히 빠른 만남을 위하여 하나님께 기도 많이 해주세요."

"오냐, 그리하마. 다윗과 엘리사벳 두 사람에게 진정으로 사죄하는 마음으로 하나님께 간절히 기도드리겠네."

엘리사벳은 선친 서홍업을 시흥 선산에 모시고 돌아오는 차 안에서 이곳 장지까지 함께한 현정식 판사와 정윤근 원장, 그리고 모든 조문객들에게 진심으로 고마움을 표했다.

그 후 한 달이 채 못 되어 어머니 김정숙 마저 세상을 떠났다. 시흥 선산에 아버지 곁에 묻히게 되니 이제 이 세상에 엘리사벳 혼자만 남았다. 이때도 현정식 판사는 어머니 김정숙의 장례 전반의 일을 도와주었다. 엘리사벳은 현정식 판사에게 고마움을 느끼면서도 한편으로는 큰 부담을 느꼈다.

현정식은 장가를 가서 가정을 이루었을 나이임에도 불구하고 아직껏 총각의 몸으로 엘리사벳 주위에서 자기 일처럼 싱심싱의껏 도와주고 있는 현 판사를 엘리사벳은 한편으로는 고마운 분으로 생각되나, 또 한편으로는 심적으로 큰 부담이 되었다.

엘리사벳은 선홍병원에서 5분이 채 안 되는 무랑루즈 레스토랑에서 현 판사를 만난다. 바로 이곳이 선친 서홍업과 당시 소록도 병원장이었던 정윤근이 만나서 어머니 인선의 편지를 전해주던 일식집이 이제 고급 레스토랑으로 주인도 바뀌었다.

두 사람은 송아지 안심에 와인을 곁들여 저녁을 먹고 난 뒤 커피를 마시면서 먼저 엘리사벳이 말문을 열었다.

"현 판사님."

"네, 엘리사벳씨."

"제가 지금부터 현 판사님께 드리는 말씀은 저의 진심이오니 사려 깊은 현 판사님의 배려로 받아주십시오."

"무엇을 저에게 말씀하시려고 그렇게 진지하십니까?"

"다름이 아니오라 현 판사님께서 아시다시피 저는 8살 때부터 다윗이라는 어린 친구를 만나서 오늘에 이르렀습니다. 지금은 소식조차 알 길 없어 제가 찾고 있습니다만, 언젠가는 제가 꼭 찾아야할 사람입니다. 현 판사님께서 많이 부족한 저를 성심껏 도와주신데 대하여 무어라 감사의 말씀을 드려야 할지 송구하오나 이제 이 부족한 엘리사벳을 잊으시고 좋은 분 만나서 새로운 삶을 살아가세요. 현 판사님 마음먹기에 따라서 얼마든지 좋은 상대가 있지 않겠습니까?"

현정식은 엘리사벳의 진지한 마음을 듣고서 테이블 위에 놓인 먹다 남은 와인을 단숨에 쭉 마셨다.

"엘리사벳씨의 마음을 돌리기에 제가 그리도 부족합니까?"

"현 판사님 그런 게 아닙니다."

"엘리사벳씨, 그럼 한 가지 여쭈어 보겠습니다."

"말씀하십시오."

"만일에 앞으로 다윗이라는 분이 나타나지 않는다면 그 때는 어쩌실 것입니까?"

"만약에 그 길이 저의 운명이라면 어쩔 수 없이 그 운명을 받아들이고 혼자의 몸으로 그 분만을 그리고 사랑하면서 한평생 살아가렵니다. 그 분은 바로 저 엘리사벳이시니까요."

"알겠습니다. 참으로 엘리사벳씨 같은 이런 고결한 사랑을 가지고 계시는 분을 한때나마 사랑했던 저 자신이 너무 행복합니다. 수많은 세월이 흐른 뒤에도 엘리사벳씨를 향한 저의 마음이 사랑으로 이어져 잊지 못한다면 어찌하나 저 자신이 두려울 따름입니다. 엘리사벳씨를 향한 저의 마음이 잠시나마 짝사랑을 하였으나 그 동안 너무나 행복했습니다."
 "참으로 현 판사님은 좋으신 분으로 제가 알고 있습니다. 현 판사님과 저와의 이성으로서 인연은 여기까지인 것 같습니다."

 창밖에는 7월의 장맛비가 세차게 쏟아진다. 현정식은 자리를 떴고 엘리사벳은 세차게 내리는 비를 바라보면서 안주머니에서 사랑하는 다윗이 혼이 담긴 만년필을 꺼냈다. 만년필을 가슴에 꼭 안았다.
 '내 사랑 다윗, 지금 어느 곳에 있는 거야. 내 사랑 다윗.'
 엘리사벳 눈에서 눈물이 흘러내린다. 엘리사벳은 핸드백에서 손수건을 꺼내 눈물을 닦으며 자리에서 일어섰다. 사랑하는 다윗에게서 성탄 전야 크리스마스 캐롤을 들으며 전나무 아래서 서로의 장래를 약속하며 선물 받은 엘리사벳 머리에 꽂힌 머리핀이 오늘 따라 유난히 초라해 보였다.
 창 밖에는 다윗을 향한 애틋한 사랑의 마음 같이 빗줄기가 더욱 세차게 쏟아진다. 사랑하는 사람을 향한 그리움은 애치로운 상처만 남긴 채 그렇게 깊어만 가고 있다.
 오, 상사화의 애절함이여!

만년필과 손수건

홍콩 삼합회 주식회사 회장 집무실, 다윗이 다급하게 전화를 받는다.
"네. 네. 알겠습니다. 바로 출발하겠습니다."
비서실장과 진종문 이사를 함께 호출한다. 비서실장이 먼저 들어오고 잠시 후 진종문 이사가 들어왔다.
"네, 두 분 여기에 앉으세요. 본토 삼합회 숭산 보스로부터 급한 연락이 왔습니다. 회장님께서 지금 몹시 위중하시답니다. 저를 찾고 있으니 바로 가봐야겠습니다."
"회장님, 회장님께서는 중국행 비행기를 타시는 순간부터 중국 정부의 국빈대우를 받으실 것입니다. 저희들도 가보아야 되지 않겠습니까?"
"내가 본토에 도착해서 경황을 보고 진 이사님께 전화 드릴 터이니 그때 보고 오십시오. 만약의 경우, 회장님께 유고가 있을 시 며칠 그곳에 체류해야 하니까 진 이사님께서는 본토로 오시되 비서실장님께서는 이곳에 남아 회사를 돌보셔야 합니다."
"네, 회장님 분부대로 하겠습니다."
다윗은 책상 위에 놓인 소록도 중앙공원에서 엘리사벳과 함께 찍은 사진이 든 케이스를 손가방 안에 넣는다. 비서실장이 이 광경을 보고 말없이 고개를 끄덕인다. 다윗이 홍콩 공항에 도착한다. 공항 공안 여직원이

다가온다.

"권다윗 회장님이십니까?"

"그렇습니다."

"비서실장님한테 연락을 받았습니다. 회장님께서는 지금부터 중국 정부에서 파견된 분의 경호를 받으면서 탑승하시게 됩니다. 저를 따라오십시오."

다윗은 여직원을 따라 국빈실로 들어간다.

"중국 정부에서 파견된 주진평이라고 합니다. 지금부터 권다윗 회장님을 북경 공항에 도착하기까지 제가 경호를 하겠습니다. 공항에 도착하시면 다른 직원의 안내를 받으시면서 공항 안에 대기 중인 차편으로 아무 절차 없이 공항을 나가시게 됩니다. 회장님께서 중국에 계시는 동안 중국 정부에서 제공하는 국빈 예우를 받으시게 됩니다. 탑승하시지요."

다윗은 국빈 1인석에 앉아서 홍콩을 출발한다. 비행기가 북경공항 활주로에 서서히 착륙한다. 비행기 드랩을 올라가는 중국 정부 직원이 안으로 들어간다. 잠시 뒤 비행기에서 내리는 다윗을 경호하여 대기 중에 있는 차를 탔다. 중국 공안 오토바이의 경호를 받으며 공항을 서서히 빠져 나간다.

병원 앞에는 슝샨을 비롯 건장한 젊은이들 10여 명이 현관 앞에 서 있다. 다윗의 국빈용 호송차가 도착하고 차에서 다윗이 내린다. 슝샨과 반갑게 악수한다.

"권 회장님"

"슝샨 보스, 오래간만입니다."

"병실로 들어 가시지요. 회장님께서 기다리고 계십니다."

중국 정부 경호원이 다윗을 보호하며 따른다.

"슝샨 보스, 회장님 상태는 어떠하십니까?"

"오늘 내일이 고비일 듯합니다."
"그렇게 안 좋으십니까?"
"네, 권 회장님."
본토 삼합회 회장 장찬성은 중국 제일의 무인답게 병실 침상에 앉아서 다윗을 기다리고 있다. 마치 명상에 들어 있는 듯하다. 장찬성 회장은 감고 있던 눈을 뜨며 권 회장을 기다리고 있다.
"어서 오시게."
"장 교수, 인사하거라."
"이 분이 내가 늘 말하던 홍콩 권다윗 회장이시다."
"권 회장, 내 아들일세. 서로 인사들 나누시게."
"네, 회장님. 저는 권다윗이라고 합니다."
"저는 장주청이라고 합니다. 지금 북경대학에 교수로 있네."
"네, 그러십니까?"
병실 안에는 장찬성 회장을 비롯 장주청, 슝샨, 다윗, 간호원, 중국 경호원 등이 있다. 장 회장은 주위를 둘러보면서
"다윗 회장과 잠시 할 이야기가 있으니, 다른 분들은 자리를 좀 비켜주시지요."
다윗은 중국 정부경호팀과 눈이 마주친다. 다윗이 고개를 끄덕인다. 다윗만 남고 모두들 물러난다.
"권 회장, 이리 가까이 오게."
"네, 회장님."
"조금 뒤면 나는 저 세상으로 가네. 권 회장, 내가 죽고 나면 본토 삼합회가 걱정이네. 권 회장이 본토 삼합회를 당분간 맡아줬으면 하는데 어떠신가?"
"회장님의 뜻은 제가 이해가 갑니다. 그러나 회장님 저는 홍콩을 떠나

한국으로 가야 할 몸입니다. 회장님 이렇게 하시죠."

"말씀해 보시게."

"슝샨 보스를 회장직에 올리시고, 제가 홍콩을 떠나 한국에 가는 날까지 음으로 양으로 슝샨 보스를 돕겠습니다."

"슝샨이 잘 해낼까?"

"조금 우직한 면은 있으나, 현실을 직시할 줄 아는 현명한 분입니다. 그런 분이면 충분히 방대한 이 조직을 이끌어 나갈 것입니다."

"한국행을 조금 늦추더라도 본토 삼합회가 안정될 때까지만이라도 권 회장이 뒤에서 봐주어야 하네."

"네, 회장님 유지를 받들겠습니다."

"나는 권 회장만 믿고 떠나네. 조금 전에 나갔던 사람들을 들어오라 하시게."

다윗은 문을 열고 나와 조금 전 나왔던 사람들을 들어오게 한다.

"회장님께서 들어오시라 하십니다."

장 회장은 아들 장주청을 손으로 부른다.

"네, 아버님."

"내가 없더라도 어려운 일이 있으면 여기에 계시는 권 회장과 상의하거라. 여기에 계시는 권 회장은 우리와 차원이 다르신 분이시니라. 잘 도와주실 것이니라 알겠느냐."

"네. 아버님, 명심하겠습니다."

"슝샨"

"네, 회장님."

"내가 죽고나면, 이 자리를 권 회장께서 슝샨 자네를 적극 추천하니 자네가 삼합회 회장 자리를 맡게."

"네, 회장님. 엄명 받들겠습니다."

"무슨 일이 있거든 당황하지 말고 권 회장과 상의하게. 권 회장께서 잘 보살펴 주실 것이네."

"네, 회장님."

"그럼 후세에서 다시 만나세."

이 말을 마지막으로 꼿꼿하게 앉은 채 당대 중국 최고의 무인 장찬성은 이렇게 갔다. 실로 삼합회 회장답게 장례식도 성대하게 치뤄졌다. 또한, 많은 조문객들을 상주인 아들과 승산, 다윗이 정중히 맞이하게 된다.

엘리사벳 집무실에 여비서가 들어온다.

"재단이사장님, 회의장으로 가시지요."

"네, 알겠습니다."

김 비서의 안내를 받으며 회의장으로 간다. 의료진, 사무직, 교수진들이 재단이사장이 들어오기를 자리에 앉아서 기다리고 있다.

"재단이사장님께서 들어오십니다."

박수소리와 함께 엘리사벳이 회의장으로 들어온다. 엘리사벳이 정중히 인사하고 자리에 앉는다.

"오늘은 몇 가지 중요한 사항을 발표하고자 여러분들을 모셨습니다. 우리 병원명과 대학명을 '다윗과 엘리사벳병원', '다윗과 엘리사벳대학'이라 하겠습니다."

회의장 안 사람들 고개를 끄덕인다.

"다윗과 엘리사벳병원 안에 새로이 신축을 마친 건물에 일산에 건립된 종합대학과 분리하여 의대 간호대 안과병동, 200여 명을 수용할 수 있는 병실이 들어오게 됩니다. 200여 명을 치료할 병실에는 이사회에서 소외되고 불우한 분들을 위하여 입원에서부터 치료 완치 후 퇴원까지 전 과정이 무료로 지원되겠습니다. 우리 대학에 우수하고 참신한 영재를 육성하고 배출하기 위해서 장학재단을 설립 형편이 어려워 진학을 포기하는 자들에게 기회를 주어 국가와 국민을 위해서 일할 수 있는 인재를 육성할 것입니다. 그리고 우리 병원에 새로운 경영기법을 도입 세계적 수준의 병원을 만들겠습니다."

회의장 모인 사람들이 고개를 끄덕인다.

"이와는 별개로 종로 종각 뒤편에 제가 살고 있는 600여 평이 넘는 대지 위에 200여 평은 5층 건물을 신축하여 1층은 사회에 불우하고, 소외된 분들을 위하여 연중무휴 3식 식사가 무료로 제공되겠습니다. 2층에서 5층까지는 엘리베이터 설치와 함께 오갈 데 없는 불우하신 분들을 위하여 잠자리가 개방되겠습니다. 나머지 400여 평에는 우리 국민들이 즐겨먹는 식단은 살리되 외국인 손님들이 함께 즐겨먹을 수 있는 음식을 새로이 음식전문가들에게 의뢰 개발시켜 서울 시내에서 가장 맛있고 가장 저렴한 '작은 사슴의 나라' 식당의 주차시설이 편리하게끔 건립 여기에서 나오는 수익금으로 200여 평에 5층으로 선축될 '천사의 집', '가난하고 배고프고 어렵고 소외된 자들이시어 이곳으로 오십시오. 이곳은 여러분들을 위해 마련한 여러분들의 쉼터입니다' 이곳에 운영자금으로 사용될 것입니다. 저는 저의 소명을 다하는 날 저의 모든 재산은 이 사회에 환원할 것입니다. 이상입니다. 감사합니다."

회의장 사람들이 일제히 자리에서 일어나서 엘리사벳에게 우레와 같은 감동의 박수를 보내고 있다. 엘리사벳도 목례를 한다. 엘리사벳 머리에는 다윗이 선물한 머리핀이, 손에는 만년필이 들려 있다.

엘리사벳은 집무실에서 병원 사무장의 결제를 막 끝마쳤다.

김 비서가 들어와 "재단이사장님." 하고 부른다.

"김 비서님, 어서오세요."

"재단이사장님, 저번에 부탁하신 판넬이 도착하였습니다."

엘리사벳은 반가운 얼굴로 "이리로 빨리 가져오세요." 스튜디오 직원은 가로 120cm×세로 190cm 대형 판넬을 가지고 들어온다.

"재단이사장님, 포장을 개방하겠습니다."

사진 판넬을 보고 엘리사벳은 감격한다.

"여기에 조심스럽게 놓으시고, 이곳에 달아주세요."

엘리사벳이 지정한 곳에 판넬을 걸었다.

엘리사벳 눈에서 감격의 눈물이 어린다. 녹산중학교 1학년 시절 소록도 중앙공원에서 다윗이 꺾어준 노란 장미를 손에 들고 야자수 아래서 다윗과 함께 정답게 손을 잡고 찍은 사진을 확대하여 특수제작하였다. 다윗과 엘리사벳이 손을 잡고 서 있는 사진 판넬 하단에는 "사랑하는 다윗과 엘리사벳이 하루 속히 만날 날을 간절히 기도드리옵고 비옵나이다." 라는 글귀가 새겨져 있다.

한동안 사진을 바라다보던 엘리사벳은

"김 비서님."

"네, 재단이사장님."

"스튜디오에서 오신 분께 수고비를 많이 드리세요."

"네, 자 나가시지요."

"재단이사장님, 안녕히 계십시오."

"수고 많이 하셨습니다, 안녕히 가십시오."

김 비서는 계산한 뒤 별도의 수고비를 보태주었다.

"이렇게 안 하셔도 되는데. 감사합니다."

비서실 문밖에서 기다리고 있던 30대 남자가 다가온다.

"저 실례합니다."

"어떻게 오셨습니까?"

"저는 KBS 이혁중 피디입니다."

명함을 김 비서에게 전한다.

"전화를 수도 없이 하였으나 사절하여 실례인줄 압니다만은, 이렇게 찾아왔습니다."

"저희 재단이사장님과 인터뷰건 때문에 오신 거로군요."

"네, 맞습니다. 요번 새로이 개편되는 '화제의 인물' 프로에 첫 손님으로 재단이사장님을 모실까 해서 이렇게 왔습니다. 첫 프로에 출연하실 수 있게 비서님께서 손을 좀 써주십시오."

"신문사 기자분들과 여러 방송국에서 인터뷰 요청을 재단이사장님께서 완고하게 사양하셨는데 응하실지 모르겠습니다. 아무튼 여기까지 오셨는데 제 방으로 가서 차라도 드시면서 잠시 기다리시지요. 제가 한번 재단이사장님께 청해 보겠습니다."

"네, 부탁드립니다."

엘리사벳이 못에 박힌 듯 사진 판넬만 바라보고 있다.

"재단이사장님, 재단이사장님."

엘리사벳이 불현듯 꿈에서 깨어난 듯

"오, 김 비서님. 스튜디오에서 오신 분들 잘 가셨습니까?"

"네, 수고비도 넉넉하게 드렸습니다."

"잘하셨습니다."

"그런데 재단이사장님."

"말씀하십시오."

"다름 아니오라 KBS방송국에서 이혁중 피디님이 오셨습니다."

"내가 분명 신문사와 방송 인터뷰는 사절하겠다 하지 않았습니까?"

"그건, 제가 알고 있습니다만 재단이사장님. KBS에서 개편되는 새로운 프로 '화제의 인물' 첫 방송에 재단이사장님을 모시겠다하니 이렇게 생각해보심이 어떠신지요. 전국에 생방송으로 방영될 터인데, 재단이사장님께서 찾고 계시는 분을 찾으시는 데 도움이 되지 않겠습니까?"

엘리사벳은 잠시 생각하다가

"그분 지금 어디 계십니까?"

"제 방에서 대기 중에 있습니다."

"들어 오시게 하세요."

"네"

잠시 후 피디와 김 비서가 같이 들어온다.

"어서 오십시오."

"실례하겠습니다."

피디는 엘리사벳을 보다가 멍하니 굳어져 서 있다.

"서 계시지 말고 이리와 앉으십시오."

김 비서가 이 피디에게 자리를 권하고 해도 그냥 서 있다.

"자, 서 계시지 마시고 이리와 앉으세요."

"재단이사장님 참으로 대단한 미인이십니다. 재단이사장님 미모 앞에 제가 잠시 정신을 놓았는가 봅니다."

"별말씀을 다 하십니다."

김 비서가 차를 가지고 들어오면서

"저희 재단이사장님을 보시는 분들은 다들 그렇게 말합니다."

"저희들은 직업이 직업인지라 방송국에서 수많은 탤런트나 배우들을 보아왔어도 재단이사장님만큼은 못합니다. 참으로 탁월하십니다. 절세가인이란 말은 재단이사장님을 두고 하는 말이군요."

"피디님, 너무 비행기 띄우지 마세요, 어지럽습니다. 그럼 본론부터 말씀하시지요."

"아이구, 제 정신 좀 봐. 재단이사장님의 미모에 제가 잠시 정신을 놓았습니다."

명함을 꺼내어 재단이사장에게 드린다.

"KBS TV 이혁중 피디입니다."

엘리사벳은 명함을 받고 자신의 명함도 전한다.

"김 비서님께 들었을 줄 압니다만 새로이 개편되는 프로 '화제의 인물' 첫 방송에 재단이사장님을 모실까 합니다. 공사간 다망하시겠지만 출연해 주시기를 간청합니다."

"첫 방송이 언제입니까?"

"일주일 뒤입니다. 최고의 시청률이 높은 시간인 저녁 9시 뉴스시간이 끝나고 바로 생방송으로 방영됩니다."

엘리사벳은 수첩을 꺼내어 일정표를 잠시 본다.

"김 비서님, 일주일 뒤 오후 시간 일정은 어떠합니까?"

"네, 재단이사장님, 오전 9시에 수술이 있고, 그 외에는 일정이 잡히시 않았습니다."

"네, 감사합니다. 그날 KBS 방송국에서 뵙도록 하겠습니다."

KBS 방송국 남녀 아나운서와 방청객들이 앉아 있다.

남자 아나운서는 "오늘부터 새로이 방영되는 '화제의 인물' 첫 방송에는 미국 몰티모어 존스홉킨스 의과대학에서 수석으로 박사 학위를 취득하시고, 동 대학 경영학 박사 학위까지 수석으로 취득하신 다윗과 엘리사벳병원장이시며 다윗과 엘리사벳 교육재단 서엘리사벳 재단이사장님을 모시고 40분 생방송으로 진행하겠습니다."

여자 아나운서 "그러면, 새로이 방영되는 '화제의 인물' 다윗과 엘리사벳 재단이사장님께서 봉사와 선행을 몸소 실천하시고 계시는, 이 시대의 진정한 봉사와 선행의 천사이시기도 하십니다. 엘리사벳 재단이사장님 조금 후 나오시면 아시겠지만, 방청객 여러분과 시청자님들이 보시기에 깜짝 놀라실 대단한 미인이십니다. 그럼, 서엘리사벳 재단이사장님을 스튜디오로 모시겠습니다."

방청객들 박수소리, 엘리사벳은 만면에 미소를 머금고 아나운서, 방청객, 시청자를 보면서 겸손히 인사를 하면서 들어온다. 방청객들은 엘리사벳의 미모에 탄성을 자아낸다. '절세가인은 저 분을 보고 하는 말이구나.' 와와와―

청계천 영식이와 월순이가 운영하는 5평 남짓한 초라한 서민밥집이다. 김영식이 TV를 보다가 주방쪽을 보고 큰소리로 외친다.
"월순이, 싸게 빨랑 나와 보더라고…… 저거 시방 엘리사벳 아인겨?"
"뭐, 엘리사벳."
월순이가 앞치마를 두르고 급히 나온다.
"아! 엘리사벳이야."
"맞어, 엘리사벳이여."
"엘리사벳이 더 이뻐져 뿌렀네."
"그려."
"다윗이 보았으면 얼마나 좋아할까."
"글쎄 말이여! 이제 아주 높은 사람이 되부렀구먼. 월순이, 지금 엘리사벳 손에 쥐고 있는 만년필 말이여. 저거, 엘리사벳이 소록도를 떠나던 날 수탄장길에서 다윗이 준거여. 지금껏 가지고 있구나."
엘리사벳이 방송국 스튜디오 지정석에 앉는다.
"두 분 아나운서님께서 저를 너무나 과분하게 소개시켜 주시어서 제가 몸둘 바를 모르겠습니다. 저는 서엘리사벳입니다."

남자 아나운서, "지금부터 재단이사장님의 출생에서부터 오늘에 이르기까지 좌담 형식의 방송이 진행되겠습니다."

여자 아나운서, "재단이사장님, 시작하시지요."

"저는 1947년 음력으로 7월 6일 아침 진시에 전남 고흥군 금산면, 지금은 행정구역이 도양면으로 되어있는 소록도에서 한센인 어머님 밑에서 미감아로 건강하게 태어났습니다. 저의 어머님은 한센병에 걸리시기 전 경성의학부 지금 서울의대에서 의학을 전공하신 분이십니다."

방청객, 아! 아!

"의학부 재학시절, 저의 아버지되시는 서자 홍자 업자 분과 의학부 동기이시면서 연인으로 지내오시다가, 열애 끝에 저를 임신하셨습니다. 그러나 한센병에 감염되었습니다. 어머님께서는 청천벽력 같은 자신의 운명을 자책하시면서 연인되시는 분께는 차마 말도 못하고 함구한 채 소록도병원에 입원하시게 되시었습니다. 아버지되시는 분께서는 아무 이유 없이 서울에서 자취를 감춘 어머님을 찾아서 전국 방방곡곡을 헤매셨습니다. 그러나 끝내 찾지 못했습니다. 어머님께서 소록도에 입원하시고 첫날 밤 꿈 속에서 성스러우신 성모님께서 나타나시어 "저의 이름을 엘리사벳이라 지어주시고, 장차 봉사와 선행을 하기 위하여 태어날 착한 아이라고 말씀하셨습니다. 어머님은 독실한 가톨릭 신자셨습니다."

카메라가 엘리사벳 머리의 머리핀과 손에 들고 있는 만년필을 크로즈업한다.

"저는 어머님의 태중에 있을 때부터 어머님의 기도와 신앙 속에서 자랐고, 또 미감아로 건강하게 태어났습니다."

여자 아나운서, "재단이사장님, 재단이사장님께서 태어나실 때 재단이사장님과 같은 감염되지 않은 미감아 분들이 소록도에 많이 태어나시었습니까?"

"소록도 4대 일본인 주방정계 원장 때인 1936년 4월 1일부터 부부가 동거할 수 있는 제도가 재환자들의 간청에 의하여 시행되었습니다. 이때부터 단종 수술을 하였기 때문에 아이를 갖기는 불가능하였으나, 그곳에서도 사람이 사는 곳이라 자손을 생산할 수 있는 기술이 있었던 것 같습니다."

방청객들, 하하하, 호호호……

"저와 같이 섬 밖에서 부모의 품에 임신하여 온 경우와 소록도에 입원 가정을 이루기 전에 서로 사랑하여 자식을 갖게 된 경우가 있습니다. 지금 제가 머리에 꽂고 있는 이 머리핀과 지금 제가 들고 있는 이 만년필을 저에게 선물하고 서로 소식이 단절된, 제가 찾아 헤매이는 내 사랑 다윗도 이런 경우입니다. 다윗은 저와 한 날, 한 시에 태어난 동갑내기로 소록도에서 한센인 아버지, 어머니 몸에서 미감아로 건강하게 태어났으니까요."

방청객들 오! 오!

남자 아나운서, "다윗이라고 하시는 친구분과 어떻게 만나고 어떻게 헤어지셨나요. 또 지금까지 만나지 못하고 애태우십니까?"

"다윗과 저는 녹산국민학교 입학식날 만나 녹산국민학교와 녹산중학교를 졸업하기까지 소록도에서 살았습니다. 동정에서 우정으로, 우정에서 사랑으로 이어지면서 서로의 장래를 굳게 약속하였습니다만 17살에 어머님이 돌아가시기 전 당시 소록도 병원장이셨던 정윤근 원장에게 아버지를 찾을 수 있는 부탁으로 제가 아버지를 찾고 소록도를 떠나 서울로 오면서 다윗과의 인연이 단절되었던 것입니다. 소록도 병원장 정윤근과 저의 아버지되시는 분과 어머님께서 경성대학 의학부 동기생이었습니다."

여자 아나운서, "재단이사장님 어떻게 편지라도 왕래가 있었으면 될 터인데, 어떻게 되시었습니까?"

"저의 아버님께서 저에 대한 과욕의 사랑으로 한센인들의 섬인 소록도와 저와의 모든 인연을 지우려고 하셨나봐요. 친구인 정윤근 병원장에게 부탁하여 저와 다윗의 서신 연락을 단절시켰던 것입니다. 후일, 아버지께서 괴로우신 마음으로 운명하시면서 저에게 진정 뉘우치시면서 말씀하셨습니다."

남자 아나운서, "재단이사장님께서는 소록도에서 나오시어 여고를 다녔을 나이신데, 방학을 이용하여 소록도에 가보실 생각을 하시지 않으셨습니까?"

"제가 다윗에게 수백 통의 편지를 하여도 다윗한테서 소식이 없자 안절부절하는 저를 보고 아버지가 안쓰러웠던지 저를 달래시면서 미국 유학을 가기 전에 저를 소록도에 보내주신다고 약속했어요. 저는 그 약속만 믿고 다윗의 그리움과 보고픔을 달랬습니다."

여자 아니우서, "재단이사장님 그래서 소록도에 가셨어요."

"미국으로 유학 가기 전, 아버님의 배려로 제가 소록도에 갔을 때는 다윗이 소록도를 떠난지 3일 뒤였습니다."

방청객들 아이구, 저걸 어쩌나!

"미국 유학 중에도 방학 때면 한국에 나와 우리 다윗을 수도 없이 찾았지만 우리 다윗은 찾을 길이 없었습니다."

방청객들도 여기저기서 아이구… 아이구…

여자 아나운서, "재단이사장님께서 봉사와 선행을 한 동기는?"

"조금 전에도 제가 말씀드렸습니다만 저는 어머님 태중에 있을 때 성스러우신 성모님께서 이 아이는 장차 봉사와 선행을 할 아이라고 말씀하시고 저의 이름을 엘리사벳이라고 지어 주시었습니다. 저는 봉사와 선행을 하기 위하여 성스러우신 성모님의 축복 속에 이 세상에 건강하게 태어났으며, 또한 우리 사랑하는 다윗을 위하여 태어나기도 했습니다."

방청객들 오, 오! 박수소리 짝짝짝!

남자 아나운서, "재단이사장님 끝으로 봉사와 선행을 위한 말씀을 부탁드립니다."

"지금 저희 병원에서 시행하고 있는 사회에 소외되고 불우하신 분들의 무료진료 이외에 소록도 병원과 자매결연을 맺고 그곳에서 치료가 불가능한 분들은 저희 병원에서 무료로 진료를 하고 있습니다. 저희 병원 새로 신축된 200병상에는 우리 사회에 불우한 환자들을 위하여 무료로 치료와 입원이 시행됩니다. 종각 뒤편 제가 살던 곳 600여 평 대지 위에 200평은 5층 건물을 신축하여 1층에는 연중무휴 소외되고, 불우하신 분들에게 하루 삼식이 무상으로 제공될 것이며, 2층에서 5층까지는 엘리베이터 시설과 함께 최신 위생시설을 두루 갖춘 방을 마련하여 갈 곳 없으시고, 잘 곳 없으신 분들의 숙소가 무료로 개방될 것입니다. 그리고 우리 '다윗과 엘리사벳대학' 캠퍼스 옆에 이 사회에 버림받고 소외된 영아와 어린이들을 위하여 무상 보육과 교육시설이 함께하는 '찬미 예수님 집'이 운영되고 있습니다."

여자 아나운서, "재단이사장님, 너무나도 좋은 일 많이 하십니다."

"아닙니다. 이런 사업들은 저의 사명입니다. 저의 소명을 다하고 나면 저의 모든 재산은 이 사회에 환원하게 될 것입니다."

아나운서, 방청객 일어서 박수를 친다. 엘리사벳도 일어서 공손이 답례한다. 방청객 조용히 자리에 앉는다. 엘리사벳도 조용히 자리에 앉는다.

"제가 머리에 지금 꽂고 있는 머리핀과 제가 지금 손에 들고 있는 이 만년필에 제 이름과 다윗의 이름을 각인하여 제게 선물한 사랑하는 우리 다윗을 위하여 태어나기도 하였습니다. 만약, 다윗이 방송을 보고 있으면 찾아 올 것입니다. 저는 사랑하는 다윗이고, 다윗은 저 엘리사벳이니까요. 끝으로 이 방송을 보고 있는 소록도 옛날 친구, 소록도 후예들도 제게 연락주십시오. 특히 소록도 소꿉친구 월순이, 영식이 보고 싶다. 이 방송을 보면 꼭 연락해다오. 여러분 감사합니다."

방청객들 모두 일어서서 우레와 같은 박수를 친다. 남녀 아나운서도 함께 일어나 박수친다. 엘리사벳은 자리에서 일어나 겸손하게 인사한다.

월순이, "엘리사벳이 우리들을 잊지 않고 있구먼 그려. 내일 우리 엘리사벳을 찾아 가더라고, 가고 말고제!"

다음날 엘리사벳 집무실에 김 비서가 들어온다.

"재단이사장님, 재단이사장님과 어릴 때 친구 분이시라는 조월순, 김영식이라는 분이 찾아오셨습니다."

"뭐! 월순이하고, 영식이가."

엘리사벳이 뛰어나온다.

"월순아, 영식아."

두 사람을 끌어안는다.

"엘리사벳, 방송을 보고 왔어. 이게 얼마만이야."

"다윗이 있었으면 좋았을 텐데, 이걸 어쩌나."

"아이구, 내 정신 좀 봐. 어서 안으로 들어가자."

"그래!"

"여기 앉아 어서. 너희 두 사람 지금 어디 있니?"

"청계천에서 영식이하고 밥장사 해."

"월순이 너는 수원으로 시집 갔었는데, 영식이 하고는 어떻게 다시 만났어?"

"이야기가 길어야."

"영식아, 우리 다윗을 만나야 하겠는데 큰일이야."

"나가 말이여, 월순이 전보를 받고 서울에 와서 월순이 하고 같이 바로 다윗 하숙집에 찾아갔어야."

"그래서,"

"그런디 하숙집에 안 들어 온지가 몇일됐디야. 그래서 그 후로 나 혼자서 하숙집에 수없이 찾아 갔어야. 안 들어 온 디야."

"그랬었구나."

"이사장님, 반가우신 분 만나셨는데, 차 드시면서 담소 나누세요."

김 비서는 차를 들고 들어온다.

"감사합니다."

"우리 차 들면서 이야기하자."

"수원에서 주정뱅이고, 의처증환자인 남편의 매에 못 이겨 서울로 가출하여 서울역 앞 양동에서 다윗을 만났어야."

"뭐! 다윗을 만나. 그래서 어떻게 됐어?"

"내가 인신매매꾼들에게 붙들려 두들겨 맞고 있는 것을 다윗이 구해준 거야."

"다윗은 엘리사벳, 너를 찾아다니다가 거기서 나를 만났다고 하였어. 그리고 청계천에 있는 봉제공장에 취직해서 살라고 3개월의 하숙비와 생활비까지 주면서 영식이하고 나하고 맺어준 거야."

"오, 그런 일이 있었구나! 그때 이미 나는 미국 유학 중이었어."

엘리사벳은 손수건을 꺼내 눈물을 닦는다.

"우리 다윗을 만나야 하는데……."

"엘리사벳 울지를 말아. 다윗이 누구야. 언젠가 나타나겠제."

"엘리사벳, 우리 다같이 다윗을 찾고 또 기다리자."

"월순아, 영식아 고마워. 그런데 청계천에서 밥장사한다고 그랬지?"

"그래. 봉제공장에서 영식이하고 같이 일하다가 봉제공장이 부도가 나는 바람에 밥장사를 하게 되었어."
"월순아, 영식아. 지금 나하고 너희들이 하는 식당에 같이 가보자."
"그 초라한 데를 어떻게 가."
"아니야, 내가 생각한 게 있어서 그래. 지금 같이 어서 가자."
엘리사벳 일어서 앞장 선다.
"김 비서님."
"네, 재단이사장님."
"이 분들 하고 잠시 다녀올 때가 있으니 차 대기시키 주세요."
"네."
"그리고 이 분들 앞으로 자주 만날 터이니 잘 봐주세요."
"아이구, 재단이사장님, 제가 부탁드려야지요."
"재단이사장님 현관 입구에 차 대기시켜 놓겠습니다."
"월순아, 나가자."
"안녕히 계세요."
"다녀오십시오."
병원 현관 입구에서 엘리사벳, 김영식, 조월순이 차를 타고 출발한다.
5평짜리 작은 식당.
"높으신 분이 이런 곳에 와도 될는지 모르겠네."
"마실 것 좀 가져 와야제."
"아니야, 너희 두 사람 지금부터 내가 하는 말을 잘 들어."
"어제 내가 방송에서도 잠깐 이야기했는데, 지금 내가 살던 집이 600평이 조금 넘어. 그곳에다가 200평은 5층 건물을 신축하여 1층은 연중 무료 3식 급식소가 되고, 2~5층은 갈 곳 없는 분들의 잠자리가 될 거야."
"그건 둘이서 어제 방송에서 들었어."

"나머지 400여 평은 우리 고유의 식당, 한식을 가지고 외국인들의 입맛에도 맞게끔 음식전문가들에게 개발하도록 의뢰하여 메뉴가 다양하게 전부 개발된 상태야. 바로 이곳에 식당과 주차시설을 갖춘 최고급 시설에 2층 규모의 대형식당이 들어설 거야. 음식맛은 서울에서 제일 맛있게 가격은 저렴하게 될 거야. 이곳에서 수익금으로 200평에 5층 규모로 건축될 곳에 소외되고 갈 곳 없으신 분들의 경상비로 충당하게 될 거야. 식당 3층에는 식당에서 일하신 분들의 쉼터가 마련돼. 그 곳에 너희 두 사람 살림집을 새로 차려줄 터이니 그곳으로 와서 우리 식당을 관리해 봐."

"엘리사벳이 우리 두 사람을 극진히 생각해 주는데는 눈물나도록 고마운데 과연 우리 같은 사람이 거 큰 식당을 관리할 수 있을까?"

"그것은 월순이 네가 잘못 생각하고 있는 거야. 약식동원(藥食同源)이란 말이 있어 '음식과 약은 그 뿌리가 같다'는 데서 유래된 말이야. 어렵게 생각하지마. 너희 두 사람이 하고 있는 작은 식당이 크게 된 거라 생각하면 돼. 그리고 개업 후 1년간은 음식전문인이 너희들과 함께 경영하게 돼. 그때 모르는 것이 있으면 배우면 돼."

"그려, 엘리사벳시키는 대로 우리가 할꺼. 엘리사벳 고마워."

월순이의 눈에서 감사의 눈물을 마구 흘러내린다.

"월순아 울지마, 우리 다윗과 우리들은 소록의 후예들이 잖아."

"엘리사벳, 머리와 손에는 다윗이 선물한 소중한 물건을 항상 지니고 있구나."

"머리핀은 다윗이 크리스마스 전야 중앙공원 전나무 아래서 서로의 장래를 약속하며 주고받은 선물이고, 만년필은 내가 소록도를 떠나던 날 수탄장길 위에서 나에게 준거야. 머리핀과 만년필은 바로 내 사랑 다윗이야."

"엘리사벳과 다윗, 너희 두 사람은 정말 알아줘야 해."

"내가 어머님의 태중에 있을 때 자애로우시고 성스러우신 성모님의 축복 속에 자라고 봉사와 선행을 하기 위하여 태어났어. 또한, 우리 사랑하는 다윗을 위하여 태어나기도 하였고……."

"엘리사벳, 너는 어디서 살 거야."

"나는 우리 사랑하는 다윗을 찾을 때까지 우리병원 안에 있는 간호대 기숙사에서 생활할 거야. 천사의 집 5층 건물이 신축되면 새벽 기도 후에는 이곳에서 이 분들을 보살핀 후 병원에 출근하게 돼. 너희 두 사람하고는 매일 보게 될 거야. 오늘부터 공사가 시작되면 하루가 급한 소외된 분들을 위해서 공사가 급물살을 타게 될 거야. 너희 두 사람도 이곳을 빨리 처분하고 합류해야 해."

"우리도 빨리 서두를게."

"식당 이름은 내 사랑 다윗이 태어나고, 우리들이 태어나고, 함께 자란 소록도를 생각해서 '작은 사슴의 나라'라고 지었어."

김영식, 조월순 '작은 사슴의 나라' 고개를 끄덕인다. 그 다음 날 엘리사벳은 '천사의 집' 공사현장에 서 있다.

"수고들 하십니다."

"재단이사장님 나오셨습니까?"

"이사회에 소외되신 분들께서 거처하실 집입니다. 하루 속히 건축하시되 튼튼하게 지어주세요."

"저희들이 살집이라 생각하고, 내가 살집같이 짓고 있습니다."

"감사합니다. 잘 부탁드립니다."

월순이와 영식이가 도착하자 엘리사벳이 불렀다.

"두 사람 이리와 봐. '작은 사슴의 나라' 건축현장으로 가 보자."

"그래."

"수고들 하십니다."

"재단이사장님, 나오셨습니다."
"저쪽에 짓고 있는 '천사의 집'과 동시에 오픈하여야 합니다."
"네, 알고 있습니다."
"여기가 '작은 사슴의 나라' 음식점이야. 이 건물 3층에 너희 두 사람이 거처할 살림집이 들어 설 거야."
"마치 궁전 같구먼."
"국내는 물론 외국손님까지 오실 곳이야. 그에 걸맞게 짓고 있어."
"그래!"
"저 안에서 실내디자인을 살피고 계시는 여자분이 음식설계 전문가야. 두 사람 같이 가서 인사들 해."
"자 같이들 가자."
엘리사벳, 조월순, 김영식 공사현장 안으로 들어간다.
"오 선생님. 나오셨어요."
"재단이사장님. 오셨습니까?"
"여기 이 두 분과 인사들 하십시오. 이 두 분은 어릴 적 제 친구 분들입니다."
"오영아입니다."
"조월순이라고 합니다."
"김영식여요."
"오 선생님, 이 두 분이 앞으로 '작은 사슴의 나라'를 경영하실 분입니다. 오 선생님이 계시는 동안 잘 좀 지도해 주세요."
"제가 이곳에 있는 동안 성심성의껏 도와 드리겠습니다."
"오 선생님, 고맙습니다."
"잘 좀 봐주세요."
"같이 열심히 해보십시다."

홍콩 삼합회 집무실, 다윗과 비서실장, 왕차이가 앉아 있다.
"실장님, 지금 홍콩에 저희 회사에서 경영하고 있는 초특급호텔만 해도 3개입니다. 너무 방대해져서 호텔사업은 별도의 법인을 만들어 분리하여야겠습니다. 또한, 그에 걸맞게 세계초특급 호텔과 체인을 협정할까 합니다. 새로 신설되는 호텔법인에 대표이사로 취임해 주십시오."
"제가 감히 그런 중책을 맡겠습니까?"
"호텔전문경영인을 대표이사님 밑에 두시면 됩니다."
"제가 다 알아서 해드리겠습니다."
"이제까지 회장님 신세만 지고 아무 일도 해드리지 못하였는데, 그런 말씀 마십시오."
"우리 실장님이 안 계셨더라면, 제가 어떻게 홍콩 바닥에 발을 붙였겠습니까?"
"제가 알아서 처리해드릴 터이니 아무 걱정 마시고 홍콩에서 호텔 대부가 되어 보십시오."
"회장님, 감사합니다. 회장님만 믿겠습니다."
"호텔법인 작업이 끝나는 대로 한국에 가시어 체인업무와 병행하여 제가 한국에 갈 수 있는 제반 절차를 알아봐 주세요."
"아니, 회장님께서 홍콩을 떠나시면 저희들은 어떻게 합니까?"
"지금 당장 떠나는 것은 아니니 걱정하지 마십시오. 지금 본토 삼합회가 아직까지 안정을 찾지 못하고 있으니까요. 제가 돌아가신 장 회장님과 약속했어요. 본토 삼합회가 안정이 될 때까지는 홍콩에 있을 겁니다."
"회장님께서 계시지 않는 저희 회사는 생각하기조차 싫습니다."
"알겠습니다. 실장님."

작은 사슴의 나라

'작은 사슴의 나라'와 '천사의 집' 개업식에는 구름 같은 인파가 몰려들었다. 보건복지부장관을 비롯 정계인사, 사회저명인사들이 참석한 가운데 개업식이 열렸다.

천사의 집 200여 평의 식당 안에 소외된 분들께서 식사를 하고 있다.
"어머니, 아버님, 형제, 자매님들 많이들 잡수세요."
"엘리사벳, 천사님 정말 고맙습니다."
"천사님, 고마워유."
"이곳은 아버님, 어머님, 형제, 자매님들을 위하여 연중무휴 3식이 가능한 곳이오니 천사의 집 쉼터에 오시어 많이들 잡수시고, 숙소가 없으신 분은 2층에 마련된 사무실에 접수하시면 이곳에 오랫동안 편히 주무실 수도 있습니다."
"꼭 그렇게 해주십시요."
소외된 분들이 감사합니다! 감사합니다.

또한 작은 사슴의 나라 1층 200평, 2층 200평 식당에 구름같이 모여들어 손님이 식사를 하고 있다. 엘리사벳은 인사를 하며 돌아다닌다.
"음식맛은 좀 어떠세요?"
"음식도 너무나 맛있고요, 가격 또한 싸서 앞으로 단골로 와야겠습니다."

"이곳에서 나는 수익금은 저곳에 있는 천사의 집 운영자금으로 쓰이게 됩니다. 많이들 도와 주십시오. 우리들은 맛있는 음식 싼 가격에 먹어서 좋고 또 소외된 분들은 도우는 일에 동참하여서 좋고 일석이조가 아닙니까?"

"아무튼 많이들 도와주십시오."

"재단이사장님 제 눈 좀 봐주세요."

"요사이 눈이 침침하고 눈에 피가 끼어 있는 것 같아 잘 안 보여요."

"어디 한번 봅시다."

눈을 보살핀다.

"네, 알겠습니다. 내일 10시 30분까지 저희 병원 안과병동으로 오세요. 제가 우리 안과과장님에게 이야기해 놓겠습니다."

"재단이사장님께서 직접 치료해 주십시오."

"네, 알겠습니다. 11시끼지 안과병동에 오시어 저를 찾으십시오."

"감사합니다. 아이구, 친절도 하셔라. 마음씨도 천사이시구 인물도 천사이셔라."

홍콩 다윗의 집무실, 비서실장에서 호텔 대표이사가 된 왕차이가 들어온다.

"회장님, 한국에 잘 다녀왔습니다."

"그래요, 한국에 가셨던 일들은 잘 보셨습니까?"

"네! 회장님의 분부대로 깔끔히 잘 보고 왔습니다."

"아무튼 수고 많이 하셨습니다."

"서울, 부산, 제주도에 있는 특급호텔과 체인 협약을 마무리짓고 왔습니다."

"그런데 회장님."

"말씀하십시오."

"호텔 체인 협약을 마무리짓고 그곳 관계자들과 저녁을 먹는 자리에서 '다윗과 엘리사벳병원'이라는 이름을 들었습니다. 종합병원으로 모든 진료가 세계적 수준에 있지만, 특히 안과는 병원장 겸 재단이사장께서 직접 진료를 하고 있어 외국환자들의 예약이 줄을 잇는다고 하더군요. 외모 또한 절세가인이라는 소문이 자자하고 미국 존스홉킨스대학에서 박사학위를 두 개씩이나 받으신 분인데, 의학 수준이 대단하시답니다. 병원이름이 회장님 이름과 같아서 회장님께 보고를 드립니다."

"혹시 그 병원 위치를 알아보셨습니까?"

"회장님 이름과도 같고, 회장님께서 찾으시고 계시는 분도 있고 해서 제가 병원 위치를 알아보았더니 관철동에 있다 하시더군요."

관철동이라는 말에 다윗은 잠시 생각에 잠긴다.

서울의사회 사무실 앞이다. 다윗이 의사회 간판을 보고 안으로 들어간다.

"어떻게 오셨습니까?"

"혹시, 서울의사분들 중에 서자 홍자 업자되시는 분이 계십니까?"

"서홍업씨라는 이름을 가지신 분이 세 분 계십니다. 그 중 한 분은 3년 전에 우리 의사협회에 회장님으로 계셨던 분이 계십니다."

"병원은 관철동에 있습니다만."

"병원 이름은 어떻게 되십니까?"

"선흥병원입니다."

선흥병원 앞 다윗이 수위에게 "서자 홍자 업자되시는 원장님을 뵈러 왔습니다." 수위는 다윗을 잠시 살핀다. "선생님 존함은 어떻게 되십니까?"

"권다윗이라고 합니다."

"서 원장님께서는 얼마 전에 병원을 그만 두시었습니다."
다윗은 잠시 회상에서 깨어난다.

"진이사님. 제 방으로 오십시오."
"왕차이 대표이사님, 제가 한국으로 가야겠습니다."
"회장님, 한국에 가신다고요."
"네."
진종문 이사가 들어온다.
"회장님, 왕차이 대표이사님께서도 와 계시군요."
"진 이사님 오래간만입니다."
"여기 앉으세요, 진 이사님."
"내일 오전 중으로 긴급이사회와 주주총회를 소집해 주십시오."
"긴급 이사회라니오."
"사유는 묻지 마시고, 제가 주재하는 긴급사항이라고만 해주십시오. 중국 본토에는 제가 직접 슝샨 회장님께 전화해서 긴급이사회 및 주주총회 소집에 관한 의결권을 얻어놓겠습니다. 속히 시행해 주십시오."
"알겠습니다."
"지금 나가서 바로 통보하겠습니다."
"꼭, 가시겠습니까?"
"이번에는 반드시 가야 합니다. 중국 본토 삼합회도 슝샨 회장님 체제로 안정을 찾았고, 제가 이곳에 온 지도 30년이나 되었습니다."
"회장님 사정으로는 반드시 가셔야 하는데, 저희들로서는 청천병력이군요."
"홍콩에 와서 왕차이 대표님께 신세 많이 지고 떠납니다."
"제가 회장님께 얼마나 많은 은혜를 입었습니까?"

왕차이는 눈시울을 적시며 손수건을 꺼내어 눈물을 닦는다.

"왕차이 대표님, 이러지 마십시오."

"회사 직원들이 눈치 채면 안 됩니다."

다음날 바로 다윗은 긴급주주총회와 이사회의를 열었다.

"200여 명의 홍콩 거주 이사회 대주주들 오늘 긴급이사회와 주주총회를 소집한 안건은 저의 신상에 관한 것입니다. 저는 이 시간 이후부터 회장 자리에서 물러나 한국에 가서 제가 평생 찾고자 하는 사람을 찾고자 합니다. 여러 차례 한국행을 결심하고 이행하려 하였으나, 그때마다 저의 발목을 붙잡는 사연 때문에 오늘에 이르러 30여 년의 세월이 흘렀습니다. 엄밀히 따져서 삼합그룹은 여러분들의 것입니다. 여러분들의 헌신 덕에 삼합그룹은 홍콩 제일의 그룹이 되었습니다. 저의 신상에 대한 본 안건은 중국 본토 승샨 회장님께 보고하여 승인을 받았습니다. 다음 이사회와 정기 주주총회가 열릴 때까지 저의 후임으로 진종문 이사님을 추대합니다. 진종문 이사님께서는 여러분들이 잘 아시다시피 삼합회를 청산하고 삼합주식회사 결성 때부터 몸 담고 오늘까지 오신 분이십니다. 우리 그룹을 이 분처럼 잘 알고 계시는 분도 없습니다. 그리고 무한한 능력과 재능을 가지신 분이십니다. 저의 뜻에 따라 주시리라 믿습니다."

"회장님의 뜻은 잘 알겠습니다."

"회장님 한번만 더 사임을 고려해 보심이 어떠하십니까?"

"아닙니다. 고려에 고려를 하다 보니 30년이 흘렀습니다."

"언제 저희들이 회장님의 뜻을 거역했습니까? 허나, 참으로 아쉽고 안타까울 뿐입니다."

"그러면 본 건은 통과된 걸로 알고 폐회하겠습니다."

땅- 땅- 땅-

"그리고 여러분께 제가 부탁드릴 말씀이 있습니다. 제가 내일 홍콩을 떠날 때까지 사원들에게 비밀로 해주십시오. 사원들이 이 사실을 알면 제가 홍콩을 떠나갈 수가 없습니다. 여러분만 믿겠습니다."
참석자 전원이 침울해한다.

엘리사벳이 '작은 사슴의 나라' 식당 안을 가득 메운 손님들에게 일일이 정중하게 인사를 하고 있다.
"월순아, 나 내일 새벽에 소록도에 가야 해."
"소록도에?"
"급한 수술이 있어서 새벽에 출발해야 해. 소록도에 가서 수술을 끝마치고 바로 서울에 올라 올 거야."
"재단이사장님, 너무 무리하는 것 아니여."
"엘리사벳, 봉사와 선행도 좋지만 몸을 돌봐 가면서 해야지."
"내가 해야 할 일이야. 그리고 만령당에 들러 우리 다윗 아버님과 어머님도 뵙고 와야겠어."
"그래, 아무튼 몸 조심히 잘 갔다 와."
"재단이사장, 조심해서 갔다 와야 혀."
"월순아, 식당일이 바쁘더라도 시간을 내어 천사의 집 불우하신 분들 식사 잘 챙겨 드려."
"걱정 허들말어, 월순이 하고 나가 정성을 다하여 할텐께."
"그래, 고마워."
엘리사벳은 소록도 병원에서 안과수술을 마치고 머리와 몸에 입고 있던 수술가운을 벗으면서 수술실에서 나온다.
"재단이사장님, 수술은 어떻게 되었습니까?"
"아주 잘 되었습니다. 제가 처방해준 대로 약을 환자분께 드리시면 됩니다."

"점심시간이 넘었는데, 식사를 하셔야지요."
"아닙니다. 만령당에 잠시 들렀다가 바로, 서울로 올라 가야합니다. 나오지 마십시오."
차를 타고 만령당으로 향한다.
"재단이사장님, 안녕히 가십시오."
신생리 뒷산 만령당쪽으로 가는 차를 보면서 소록도 병원장이 감읍한다.
"참으로 훌륭하신 분이시구나!"
엘리사벳이 소록도 만령당 앞에서 무릎을 꿇고 있다.
"아버님, 어머님. 자주 찾아뵙지 못하여 죄송합니다."
하늘에서 영령의 소리가 들린다.
"엘리사벳이구나!"
"네, 아버님. 다윗을 아직까지 만나지 못하고 있습니다."
"너의 정성이 하늘을 감동시켜 곧 만나게 될 것이니라."
"허나, 엘리사벳아."
"네, 아버님."
"세상에서의 다윗과의 만남은 길지 않을 것이니라. 그러나 너희 두 사람은 천상에서 만나 세상에서 못다한 사랑을 영원무궁토록 서로 사랑하며 함께 할 것이니라. 우리 엘리사벳은 보면 볼수록 더욱 이뻐지는구나."
"어머님."
"다윗이, 너를 보면 얼마나 좋아 하겠노."
잠시후 엘리사벳은 다윗의 부모님 영령에 두 번 절하고 공회당 앞 솔송 아래로 간다. 사람이 두 팔을 벌리고 서 있는 듯한 솔송, 어릴 적 다윗과 자주 만났던 곳이다. 거금도에서 불어오는 바닷바람에 엘리사벳의 머리카락이 하늘거린다. 신생리쪽 병사에서 누군가가 색소폰을 불고 있다. 첫 사랑 만나던 시절 얼굴을 붉히면서 엘리사벳은 솔숲 아래서서 다윗과의 추억에 잠긴다.

다윗과 국민학교 4학년 시절 학생들에게 여름방학 과제로 퇴비용으로 쓰려고 풀을 말려서 한 망태씩 가져오게 했다. 다윗은 엘리사벳을 위하여 한더위에도 고구마 밭고랑에서 풀을 뜯어 말렸다. 엘리사벳 방학 과제와 함께 두 망태기를 양어깨에 메고 신생리 11호사에서 이곳 공회당 언덕길을 땀을 뻘뻘 흘리며 단숨에 올라온다. 엘리사벳이 다윗에게로 달려간다.

"다윗, 많이 덥지?"

다윗의 이마에 가제 손수건으로 땀을 닦아준다.

"아니야. 난 괜찮아 안 더워, 나는 말이야 덥다가도 엘리사벳 너만 생각하면 안 더워."

"아이 거짓말."

"나는 엘리사벳 너힌데 거짓밀 안 해."

"어휴, 이땀 좀 봐."

엘리사벳은 다윗의 얼굴, 목, 어깨의 땀을 닦아준다.

"엘리사벳."

"다윗, 왜 그래."

"엘리사벳, 너에게는 항상 자스민 꽃향기가 나."

"다윗에게도 좋은 향기가 나."

"무슨 향기가 나는데?"

"측백나무향기 같기도 하고, 아무튼 좋은 향기야 자꾸 맡아보고 싶고, 그래. 우리 같이 학교로 가자."

"그래, 다윗."

어디에선가 매미가 울고 있었다. 맴 맴 맴—

옛 추억 속에서 깨어난다. 엘리사벳의 눈에 눈물이 고였다. 엘리사벳의 손에는 만년필이 쥐어져 있고, 머리에는 머리핀이 꽂혀 있다.

"재단이사장님, 이제 떠나셔야 합니다."
"그래요, 시간이 벌써 이렇게나 되었습니까?"
엘리사벳은 공회당 앞 운동장을 가로질러 사랑하는 다윗이 살던 신생리 11호사 쪽으로 지는 해를 바라보았다.
다윗이 엘리사벳 자신을 부르며 달려오는 것만 같다. 내 사랑 다윗이 저곳에 살았는데…….
오, 내 사랑 다윗!

자스민 향기를 찾아서

다윗은 하루 전에 왕차이와 진중문에게 내가 떠날 때 공항에 나오지 말라고 신신당부하였으나 그곳에는 왕차이와 진중문이 미리 나와 있었다.

"회장님, 이것은 저희 회사 사원들 모두의 성의입니다. 받아주십시오."

진종문은 봉투 하나를 다윗에게 건네려했다.

"왜들 이러십니까. 제발 이러지를 마십시오. 저는 30년 전 가방 하나만 들고 단신으로 이곳 홍콩에 와서 여기에 계시는 왕차이 사장님을 만나 오늘에 이르렀습니다."

그랬다. 지금 다윗이 들고 있는 가방은 30년 전 홍콩에 올 때 바로 그 가방이다.

"오히려 제가 여러분들께 감사의 말씀과 인사를 드리는 것이 순서가 아닌지요."

"아닙니다, 회장님."

왕차이가 나섰다.

"우리 삼합회 회사가 다윗 회장님이 아니었더라면 오늘의 이와 같은 저희들의 회사는 존재하지도 않고 우리들은 악의 폭력조직 아래서 살다가 결국은 철창 신세가 아니면 누구의 손에 병신이 되거나 목숨을 잃었을 것입니다. 이렇게 안정된 직장과 행복한 가정을 갖고 자식들과 함께 행복하게 살아가는 것은 오직 다윗 회장님 덕분입니다. 저희들은 이렇게 회장님을 보내드리려고 하니 너무나 회장님께 받은 은혜가 너무나 커서 어찌 처신을 하여야 할 지 모르겠습니다. 그리고 이것은 저희들의 작은 성의이오니 꼭 받아주십시오."

"그럼 이렇게 하지요. 이 봉투는 제가 받은 것으로 하고 이것을 지금 홍콩에 거주하고 있는 불우하고 이 사회로부터 소외된 자들을 선별하여 그 분들에게 나누어 주십시오."

"회장님 뜻이 정 그러시다면 회장님 뜻에 따르겠습니다."

왕차이가 앞으로 나오며 "회장님, 이제 이렇게 가시면 언제 또 회장님을 만나겠습니까?"하며 눈물을 글썽거렸다.

"왕차이 사장님답지 않게 왜 이러십니까. 제가 한국에 도착하여 자리를 잡는대로 연락드릴 터이니 꼭 한번 한국에 나오십시오."

"회장님, 만수무강하시고, 찾고 계시는 분 꼭 찾으시길 빌겠습니다."

"저희들은 회장님과 한 시대를 함께 했다는 사실 하나만 가지고도 저희들의 일신에 큰 영광이요 광영입니다."

"저도 여러분들과 한 시대를 열었다는 것에 대하여 큰 자부심과 긍지를 갖고 떠납니다."

다윗은 진종문과 왕차이의 손을 잡았다.

"진 회장님, 창업도 어려우나 수성 또한 어렵지 않습니까. 진 회장님의 무한한 역량을 믿고 떠납니다."

"네! 회장님 열심히 공부하며 노력하겠습니다."

"그리고 우리 삼합회 주식회사의 앞날에 무궁한 승승장구를 빌고 제직하고 계시는 분들의 만수무강과 하나님의 은총이 함께 하시기를 진심으로 축원하겠습니다."

다윗은 왕차이를 보면서
"왕차이 사장님, 막상 이렇게 홍콩을 떠나려고 하니 30년 전이 생각납니다. 그때 만약 여기에 계시는 왕차이 사장님을 만나지 못하였다면 지금쯤 내 처지가 어떻게 되었을까 하고요. 그간 왕차이 사장님께 신세 많이 지고 떠납니다."

"아닙니다, 회장님. 저는 그때 다윗 회장님을 만나지 못하였더라면 지금의 이런 삶은 엄두도 못하였을 것입니다. 그런데 회장님, 지금 회장님께서 들고 계시는 그 가방 속에는 회장님께서 찾고 계시는 분의 사진과 손수건, 장갑, 학창시절에 입고 계시던 교복이 들어 있겠지요."

"이제 우리 왕차이 대표이사님이 제 가방 속까지 훤히 들여다보시고 계십니다. 하하하."

"홍콩에 오시는 그 날도 그리했으니까요. 지금 들고 계시는 가방도 그때 그 가방이구요."

세 사람은 이렇게 쓸쓸히 웃으며 공항에서 헤어졌다.

다윗을 태운 비행기가 이륙하여 홍콩 공항은 저만치 멀어져 간다. 진종문이 멀어져 가는 비행기를 바라보며 다윗 회장과 헤어짐을 아쉬워하며 마음속으로 지난 세월을 회상을 한다.

세기의 희대영걸과 이제 헤어지는구나. 저 희대의 영걸과 진종문과의 인간사 인연이 여기까지인가. 왕차이도 눈물을 손수건 꺼내 닦는다.

다윗은 비행기 안에서 멀어져 가는 홍콩을 내려다 보았다. 기구한 운명의 굴레 바퀴 속에 30여 년 동안 사랑하는 엘리사벳을 한 순간도 잊지 못하고 그리며 다윗의 청춘을 보낸 홍콩이 아닌가. 이제 홍콩을 떠나고 있구나. 내 사랑 엘리사벳을 찾아서······.

수 많은 상념과 감회가 교차되는 가운데 다윗은 조용히 눈을 감았다.

"소록도야 잘 있거라."

엘리사벳은 차 안에서 멀어져 가는 소록도를 뒤돌아 보았다.

'내 사랑 다윗!' 엘리사벳은 소록도에서 대전을 거쳐 서울로 올라오는 승용차 안에서 만년필을 만지다가 잠시 잠이 들었다 고속도로에 짙은 밤안개가 짙게 깔리고 있다.

"엘리사벳. 엘리사벳."

누군가가 자기의 이름을 애절하게 부르고 있다. 꿈속에서 자기를 부르고 있는 어머니의 음성을 들은 것이다. 엘리사벳은 어머니의 목소리를 듣고 깨어나려고 아무리 노력해도 깨어날 수가 없었다. 그리고 점점 칠흑 같은 잠의 수렁으로 빠져들었다.

"엘리사벳, 엘리사벳. 잠들지 마라. 어서 잠에서 깨어나야 하느니라. 이 어머니의 음성이 들리지 않느냐."

다윗은 30년 만에 고국에 도착하여 공항에서 리무진 버스를 타고 서울 시내로 들어왔다. 참으로 서울은 몰라보게 변했다. 다윗은 소록도를 나와 서울에 온지 4개월만에 홍콩으로 갔기 때문에 서울 전체가 어디가 어딘지 분간이 안 갔다.

리무진 버스가 마포 가든호텔 앞에 잠시 정차했다. 다윗은 마땅히 거처가 정해진 곳이 없어 우선 가든호텔에 여장을 풀었다. 늦은 시간이라 호텔에서 하룻밤을 자고 호텔 로비에서 토스트와 커피를 시켜 두고 조간신문을 펼쳤다.

"한국 의료계의 천사 다윗과 엘리사벳병원 원장 겸 동교육 재단이사장, 서 엘리사벳 자매결연지 소록도 자선 진료 후 귀경길, 대전과 서울 간 고속도로에서 짙은 안개로 인하여 중앙분리대를 넘어온 철근을 실은 트럭과 충돌. 의식불명으로 중태, 운전기사 기적적으로 생명에는 이상 없음, 사고 직후 자신이 경영하는 다윗과 엘리사벳병원으로 급이송."

다윗은 자리에서 용수철처럼 일어나 호텔 밖으로 나가 택시를 탔다.
"다윗과 엘리사벳병원으로 속히 갑시다."
병원 분위기가 어수선하다. 다윗은 병원 입구 간호원 대기실에서 들고 온 신문을 내밀었다.
"이 분, 서 엘리사벳 원장님, 지금 어디에 계십니까?"
허겁지겁 병원장을 찾는 다윗의 모습을 보고 간호원들이 어리둥절하다.
"이곳 병원장님 생사에 대하여 묻는 것입니다."
"지금 응급처치를 마치시고 특별관리 중환자실에 계십니다."
"신문을 보니 많이 다치셨다는데, 어느 정도입니까?"
"지금은 무어라 말씀드리기 곤란합니다. 다만, 매우 위중한 상태이십니다. 그런데, 선생님은 누구십니까?"
"저, 원장님과 평소에 잘 알고 있는 사람입니다."
"지금은 원장님을 뵈올 수가 없습니다."
"한 가지 더 여쭈어 보아도 되겠습니까?"
"네, 말씀하십시오."
"사고 당하신 엘리사벳 아버님되시는 분이 서자 홍자 업자되시는 분이신가요?"
"네, 맞습니다. 그 원장님께서는 돌아가신지 오래 되셨습니다."
휘청거리던 다윗은 잠시 의자에 주저앉았다가 간호사에게로 간다.
"저, 실례지만 한 가지 더 여쭈어 보겠습니다."
"네, 말씀하십시오."
"지금, 엘리사벳 원장님을 치료하고 계시는 주치의는 어느 분이십니까?" 약간 망설이는 듯하더니 "안과 과장님을 비롯 외과 내과 신경과 모든 과장님들이 총동원되어 있습니다." 간호사는 주위를 두리번거리다가

"마침 안과과장님께서 이리로 오시고 계시군요."

간호사는 총총걸음으로 안과 과장에게로 간다.

"과장님, 저 분께서 우리 원장님 때문에 잠시 뵙자고 하십니다."

"오, 그래요."

다윗에게로 간다. 40이 조금 넘은 전형적인 의사 스타일인 하얀 가운의 가슴에는 그리스신화에 나오는 의학의 신 아스클레피우스의 뱀이 감긴 지팡이 문장이 새겨져 있다. 그 밑에 '안과과장 김창수'라 새겨져 있다.

"제가 안과과장 김창수입니다."

"저는 권다윗입니다."

안과과장은 다윗의 얼굴을 유심히 본다. 다윗과 김창수의 시선이 잠시 마주친다.

"선생님의 성함이 저희 병원명과 같으시고, 어디서 많이 뵈온 듯한 모습이기 때문에 제가 잠시 선생님을 보았습니다. 여기서 이러실 게 아니라, 제 방으로 가서 이야기하시죠."

"그러시지요."

"무슨 차로 드시겠습니까?"

"아무거나 좋습니다."

"인삼차가 어떠십니까?"

"네, 그걸로 주십시오."

"저 과장님, 어제 저녁에 다치신 엘리사벳 원장님 말입니다."

"네, 참으로 안타까운 일입니다. 저희 의사들도 이런 일을 겪을 때마다 인간과 신에 대하여 회의를 느끼고 한답니다. 여지껏, 평생을 봉사와 선행만 하시면서 사셨던 분께서 저렇게 처참하게 다치시다니요. 참으로 애석한 일입니다. 저희 재단이사장님께서는 선생님 이름과 동명이신 다윗이라는 분만 찾으시면서 지금껏 독신으로 지내십니다. 사회에 소외되며 어두운 그늘진 곳에 계시는 가난한 분과 일가친척이 있어도 찾아주지 않는 거동이 불편하시고 나이가 많으신 분, 부모 없는 어린이들을 위하여 봉사와 선행을 하시면서 사시는 천사같은 분이십니다. 그리고 저희병원에는 그 분들을 위한 특별병동이 마련되어 있습니다. 저희 재단이사장님은 진정한 이 시대의 수호의 천사이십니다."

다윗은 가슴이 먹먹해진다.

"지금, 원장님의 상황이 어떠하십니까?"

"네. 한 마디로 말하자면, 오늘 내일이 큰 고비입니다. 지금은 의식을 놓으시고 계시지만, 재단이사장님의 의지에 달려 있습니다. 지금, 저희 병원에 의료진들이 총동원되어 있습니다."

"그런데, 선생님께서는 저희 재단이사장님을 어떻게 아십니까?"

다윗은 잠시 대답을 망설인다.

"그 분께서는 니무나 훌륭하신 분이시고, 세가 옛석에 낳은 신세를 그 분에게 졌습니다."

"그랬었군요. 하기야 저희 재단이사장께 신세를 지신 분이 어디 한두 분이시겠습니까? 그 분께서는 베푸심 자체가 곧 삶입니다."

"과장님 언제쯤이면 재단이사장님을 뵈올 수가 있겠습니까?"

지금 재단이사장님께 적극성을 보이고 있는 다윗을 잠시 바라본다. 아무리 보아도 다윗의 얼굴이 눈에 익었다.

"지금으로서는 대답해 드릴 수가 없습니다. 의식을 회복 못하시고 계시니까요. 만약 의식을 회복하신다 하시더라도 그 이후부터가 문제입니다."

"또 무엇이 문제십니까?"

"지금 재단이사장께옵서는 사고 때 두 눈이 심하게 손상되어 실명하셨습니다."

"실명을 했다구요? 아니, 두 눈이 못쓰게 되었다는 겁니까?"
"네, 참으로 안타까운 일이나 이것이 지금의 현실입니다."
"의식이 정상적으로 돌아오시고 나면 두 눈에 각막을 이식하셔야 할 터인데 큰 문제입니다."
"제가 이 두 눈을 엘리사벳 원장님께 드리면 되지 않습니까?"
안과 과장은 말문이 막혀 한동안 다윗을 바라 본다.
"다윗 선생님, 제가 지금 재단이사장님 병실에 가봐야하니까 다음에 또 뵙지요."
안과과장은 자리에서 일어섰다. 다윗도 따라 일어섰다.
"과장님, 다음에 또 찾아뵙겠습니다."
"편히 가십시오."
다윗은 찢어지는 가슴을 안고 병원 복도에 있는 의자에 정신 나간 사람처럼 앉아 있었다. 다윗의 천근만근된 발걸음이 병원을 나섰다. 늦더위가 기승을 부리는 암울한 오후였다. 금방이라도 소나기가 쏟아질 것 같이 천둥번개가 요란스러웠다.
다윗은 그 다음 날도 안과과장 사무실 앞에서 서성거렸다. 이렇게 서성거리기를 몇 일째되던 날, 무언가 결심한 듯 안과과장이 다윗에게 다가온다.
"다윗 선생님, 저를 잠깐 따라 오십시오. 다윗 선생님께 보여 드릴 게 있습니다."
다윗은 김창수 안과과장을 따라 재단이사장 집무실로 간다.
"과장님, 어떻게 오셨습니까?"
"재단이사장님 방에 잠시 들어가서 이 분께 보여드릴 것이 있어서 왔어요."
"네, 그러세요. 저하고 같이 들어가시죠."

"자 이리로 오세요."

"다윗 선생님, 이리로 들어가시죠."

다윗은 엘리사벳의 집무실에 들어섰다. 아! 자스민 향기구나. 얼마나 그리웠던 향기더냐. 금방이라도 엘리사벳이 달려와 품에 안길 것만 같았다. 다윗의 눈길이 대형판넬 사진에 못 박혔다.

소록도 중앙공원에서 중학생 시절 엘리사벳과 다윗이 야자수 아래서 다정히 손잡고 찍은 사진이 아닌가. 그리고 엘리사벳의 한 손에는 다윗이 장미 가시에 찔려가며 꺾어서 준 노란 장미를 손에 들고 있다. 그 밑에는 "사랑하는 다윗과 엘리사벳이 하루 속히 만날 날을 간절히 기도드리옵고 비옵나이다." 글귀가 새겨져 있다.

내 사랑 엘리사벳, 다윗도 이 사진을 얼마나 소중히 간직하고 있었는데……

김창수 과장은 침묵을 깨고 입을 뗀다.

"처음 다윗 선생님께서 저희 병원에 오셨을 때 제가 어디서 많이 뵌 분이라고 말씀드렸지요, 바로 저 사진 속에 선생님이 생각나서 였습니다."

다윗은 긴 한숨을 내쉬었다.

"지금부터 33년 전입니다. 저 사진은 엘리사벳과 저와의 중학교 시절 사진입니다."

"저희 재단이사장님께옵서는 사고당하시기 전까지 줄곧 다윗 선생님만 사모하고 그리워하셨어요. 하루하루를 기도와 신앙에 의지하고 사셨습니다. 참으로 우리 인간사에 있어서 부럽고도 경이로운 두 분의 사랑이십니다. 병원에 근무하시는 날에는 우리 직원들과 구내식당에서 같이 식사를 하시면서 저희들의 고충과 의사를 경청하시고 들어주셨습니다.

식사가 끝나시면 이곳으로 오시어 무릎을 꿇고 다윗 선생님과의 재회

날만을 간곡히 기도하셨습니다. 그뿐만 아니라 이 병원의 이름에서 우리 대학 이름까지 이 모두가 다윗 선생님을 그리워하면서 지으신 것이라고 들었습니다. 우리 병원과 대학에는 정문에서부터 병원 내 학교 교정에 이르기까지 측백나무와 쟈스민꽃이 유별나게 많습니다. 이 많은 측백나무와 쟈스민꽃을 저희 재단이사장님께서 손수 일꾼들과 같이 심으시고 정성을 다하여 가꾸셨습니다. 태풍이 불 때면, 혹시 측백나무가 태풍에 넘어지고 자스민꽃이 손상될세라 밤잠을 설치신다고 들었습니다. 다윗 선생님께서 좋아하시는 은청색의 측백나무 열매와 자스민 꽃향기라더군요. 측백열매가 은청색으로 익어가는 계절이 오면 재단사장님께서는 측백나무 곁에서 측백 열매를 입에 물고 계시곤 하셨습니다. 또한 자스민꽃이 피어 꽃향기가 진동할 때면, 자스민꽃 옆에서 한참을 서 계시곤 하였습니다. 그리고 우리 재단이사장님께서 미국에서 귀국한 후부터 매년 수차례씩 각 신문과 각 방송국, 그리고 방방곡곡을 두루 찾아 다니시었고, 심지어 경찰에까지 의뢰하시어 다윗 선생님을 찾고 또 찾으셨습니다."

다윗은 엘리사벳, 두 사람 앞에 가로막힌 기구한 운명을 생각해 본다.

"다윗 선생님, 저를 따라 오십시오. 지금 저와 같이 재단이사장님께서 누워 계시는 병실로 갑시다. 만약, 오늘 중으로 의식을 회복 못하시면 영원히 의식을 회복 못하실 수가 있습니다. 그리고 만약 의식을 회복하시더라도 현재로서는 심리적으로 큰 변화를 가져다주는 어떤 행동이나 말씀도 하여서는 안 됩니다. 절대 안정이 필요하니까요."

"네, 그렇게 하겠습니다."

김창수와 다윗은 멸균복으로 갈아입고 자외선 터널을 지나 전신에 소독을 마친 후 특별관리 중환자실로 들어섰다. 엘리사벳은 무의식 속에서 사경을 헤매고 있다.

엘리사벳 옆에서 수간호원과 보조간호원이 있다가 두 사람을 맞았다.

다윗은 설레는 가슴을 진정하며 엘리사벳이 누워 있는 곁으로 갔다. 머리 일부만 내놓고 얼굴 전체를 붕대로 감은 채 누워 있는 엘리사벳을 보니 하늘이 무너지고 땅이 꺼진다.

내 사랑, 엘리사벳이여!
33년 7개월 동안 단 한순간도 잊은 적이 없는 내 사랑 엘리사벳이 정신을 놓은 채 자스민 꽃향기를 풍기며 여기에 저렇게 누워 있구나!
붕대가 감기지 않은 엘리사벳의 머리에는 소록도 중앙공원에서 크리스마스 이브날, 녹산국민학교 뒤 성당에서 캐럴송이 들려오는 가운데 서로의 장래를 약속하며 다윗이 엘리사벳과 다윗의 이름을 각인하여 전나무 아래서 선물한 바로 그 머리핀이 꽂혀 있었고, 핏기 하나 없는 손에는 엘리사벳이 소록도를 떠나던 날, 수탄장길 위에서 영원불변한 사랑의 혼을 불어넣어 다윗이 각인한 만년필이 꼭 쥐어져 있었다.
다윗의 오열을 억누르며 뜨거운 눈물이 흘러내리고 있었다.
"재단이사장님께서는 교통사고 그와 중에도 머리에는 머리핀이 손에는 만년필을 꼭 잡으시고 계셨습니다. 저희 재단이사장님 머리에 꽂고 계시는 저 머리핀과 손에 쥐고 계시는 만년필은 여태껏 제가 재단이사장님을 뫼시고 난 후 한 번도 멀리하신 적이 없으십니다."
여태껏 움직임이 없던 엘리사벳의 손이 약간 움직이는 듯 했다. 엘리사벳은 꿈을 꾸고 있었다. 소록도 중앙공원이었다. 다윗과 엘리사벳은 결혼식을 마치고, 이곳 소록도 중앙공원으로 신혼여행을 온 것이다.
중학생 시절 다정히 손을 잡고 야자수 아래서 사진을 찍었던 그곳에서 두 사람은 뜨거운 포옹을 하고 있었다. 엘리사벳은 너무나 행복에 겨웠다. 숨이 막히고 심장이 터질 것만 같은 다윗의 긴 사랑의 포옹에 엘리사벳은 다윗의 이름을 연이어 불렀다.

다윗, 다윗, 다윗, 내 사랑 다윗! 엘리사벳이 사랑하는 다윗을 애절하게 부르고 있다. 엘리사벳은 지금 기적 같은 의식을 회복하고 있었다.

교통사고 후 7일만의 일이다.
"재단이사장님 정신이 좀 드십니까?"
잠시 정신을 가다듬는 듯 한다.
"네, 안과 과장님 아니십니까?"
실로 33년 7개월만에 들어보는 내 사랑 엘리사벳 음성이건만 예나 지금이나 변함이 없구나. 내 사랑 엘리사벳. 엘리사벳은 정신이 들자 말자 머리에 있는 머리핀과 자신이 쥐고 있는 만년필을 확인한다. '아, 내 사랑 다윗의 향기다. 혹시 내 사랑 다윗이 내 옆에?'
"과장님, 혹시 이곳에 과장님 말고 누가 있습니까?"
김 과장과 다윗의 눈이 마주쳤다. 김 과장이 고개를 좌우로 저었다.
"저와 수간호원, 그리고 간호원만 있습니다."
"그래요?"
엘리사벳은 실망스러운 음성이다. 이상한 듯 다윗이 서 있는 쪽으로 얼굴을 돌리고 가만 있다. 사랑하는 다윗이 바로 옆에 있는 듯 했다.
"내 사랑 다윗이 내 옆에 있는 듯하구나. 실로 33년 7개월만에 맡아본 내 사랑 다윗의 향기가 아니냐. 오, 내 사랑 다윗! 다윗! 다윗!"
엘리사벳은 다윗의 이름을 연이어 부른다. 다윗, 다윗, 내 사랑 다윗! 다윗의 가슴이 천 갈래 만 갈래 찢어진다.
오, 내 사랑 엘리사벳이여!
"내가 잠시 착각을 했나봅니다. 내가 이러고 있는지 얼마나 됩니까?"
"정신을 놓으시고 계신지 일주일 째 되십니다."
"그렇게 오래 됐었나요? 제가 눈을 많이 다친 게로군요!"

엘리사벳은 세계적 안과 명의로 자신의 눈에 대하여 알고 있는 듯 하였다.
"과장님, 제 운전기사님은 어떻게 되셨습니까?"
"극적으로 생명은 구하였으나 병원생활은 오래할 것 같습니다."
"그래도 천만다행이군요."
다윗은 처참한 현실을 더 이상 볼 수 없어서 오열의 눈물을 숨이 끊길 듯 삼키며 조용히 자스민 꽃향기가 풍기는 병실을 나왔다. 엘리사벳은 다윗이 나가는 쪽으로 얼굴을 고정시키고 무언가를 깊게 생각하는 듯한다. 이상한 일이다. 사랑하는 다윗의 향기가 사라지고 있는 것이 아닌가. 내 사랑 다윗! 내 사랑 다윗! 내 사랑 다윗!
"안과과장님."
"네, 재단이사장님."
엘리사벳이 무슨 말을 하려다가 "혹시…… 아닙니다. 아무것도 아니예요." 너무나도 실망스럽고 아쉬움에 찬 음성이었다.
병실을 나온 다윗은 병실 문 앞에서 조용히 무릎을 꿇었다.

전지전능 전애전의하옵신 주 하나님, 착하고 선한 엘리사벳에게 왜 저렇게 가혹한 시련을 주시나이까. 무쇠를 불에 넣어 달구고 쇠방망이질하여 찬물에 넣어 수없이 담금질하여 좋은 연장과 그릇으로 만들어 쓰심이시나이까. 이제 저 다윗의 눈을 사랑하는 우리 엘리사벳에게 주려고 합니다. 주시는 분도 주 하나님이시고, 가지고 가실 분도 주 하나님이시옵니다.
사랑하는 우리 엘리사벳이 주 하나님의 은총 속에 광명을 찾고 봉사와 선행을 더 많이 할 수 있는 주 하나님의 큰 그릇이 되어 쓰이게 하여 주시옵기를 간절히 비옵니다. 아멘-

다윗은 기도를 끝내고 조용히 일어섰다.
"여기에 계시군요."
안과과장이 다가온다.
"지금은 좀 어떠십니까?"
"재단이사장님께서는 현명하신 분이라서 지금 자신에게 닥친 현실을 받아들이시고 계시는 듯합니다."
"과장님, 저하고 잠시 이야기 좀 하십시다."
"네, 그러시죠. 제 방으로 갑시다."
"이렇게 되면 눈 이식 수술은 언제쯤 할 수 있는 겁니까?"
"이식 수술할 안구가 있다고 하면, 재단이사장님께서 몸이 회복되는 대로 바로 시술하셔야 합니다. 지금 현실로는 두 안구가 아니라 한 안구라도 어렵습니다."
"제 두 눈을 우리 엘리사벳에게 주면 될 게 아닙니까?"
김창수 과장은 다윗을 한동안 바라본다.
"다윗 선생님, 마음은 이해가 갑니다만은 두 눈을 기증하시고 앞으로 어떻게 사시려고 그러십니까? 한 눈 정도라면 몰라도, 그리고 두 눈을 기증하시고 나면 후유증으로 자칫 생명을 잃을 수도 있습니다."
"김 과장님, 아무 말씀 마시고 제 뜻에 따라 주십시오. 원장님은 앞으로 이 사회를 위하여 많은 일을 더하실 사람 아닙니까? 만일에 경우 수술 도중이라도 좋지 않은 일이 제게 생길 것을 대비하여 그에 대한 제 신변의 모든 포기각서를 쓰도록 하겠습니다. 이것이 사랑하는 나의 엘리사벳에게 내가 지금 할 수 있는 최선의 길입니다. 저는 우리 사랑하는 엘리사벳을 처음 만났을 때부터 우리 엘리사벳을 위하여 이 세상에 태어났다고 생각했습니다. 만일에 과장님께서 제 뜻에 따라 주시지 않으시면 하는 수 없이 이 두 눈을 사랑하는 우리 엘리사벳에게 기증한다는 유서를 쓴 후 자결하겠습니다."

"알겠습니다. 다윗 선생님의 뜻을 따르겠습니다."

"그리고 이식 수술이 다 끝나고 사랑하는 엘리사벳이 새로운 광경을 찾을 때까지 이 이야기는 당분간 비밀로 해주십시오. 저는 외국 생활을 오래하다가 며칠 전에 귀국했습니다. 귀국 동기도 사랑하는 엘리사벳을 찾기 위함이었습니다. 17살에 서로가 잠시 헤어지면서 다시 만나기로 약속한 뒤 33년 7개월간 서로의 생사도 모른 채 살아 왔습니다. 오로지 재회의 날만 소원하면서 사랑의 약속 하나로 오늘까지 살아왔습니다. 엘리사벳은 이제 이렇게 사회적으로나 모든 면에서 성공하였고, 자신보다 못한 이웃을 위하여 좋은 일들만 하는 사랑하는 우리 엘리사벳을 보았으니 더 바랄 게 무엇이 있겠습니까. 한 가지 아쉬운 게 있다면 33년 7개월만에 만난 우리가 서로 건강한 모습으로 그리워 애태웠던 지난 세월을 이야기하며 남은 여생 서로 의지하고 오순도순 살았으면 좋으련만……. 허나, 이것마저도 저의 바보한 운명인걸 어쩌겠습니까?"

"참으로, 두 분 다 대단하십니다. 두 분의 사랑이 이 정도인 줄은 저로서는 듣도 보도 못했습니다. 두 분의 장엄하시고 위대하시며 숭고한 지고지순의 사랑 앞에 고개가 저절로 숙여집니다."

"자, 이곳에 제가 묵고 있는 호텔입니다. 여기 호수와 전화번호가 있으니 수술 날짜가 잡히는대로 연락주십시오. 사랑하는 엘리사벳이 하루속히 건강을 회복하기 위하여 제가 앞으로 병원에 오지 않겠습니다."

"다윗 선생님의 결연한 의지에 제가 따르겠습니다. 그리고 권 선생님 종로 종각 뒷편 '작은 사슴의 나라'라는 고급 한식집이 있습니다. 우리 고유의 한식을 외국손님들의 입맛에 맞게끔 음식전문 설계사에 의뢰하여 다양하게 개발된 고급음식점입니다. 그곳 여사장님과 부군되시는 분 모두가 저희 재단이사장님과 국민학교 동창인 걸로 알고 있습니다. 원래 그 집은 저희 재단이사장님 선친분과 재단이사장님께서 사셨던 집입니다. 600평이 넘는 큰 집이었는데, 그곳에 200평, 5층 건물은 소외된 분들의 숙식이 무상으로 제공되는 곳입니다. 나머지 400여 평에 식당과 주차시설이 들어선 곳인데 최고급 시설에 음식맛 좋기로 서울 시내에서 이름이 나 있으나 음식 값은 저렴하여 손님들이 인산인해를 이루고 있습니다. 그곳에서의 수익금으로 200평에 5층 규모로 세워진 천사의 집에 운영자금으로 쓰이게 되는 것입니다. 그곳에 한 번 가보십시오."

"감사합니다. 이렇게 신경을 써주셔서……."

다윗은 그 다음날 은행에 들러 통장을 정리했다. 스승 강학수에게 받은 유산이었다. 이자를 합한 60억이 조금 넘었다. 다윗은 두 개의 통장에 유산을 분리하여 정리하였다.

엘리사벳은 특별관리 중환자실에서 특실로 옮겨 빠르게 회복 중이었다.

"재단이사장님 죽음을 앞둔 어느 기증자로부터 안구를 기증받고 수술 준비를 하고 있습니다."

"그 분이 누구신지는 몰라도 참으로 제게 고마우신 분이시군요. 그 분 덕분에 제가 제2의 인생을 살게 되었나 봅니다."

엘리사벳 머리에는 머리핀과 손에는 만년필이 쥐어져 있다.

"그런데 김 과장님 제가 의식을 회복할 때 과장님과 간호원 말고 혹시 누가 내 옆에 없었나요?"

지금 엘리사벳은 다윗을 생각하며 하는 말이다.

"재단이사장님, 무엇을 느끼시어서 그러십니까?"

"저는 우리 사랑하는 다윗의 향기를 알아요, 측백나무 향기가 났었거든요? 아닙니다. 우리 다윗이 여기에 올리가 만무하지요. 우리 다윗이라면 얼마나 좋았을까. 내 사랑 다윗…… 내 사랑 다윗…… 내 사랑 다윗……. 우리 다윗이였다면 얼마나 좋았을까?"

　안과과장은 고개를 끄덕인다. 수술날짜를 안과과장으로부터 통보받고, 다윗은 엘리사벳에 편지를 쓴다.

　　　사랑하는 다윗의 엘리사벳에게
　　내 사랑 엘리사벳. 다윗이야. 얼마나 내 사랑 엘리사벳이 보고 싶었는지 몰라. 8살이 되던 해 국민학교 입학식날, 내 사랑 엘리사벳을 처음 만나 오늘 이르기까지 다윗의 인생은 내 사랑 엘리사벳을 위한 삶이었단다.
　　내 사랑 엘리사벳. 소록도 도선창가에서 내 사랑 엘리사벳을 보내고 수탄장길을 내려오면서 아쉬움과 안타까움에 괴로워 몸부림치며 찢어지는가슴을 부여안고 다윗은 얼마나 울었는지 몰라.
　　내 사랑 엘리사벳의 편지를 속 태우며 기다린지 3년 7개월. 존경하옵는 어느 기인의 배려로. 사랑하는 다윗의 엘리사벳을 찾아 서울에 왔건만내 사랑 엘리사벳은 찾을 길이 없었단다.
　　내 사랑 엘리사벳을 찾아 서울 시내와 근교 대학 교문 앞에서 혹은 서무과로, 교무실로 우리 사랑하는 엘리사벳의 아버지 병원을 알려고 의사회로, 그리고 선홍병원으로 전전하며 그리움과 사무침으로 타들어간 숯덩이 같은 가슴 부여안고 내 사랑 엘리사벳의 보고픔에 애태웠던 지난 나날들. 뜻하지 않은 변고로 한국을 떠나 홍콩에서 발이 묶였던 30여 년 지난 세월 사랑하는 나의 엘리사벳의 자스민 꽃향기를 그립게 느끼며 수없이 내 사랑 엘리사벳의 이름을 애절하게 몸부림치며 불러 보았단다.
　　오, 내 사랑 엘리사벳! 사랑이란 닿을 수 없는 먼 곳에 있는 사람을 애태우며 사모하는 것이야. 다윗은 내 사랑 엘리사벳을 사랑한다는 그 자체만으로도 감미롭고 행복하였단다.

사랑하는 다윗의 엘리사벳이여!

내 사랑 엘리사벳은 다윗 사랑의 전부와 다윗 인생 삶 그 자체였단다.

오! 내 사랑 엘리사벳, 다윗의 영원한 사랑 엘리사벳이여!

꿈속에서 내 사랑 엘리사벳을 만나면 얼마나 행복했던지, 꿈엔들 잊을 수 없는 내 사랑 엘리사벳을 찾아 홍콩에서 고국으로 찾아왔건만 자스민 꽃향기를 풍기며 사경을 헤매고 있는 사랑하는 엘리사벳을 보고 그 아픔을 같이 할 수 없는 나 자신이 너무나 능력 없고 초라하여 수없이 자책하고 한탄했단다.

사랑하는 다윗의 엘리사벳! 이제 다윗 몸의 일부가 내 사랑 엘리사벳에게 가 한 몸이 되어 새로운 광명을 찾았으니 이 얼마나 다행스럽고 거룩하고 기쁜 일인가. 사랑하는 우리 엘리사벳에게 얼마나 다윗이 할 말과 사연이 많으리오마는 가슴이 미어지고 터질 것 같아서 말이 나오지 않고 사연들이 쓰여 지지 않는구나.

사랑하는 우리 엘리사벳, 남은 여생 좋은 일 많이 하고 다윗이 기다리고 있는 곳으로 와야 해. 꽃이 시들지 않고 생로병사가 없으며 이별이 없는 곳으로 말이야.

다윗은 그 곳에서 사랑하는 우리 엘리사벳을 위하여 엘리사벳이 좋아하는 코스모스를 한 아름 안고서 내 사랑 엘리사벳을 기다리게.

우리 이곳에서 만나 다윗과 내 사랑 엘리사벳이 쓰다가 다 못 쓴 영원 불변의 사랑의 역사를 다시 쓰자구나.

사랑하는 우리 엘리사벳으로부터 받은 엘리사벳 사랑의 혼이 담긴 귀중한 선물들, 내 사랑 엘리사벳이 청실과 홍실로 다윗과 엘리사벳의 영원불멸의 사랑 언약을 밤을 새워가며 혼을 불어넣어 한 땀 한 땀 정성으로 자수하여 만든 가제 손수건, 내 사랑 엘리사벳이 다윗과 엘리사벳이 한 몸이 된다는 뜻에서 여러 가지 색실을 섞어서 한 올 한 올 정성을 다해 엮어서 짠 장갑, 중학교 교복, 그리고 중앙공원 야자수 아래서 다윗이 장미 가시에 손이 찔려가면서 꺾어서 내 사랑 엘리사벳에게 준 노란 장미를 손에 들고 정답게 손을 잡고 찍은 우리 두 사람의 사진은 고이고이 간직한 채 그 곳으로 가지고 가는 거야. 이 모든 선물들은 내 사랑 엘리사벳의 분신이니까. 사랑하는 엘리사벳이 보고 싶을 때 내 사랑 엘리사벳을 보려고……

이 세상에 태어남 자체가 다윗 사랑 엘리사벳을 위해서 태어났고, 50 평생 우리 엘리사벳만 사랑하며 그리워하고 사모했던 다윗으로부터.

영원불변의 사랑

소록도에 도착한 다윗은 병원장을 만났다.
"병원장님, 저의 성의이오니 받아주십시오. 그리고 여기에서 일부는 해방 직후 건강직원 오순재, 송회갑 등에 의해 잔인무도하게 저질러진 소록도 간부급 84명의 원한의 혼령들에게 위령제를 지내주십시오. 그리고 나머지는 소록도 병원을 위하여 긴요하게 쓰십시오."
"이렇게 많은 금액을 주십니까?"
"능력이 되었으면 더 드렸어야 하는데 정말로 미안합니다."
"아닙니다. 감사한 마음으로 받아서 해방 직후 비운으로 숨져간 소록도 간부급 84명의 혼령들을 위해 위령제를 지낸 뒤 나머지는 소록도 병원과 입원 환자들을 위해서 긴요하게 쓰도록 하겠습니다. 제가 하여야 하는데 수고를 끼쳐 드려서……."
"아닙니다. 이 일은 병원장인 제가 당연히 할 일입니다."
이때 소록도에는 나병이 완치된 사람들을 지속적으로 건강 사회에 퇴원시켜 재환자가 1000여 명으로 줄어 들었다. 다윗이 살았던 신생리에는 재환자들이 현저히 줄어 든 것이다.
다윗은 병원장 집무실을 나와 신생리 뒷산에 있는 만령당으로 발길을 옮겼다. 만령당 앞에 선 다윗은 지난 날들이 주마등처럼 스쳐간다.

"아버님, 어머님, 불효 소자 권다윗이 이제 50이 넘어 아버님, 어머님 앞에 무릎을 꿇고 불효의 사죄를 비옵니다. 불효자를 용서해 주십시오."

다윗은 부모님 유골이 안치된 만령당 앞에서 이렇게 흐느끼기 시작했다.

"내 사랑하는 아들 다윗아."

"네, 아버님."

"큰 거목이 되어 개선장군처럼 돌아왔구나. 참으로 내 사랑하는 아들 다윗이 훌륭하고 기특하며 너무나 대견하고 자랑스럽구나."

"30년 전 소록도를 떠나던 날, 아버님, 어머님 영전 앞에서 두 분을 편히 모시려 했던 약속을 지키지 못한 불효자를 용서해 주십시오. 사죄 올립니다."

"아니다. 내 사랑하는 아들 다윗아. 내 사랑하는 아들 다윗은 이 세상 어느 자식들 중에서도 효자 중 효자요, 남자 중에 으뜸 남아요, 또한 사랑의 선각자요 사랑의 대승리자이니라. 비록 나환의 몸으로 우리 부부가 우리 사랑하는 다윗을 이 세상에 태어나게 하였으나 우리 부부에게는 큰 자부심과 영광과 기쁨과 환희였느니라!"

"아버님, 어머님 불효자 죄송합니다."

다윗을 다시 오열하였다.

"아버님, 어머님께 불효자 다윗이 사죄하고 용서를 구하며 허락을 받아야 할 사연이 있습니다."

"하하하, 다윗아."

"네. 아버님, 어머님."

"네 두 눈을 교통사고를 당하여 실명한 엘리사벳에게 주려고 하지 않느냐?"

"죄송합니다. 아버님, 어머님."

"육신의 두 눈이 뭐 그래 대수더냐? 역시 내 아들 다윗이로구나. 참으로 대견스럽구나."

다윗의 두 눈에서 하염없이 눈물이 흘러내리고 있었다.

"내 사랑하는 아들 다윗아 슬퍼하지 말아라. 아버지, 어머니가 계시는 천상에서 우리 사랑하는 아들 다윗과 곧 만나게 될 것이다. 이곳은 모두가 평등하며 괴로움과 아픔이 없고, 기쁨과 평화가 충만한 곳이니라. 내 사랑하는 아들 다윗아, 이곳 천상에서 아버지, 어머니를 만날 그때 우리는 이미 나병환자가 아니니라."

"네, 아버님, 어머님. 그리 알고 있습니다."

"내 사랑하는 아들 다윗아."

"네, 아버님."

"우리 다윗이 일생 동안 다윗 너 자신의 몸보다 더욱 사랑하고 분신처럼 아꼈던 사랑하는 엘리사벳과 세상에서의 만남이 길지 않을지라도 너무나 슬퍼하지 말며 애처롭게 생각 말아라. 우리 다윗이 사랑하는 엘리사벳은 수많은 봉사와 선행을 하다가 세월이 지난 후에 우리 다윗과 이곳 천상에서 다시 만날 것이다. 그때는 숫자로 헤아릴 수 없는 낮과 밤의 시간과 세월을 이곳 천상에서 서로 만나 영원불변하게 사랑하며 함께 영생할 것이니라."

"내 사랑하는 아들 다윗아."

"네, 어머님!"

"천상으로 올 때 조심해서 오너라. 오다가 넘어져 다칠라."

"네, 어머님, 소자 다윗이 조심해서 갈께요."

"하모, 그래야제."

"소자 다윗이 엘리사벳에게 두 눈을 주고 소록도를 다시 찾는 날에는 아버님, 어머님 영전에 오지 않겠습니다. 부모님으로부터 물려받은 귀중한 두 눈을 상실한 채 어떻게 불효를 저지르고 부모님 앞에 감히 서겠습니까?"

"내 아들, 다윗아."

"네. 아버님, 어머님."

"내 아들 다윗과 아버지, 어머니는 천상에서 만나게 되지 않느냐?"

"네, 아버님, 어머님. 그때 무릎 꿇고 다시 한번 불효의 사죄를 올리겠습니다."

만령당 아래서 눈물로 흐느끼던 시간이 얼마나 지났을까? 다윗은 두 번 절하고 천천히 일어나 만령당에서 자신이 태어나 자랐던 11호사쪽으로 내려갔다. 어린 시절의 추억이 주마등처럼 스쳐 지나간다.

그 옛날 만령당에서 11호사로 내려오는 들녘에는 오월이면 청보리가 익어가고 10월이면 고구마가 수확의 손길을 기다리던 곳이다. 지금 이곳에는 억새가 무성하게 피어올라 옛 고향을 찾는 길손을 반기고 있었다.

다윗은 국민학교 입학하여 엘리사벳을 만나기 전까지 봄에서 여름이 오면 만령당에 올라와 혼자서 잘 놀았다. 어른들도 날씨가 안 좋으면 혼자오기 꺼려하는 곳이다.

봄철에는 만령당으로 올라가는 언덕길 좌우에 잔디에서 올라오는 삐삐를 뽑아먹으며 여름철이면 봄철에 부화된 병아리를 촘촘한 망태에 담아 어깨에 메고 올라와 만령당 앞뜰에 병아리를 풀어놓고 다윗은 만령당 계단을 오르내리며 놀았고, 소록도 사람들이 신목(神木)이라고 말하는 거송 위에 올라가 놀지 않았던가.

어머님, 아버님께서 다윗을 찾으실 때 교회당으로 가는 측백나무 옆이나 만령당에 오시어 신목 위에 올라가 놀고 있는 다윗을 찾으셨다. 만령당 계단과 함께 신목 위 교회당으로 가는 신작로 측백나무 옆과 함께 이곳들은 다윗의 놀이터였다.

다윗이 병아리를 구구구하면서 부르면 만령당 앞뜰에 심어놓은 개나리 울타리에서 병아리들이 삐약! 삐약! 삐약!하면서 일제히 나타난다. 병아리들을 다윗은 망태에 담아서 어깨에 메고 집으로 내려간다.

소록도의 아버님, 어머님, 형제, 자매들은 다윗을 보고 신생리 11호사 뒷산자락 정기를 받고 신목의 기다림 속에 태어났다고들 한다. 과연 다윗이 이 산자락 정기를 받고 신목의 기다림 속에 태어난 것인가. 만약 사실이라면 이제 그 정기가 소진되어 다윗의 생명도 다 되어 가는 것 같구나.

스승 강학수가 다윗 자신이라고 말했던 신목인 거송을 바라보았다. 오늘따라 다윗 자신이라고 말했던 신목의 나뭇가지가 힘없이 아래로 처져 있었다.

다윗 자신이 태어나고 자랐던 11호사 앞에 도착했다. 아버지의 성경 읽으신 소리와 어머니의 찬송가를 들으며 자랐던 곳이다. 신작로 사이에 작은 도랑을 건너야 한다. 도랑 위에 2미터도 안 되는 작은 다리가 있다. 작은 다리를 막 건너면 아름드리 돌이 아버님께서 심어놓은 살구나무 옆에 놓여있고, 좌측으로 돼지, 닭, 토끼 막사를 끼고 집 뒤로 돌아가면 여섯 가정이 각자 사용하는 장독대가 있다.

다윗은 잠시 이 돌 위에 앉아서 그 옛날 추억을 회상했다. 어린 시절이 돌 위에서 화약 터트리는 놀이를 하며 놀지 않았던가. 이 돌 옆에 아버님, 어머님께서는 학교수업이 끝난 후 내 사랑 엘리사벳을 동생리 집까지 바래다주고 돌아오는 자식 다윗을 보시며 서 계시던 곳이다.

화단은 폐허가 되었다. 살아생전 아버님께서 심어놓은 살구나무는 고목이 되어 가지가 부러진 채 몇 안 되는 가지에 철 잃은 단풍이 들고 있었다.

그렇게도 많이 열리던 아름드리 무화과나무는 보이지 않고 그 자리에 잡초만 무성하다. 오늘 따라 지구가 멎은 듯 적막감만 맴돈다.

소록도 부부병사는 거의가 한 일자 형식으로 지어져 있고, 방 입구에는 청마루가 연결된 여섯 가정이 살게끔 되어 있다. 뒤쪽은 각 가정마다 독립된 부엌이 있다. 다윗이 살던 뒷문과 부엌문을 열면 신생리 뒷자락 만령당과 신목이 손에 잡힐 듯 한 눈에 들어온다. 다윗은 자신이 태어나고 살던 네 번째 방 앞에 섰다. 아버지, 어머니께서 방문을 열고 '다윗아!'하시면서 나오는 듯 했다. 다윗은 자신이 방으로 드나들던 청마루를 손으로 한참 어루만졌다. 이 청마루 밑에는 호미, 낫, 삽, 괭이, 쇠스랑, 도끼, 톱, 망치, 못 등을 넣어두는 창고이다.

다윗은 천천히 걸어서 11호사와 12호사가 연결된 중간지점에서 신작로로 내려가는 작은 오솔길 옆에 서 있는 석류나무를 손으로 만져 보았다. 어른 주먹보다 더 큰 석류가 열리던 10월이면 쩌억 벌어진 석류를 따서 사랑하는 엘리사벳과 함께 먹지 않았던가. 지금 이 석류나무는 고목이 되어 부러진 틈 사이로 작은 가지만 무성했다.

다윗은 신생리 11호사 앞에서 한참을 서 있다가 교회당쪽으로 내려갔다. 발길이 뜸한 교회당 앞마당과 화단 뜰에는 코스모스가 자라고 있었다. 한 생을 마감하러 소록도를 다시 찾는 날, 이렇게 자라고 있는 코스모스가 피어 있겠지. 그때, 이 코스모스를 꺾어서 내 사랑 엘리사벳에게 선물하여야 겠구나. 코스모스, 엘리사벳이 그렇게도 좋아하던 꽃이 아닌가.

교회당에서 희망사쪽으로 내려와 희망사 뒤 팽나무 아래에 섰다.
스승 강학수에게 무예를 배웠던 곳이다.
"다윗아."
"네, 스승님."
"태어남 자체는 삶을 위함이요, 삶은 죽음을 위함이니라. 즉, 사는 생을 위하여 존재하는 것이고, 생은 사를 위하여 태어났느니라. 인간사 생사필멸이요, 회자정리 아니더냐. 우리 인간사 삶 자체가 헤어짐이니라. 너와 엘리사벳과의 만남이 길지 않을지라도 괴로워하지 말고 서러워 말아라. 이것이 우리 인간사이니라."

다윗은 엘리사벳의 어머니 심해져 가는 심장병을 걱정해가며 엘리사벳의 손을 잡고 걷던 신생리 바다 둑길에 접어들었다. 오늘따라 갈매기가 다윗의 머리 위로 날으며 슬피 울고 있다. 축복과 통탄과 풍광과 질곡과 사랑의 작은 섬 소록도야, 다윗이 너를 다시 찾아왔구나. 소록도를 떠날 때 소록도 너와의 약속 우리 사랑하는 엘리사벳을 만나면 사랑하는 엘리사벳과 함께 너 소록도를 찾아와 보리피리를 불어주려던 그 약속 지키지 못하여 미안하구나.

이 못난 다윗을 용서해다오, 축복과 통탄과 풍광과 질곡과 사랑의 섬 소록도야, 미하리소와 병원 본관 맞은 편 바다가 언덕에 섰다.

바로 이곳이 해방 후 건강직원 오순재, 송회갑 등에 의하여 잔인무도하게 저질러진 생화장과 매장의 그 현장이다.

다윗은 이곳에서 무릎을 꿇었다.

미하리소에서, 이곳에서 길거리에서 장콩을 실고 소록도로 돌아오는 득량 앞바다 배 위에서 바다에서 원한의 혼귀가 되신 선배님들이시어, 이 못난 후배는 선배님들의 한 맺힌 통탄의 사연들을 만천하에 공개하지 못하고, 이렇게 책임감 없이 허무하게 돌아왔습니다.

많이 꾸짖고 질책해 주십시오. 그러나, 언제인가 누군가에 의해 하늘도 땅도 통탄할 기막힌 이 원한의 사연들을 만천하에 공개할 날이 올 것입니다.

그때까지 84영령들이시여, 고이 영면하소서.

다윗은 한참 후 일어났다.

엘리사벳과 함께 다니던 녹산중학교를 지나 중앙공원에 들어섰다. 손에 장미가시에 찔려가며 엘리사벳에게 노란 장미를 꺾어주던 장미터널, 성당에서 들여오는 크리스마스 캐럴송을 들으며 엘리사벳은 다윗에게 청실과 홍실 엮어서 짠 장갑을 다윗은 엘리사벳과 자신의 이름을 각인한 머리핀을 선물하던 곳, 야자수 아래서 정답게 손을 잡고 사진을 찍었던 곳이다.

엘리사벳과 국민학교 입학식날, 처음 만나 6년간 공부했던 녹산국민학교, 클로버 꽃반지를 만들어 손에 끼워주며 신랑각시가 되고자 했던 클로버 잔디밭, 국민학교 6년, 중학교 3년간 하루 빠짐없이 만나고 헤어졌던 성당 앞 신작로길, 어릴 적 자주 만나던 공회당 앞 솔송 아래, 눈사람을 만들던 공회당 운동장.

엘리사벳이 소록도를 떠나던 날, 다윗은 만년필을 엘리사벳은 가제 손수건을 주고받으며 아쉬워했던 수탄장길, 소낙비를 피하여 떨고 있는 엘리시벳을 끌어안고 처음으로 이성을 느꼈던 공회당 대기실, 엘리사벳의 다친 발을 안쓰러워하며 엘리사벳을 등에 업고 학교로 가던 학교길, 눈보라 속에서 눈물을 흘리며 헤어졌던 도선창, 사랑이란 두 글자를 모래 위에 그리며 뛰어가던 동생리 바닷가 등 다윗은 추억이 서린 소록도를 둘러보았다.

소록도를 떠나면서 다윗은 "내 사랑 엘리사벳!" 하늘을 향해 소리쳐 불러본다. "엘리사벳! 엘리사벳!" 엘리사벳의 이름이 소록도 하늘에 메아리쳤다.

다윗은 서울에 도착하여 종로 종각 뒤편 '작은 사슴의 나라'에 와 있었다. 3층 건물의 화려하고 웅장한 고급음식점은 여러 명의 주차요원들이 손님들의 차를 안내하고 정차시키느라 분주하다. 그 중에 머리가 약간 벗겨진 50대 중년이 음식을 먹고 나오는 손님들에게 정중히 인사를 하고 있다. 다윗이 다가간다. 어릴 적 친구 영식이다. 다윗은 영식이 뒤에 서서 두 손으로 눈을 가렸다. 영식이는 약간 놀란 듯 그대로 있다.

"사장님, 제가 누군지 한번 알아맞추어 보세요?"

"손님 왜 이런당가요. 하도 손님이 많아서 나가 누군지 잘 모르지라이."

"그럼 제가 사장님께 문제를 드리다. 어린 시절 놀던 놀이입니다. 제가 누군지를 아실 거에요."

"아이구 바쁜디 큰일 날당께."

"1번 신작로, 2번 측백나무, 3번 교회당, 4번 공중에서 팽이 돌리기."

영식이는 다윗에게 두 눈이 가린 채 신작로, 측백나무, 교회당, 팽이 돌리기를 생각하며 잠시 있었다. 그랬다. 어린 시절 다윗은 나를 두 손으로 번쩍 들어 올려 한 손에 올려놓고 팽이 놀이를 한다고 빙글빙글 돌리지 않았던가.

"다윗, 다윗아인겨?"

영식이는 조심스럽고 다정하게 다윗의 이름을 불렀다. 다윗은 영식이를 돌이켜세워 안았다.

"영식아, 나 다윗이야."

김영식은 다윗을 한동안 바라보고 말문이 막혔다. 영식이도 다윗을 한번 끌어안았다.

"워매, 이것이 꿈이여 생신이여, 자네가 참말로 권다윗 맞는가."

"그래, 영식아. 나 다윗이야. 권다윗."

"아이구 세상에 이렇게 기쁘고 반가운 일이 어디 있당가. 사람은 오래 살고 볼 것이여."

영식이는 다윗의 손을 잡고 울음을 터트렸다.

"아이구 워메, 미치고 허블라게 환장하겠네."
"이 사람아, 이게 얼마만이여. 엘리사벳이 자네를 얼마나 찾고 또 찾아 헤매였다고. 어디 있다가 인제 온기여? 다윗아. 엘리사벳 소식 들었지. 하늘에는 하나님이 없는기여. 이 세상에서 제일 착하고 선한 엘리사벳에게 저런 가혹한 시련을 주다니……. 아니 내 정신 좀 봐. 안으로 들어가세 어서."
"그래, 들어가자."
다윗과 김영식은 식당 안으로 들어갔다. 카운터에서 월순이가 계산을 막 끝내고 있다.
"여보, 그렇게 찾고 또 찾던 이 세상에서 제일 반가운 다윗이 왔소."
"뭐. 다윗아 왔다고?"
월순이는 다윗을 보고 반가움에 뛰어 나왔다. 한쪽 신발이 벗겨진 채 월순이는 다윗의 손을 두 손으로 덥썩 잡고 울음을 터트렸다.
"다윗아, 이게 일마만이여. 이게 꿈온 아니겠지."
"그래, 꿈이 아니고 현실이야."
"다윗아, 3층 안채로 들어가 이야기 좀 하자."
"김양, 우리 손님하고 3층에 이야기 좀 나눌 터이니, 계산대 좀 봐."
"네."
다윗과 영식, 월순이는 3층 살림집으로 올라왔다.
"다윗아, 엘리사벳이 너를 얼마나 찾고 헤매었는지 몰라."
"내가 말이여, 월순이 전보 받고, 서울에 와서 바로 월순이하고 너 하숙집에 갔어야. 그런디 안 들어온디야. 다윗 내가 말이여. 그 후로 나 혼자서 너 하숙집에 수없이 찾아 갔어야."
"엘리사벳하고 우리 두 사람이 다윗 너를 수도 없이 찾고 헤맸어야. 어디 있다 인제 온기여."

"기구한 운명의 수레바퀴 속에서 30년간 홍콩에 있었어."

"엘리사벳이 자나깨나 너만 생각하고, 사랑하다가 저렇게 다친기여."

월순이가 손수건을 꺼내 눈시울을 닦는다.

"그럴 것이여. 한국에서 엘리사벳이 그렇게도 오매불망 찾았는데……."

"한국에 있었으면 벌써 다윗 너를 찾았겠지."

"어제 우리 두 사람이 엘리사벳 병문안을 갔다 왔는데 곧 눈 이식 수술을 한다고 하던데……."

"그래, 내가 이 두 눈을 우리 사랑하는 엘리사벳에게 주려고……. 내가 소록도에 갔다 오는 길이야. 아버님, 어머님 영전에 불효를 빌고 두 눈을 엘리사벳에게 주게 된 사연과 용서를 구하려고 말이야."

영식이와 월순이가 다윗을 바라본다.

"엘리사벳도 이 사실을 알고 있는 기여."

"우리 엘리사벳에게는 비밀로 했어."

"그래, 나는야 다윗 너를 잘 알아. 너라면 엘리사벳을 위하여 목숨까지도 서슴없이 줄 것인게. 다윗만 그런 줄 알아 엘리사벳도 다윗 너라면 목숨 그보다 더한 것도 주었을거야."

"그런데 다윗아, 엘리사벳이 7일만에 정신이 돌아올 때, 다윗 네가 엘리사벳 옆에 있었던 것 같다고 하면서 우리 두 사람한테 여러 번 묻던데 그게 뭔 말이여."

"그래, 우리 사랑하는 엘리사벳 옆에 내가 있었어. 의사선생이 우리 엘리사벳 안정이 절대 필요하다고 하기에 아무 말도 못했어. 눈과 얼굴에 붕대를 감고 있는 모습을 보고 억장이 무너지고, 심장이 터질 것 같아서 그냥 병실을 나왔어."

"그랬었구나."

"다윗아, 월순이와 나가 이렇게 잘 사는 것도 다윗 너와 엘리사벳 덕뿐인께. 소록도에서 건강한 자들을 강제로 퇴원시키고 있는데, 나가 육지 사회에 오갈 데가 있어야제. 정착촌으로 갈까하고 안절부절 못하고 있을 때 월순이한테서 전보가 왔어야. 소록도를 나와 월순이 하고 청계천 봉제공장에서 같이 일했어야. 그때 월순이는 다윗이 자기를 악의 수렁에서 구해준 사람이고, 서울에 정착시켜 주고, 나와 맺게 해 준 사람이라고 다윗 말을 수도 없이 했어야. 그런디 봉제공장이 부도가 나는 바람에 월순이와 내가 청계천에서 5평도 채 안 되는 곳에서 밥장사를 했어야. 그러다가 어느 날 KBS 화제의 인물 프로에서 엘리사벳을 보고 월순이와 나가 다윗과 엘리사벳병원을 찾아 간기여.

"아, 그랬구나."

"엘리사벳이 우리 두 사람을 보고 얼마나 반갑게 대해 주던지 말이여. 그리고 엘리사벳이 우리가 하고 있는 밥집에 가자고 해서 세 사람이 청계천 밥집까지 왔어야. 지금 이 음식점 우리에게 경영하라고 준기여. 월순이와 나가 먹고 살으라고 말이여. 여기서 수익금은 요 앞에 친사의 집이 있어야 불우하고, 소외된 분들을 위하여 이 식당과 함께 건립된기여. 그곳에 계시는 분들의 숙식, 경상비로 지급되고 있어야. 원래, 이곳은 엘릿사벳 아버님 때부터 사시던 집이었는데. 600평이 넘는 이곳에다가 엘리사벳이 봉사와 선행을 하기 위하여 이렇게 건축된기여. 엘리사벳이 서울에 있는 한 단 하루도 안 빠지고 새벽에 기도드린 후 이곳에 와서 하나하나 일일이 불우하신 분들의 식사를 손수 챙겨주는기여. 만약, 그분들한테 병이 나면 다윗과 엘리사벳병원으로 급히 모시고 가서 무료로 치료를 해 드리는기여. 그분들은 엘리사벳을 보고 천사님이라고 하는기여. 천사님."

"그래 다윗이 소록도에 있을 때 우리 엘리사벳 어머님께서 말씀하시길 엘리사벳은 봉사와 선행을 하기 위하여 이 세상에 태어난 아이라고 항상 말씀하셨어."

"그래, 그 말이 맞아야. 엘리사벳은 이 세상에 봉사와 선행을 하기 위하여 태어난 착한 사람이어야. 또한, 엘리사벳은 다윗 너를 위하여 태어나기도 했고야. 엘리사벳이 저렇게 다치고 나서 저곳에 계시는 분들이 온통 울음바다가 된기여. 만약 우리 천사님이 잘못되시면 따라 죽자고 말이여. 어제 우리 두 사람이 엘리사벳 병문안을 갔을 때 엘리사벳이 다윗 너의 소식을 묻고 나서 자신은 그 고통 중에 있으면서도 천사의 집에 계시는 분들 신경 써달라고 신신당부하더라. 그리고 나와 월순이 보고 식당준비에 바쁘더라도 틈을 내어 천사의 집에 자주 들러보라고 신신당부혀야. 엘리사벳은 그런 천사야, 천사."

"그런데 다윗아, 이제 엘리사벳 눈이 완치되면 엘리사벳과 함께 살아야제?"

"아니야. 내 같은 사람은 내 사랑 엘리사벳에게 짐이 돼."

"짐이 되다니 뭔 말을 그러코롬 싸가지 없이 하는기여. 그러면 어떡할끼여?"

"우리 엘리사벳에게 두 눈을 주고 소록도로 가려고 해. 다윗은 이 세상 자식들 중 불효자야."

"다윗아. 그런 소리하지 말어, 여기에 불효자 아닌 사람 누가 있간디야."

"다윗아, 엘리사벳이 소록도를 나온 후 지금까지 소록도를 수도 없이 갔다 왔는데, 그때마다 만령당에 잠들어 계시는 다윗 부모님, 어머님 영전에 꼭 들러서 예를 다했어."

"그래. 다윗은 사랑하는 우리 엘리사벳을 잘 알아. 우리 아버님, 어머님 살아계실 때도 항상 친부모님과 똑같이 따르고 예를 다 했어. 다윗도 우리 엘리사벳 어머님을 친어머님 같이 따르고 존경했었고……."

"다윗아, 그리고 말이여. 엘리사벳이 돌아가신 다윗 너 아버님, 어머님

505

기일이 오면 항상 검은 예복을 입고, 성심성의껏 돌아가신 부모님들을 위해 기도드리고 예의를 다했어."

"그래, 우리 엘리사벳은 그랬을 것이야. 엘리사벳은 우리 부부를 매일같이 볼 적마다 항상 다윗 너 이야기를 했었어. 엘리사벳 삶 자체가 다윗 너를 위함이라고……. 엘리사벳은 다윗 너를 위하여 이 세상에 태어난 사람이야. 물론, 다윗도 그러하겠지만……."

"다윗과 엘리사벳의 지고지순한 사랑은 우리 인류사에 없을 거야! 암! 없고 말고제."

"영식아, 너는 월순이 하고 행복하게 잘살아."

"월순이도 영식이와 행복하게 잘 살고……."

"다윗아, 뭔 말을 다시는 못 볼 사람같이 하는기여."

"엘리사벳은 물론이고, 월순이와 나가 다윗 너를 얼마나 찾았는지 몰라야. 다윗아, 그러지 말고 지금부터 우리와 함께 여기서 같이 살자."

"영식아, 월순아. 나윗이 우리 엘리사벳에게 누 눈을 주고 사랑하는 엘리사벳이 새로운 광명을 다시 찾고 나면, 다윗은 이 세상에 태어난 그 사명감을 다한 거야. 우리 사랑하는 엘리사벳을 위하여 다윗은 이 세상에 태어났으니까 영식아, 월순아, 나에게 무예를 가르치셨던 강 선생님께서 마지막 세상을 떠나시면서 나에게 하신 말씀이 계셔. 인간사 만남이 헤어짐이라 하시면서 태어남 자체는 삶을 위함이요, 삶은 죽음을 위함이라고 말씀하셨어. 사는 생을 위하여 존재하는 것이고, 생은 사를 위하여 태어났다고 말이야. 이것이 우리들의 인간사야."

"다윗아, 다윗 너와 엘리사벳 두 사람의 애가 타는 기다림과 그리움의 세월이 너무나 안타깝고 아까워서 그러제."

"그래, 다윗과 엘리사벳 두 사람의 사랑은 아마 이 세상에서 두 번 다시 없을 거야. 나는 항상 그렇게 생각하고 있어. 암! 없고 말고제."

"내가 우리 엘리사벳에게 눈을 주고 새로운 광명을 찾을 때까지 엘리사벳에게 절대비밀로 해야 해. 만일 이 일을 엘리사벳이 알고 충격을 받으면 모든 것이 허사이니까."

영식과 월순이는 긴 한숨을 내쉰다.

"월순이, 오랜만에 다윗과 함께 못 먹는 술이나마, 한 잔혀야 써것서."

"그래, 나가서 술상 봐 올게."

소록의 후예들은 사연 많고, 한 많은 이런저런 이야기 속에서 술에 취하고 만남과 추억에 취하여 밤은 깊어만 갔다. 월순과 영식은 술에 취하여 쓰러졌다. 다윗은 천성적으로 술에 취하지 않는 체질이다. 다윗은 조용히 일어났다.

영식이는 술에 취하여 인사불성으로 "다윗, 너는 우리 소록후예들의 영원한 대장이야! 대장!" 월순이는 술에 취하여 인사불성으로 "다윗, 너는 나의 은인이야. 그리고 영식이와 맺어준 우리 두 사람의 연결자야. 다윗 고마워. 평생 잊지 않을게. 다윗, 너와 엘리사벳이 아니었더라면, 우리 두 사람이 오늘같이 행복하게 살지 못했을 거야. 다윗, 정말 고맙고 감사해!" 영식과 월순이는 술에 취하여 연신 이 말만 하고 있다.

다윗은 밖으로 나와 '작은 사슴의 나라' 간판 앞에 섰다.

내 사랑 엘리사벳이 자신이 태어나고, 우리들이 함께 태어나고, 자란 소록도를 생각하여 지은 이름이구나! 다윗의 발걸음이 천사의 집 앞에 섰다.

"가난하고 배고프고 어렵고 소외된 자들이시어 이곳으로 오십시오. 이곳은 여러분을 위해 마련된 여러분의 쉼터입니다."

내 사랑 엘리사벳의 음성이 들리는 듯하다.

오, 내 사랑하는 엘리사벳이여!

다윗의 발길이 멀어져 간다. 다윗의 어깨 위로 가로등이 애처로이 졸고 있다. 다윗은 다윗과 엘리사벳병원에 와 있다.

"과장님, 우리 엘리사벳이 광명을 찾은 후 이 편지를 전해주십시오. 그리고 이 통장과 도장을 봉사와 선행에 쓰이도록 주십시오."

"눈을 기증하시고 꼭 떠나시렵니까?"

"저는 따로 가야할 곳이 있습니다."

"이 두 가지는 그렇게 전해드리겠습니다. 병실이 준비되어 있으니 그곳에 가시어 간단한 검진 후 바로 수술에 들어가도록 하겠습니다."

다윗은 수술대 위에서 마취를 기다리고 있다. 마취전문의가 아무리 마취를 시도하여도 다윗은 마취가 되지 않는다. 마취전문의가 김 과장에게 귓속말로 무어라 한다. 김 과장이 다윗에게

"권 선생님, 선생님께서는 의학적으로 이해하기 어려운 특이한 체질이므로 마취가 되지 않습니다. 안구 증여 수술을 중단하여야 겠습니다."

"저는 태어남 지체기 다른 사람과는 다릅니다. 마취가 되지 않더라도 수술에 임할 수가 있습니다."

"권 선생님, 안 됩니다."

"그러시면 할 수 없이 제가 우리 엘리사벳에게 안구를 기증한다는 유서를 쓰고 자결하겠습니다. 그러면 되지 않겠습니까?"

다윗이 일어나려 하자

"권 선생님. 왜? 이러십니까?"

"지금 그길 밖에 없지 않습니까?"

"마취를 하시지 않으셔도 참아내시겠습니까?"

"저는 특이한 체질이라 하지 않습니까? 모든 것은 저를 믿으시고, 수술을 속히 시작해 주십시오. 마취가 되지 않는 아픔 따위는 이 사람 다윗에게 큰 의미가 없습니다."

김창수 안과과장은 잠시 침묵 속에 있다.

"권 선생님 뜻 잘 알겠습니다. 지금부터 김창수 의사생활 모든 것을 걸고 시술하겠습니다. 이 시술은 의료인으로서가 아니라 인간 김창수가 두 분의 지고지순한 위대하고 숭고한 사랑 앞에 감화 감동되어 섭니다. 신의 가호가 있기를 간곡히 빌면서 집도하겠습니다."

"과장님, 감사합니다."

다윗은 강한 의지와 인내심, 그리고 초인적인 사투의 참을성으로 전신의 기를 소진해 가면서 사랑하는 엘리사벳의 광명을 간절히 빌고 빌었다. 다윗의 각막을 엘리사벳에게 증여하는 수술과 엘리사벳이 다윗의 각막을 증여받는 대수술이 동시에 이루어졌다.

엘리사벳은 수술 중에도 소록도 중앙공원에서 크리스마스 캐럴송을 들으며 잣나무 아래서 사랑하는 다윗과 서로 장래를 약속하며 다윗에게 선물 받은 다윗과 엘리사벳 이름이 각인된 머리핀을 머리에 꽂고, 소록도를 떠나던 날 수탄장길 위에서 다윗에게 선물 받은 엘리사벳과 다윗의 영원불변의 사랑을 다윗의 혼을 불어넣어 각인한 만년필을 손에 꼭 쥐고 다윗을 그리며 수술을 받았다. 소록이 낳은 불세출의 영웅 다윗의 두 눈이 생과 사의 사투 속에서 봉사와 선행하기 위하여 세상에 태어나고 또한 자신을 위하여 태어난 엘리사벳에게 기증되었다.

며칠 뒤 수술의 결과가 좋아 오늘은 엘리사벳의 두 눈에 붕대를 푸는 날, 검은 중절모를 깊숙이 내려쓰고 검은 안경과 검은 바바리 코트를 걸친 50대 신사가 가방을 든 채 택시를 타고 다윗과 엘리사벳병원을 떠났다. 다윗이다.

오후 3시가 조금 지난 시간, 안과과장 김창수가 직접 붕대를 풀었다. 엘리사벳은 잠시 있다가 눈을 떴다. 비로소 새로운 빛이 눈에 들어왔다.

엘리사벳은 먼저 손에 쥐고 있던 만년필을 보았다. 손으로 머리에 꽂힌 머리핀도 만져보았다.

"재단이사장님 거울입니다. 보시지요."

엘리사벳은 거울을 받아들고 자신의 얼굴을 본다. 입가에 잔잔한 천사의 미소를 짓는다. 의료진들의 박수소리와 환호를 질렀다.

"재단이사장님, 이 꽃은 저희들이 준비한 것입니다."

"고맙습니다. 여러분들의 성의를 잊지 않겠습니다."

"재단이사장님 새로운 광명을 진심으로 축하드립니다."

"저 때문에 여러분들께 심려를 끼쳐드려 죄송하고 미안합니다. 그리고 감사하고 고맙습니다."

"아닙니다. 저희는 최선을 다하였고, 재단이사장님께서는 종교적 믿음과 기도 속에서 굳건하신 의지와 의학의 확신과 신념으로 광명을 찾으신 것입니다. 지금 컨디션은 어떻습니까?"

"아주 좋습니다. 모든 것이 잘 보입니다. 세상에 두 번 태이닌 깃 긷습니다."

"재단이사장님, 이거 한번 보시겠습니까?"

김 과장이 다윗에게 전해 받은 편지 봉투와 도장 통장을 내놓았다.

"이게 무엇입니까?"

"각막을 제공하신 분께서 재단이사장님께 드리라고 전한 것입니다. 직접 보시죠. 이 세상에도 그리도 고마우신 분이 어디 있습니까?"

"저를 두 번 태어나게 해주신 저의 은인이신 그 분께 감사의 인사를 꼭 드려야겠군요."

엘리사벳은 봉투 속에 편지를 꺼낸다.

아! 내 사랑 다윗의 향기며, 내 사랑 다윗의 글씨다!

부들부들 떨리는 손으로 편지를 잠시 읽더니 엘리사벳은 얼굴에 경련을 일으키며 큰소리로 다윗! 다윗! 다윗!하며 자리에서 벌떡 일어나 맨발로 병실 문을 박차고 뛰어 나간다.
"이 분, 지금 어디에 있어요? 내 사랑 다윗이에요. 이 분을 찾아야 해요! 다윗! 다윗! 지금 어디에 있는 거야? 내 사랑 다윗!"
엘리사벳은 큰소리로 다윗을 부르며 신발도 신지않은 병원복을 입고 복도로 뛰어나가 다윗을 찾았다. 의료진들이 깜짝 놀라 재단이사장의 뒤를 따라 나간다. 병원은 아수라장이 되고 있다.

이 사람 바로 내가 찾고 있던 다윗이에요.
이 사람 지금 어디 있어요? 네?
내 사랑 다윗이에요!
33년 7개월 동안 단 한 순간도 잊어본 적이 없고, 내 모든 걸 다 바쳐 애타게 찾고 찾아 헤매던, 내 사랑 다윗이에요!
두 다리를 동동 구르며 다윗을 정신없이 찾고 있다.
"재단이사장님 고정하십시오. 재단이사장님 진정하십시오."
"내가 의식을 회복하는데 다윗이 내 옆에 있었지요. 왜? 그때 나에게 아야기하지 않았어요, 네?"
엘리사벳은 격앙된 큰소리로 김창수 과장을 다그쳤다. 여태껏 한 번도 재단이사장님께 큰소리를 들어본 적이 없는 의료진들은 깜짝 놀라 어리둥절한다.
"재단이사장님 고정하십시오, 제가 다 말씀드리겠습니다."
"이를 어쩌나. 내 사랑 다윗을 찾아야 하는데……. 엘리사벳에게 두 눈을 다주고 가다니 다윗 지금 어디에 있는 거야. 대답 좀 해봐. 어서 다윗!"
엘리사벳은 힘없이 주저앉아 다윗의 이름을 애절하게 부르며, 병원 복도 바닥을 손으로 내리치고 대성통곡한다.

다윗! 다윗! 내 사랑 다윗! 이를 어쩌나. 내 사랑 다윗!

이런 북새통에 간호원들이 엘리사벳을 일으켜 세우고 예의를 다해 진정시키며 신발을 가져와 신겼다. 안과과장은 "재단이사장님 방으로 들어가시면 제가 다 말씀해 드리겠습니다." 간호원들이 재단이사장을 부축하여 재단이사장실로 모시고 간다.

엘리사벳은 자리에 앉자마자 잠시 정신을 놓은 듯 하더니 자리를 고쳐 앉으며 "물 좀 주세요." 김 비서가 물을 가지고 들어온다. 엘리사벳은 물을 마시고 마음을 가라앉힌다.

"여러분 잠시 쉬어야겠으니 혼자 있겠습니다."

의료진을 물리친 엘리사벳은 다윗의 편지를 떨리는 손으로 수 없이 보고 만져본다. 그리고 안과과장을 들어오게 하여 그동안 있었던 일들을 빠짐없이 보고받는다.

내 사랑 다윗!
―생영애 사영애

김 비서가 황급히 들어오면서
"재단이사장님 작은 사슴나라 사장님 내외분이 오셨는데, 급한 일이 있답니다."
"어서 들어오게 하세요."
영식이와 월순이가 급히 들어온다.
"어서들 와."
월순이가 엘리사벳 손을 잡으며
"엘리사벳 눈은 좀 어때?"
"괜찮아. 잘 보여. 내 사랑 다윗이 마취가 되지 않은 상태에서 생사를 가늠하는 아픔을 참아가면서 두 눈을 나에게 다주고 어디론가 떠나버렸어! 월순아, 내 사랑 다윗을 찾아야 하는데 어쩌면 좋아."
두 눈에 눈물이 고였다. 월순이도 영식이 눈에도 눈물이 고였다.
"재단이사장, 지금 이러고 있을 시간 없어야. 지금 당장 소록도에 가봐. 다윗이 소록도에 간다고 했당께!"
"뭐, 소록도!"
"그래, 소록도야."
엘리사벳이 용수철처럼 자리에서 벌떡 일어섰다.

"월순이와 나가 식당에 잠시 갔다가 바로 뒤따라 갈텐께 알겠는가."
"그래. 나 먼저 소록도로 급히 갈테니까 두 사람은 뒤따라 빨리 와."
김 과장이 "재단이사장님, 김 비서와 수간호원을 대동하십시오.", "네, 알겠습니다." 김 비서가 급히 전화로 "재단이사장님 차 대기시키시고, 수간호원 출장 준비하여 병원현관 앞으로 빨리 나오시라고 하세요."
김 비서가 엘리사벳의 뒤를 따라 나선다.

소록도로 온 다윗은 엘리사벳을 위하여 신생리 교회 앞뜰에 피어 있는 코스모스를 한 아름 꺾어 들었다. 중앙공원 입구 소록도의 따스한 가을에 장미 터널 속에서 탐스런 노란 장미를 꺾어 코스모스꽃 속에 꽂았다. 공회당 언덕을 올라 어릴 적 엘리사벳과 자주 만나던 소나무 아래에 섰다.
사랑하는 엘리사벳으로부터 받은 귀중한 선물이 담겨진 작은 가방을 옆에 내려놓는다. 다윗은 전신에 헌기증을 느끼며 휘청거린다. 조금 있으면, 내 사랑 엘리사벳이 올 텐데 그때까지 버텨야 한다. 다윗은 지금 입신의 경지에 이른 초인적인 내공의 기로 인간의 한계에 다다른 죽음 앞에서 일생을 통하여 분신처럼 사랑하는 엘리사벳을 만나기 위하여 초인적 능력으로 생명을 연장하고 있는 것이다.
하늘에서 강학수의 음성이 들린다.
"애제자, 다윗."
"네, 스승님."
"다 되어 가느냐?"
"네, 스승님 다 되어 가는 것 같습니다."
"다한 생명을 응축된 기로 연장하고 있구나."
"네, 스승님. 역시 다윗이구나."

"다윗, 네가 엘리사벳에게 선물하려고 코스모스를 한 아름 안고 있구나."

"스승님, 조금 있으면, 사랑하는 엘리사벳이 이곳으로 올 것입니다. 그때 사랑하는 엘리사벳에게 코스모스를 주려고요."

"너의 두 눈을 사랑하는 엘리사벳에게 다 주었구나."

"네, 스승님. 사랑하는 엘리사벳이 교통사고로 두 눈을 못 쓰게 되어서 제가 이 두 눈을 사랑하는 엘리사벳에게 주었습니다."

"참으로 너희 두 사람의 사랑이 하늘을 감동케 하는구나. 다윗, 너는 대장부 중에 대장부요. 멋쟁이 중에 참으로 멋쟁이로다. 육신의 눈이 보이지 않을 때는 마음의 심안으로 보아야 하느니라."

"네, 스승님 그렇게 하고 있습니다."

"사랑하는 제자 다윗아."

"네, 스승님."

"너는 무예에도 우등생이며 모범생이었으나, 엘리사벳을 향한 사랑 역시 그와 같구나. 다윗아."

"네, 스승님."

"내가 있는 이곳은 요정들이 합창소리가 그치지 않고 기가 충만하여 기를 경영하는 곳이란다. 그리고 근심과 걱정이 없으며 생노병사가 없고, 기화요초가 항상 피어있는 곳이니라. 기에 대해서는 다윗 네가 잘 알고 있지 않느냐?"

"네, 스승님께서 제게 가르쳐 주셨지요."

"잠시 후에 이곳에서 너와 만나게 될 것이니라."

"네, 스승님. 그리 알고 있습니다."

"삼명육통을 통달하였구나."

"네, 스승님 조금 전 스승님 심령의 소리를 듣고 통달하였습니다."

"삼명육통은 인간으로서는 최고의 경지이나 이곳에서는 아무것도 아니니라. 엘리사벳이 너에게로 오고 있구나."

엘리사벳이 중앙공원을 거쳐 다윗이 지난 시절 집까지 바래다주고 서로 헤어지던 성당 앞 도로에 차를 세우고 공회당 언덕에 다윗과 자주 만나던 솔송쪽을 바라보았다. 다윗이 솔송 아래서 코스모스를 한 아름 안고 방금 도착한 엘리사벳을 바라보고 있다.

"아, 내 사랑 다윗이다. 내 사랑 다윗! 나 엘리사벳이야!" 그 자리에서 훌쩍 뛰어 오르며 손을 흔들어 큰소리로 외쳤다. 다윗도 "내 사랑 엘리사벳!" 코스모스를 들어 올리며 크게 부른다.

"내 사랑 엘리사벳!"

엘리사벳이 공회당 언덕길을 뛰어오르기 시작한다.

"재단이사장님, 차에 타십시오."

정중히 차에 모시고 차가 공회당쪽으로 질주한다. 황급히 차문을 열고 뛰어내린다. 내 사랑 다윗 끌어안는다. 내 사랑 엘리사벳과 길고 긴 입맞춤을 한다. 다윗과 엘리사벳의 포개진 입술 사이로 눈물이 하염없이 흘러내린다.

"엘리사벳, 선물이야! 내 사랑 엘리사벳이 좋아하는 코스모스 잖아. 공원 입구 장미 터널을 지나다가 지난 세월 우리 사랑하는 엘리사벳에게 꺾어주던 장미 향기가 나서 노란 장미도 한 송이 꺾었어. 가을인데도 내 사랑 엘리사벳을 위하여 피어 있었어."

"내 사랑 다윗! 그 옛날 다윗이 손에 장미가시에 찔려가며 엘리사벳에게 꺾어주던 노란 장미 바로 그거야!"

"우리 사랑하는 엘리사벳은 장미보다 더 아름답고 더 예뻐. 아니, 천사보다 더 아름답고 선녀보다 더 예뻐. 내 사랑 엘리사벳은 진정한 절세가인이야. 또한, 우리 엘리사벳은 나의 전부야!"

"내 사랑 다윗, 고마워. 참으로 33년 7개월만에 들어보는 내 사랑 다윗의 말이야."

"내 사랑 엘리사벳."

"그래! 내 사랑 다윗."

"우리 사랑하는 엘리사벳에게는 예나 지금이나 자스민 꽃향기가 나는구나!"

"엘리사벳도 그래. 내 사랑 다윗에게 향기가 나."

"무슨 향기인데?"

"아이, 몰라 자꾸 묻지마. 부끄러워. 그냥 좋은 향기야."

엘리사벳과 다윗 사이에 세월이 이렇게 흘렀는데도 부끄러워 한다. 그래, 내 사랑 다윗 품에만 안기면 마냥 부끄러웠다. 소녀처럼 얼굴이 붉어지면서 다윗을 꼭 끌어안는다.

"내 사랑 다윗, 엘리사벳이 병원에서 의식을 회복할 때 우리 다윗의 향기를 맡았어."

"사경을 헤매는 우리 사랑하는 엘리사벳을 보고 다윗의 가슴은 천 갈래 만 갈래 찢어지는 듯 괴로웠어. 내 사랑 엘리사벳."

"어서 말해봐, 내 사랑 다윗! 이 엘리사벳이 얼마나 보고 싶었고 다윗을 얼마나 사랑했는지 몰라. 33년하고 7개월, 그 얼마나 긴 세월 동안 사랑하는 다윗을 단 한 순간도 잊어 본 적이 없었어. 사랑이라는 두 글자는 사랑하는 우리를 위해서 만들어졌으니까. 내 사랑 다윗, 내 사랑 다윗을 찾으려고 헤아릴 수 없는 수많은 낮과 밤을 애타게 그리며 지냈는지 몰라, 내 사랑 다윗."

"그래! 내 사랑 엘리사벳. 나도 그랬어."

"내 사랑 다윗을 만나면 꼭 고백할 게 있었어."

"엘리사벳, 그게 뭔데?"

"청보리 피는 오월 우리 두 사람 소낙비를 피해 저기 공회당 대기실로 피한 적 있지. 그때 엘리사벳은 내 사랑 다윗 품에 안겨 이성으로서 처음 사랑을 느꼈어. 지금도 그때를 회상하니 가슴이 콩닥거려."

"내 사랑 엘리사벳, 나도 그랬어."

엘리사벳은 얼굴을 붉히며 다윗을 꼭 끌어안는다.

"엘리사벳은 사랑하는 다윗에게 고마운 것이 있고, 또 하나는 용서를 구할 게 있어."

"우리 사랑하는 엘리사벳과 다윗 사이에 고맙고 용서가 다 뭐야. 그런 말 하지마."

"아니야. 내 사랑 다윗. 이 말은 꼭 해야 해."

"내 사랑 엘리사벳 무슨 말인데?"

"내 사랑 다윗!"

다윗의 이름을 불러놓고 엘리사벳은 검은 안경을 낀 다윗의 눈을 바라본다. 엘리사벳의 눈에서 하염없이 눈물이 흘러내린다.

"내 사랑 다윗!"

"내 사랑 엘리사벳. 어서 말해봐."

"사랑하는 다윗의 두 눈을 엘리사벳에게 다 주고 어떻게 살려고 그랬어. 마취가 되지 않는 상태에서 생사를 가늠하는 그 아픔의 고통을 참아 가면서 말이야."

"내 사랑 엘리사벳의 광명을 생각하면서 참고 또 참았어……. 우리 사랑하는 엘리사벳을 생각하면 아픔 따위는 아무것도 아니야. 우리 사랑하는 엘리사벳이 바로, 다윗이니까."

눈물범벅이 된 엘리사벳은 다윗을 두 손으로 힘껏 끌어안는다.

"내 사랑 다윗! 고마워. 또 하나는 우리 아버님께서 이곳 소록도에서 내 사랑 다윗과 엘리사벳이 헤어질 때 당시 소록도 정 원장께 부탁하시어 우리 둘의 편지 연락을 단절시켰어. 그래서 내 사랑 다윗에게 수없이 보낸 엘리사벳의 편지가 다윗에게 전달되지 못하고 교도과에서 단절시킨 거야. 우리 다윗이 선흥병원을 찾아오면 아버지가 이 병원을 그만 두었다는 말과 아버지의 신상에 대하여 함구하라는 말을 수위분들에게 엄명하셨다고 하셨어."

"내 사랑 엘리사벳, 나도 엘리사벳을 찾아 서울을 다 헤맸어. 선흥병원에 찾아 갔으나 엘리사벳을 찾을 길이 없었어."

"다윗, 나는 이런 사실을 아버님이 운명하시기 전에 내게 말씀하시면서 하나밖에 없는 딸에 대한 지나친 과욕의 사랑으로 소록도에서의 모든 인연을 잊게 하고 새로운 출발을 시키시려는 뜻에서였으나, 수없이 편지해도 답장 없는 사랑하는 다윗의 편지를 애절하게 기다리고 몸부림치며 괴로워하는 딸 엘리사벳을 보시면서 죄책감에 괴로워하셨다고 하셨어. 그리고 아버님께서는 엘리사벳과 사랑하는 다윗간의 편지를 단절한 것을 후회하시고 안타깝게 생각하여 엘리사벳이 미국 유학 가기 전 이곳 소록도에 있는 사랑하는 다윗에게 엘리사벳을 보내주셨어. 그러나 3년 7개월 세월 동안 오매불망 그렇게도 애타게 그리웠던 내 사랑 다윗은 소록도를 떠난지 3일 뒤였어. 엘리사벳은 그때 사랑하는 다윗을 생각하며 그리움과 아쉬움에 애태우고 오열하며 얼마나 얼마나 가슴을 쥐어뜯고 땅을 치며 통곡하였는지 몰라. 내 사랑 다윗이 진주로 갔다는 말을 듣고 서울로 곧바로 가지 않고 내가 진주로 가서 사랑하는 다윗을 얼마나 찾고 헤매었는지 몰라."

"내 사랑 엘리사벳. 그것은 우리 사랑하는 엘리사벳과 다윗의 사랑을 더욱더 굳건히 다지고 더욱더 맺게 하시려는 아버님의 시험대였다고 생각해. 내가 8살되던 해 국민학교 입학식날, 우리 사랑하는 엘리사벳을 만난 후 이 세상에서 단 하나뿐인 선녀보다 더 예쁘고, 천사보다 더 아름다운 우리 사랑하는 엘리사벳을 이 세상에 태어나게 해주신 어머님, 아버님께 자나 깨나 항상 고맙고 감사한 마음으로 살아왔고, 또 하나님께 기도했었어. 그리고 항상 하나님께 우리 사랑하는 엘리사벳과의 만남을 감사 기도했었어."

"내 사랑 다윗, 고마워!"

"엘리사벳, 고맙다는 말하지마. 고맙다는 말은 우리 사랑하는 엘리사벳과 다윗에게는 어울리지 않아. 내 사랑 엘리사벳이 다윗이고, 다윗이 내 사랑 엘리사벳이니까."

"그래 내 사랑 다윗, 우리는 영원불변 일심동체(一心同體)야. 이 지구상에 모든 것이 다 변해도 우리 엘리사벳과 다윗의 사랑은 변하지 않아. 우리들의 사랑은 영원불변하니까."

"그래, 내 사랑 다윗. 우리들의 사랑은 변할 수 없어."

"다윗은 이제 죽어도 여한이 없어. 이렇게 내 사랑 엘리사벳이 내 품에 있으니까, 내 사랑 엘리사벳 정말 너무 너무 행복해."

"내 사랑 다윗, 나도 그래. 이대로 지구가 멈추어 섰으면 좋겠어."

"사랑하는 우리 엘리사벳을 남겨두고 떠나려하니 다윗의 가슴이 천 갈래 만 갈래 찢어지고 괴로워서 발길이 떨어지지 않는구나."

"인간들이 한번은 가야 할 길인 것을……."

"다윗, 그런 말하지마. 이제 엘리사벳은 내 사랑 다윗 곁에서만 있을 거야. 병원, 학교재단 이런 것들은 이제 다 필요 없어. 엘리사벳은 지금 이 순간부터 내 사랑 다윗의 사랑을 받으며 내 사랑 다윗과 함께 이 한 목숨 다하는 날까지 오순도순 함께 살 거야. 내 사랑 다윗에게 받은 사랑이 너무너무 과분해. 지금부터 엘리사벳은 내 사랑 다윗을 위하여 내 모든 것을 다 줄게. 사랑이란 받는 것이 아니라 모든 것을 송두리째 아낌없이 전부 다 주는 것을 사랑하는 우리 다윗이 가르쳐 주었잖아. 내 사랑 다윗, 엘리사벳이 얼마나 얼마나 내 사랑 다윗이 보고 싶었는지 몰라. 내 사랑 다윗, 그걸 어떻게 말로 다 표현해."

"내 사랑 엘리사벳, 이 세상에서 좋은 일 많이 하고 다윗이 기다리고 있는 곳으로 와야 해. 우리 사랑하는 엘리사벳이 좋아하는 코스모스를 한 아름 안고서 기다릴게. 그리고 노란 장미가 있으면 꺾어 놓을게."

"내 사랑 다윗, 왜 자꾸 그런 말만 하는 거야. 이 지구상에 인류가 태어나 문자를 만든 이후 가장 성스럽고 고귀하며 위대한 글자는 사랑이란 두 글자야. 사랑이란 두 글자는 우리 사랑하는 엘리사벳을 위해서 만들어졌으니까."

"우리 사랑하는 엘리사벳이 다윗이고, 다윗이 우리 사랑하는 엘리사벳이었어. 우리 사랑하는 엘리사벳을 위하여 다윗이 이 세상에 태어났으니까. 내 사랑 엘리사벳, 영원불변 사랑해~."

엘리사벳의 품에 안겨 있는 다윗의 입술이 힘겹게 움직이는 듯 했다.

"엘리…사……베……엣".

엘리사벳은 정신이 번쩍 들었다. 그리고 무언가 말하려하는 다윗의 입 가까이에 귀를 갖다 대었다.

"내 사랑 엘리사벳 사랑해. 생영애 사영애 영원불변(生永愛 死永愛 永遠不變)" 이 말을 마지막으로 남기고 다윗은 사랑하는 엘리사벳에게 힘겹게 말을 마치고 고개를 푹 숙였다.

"그래! 내 사랑 다윗, 엘리사벳도 생영애 사영애 영원불변이야."

엘리사벳은 다윗의 입술 위에 자신의 입술을 포겠다. 다윗의 두 눈에서 두 줄기 피눈물이 흘러 내렸다.

"다윗, 다윗, 정신 차려. 내 사랑 다윗. 정신 차려 다윗."

다윗을 부둥켜 안은 엘리사벳의 통곡 소리가 처절하게 울려 퍼진다.

코스모스가 가을바람에 파르르 떨린다. 소록도 가을하늘에 갑자기 가을비가 내리고 있었다. 힘겹게 말을 마친 다윗이 고개를 툭 떨구었다. 잠시 후 신생리 11호사 뒷산자락 하늘이 검은 비구름으로 칠흑같이 어두워지며 소록도 하늘이 내려앉는 듯 천둥번개가 지축을 흔드는 굉음과 함께 내리쳤다.

애절하게 통곡하는 엘리사벳을 옆에서 다윗이 분신처럼 고이 간직하고 다니던 가방이 애처롭게 떨고 있다.
오, 사랑의 경이로움이여! 사랑의 알파와 오메가인 다윗이여!
엘리사벳의 머리 위에 죽음의 그림자가 스치고 지나갔다. 다윗 없는 이 세상의 삶은 엘리사벳에게는 이제 아무런 의미가 없다. 엘리사벳의 50 평생 삶 자체가 내 사랑 다윗을 위함이며 또한 만남이 아니었던가.
이제 엘리사벳이 그렇게도 목이 메이게 그리워하며 사모했던 내 사랑 다윗을 따라 함께 가야겠구나. 오열하던 엘리사벳은 자신의 이빨 사이에 자신의 혀를 밀어넣었다.
"엘리사벳, 엘리사벳! 이 어머니의 음성이 들리지 않느냐?" 천상에서 어머니의 목소리가 들렸다. 엘리사벳은 어머니의 음성을 들으며 다윗을 따라가려고 하던 자신의 이빨 사이의 혀를 빼냈다.
"엘리사벳, 네가 사는 세상에서 다윗과의 잠시 헤어짐이 괴롭고 슬플지라도 경거망동하여서는 아니 된다. 엘리사벳, 너는 아직까지 네가 사는 세상에서 봉사와 선행을 다하지 못하였느니라. 이 어머니가 우리 사랑하는 딸 엘리사벳 곁을 떠나오면서 유언했던 내 말을 기억하거라. 엘리사벳, 너는 봉사와 선행을 하기 위하여 이 세상에 태어났다는 것을……. 지금 엘리사벳 네가 하려는 경솔한 행동은 우리 사랑하는 엘리사벳이 분신처럼 그렇게도 사랑하는 다윗이 싫어하는 일 아니냐. 네가 사랑하는 다윗이 싫어하는 일을 저지르고 죽는다면 천상에서 다윗을 무슨 면목으로 보려고 하느냐?"

"네, 어머님. 저 엘리사벳이 내 사랑 다윗을 너무 허무하게 이렇게 보내고 너무나 괴로워서요."

"엘리사벳아 네가 사랑하는 다윗이 우리 엘리사벳에게 봉사와 선행을 더 하게 하려고 다윗이 자신의 두 눈을 천신만고의 뼈와 살을 깎는 그 아픔보다도 더한 생사를 가늠하는 그 고통을 참아가며 우리 엘리사벳에게 주지 않았더냐. 우리 사랑하는 내 딸 엘리사벳아, 사는 세상은 잠시이니라. 우리 사랑하는 딸 엘리사벳과 다윗이 후일 천상에서 서로 만나 숫자로는 헤아릴 수 없는 낮과 밤을 서로 사랑하며 영원무궁 영생토록 함께할 것이니라."

"네, 어머님. 저 엘리사벳이 내 사랑 다윗을 너무 허무하게 이렇게 보내고 너무나 괴로워서. 어머님, 저 엘리사벳이 한순간 잘못 생각했습니다."

"오냐 엘리사벳아. 기특하구나. 역시 하늘이 선택한 내 사랑하는 딸이구나."

김 비서와 수간호사, 운전기사가 엘리사벳 곁으로 달려온다.

"재단이사장님, 김 비서입니다. 고정하십시오."

이 때 조월순과 김영식이 도착했다. 월순이와 영식이는 다윗을 끌어안고 있는 엘리사벳을 함께 끌어안고 대성통곡한다. 김 비서, 수간호원, 여 운전기사도 함께 슬피 운다.

신생리 11호사 뒷산자락 소록도에서 유일하게 그 위용을 자랑하던 장정 세 사람이 팔을 벌려 안아도 남아도는 신목이 천둥번개에 맞아 중간이 갈라지면서 밑둥째 부러졌다. 신목이 장차 신생리 뒷산자락 정기를 받고 태어날 큰 인물을 기다리고 있었으며 신목이 그 큰 인물과 생명을 함께 한다는 설이 전해오고 있었다.

다윗이 태어나기 전 다윗 아버님께서 어머님과 함께 신생리 11호사에 첫날밤, 신생리 11호사 뒷산자락 거대한 신목 아래서 대호가 사투에 승리한 황룡을 잡아먹고 있다가 여의주를 자신에게 내뱉어 그 여의주를 삼키는 꿈을 꾸시고 다윗을 잉태한 바로 그 신목인 것이다.

무예의 경지가 하늘에 이르렀던 다윗도 역시 인간이었구나.

오! 허무한 인생이여! 인생은 갔으나 고귀하고 위대한 다윗과 엘리사벳의 영원불변의 사랑은 남는구나. 우리 인간사에 다윗과 엘리사벳의 위대하고 숭고한 지고지순의 참사랑이여! 그래, 이 길이 내 사랑 다윗이 원하는 길이라면 그리움과 보고픔의 인고의 이 길을 또 다시 내 사랑 다윗을 그리며 가야겠지. 엘리사벳 삶 자체가 내 사랑 다윗을 위한 길인 것을!

불출세의 영웅 가다

소록이 낳은 불세출의 영웅 다윗은 이렇게 갔다.

엘리사벳은 화장을 마친 다윗의 유해상자를 안고 다윗과 둘만의 추억이 깃든 곳을 찾아 다니면서 애도하였다. 엘리사벳 뒤를 소록도 병원장, 영식과 월순, 김 비서, 수간호원, 운전기사가 뒷따랐다.

많은 사람들의 애도 속에 내 사랑 다윗을 떠나보냈다.

애도와 통한

다윗! 사랑합니다.
사랑의 알파와 오매가여!
사랑과 죽음의 언덕 골고다여!
인간이 만든 가장 고귀하고 위대한
사랑이란 두 글자여!

미천한 엘리사벳을 위하여 내 사랑 다윗께서는 이 세상에 태어나셨고, 우둔한 엘리사벳을 일깨워주시기 위한 희생적 저와의 만남이었습니다.

내 사랑 다윗을 처음 만나는 순간부터 엘리사벳의 인생은 내 사랑 다윗을 향한 삶 자체였습니다. 내 사랑 다윗과 저와의 만남은 내 사랑 다윗에게는 희생이었고, 엘리사벳에게는 구원과 행복 그 자체였습니다.

촛불은 자신을 태워 어둠을 밝히고 소금은 자신을 녹여 상함의 방지와 맛을 내듯이 내 사랑 다윗께서는 엘리사벳에게 헌신적 남아였으며, 내 사랑 다윗을 향한 엘리사벳의 마음속에는 사랑의 절대자 그 자체였습니다.

내 사랑 다윗의 품속에는 항상 신비스러운 내음과 우주의 광화로움과 꺼질 줄 모르게 타오르는 태양의 정열이 있었으며, 어버이의 인자함과 자혜로움이 항상 넘쳐 있었습니다. 이 못난 엘리사벳은 초를 모아 분을 만들고, 분을 모아 시공을 만들어 내 사랑 다윗을 향한 그리움에 사무치는 한숨과 눈물과 애도와 통한의 한 맺힌 슬픔의 강가에서 성스러운 내 사랑 다윗의 이름을 사랑으로 절규하며 엘리사벳은 불러봅니다.

내 사랑 다윗! 내 사랑 다윗! 내 사랑 디잇! 영원불변의 엘리사벳 사랑이여! 내 사랑 다윗의 손길과 발길이 머물다 간 자욱 자국들, 미소와 숨결이 스쳐 간 순간순간들, 내 사랑 다윗의 채취에 취해버린 훈기가 감도는 내 사랑 다윗의 품 속 물안개처럼 피어오르는 내 사랑 다윗을 향한 수많은 연정들, 동화 속에 나오는 백마 타고 오시는 왕자님 같이 엘리사벳에게로 다가올 것만 같은 내 사랑 다윗! 오, 엘리사벳 인생의 내 사랑 다윗!

  아무도 찾지 않는 무인도의 갈대밭이로구나.
  짝 잃은 암기러기의 울음소리구나.
  날지 못하는 비익조의 기다림이구나.
  포옹할 수 없는 연리지의 한이구나.

가슴 치는 자학의 밤이구나.
구곡간장을 도려내는 엘리사벳의 눈물이구나.
천 갈래 만 갈래 찢어지는 허공의 울부짖음이구나.
사랑의 위대함 앞에 슬피 우는 엘리사벳이구나.

가도 가도 끝없는 코스모스 피는 사랑, 연민의 가을 석양 들녘에서 초라하기만 한 엘리사벳이 내 사랑 다윗과 함께 하지 못한 백년가약의 한을 가슴에 품고 내 사랑 다윗 그리움에 만신창이가 되어 고독과 초라함에 지쳐서 절뚝거리고 떨면서 걷고 있는 짝 잃은 광야의 엘리사벳이구나. 다윗을 향한 일편단심으로 천상에서 재회의 그날까지 빌고 빌면서 가을 밤하늘에 나의 사랑별이 유성처럼 사라지던 날
―생영애 사영애 영원불변(生永愛 死永愛 永遠不變)―

엘리사벳은 아버지가 영원히 잠들어 계시는 곳으로부터 얼마 떨어지지 않은 곳에 가족묘를 만들어 소록도 만령당에 안치되어 있는 사랑하는 다윗의 아버지, 어머니와 사랑하는 다윗, 그리고 자신의 어머니 인선을 함께 가족묘에 안치한 후 자기 자신은 사후에 사랑하는 다윗과 함께 합장하기로 마음을 먹었다. 사후에나마 사랑하는 다윗과 함께 하고 싶었다.

엘리사벳은 수많은 봉사와 선행을 하고 육신의 몸은 비록 사랑하는 다윗과 떨어져 있으나 마음과 정신으로 사랑하는 다윗과 영적 사랑의 교류를 하면서 사랑하는 다윗과 같이 태어난 생일이 오면 사랑하는 다윗과 같이 먹고 즐기던 삶은 계란을 사랑하는 다윗이 영면해 있는 가족묘 앞에 바치고 그 앞에서 먹고 다윗을 생각하였으며 사랑하는 다윗, 사랑하는 다윗부모님, 어머님 김인선의 기일은 물론 어버이날, 부활절, 추석,

크리스마스 성탄일, 설날과 매주 일요일마다 가족묘역을 참배하였다.

또한 가족묘역 뒤 옆과 앞에 돌아가면서 사랑하는 다윗이 생전에 좋아하던 측백나무와 자스민꽃을 심어놓고 정성을 다해 가꾸었다. 측백열매가 은청색으로 익어 갈 때나 자스민꽃이 필 때면 측백열매와 자스민꽃을 사랑하는 다윗의 영전에 바쳤다.

엘리사벳은 사랑하는 다윗이 선물한 엘리사벳과 다윗의 영원불멸의 사랑을 다윗이 혼을 넣어 각인한 만년필을 들고 창가로 갔다. 머리에는 사랑하는 다윗이 중앙공원 전나무에서 크리스마스 전야 캐롤송을 들으며 엘리사벳과 다윗의 장래를 언약하며 선물한 진자주 코스모스색 머리핀이 꽂혀 있다. 혼신의 힘을 다해 집필을 끝낸 『소록의 후예』를 펼쳐들고 강물처럼 아득히 흘러간 날들을 회상한다.

창밖에는 소담스러운 눈이 펑펑 내리고 있었다.

하늘나라에서 우리 사랑하는 다윗도 엘리사벳을 사랑하며 생각하고 그리워하면서 이 눈을 보고 있겠지. 오, 내 사랑 다윗! 휘날리는 눈송이 사이에서 사랑하는 다윗이 입가에 미소를 지으며 사랑하는 엘리사벳을 바라보고 있다.

백설이 장관을 이루고 있는 소록도 공회당 앞 동생리를 내려다보고 사람이 서서 두 팔을 벌리고 서 있는 듯한 소나무가 눈이불을 뒤집어쓰고 소나무 가지가 휘어져 곧 부러질 것만 같다. 바로 이 소나무 아래서 내 사랑 다윗과 엘리사벳이 어린 시절 자주 만나서 다정하게 손을 잡고 서 있었던 곳이다.

다윗과 엘리사벳은 뽀드득 뽀드득 발자국 소리를 내며 아무도 지나간 적이 없는 신천지 설원 위를 손을 잡고 걸었다.

"내 사랑 엘리사벳, 우리 어릴 때 생각 나."

"그럼 생각나고 말고."

"그날도 오늘같이 이런 눈이었지."

"그래 내 사랑 다윗, 우리는 눈이 내릴 때면 언제나 이곳에서 이렇게 오늘같이 손을 잡고 오순도순 정답게 걸었잖아."

엘리사벳은 사랑하는 다윗의 손을 놓고 몇 발자국 앞으로 달려가 탐스러운 눈을 뭉쳐 사랑하는 다윗에게로 던졌다. 사랑하는 다윗의 얼굴에 엘리사벳이 던진 눈이 맞았다.

"내 사랑 다윗, 어릴 때 그때처럼 오늘 엘리사벳 한번 잡아봐."

엘리사벳은 눈 위를 달리기 시작했다.

"그래 좋아. 내가 사랑하는 엘리사벳을 못 잡을 줄 알고."

다윗도 엘리사벳을 향하여 뒤쫓았다.

오십 중년의 다윗과 엘리사벳은 마치 소년, 소녀처럼 서로 쫓고 달렸다. 다윗의 바바리 코트 호주머니에서 새하얀 가제 손수건이 빠져 나와 눈바람에 나부끼며 날아가 눈 위에 떨어졌다. 엘리사벳은 눈 위를 달려가다가 눈 위에 쓰러졌다. 뒤따르던 다윗도 함께 눈 위에 쓰러졌다.

"우리 사랑하는 엘리사벳은 항상 봐도 천사보다 더 아름답고 선녀보다 더 예뻐. 절세가인은 우리 사랑하는 엘리사벳을 두고 하는 말이야!"

"또, 그 소리야!"

"그래, 내 사랑 엘리사벳! 우리 사랑하는 엘리사벳은 항상 봐도 보면 볼수록 더욱 예쁘고 더욱 아름다우니까. 천사와 선녀도 우리 엘리사벳보다 못할 거야. 내 사랑 우리 엘리사벳은 절세가인보다도 더 아름답고 좋으며 위대한 글자나 말은 없을까?"

엘리사벳의 얼굴이 부끄러운 듯 홍당무가 되었다.

"아이, 몰라!"

"엘리사벳! 사랑해!"

"다윗! 나도 사랑해!"

눈 위에서 행복에 겨워 뒹구는 엘리사벳을 다윗이 끌어안고 길고 긴 키스를 하고 있었다. 엘리사벳도 다윗을 힘껏 끌어안았다. 하늘에서 설원 위의 두 연인을 축복하는 축복의 함박눈이 하염없이 내리고 있었다. 설원 위의 두 연인은 시간 가는 줄 몰랐다. 시간이 얼마나 흘렀을까?

다윗의 버버리 코트 호주머니에서 흘러 나와 눈 위에 펼쳐진 가제 손수건 가장자리에는 청실과 홍실로 엘리사벳에 의해 한 땀 한 땀 자수 놓여져 있고 손수건 하단에는 '다윗과 엘리사벳♡이 영원하길 빌면서' 이렇게 엘리사벳에 의하여 사랑하는 다윗과 엘리사벳의 영원불변의 사랑 언약을 밤을 새워가며 한 땀 한 땀 마음과 정성을 다해 사랑에 혼을 불어 넣어 수놓아진 자수 글귀가 선명했다. 어린 사슴 두 마리가 두 연인을 축복해 주고 있다. 소록도 하늘에서 함박눈이 하염없이 내린다.

엘리사벳은 조용히 눈을 감는다. 내 사랑, 다윗이 내게 두 눈을 남겨주고 저 세상으로 간지 20주년이 다가온다. 나는 사랑하는 다윗의 헌신적인 참사랑으로 새로운 광명을 찾았고, 사회에 봉사와 선행을 하며 살라는 천상의 천명과 어머니의 유언을 실천하면서 봉사와 선행으로 살았다. 또한 자신이 태어난 소록도의 슬픈 이야기인 「소록도 한센인 통한의 비사」와 다윗과의 애절한 사랑 이야기 「축복과 통탄, 풍광과 사랑의 섬 한센인 성지 소록도」의 대단원의 집필을 마무리하였다.

엘리사벳은 집필을 끝마친 책표지에 다윗이 선물한 만년필로 『소록의 후예』라는 책명을 적어넣었다. 집필을 마친 엘리사벳은 사랑하는 다윗 생각에 골똘하게 빠져 있다가 똑똑똑 노크소리에 불현듯 깨어난다.

김 비서가 차를 가지고 들어오다가 책상 위에 놓인 『소록의 후예』 원고 뭉치를 보았다.

"재단이사장님, 『소록의 후예』 완성하셨나요."
"오래 걸렸는데 이제 완성했어요."
"재단이사장님 대단하십니다. 먼저 탈고하신걸 축하드립니다."
"참 김 비서님, 박 변호사님한테 전화 좀 내어주세요."
김 비서는 집무실 책상의 전화를 들었다.
"박 변호사 사무실이지요. 다윗과 엘리사벳병원입니다. 변호사님 부탁합니다."
김 비서는 박 변호사와 통화한 뒤 전화기를 엘리사벳에게 건네준다.
"네, 재단이사장님, 박 변호사입니다."
"오늘 박 변호사님, 혹시 시간이 나세요?"
"재단이사장님 말씀이신데 시간을 내야지요."
"그럼, 지금 저희 사무실에서 뵙지요."
"네, 재단이사장님 그렇게 하겠습니다."
약속한 시간에 박 변호사가 다윗과 엘리사벳병원 재단이사장실에 도착하였다. 인터폰 너머로 김 비서의 목소리가 흘러나온다.
"재단이사장님, 박 변호사님 오셨습니다."
"들어오시라 하세요."
"네."
"재단이사장님, 박 변호사입니다."
"어서 오십시오. 여기에 앉으시지요."
김 비서가 따스한 차를 가지고 들어온다.
"박 변호사님, 바쁘신데 시간내어 주셔서 감사합니다."
"별말씀을 다 하십니다. 이사장님 저에게 특별히 하실 말씀이라도 있으신지요."
"박 변호사님, 다름이 아니오라 '다윗과 엘리사벳 기부재단'을 설립하여 저의 전 재산을 사회에 환원할까 합니다."
"그 많은 재산 전부 다 말입니까?"
"원래 이 재산은 저의 것이 아니었습니다. 선친께서 준 재산에다가 이 사회가 저에게 많은 재산을 주셨으니까요."
박 변호사는 감탄한다. 다시 엘리사벳이 말을 이었다.
"제가 그간 집필한 『소록의 후예』를 책으로 출간하고자 합니다. 이 책의 저작권도 기부재단에 넘겨주세요."
"네, 재단이사장님 뜻에 따라 시행하겠습니다."
"박 변호사님, 오늘 제가 한 약속을 빠르게 진행해 주십시오."
"네. 이사장님 말씀대로 빠르게 진행하겠습니다."
정중히 인사하고 나간다.

엘리사벳은 사랑하는 다윗의 20주기에 맞춰 『소록의 후예』를 출간하였고, '다윗과 엘리사벳 기부재단'을 설립하고 전 재산을 사회에 환원하였다. 여러 신문사와 방송사에서는 앞다투어 '기부의 천사, 서엘리사벳 재단이사장 자신의 전 재산 사회에 환원', '다윗과 엘리사벳재단 설립' 기사를 대서특필하였다.

하늘나라에서 하나님의 음성이 들려온다.
"엘리사벳."
"네, 하나님."
"우리 엘리사벳은 여인 중의 여인이요, 의인 중의 의인이로다. 우리 엘리사벳과 다윗의 혼례장이 이곳 천상에 마련되어 있느니라. 신랑 다윗이 곧 신부 엘리사벳 너를 맞으러 갈 것이니라."
전지전능, 전의전애하옵신 하나님 감사드리옵고 감사하나이다.

천상의 문이 열리고 하늘에서 서광이 비추며 천사들의 합창소리와 함께 하얀 비둘기 한 쌍과 아기천사를 앞세우고 천사들의 축하와 보호 속에 백색의 신랑예복을 입고 20대 다윗이 하늘나라에서 내려와 20대로 변신하여 신부드레스를 입고 만면에 천사의 미소를 짓고 있는 엘리사벳의 손을 잡는다.

"내 사랑 엘리사벳, 오늘 우리 두 사람 결혼식날이야. 내 사랑, 엘리사벳!"

"내 사랑, 다윗! 그래! 엘리사벳은 내 사랑 다윗을 기다리고 있었어."

신부 드레스를 입고, 만면에 천사의 미소를 머금고 신랑 다윗의 손을 잡고 하늘나라로 승천한다.

엘리사벳의 면사포 속 머리에는 다윗이 다윗 자신과 엘리사벳의 이름을 각인한 머리핀이 머리에 꽂혀있고, 손에는 다윗이 다윗 자신의 이름과 엘리사벳의 이름을 각인한 만년필을 꼭 쥐고 있다.

천사들의 찬미와 찬양 속에 소록도의 하늘에 일곱색 무지개가 서고, 사슴들이 하늘을 향해 찬송한다.

할렐루야 할렐루야 할렐루야 할렐루야 할―렐―루―야―

소록의 후예

초판 인쇄 2021년 3월 20일
초판 발행 2021년 3월 25일

지은이 / 권 정 수
펴낸이 / 박 진 환

펴낸 곳 / 만인사
출판등록 / 1996년 4월 20일 제03-01-306호
주소 / 41960 대구광역시 중구 명륜로 116
전화 / (053)422-0550
팩스 / (053)426-9543
전자우편 / maninsa@hanmail.net
홈페이지 / www.maninsa.co.kr

ⓒ 권정수, 2021

ISBN 978-89-6349-158-5 03810

값 19,000원

* 이 책의 내용의 전부나 일부를 사용하려면 반드시 저작권자나 만인사
  양측의 동의를 받아야 합니다.